왜 결혼과 섹스는 충돌할까

현대 성생활의 기원과 위험한 진실

왜 결혼과 섹스는 충돌할까

현대 성생활의 기원과 위험한 진실

행복
포럼

한 영장류가 적수를 만나다
(한 공저자의 노트에서)

올넛씨Mr.Allnut, 자연은 우리가 극복해야 할 대상입니다. 이를 위해 우리는 이 세상에 보내졌습니다.

캐서린 헵번(로즈 세이어 역), 영화 〈아프리카의 여왕The African Queen〉에서

1988년 어느 후텁지근한 오후, 말레이시아 페낭의 식물원 입구. 나는 푸짐한 점심식사로 부른 배를 소화시키기 위해, 여자 친구 애나Ana와 함께 그곳에 갔다. 몇몇 현지인 남자들이 땅콩을 팔고 있었다. 그들은 우리가 헷갈리는 것을 눈치 채고는 땅콩은 우리가 먹을 것이 아니라 깜찍한 새끼 원숭이들을 위한 먹이라고 설명했다. 새끼 원숭이들이 근처 풀밭에서 굴러다니고 있었지만, 우리는 눈치 채지 못했다. 우리는 땅콩 몇 봉지를 샀다.

곧 우리는 꼬리를 이용해 길 위 나뭇가지에 매달려 있는 작은 놈에게 다가갔다. 인간 같은 그놈의 두 눈은 애나의 손에 들린 봉지를 응시하며 열심히 탐색했다. 우리는 고양이가게를 찾은 10대 소녀들처럼 구구 소리를 내며 그곳에 섰다. 그때 덤불이 휘청거리며 원숭이 한 마리가 갑자기 나타났다. 어른 원숭이는 눈 깜짝할 사이에 나를 지나 애나에게 뛰어올랐다. 그리고 땅콩과 함께 사라져버렸다. 애나의 손은 그놈에게 긁혀 피가 흘렀다. 우리는 깜짝 놀라 전율했으며 아무 말도 하지 못했다. 비명을 지를 틈도 없었다.

수 분 뒤에야 우리의 아드레날린 호르몬이 점차 줄어들기 시작했다. 내 공포는 얼어붙어 증오심으로 변했다. 이전에 경험한 적이 없는 배신감을 맛보았

다. 땅콩과 함께 자연의 순수성에 대한, (인간에게만 독특한 고통의 원인으로서) 악의 순수성에 대한 소중한 가정假定들도 사라져버렸다. 도度를 넘어버렸다. 나는 화만 난 것이 아니었다. 철학적으로 마음이 상했다.

내 속에서 변화하는 무언가를 느꼈다. 가슴이 부풀어 오르고 어깨가 넓어지는 것 같았다. 팔은 더 강해지고 눈은 더 날카로워지는 것 같았다. 시금치 캔을 먹은 뽀빠이가 된 것처럼 느꼈다. 지금은 내가 그런 존재인 것을 알고 있지만, 나는 헤비급 영장류처럼 덤불을 노려보았다. 나는 이 라이트급 영장류들로부터 더 이상 모욕을 받고 싶지 않았다.

나는 오랫동안 아시아를 여행했기 때문에 그곳의 원숭이들은 내가 어린 시절 TV에서 본, 트롬본 불고 탬버린 치는 그들의 사촌들과는 전혀 다르다는 것을 충분히 알고 있었다. 그런데 자유롭게 사는 이 아시아 영장류를 처음 봤을 때, 그놈들은 나를 충격적이고 혼란스럽게 만드는 특성을 갖고 있었다. 그것은 그들이 가진 자존심이었다. 당신이 인도, 네팔, 말레이시아에서 거리 원숭이의 시선을 사로잡는 실수를 범했다고 치자. 그러면 당신은 호전적으로 지적知的인 생명체와 마주하고 있음을 알게 될 것이다. 그놈은 로버트 드니로처럼 노려보면서 "대체 뭘 째려보는 거야? 한판 붙어 볼래?"라는 듯한 표정을 지을 것이다. 그놈들 중 하나에게 작고 빨간 애완용 조끼를 입히겠다는 생각은 잊어버려라.

우리는 오래지 않아 빈터 한가운데 있는 나무에 거꾸로 매달린 채 애원하는 듯한 표정을 짓고 있는 털 덮인 또 다른 얼굴과 마주쳤다. 그때 애나는 용서하고 잊을 준비가 돼 있었다. 나는 어떤 귀여움에도 흔들리지 않을 만큼 굳게 마음먹고 있었지만, 애나에게 나머지 땅콩봉지를 넘겨주기로 했다. 우리는 또 다른 매복이 가능한 덤불에서 충분히 떨어져 있는 것 같았다. 그러나 내가 땀에 전 호주머니에서 봉지를 꺼냈을 때, 봉지의 셀로판 바스락거리는 소리는 저녁식사 종처럼 정글에 울려 퍼졌음이 분명했다.

심장 박동 소리와 함께, 크고 건방진 외모의 짐승이 20야드 정도 떨어진 빈터 한쪽 끝에 나타났다. 그놈은 상황을 판단하고 나를 평가하면서 우리를 응시했다. 그놈은 나를 무시하는 동시에 협박하기 위해, 계산된 하품을 과장되게 하는 것 같았다. 자신의 송곳니를 오랫동안 천천히 보여주었다. 나는 힘의 공백을 지체 없이 메우기로 작정했다. 작은 나뭇가지를 집어 들어 그놈 쪽으로 던졌다. 이 땅콩은 절대 그놈을 위한 것이 아니며, 나 또한 결코 만만한 상대가 아님을 가르쳐 주려고 했다. 그놈은 근육을 전혀 움직이지 않고 자신의 수 피트 앞, 나뭇가지가 떨어진 땅을 쳐다보았다. 내가 자신의 감정을 해쳤다는 듯, 이마를 순식간에 으스스하게 찌푸렸다. 그리고 내 눈을 똑바로 올려다보았다. 그놈의 표정에서는 공포나 존경, 유머의 기미를 찾아볼 수 없었다.

그놈은 마치 대포알처럼 내가 던진 나뭇가지를 껑충 뛰어넘어서는, 길고 누런 날카로운 송곳니를 드러내고, 날카로운 소리를 지르며 똑바로 나를 공격했다.

공격해 오는 짐승과 공포에 떠는 여자 친구 사이에서, 나는 '당신 등에 원숭이'를 태운다는 말이 진정 무엇을 의미하는지를 처음으로 알았다. 내 마음속에서 뭔가가 갑자기 폭발하는 것을 느꼈다. 나는 생각보다 훨씬 빠른 동작으로, 두 팔을 활짝 펴고, 레슬링 선수처럼 두 다리에 힘을 주어 웅크렸다. 커피가 묻은, 치열이 교정된 이를 드러내며 사나운 비명을 질렀다. 대책 없이 길길이 뛰고 침을 튀기면서 나 자신의 우세를 과시하기 시작했다.

나는 그놈만큼이나 놀랐다. 그놈은 멈춰 섰으며 1, 2초 동안 나를 응시하다가 천천히 물러났다. 그 순간 나는 그놈의 눈에서 웃음기를 확실히 보았다.

자연을 극복한다고? 말도 안 되는 소리다. 올넛씨의 말이나 믿어라.

차례

제1부 그럴 듯한 것의 기원

제2부 천국에서의 성욕(고립적이다)

제3부 예전에는 그렇지 않았다

제4부 운동 중인 육체들

제5부 아프리카에서 온 남자, 아프리카에서 온 여자

또 다른 선의의 종교재판

인간이 유인원에서 유래했다는 얘기는 잊어 버려라. 우리는 유인원에서 유래하지 않았다. 우리가 유인원*이다*. 비유적으로나 실제적으로, 호모 *사피엔스*는 침팬지, 보노보, 고릴라, 오랑우탄들-긴팔원숭이는 '작은 유인원'으로 여겨진다-과 함께 현존하는 5종의 큰 유인원 중 하나이다. 우리는 500만 년 전 이들 중 2종인 보노보 및 침팬지와 공통 조상을 가졌다.[1] 진화론적 용어로 말하면, 그것은 '그저께'이다. 오늘날 대다수 영장류학자들은 인간과 다른 유인원을 구분하는 세부 사항이 '전적으로 인위적'인 것이라고 생각한다.[2]

만약 우리가 자연보다 '위'에 있다면, 그것은 단지 다리가 흔들리는 서퍼 surfer가 바다 '위'에 있다는 의미에서이다. 비록 우리가 미끄러지지 않더라도 (우리 모두는 미끄러진다), 우리 내부의 자연은 언제든지 우리를 끌어내릴 수 있다. 서양에서 자란 사람들은 주변 세계를 통틀어 인간은 살아 있는 것들 중에서 특별하고 독보적인 존재라고 확신했다. 또 인간은 동물 생활에 스며들어 있고 또 그것을 규정하는 특성인 비천함과 굴욕을 면제받았다고 확신했다. 자연세계는 수치, 역겨움, 공포의 원인으로 인간의 발아래 놓여 있고, 닫힌 문과

---

1) 아마 450만 년 전 정도일 것이다. 유전자적 증거에 관한 최근 검토를 위해서는 다음을 보라. Siepel (2009).
2) de Waal (1998), p. 5.

내려진 커튼, 그리고 박하 향 나는 신선함 뒤에 숨겨진, 냄새 나고 지저분한 존재이다. 아니면 우리는 자연에 대해 과잉 보상하며, 자연을 천사처럼 또렷하게 위로 떠오르는, 순수하고 고상하며 균형 잡혀 있으며 현명한 존재라고 상상한다.

우리는 보노보, 침팬지와 마찬가지로 성욕 과잉인 조상을 둔, 성적으로 흥분한 후손들이다. 얼핏 들으면 이 말은 과장처럼 들릴 수도 있다. 그러나 그것은 오래 전에 상식이 되었어야 하는 진실이다. '죽음이 갈라놓을 때까지 함께 산다'는 일부일처제 결혼에 관한 전통적 관념은 견디기 힘든 과중한 부담을 받고 있다. 그것은 우리가 대단한 존재라고 주장하는 잘못된 설명 때문이다. 인간 성생활의 본질은 무엇이며, 어떻게 형성됐을까? 우리는 앞으로 이 책에서 1만 년 전에 시작된 거대한 문화적 격변이, 어떻게 인간 성생활에 관한 진실을 파괴적이며 위협적인 것으로 만들었는가를 설명할 것이다. 그 결과 그 진실이 어떻게 종교적 권위에 의해 침묵을 강요당했는가, 어떻게 의사에 의해 병적인 것으로 취급받았는가, 어떻게 과학자에 의해 의도적으로 무시당했는가, 어떻게 도덕적 훈계를 일삼는 치료사에 의해 감춰졌는가를 설명할 것이다.

현대 성생활의 중심부에는 뿌리 깊은 갈등이 요동치고 있다. 길들여진 우리의 무지無知는 파괴적이다. 우리 종種의 성생활의 본질을 모호하게 하는 캠페인이 벌어지고 있다. 이 때문에 결혼의 절반은 소용돌이치는 성적 욕구불만, 성욕을 죽이는 지루함, 충동적 배신, 기능부전不全, 혼란, 치욕 등 멈출 수 없는 물결에 의해 붕괴되고 있다. 일련의 일부일처제는 실패의 다도해多島海처럼 우리 앞(혹은 뒤)에서 연장되고 있다. 그것은 마치 차갑고 어두운 실망의 바다에 고립된 일시적인 행복의 섬들 같다. 긴 여정을 함께 해 온 부부들 중 얼마나 많은 쌍들이 대체할 수 없는 인생의 세 가지 즐거움-가족의 안정성, 동료애, 비록 성적인 것은 아니더라도 감정적인 친밀감-의 제단祭壇에 기꺼이 자신들의 에로티시즘을 희생했을까? 자연의 저주를 받은 이런 즐거움을 순진하게 열망하는 사람들은 자기 파트너의 성욕을 서서히 교살絞殺해야 하는 것인가?

스페인어 단어 'esposas'는 '아내'와 '수갑'을 동시에 의미한다. 영어에서는 일부 남자들이 후회하듯이 'ball and chain'(족쇄 혹은 아내를 의미)에 관한 농담을 한다. 결혼이 흔히 한 남자의 성생활의 종말이 시작되는 것으로 묘사되며, 애도의 대상이 되는 데에는 충분한 이유가 있다. 이런 사정은 여성도 별로 다를 바 없다. 어떤 여성이 사랑 때문에 속박됐다고, 또 폄하됐다고 느끼는 남자와 삶을 공유하기를 원하겠는가? 자신의 명예를 자유의 제약制約으로 생각하는 남자와 함께 살기를 원하겠는가? 어느 누가 단지 자신이 여성이라는 것을 사과하면서 살기를 원하겠는가?

그렇다, 뭔가가 심각하게 잘못됐다. 미국의사협회는 비아그라가 매년 판매 기록을 갱신함에도 불구하고 미국 여성의 약 42%가 성적 기능부전을 겪고 있다고 보고했다. 전세계적으로 외설물은 매년 570억 내지 1,000억 달러를 긁어모으는 것으로 보고된다. 미국에서만 CBS, NBC, ABC를 합친 것보다 더 많은 수입을 창출하며 프로축구, 프로야구, 프로농구 프랜차이즈의 전체 수입보다 많은 돈을 끌어 모은다. 〈유에스 뉴스 앤 월드 리포트U.S. News and World Report〉에 따르면, 미국인들은 브로드웨이나 비非브로드웨이, 지역이나 비영리 극장, 오페라, 발레, 재즈, 전통음악 공연을 합친 것보다 더 많은 돈을 스트립 클럽에서 쓴다.[3]

우리가 섹스에 맛 들인 종種이라는 데에 별로 의심의 여지가 없다. '전통적 결혼'은 내부적으로 붕괴되는 동시에 전방위 공격을 받는 것 같다. 정치인들(클린턴, 비터, 깅그리치, 크레이그, 폴리, 스피처, 샌포드)과 종교 지도자들(해거드, 스와거트, 바커)은 정부情婦, 매춘부, 인턴사원과 밀회를 즐기기 전까지 자신이 '가족적 가치'를 지지한다는 점을 초당적, 공개적으로 부단히 과시한다. 이에 따라 '정상적인' 성생활의 가장 열렬한 옹호자들조차 그 무게에 눌려 휘청거린다.

---

3) 이들 통계 중 일부는 McNeil et al. (2006)과 Yoder et al. (2005)에 나온다. 1,000억이란 수치는 다음에 나온다. http://www.latimes.com/news/nationworld/nation/la-fg-vienna-porn25-2009mar 25,0,7189584.story.

부정할 수 없는 현실이었다. 지난 수십 년 동안에만 수백 명의 가톨릭 사제들이 수천 건의 아동 대상 성범죄를 실토했다. 2008년 가톨릭교회는 성적 학대에 대한 보상금으로 4억 3,600만 달러를 지불했다. 희생자의 5분의 1 이상이 10세 미만이었다. 이것은 우리가 알고 있는 바이다. 사제의 성생활이 금지된 이후 17세기가 지난 시점에서, 그 같은 범죄가 초래한 고통을 우리가 감히 상상이라도 할 수 있을까? 그것은 가장 이른 것으로 알려진 교황칙령―385년 경 교황 시리치우스Siricius가 발표한 〈교령Decreta〉과 〈하나되어Cum in unum〉―에 의한 것이었다. 이처럼 기본적인 인간 성생활을 허용하지 않은 잘못 때문에 생긴 잊힌 희생자들에게 지고 있는 도덕적 부채란 무엇인가?

1633년 로마 가톨릭교회의 종교재판은 갈릴레오에게 고문하겠다고 위협해, 그의 지식이 잘못되었음을 공개적으로 언급하게 했다. 지구는 우주의 중심에서 움직이지 않는다고 천명하게 했다. 3세기 반 뒤인 1992년 교황 존 폴 2세는 갈릴레오가 전적으로 옳았음을 인정했다. 그러나 그 종교재판은 '선의善意'였다고 말했다.

그런데, '선의'의 종교재판과 같은 종교재판은 이제 불가능하다!

전체 우주가 가장 중요한 지구를 중심으로 돈다는 유치하고 완고한 생각처럼, 선사시대에 관한 표준적 담화는 즉각적이고 원시적인 안도감을 준다. 인류를 무한한 우주의 높은 중심에서 배제하는 우주론을 여러 교황이 묵살했듯이, 인간은 자연법칙의 피조물이라는 사실을 보여주었다는 이유로 다윈이 비웃음을 샀듯이(일부 사람들 사이에서는 지금도 그렇지만), 감정적 반발심 때문에 많은 과학자들은 일부일처제 핵가족을 중심으로 삼지 않는 성적 진화론에 대해서는 눈이 먼 것 같다.

우리는 성적 자유의 시대에 살고 있다고 믿게끔 유도되고 있다. 하지만 이 시대 인간 성생활은 큰 소리로 말해서는 안 되는, 명백하지만 고통스러운 진실로 인해 몸살을 앓고 있다. 우리가 '느낀다고 말하는 것'과 '실제로 느끼는 것' 사이의 충돌은 이 시대의 혼란, 불만족, 불필요한 고통의 가장 큰 근원인 것 같다. 평범하게 제시된 해답은 우리 성생활의 핵심적인 질문들에 대한 답이 되지 못한다. 왜 남자와 여자는 욕구, 환상, 반응, 성적 행동에서 그렇게 다른가? 왜 우리는 결혼을 전적으로 배격하지 않으면서 점차적으로 더 많이 배신하고 이혼하는가? 왜 편부모 가족이 유행처럼 확산되는가? 왜 그렇게 많은 결혼에서 그렇게 빨리 열정이 증발해 버리는가? 무엇이 욕구를 사라지게 만드는가? 지구에서 함께 진화했음에도, 왜 그렇게 많은 남녀가 '우리는 서로 다른 별에서 온 존재였으면 좋겠다'는 생각에 빠져 있는 것인가?

미국 사회는 의학과 비즈니스 지향적이기 때문에 부부 치료, 발기 촉진제, 섹스 조언 칼럼니스트, 부녀지간의 으스스한 순결 의식, 받은 편지함을 통한 끝없는 유혹(예를 들면 "당신의 사랑의 괴물을 촉발시켜라! 그녀가 감사할 것이다!") 등 결혼 · 산업 복합체를 발달시킴으로써 현존하는 이 위기에 반응했다. 트럭 여러 대 분량의 화려한 슈퍼마켓 잡지들은 빈사상태인 우리 성생활에 다시 불을 지핀다면서 동일한 낡은 속임수를 제공한다.

그렇다, 여기에 촛불 몇 개, 저기에는 가랑이 부분이 없는 팬티를 두라, 한 움큼의 장미꽃잎을 침대에 던져두라, 그리고 처음인 것처럼 하라! 당신이 말하는 바는 무엇인가? 그가 아직도 다른 여자에게 눈길을 주는가? 그녀는 아직도 거리낌 없이 실망감을 나타내는가? 당신이 시작하기도 전에 그는 끝내버렸는가?

자, 그러면 당신과 당신의 파트너, 당신의 관계를 괴롭히는 것이 무엇인가를 전문가들이 이해하게 만들자. 아마 그의 음경은 확대할 필요가 있으며 그녀의 질膣은 보수할 필요가 있을 수도 있다. 아마 그는 '헌신의 문제', '파편적 슈퍼에고' 혹은 무서운 '피터팬 콤플렉스'를 가지고 있을지도 모른다. 기분이 우울한가? 당신은 12년간 배우자를 사랑한다고 말하지만, 이전과 같은 방식으로는 성적 매력을 느끼지 못하는가? 당신(혹은 당신들)은 상대에게 유혹당해 봤는가? 아마 당신 둘은 식당 마루에서 그 짓을 하도록 노력해야만 할 것이다. 그렇지 않으면 1년간 매일 밤 그 짓을 해야 한다.[4] 아마 그는 중년의 위기를 겪고 있을 수 있다. 이 알약을 복용하라. 새 헤어스타일을 하라. 당신에게 '뭔가'가 잘못됐음이 분명하다.

선의의 종교재판의 희생자처럼 느끼는가?

우리의 참된 성적 본성에 대한 인격 균열적인 관계는 엔터테인먼트 기업들에게는 결코 뉴스가 아니다. 이들 기업은 공적 발표와 사적 욕망 사이의 균열된 감수성을 오랫동안 반영해 왔다. 2000년 〈뉴욕타임스〉는 "월스트리트가 포르노를 만나다"라는 제하의 기사에서 제너럴모터스가 허슬러 제국의 소유자 래리 플린트보다 더 많은 그래픽 섹스필름을 팔았다고 보도했다. 제너럴모터스의 자회사인 디렉TV에 가입한 800만 명 이상의 미국인들이 위성방송 공급자들이 제공하는 유료 섹스영화에 매년 약 2억 달러를 지출했다. 루퍼트 머독은 폭스뉴스 네트워크와 미국의 선도적 보수 신문 〈월스트리트저널〉의 소유주이다. 그는 플레이보이사가 잡지와 케이블, 인터넷 사업을 합쳐 버는 것보다 더 많은 외설물 수입을 위성방송 회사를 통해 얻어 왔다.[5] 보수적 가치의 또 다른 지지자인 AT&T사는 〈핫 네트워크〉를 통해 노골적인 포르노를 미국 전역 100만 개가 넘는 호텔 객실에 팔고 있다.

만약 우리가 인간 성생활에 관한 전통적인 모델-일부일처제가 자연스러운 것이고, 결혼은 인간에게 보편적인 것이며, 핵가족이 아닌 가족 구조는 일탈이라는 것-에 집착한다면, 광적인 미국의 성적 위선을 설명할 길이 없다. 우리는 우리 자신에 관한 새로운 이해를 필요로 한다. 그것은 설교적 선언이나 느낌 좋은 할리우드식 환상에 기초한 것이 아니라, 인간 성생활의 참된 기원과 본성을 밝히는 풍부한 과학적 자료를 수치심 없이 용기 있게 평가하는 것이어야 한다.

우리는 우리의 에로티시즘과 전쟁을 하고 있다. 우리는 배고픔, 기대, 실망

---

4) 다음을 보라. "Yes, dear. Tonight again." Ralph Gardner, Jr. *The New York Times*(2008년 6월 9일자). http://www.nytimes.com/2008/06/09arts/09iht-08nights.13568273.html?_r=1.
5) 완전 공개: 머독은 또한 이 책의 발행자인 하퍼콜린스사를 소유하고 있다.

서문 **15**

과 싸운다. 종교, 정치 그리고 과학조차도 생물학적 진실 그리고 수백 년 간 진화해 온 욕구와 싸운다. 다루기 힘든 이 싸움을 어떻게 진정시킬 것인가?

우리는 앞으로 이 책에서 우리 시대에 가장 중요한 과학의 일부를 재평가한다. 우리는 결혼, 가족구조, 성생활에 관한 우리 시대의 관념에 내포된 뿌리 깊은 가정假定에 의문을 제기한다. 이는 우리 각자에게 매일 밤낮으로 영향을 미치는 이슈들이다.

인간은 음식, 주거지, 안전, 자녀 양육, 심지어 성적 즐거움 등 거의 모든 것을 공유한 친밀한 집단에서 진화했다는 것을 우리는 보여줄 것이다. 우리는 인간이 선천적인 마르크스주의 히피들이라고 주장하지 않는다. 선사시대에는 낭만적 사랑을 몰랐거나 그것이 중요하지 않았다고 주장하지도 않는다. 그러나 이 시대의 문화가 사랑과 섹스의 관련성을 오도誤導한다는 점을 보여줄 것이다. 사랑이 있었든 없었든, 일회성 성생활은 선사시대 우리 조상들의 표준이었다.

어쩌면 이미 당신이 하고 있을지도 모르는 질문에 대해 이야기해 보자. 선사시대의 섹스에 관해 어떻게 알 수 있는가? 오늘날 살고 있는 어느 누구도 선사시대의 삶을 목격하지 못했다. 또 사회적 행위는 화석을 남기지 않는다. 그렇다면 이 모든 것은 단순한 어림짐작에 불과하지 않을까?

그렇지 않다. 싸움에서 다른 남자의 손가락을 물어뜯은 남자의 재판에 관한 오래된 이야기가 있다. 한 목격자가 증언대에 섰다. 피고 측 변호사가 "내 고객이 손가락을 물어뜯는 것을 실제로 보았습니까?"라고 물었다. 목격자는 "아니오. 보지 못했습니다."라고 대답했다. 변호사는 의기양양한 미소를 지으며 "네! 그렇다면 어떻게 내 고객이 그 남자의 손가락을 물어뜯었다고 주장합니까?"라고 말했다. 목격자는 "그가 손가락을 뱉어내는 것을 보았습니다."라고 대답했다.

우리는 전 세계의 사회들로부터 얻은, 그리고 인간과 밀접한 연관성이 있는 비非인간 영장류들로부터 얻은 방대한 환경적 증거뿐 아니라, 진화가 뱉어낸 것들 중 일부를 들여다 볼 것이다. 아직도 유효한 우리 몸의 해부학적 증거 그리고 우리의 포르노와 광고, 일과 후 특별할인 시간대에 표현된 성적 새로움에 대한 갈망을 검토할 것이다. 고요한 한밤중에 당신의 이웃집 아내가 황홀경에서 내는 '교성嬌聲'에 담긴 메시지도 해독할 것이다.

• • •

인간 성생활에 관한 최근 문헌에 친숙한 독자들은 우리가 '인간의 성적 진화에 대한 표준적 담화'(이하 '표준적 담화'라고 줄임)라고 부르는 것에도 익숙할 것이다. 그것은 다음과 같다.

1. 소년이 소녀를 만난다.
2. 소년과 소녀는 서로 다른 생식 관련 의제·능력에 기초해 상대의 '짝 가치'를 평가한다.
   - 그는 젊음의 징후, 생식력, 건강, 과거 성적 경험의 부재不在, 미래의 성적 정절의 가능성을 기대한다. 달리 말해 그의 평가는 생식력 있고 건강하며 젊은 짝 – 앞으로 자녀를 낳을 가임기간이 많이 남아 있고, 그의 재산을 축낼 자녀가 없는 짝 – 을 찾는 데 치우쳐 있다.
   - 그녀는 부富의 징후(혹은 적어도 미래의 부의 가능성), 사회적 지위, 육체적 건강, 가까이에서 자신의 자녀를 보호하고 먹여줄 수 있는 가능성을 기대한다. 그녀의 짝은 그녀 – 특히 임신과 수유 기간 중에 – 와 그들의 자녀들 – '남성의 부모투자male parental investment'로 알려져 있다 – 을 위해 물질적으로 먹여줄 의지와 능력이 있어야만 한다.
3. 소년은 소녀를 얻는다. 서로의 기준을 충족시킨다는 가정 하에 그들은 '짝짓기'를 하며 장기간 배우자 결속 – 저명한 작가 데스몬드 모리스Desmond Morris가 언급한 '인간 종種의 기본 조건' – 을 형성한다. 일단 배

우자 결속이 형성되면 이후 상황은 다음과 같다.

- 그녀는 남편이 떠날 것을 고려한다는 조짐에 대해서는 민감—남편의 재산과 보호에 대한 자신의 권리를 위협할 수 있는 다른 여자와 친밀하게 지내는 것을 포함한 부정不貞의 조짐을 경계—할 것이다. 동시에 그녀는 유전적으로 남편보다 우월한 남자와 재빨리 바람피우기 위해 기회를 노린다(특히 배란기 무렵에).

- 그는 아내의 *성적 부정*—그에게 가장 중요한 부성父性 확실성을 손상시킬 수 있는 부정—의 조짐에 민감할 것이다. 동시에 다른 여성들과 단기적인 성적 기회를 철저히 누린다(그의 정자는 쉽게 만들어지고 풍부하기 때문에).

연구자들은 수십 년간 전 세계적으로 행해진 연구들을 통해 이 같은 기본 양식이 확인됐다고 주장한다. 연구 결과들은 인간의 성적 진화에 대한 표준적 담화를 입증하는 것처럼 보이며, 그 설명은 상당히 일리 있는 것처럼 보인다. 그러나 그렇지 않다.

우리는 이런 양식이 현대 세계의 많은 부분에서 작동한다는 점을 반박하지는 않는다. 하지만 우리는 그것을 선사시대에 뿌리 내린 인간 본성의 구성요소로 보지 않고, 현대의 사회적 상황에 적응—그것 중 많은 것들은 1만 년도 채 되기 전인 농업의 시작과 함께 도입됐다—한 것으로 본다. 이 같은 행동과 선호 현상은 생물학적으로 우리 종의 특성으로 프로그램된 것이 아니다. 그것은 오히려 인간 두뇌의 유연성, 공동체가 가진 창조적 잠재력의 증거이다.

한 가지만 예를 들어보자. 여성이 부富에 접근할 수 있는 남성을 외형상 부단히 선호하는 것은, 표준적 담화의 주장과 달리 선천적, 진화론적 프로그래밍의 결과가 아니다. 그것이 우리의 주장이다. 단지 여성이 행동을 통해, 남성이 불합리하게 많은 자원을 지배하는 세상에 적응한 것이라고 우리는 주장한다. 상세히 알아보겠지만, 100세기 전 농업이 도입되기 이전에는 여성도 남성만큼 음식, 안전, 사회적 지원을 받을 수 있었다. 인간 사회가 농업 공동체 정착생활로 격변함에 따라, 여성의 생존 능력에 급격한 변화가 생겼다. 갑자기 여성은 자신과 자녀들의 생존에 필요한 재산과 보호를 얻기 위해 자신의 생식력을 교환해야 하는 세상에 살게 됐다. 그러나 이런 환경은 이전에 우리 종이 진화해온 환경과는 매우 다르다.

우리 종이 생존한 전체 기간과 비교했을 때, 1만 년은 아주 짧은 순간이라는 사실을 기억하는 것이 중요하다. 우리의 직접적인 조상들이 수렵채집[6] 생활을 하는 소규모 사회집단을 이뤄 살았던, '사람속屬'의 혈통이 출현한 이후의 약 200만 년을 무시한다 해도, '해부학상 현대 인류'는 약 20만 년 동안 존재한 것으로 평가된다. 대략 기원전 8,000년까지 거슬러 올라가는 농업의 가장 초기 증거에 비춰 봐도, 우리 종이 농업 정착사회에서 살았던 기간은 기껏해야 우리의 집단적 경험의 5%를 대변할 뿐이다. 불과 수백 년 전까지만 해도 지구의 대부분은 수렵채집인들이 지배했다.

따라서 인간 성생활의 근원적 뿌리를 추적하기 위해서는, 인류의 최근 역사의 얇은 층層 밑을 들여다보는 것이 필수적이다. 농업이 시작되기 전까지 인간은 거의 모든 것을 엄격히 공유共有하는 조직화된 사회에서 진화했다. 그러나 이 모든 공유가 어떤 사람도 *고결한 야만인*noble savage으로 만들지는 못한다. 세금이나 보험료를 지불할 때의 당신이 고결하지 않듯이 이 같은 농업 이전의 사회도 고결하지 않았다. 보편적이면서 문화적으로 강제된 공유는, 고도로 사회화한 우리 종이 위험을 최소화하는 데 가장 효과적인 수단이었을 뿐이다. 나중에 보게 되겠지만, 공유와 개인적 이해는 상호 배타적인 것이 아니다. 많은 인류학자들이 '극단적 평등주의fierce egalitarianism'라고 부른 것은, 농업이 도입되기 전 수백 년 동안 전 세계적인 사회조직의 지배적 양식이었다.

그러나 일단 농업과 가축 사육을 시작하자, 인간 사회는 급진적 방식으로

---

6) 이 책에서 우리는 'foragers'라는 용어와 'hunter-gatherers'라는 용어를 상호 대체 가능한 것으로 사용한다(역주: 둘 다 수렵채집인으로 번역한다).

변했다. 사회는 계급에 기초한 정치구조, 사유재산, 인구 집중적인 주거, 여성 지위의 급속한 변화, 다른 사회적 환경설정을 초래했다. 이런 환경설정은 우리 종에게 수수께끼 같은 재난을 의미한다. 가령 인구 증가는 삶의 질 추락을 의미한다. 작가 자레드 다이아몬드Jared Diamond는 "농업으로의 변천은 우리가 결코 회복하지 못한 재앙이다."[7]라고 썼다.

여러 형태의 증거에 따르면, 농업 이전 시대(선사시대)의 우리 조상들은 성인 대부분이 어떤 특정 시기에 여러 상대와 성적 관계를 가졌을 것으로 추정되는 집단에서 살았다. 이런 성적 관계는 비록 흔히 일회성이었지만, 우연한 것이거나 의미 없는 것이 아니었다. 정반대로 그것은 고도로 상호의존적인 이들 공동체를 결합시키는 중요한 사회적 유대를 강화했다.[8]

결정적으로 일회성인, 우정이 넘치는 선사시대의 성생활은 우리 몸에서, 상대적으로 고립된 현존 사회들의 관습에서, 현대 서양문화의 놀라운 일부 귀퉁이에서 반복된다. 우리는 그에 관한 결정적인 증거를 발견했다. 어떻게 우리의 침실 행위, 포르노 선호, 환상, 꿈, 성적 반응이 모두 성적 기원에 관한 이 변경된 이해理解를 지지하는가를 우리는 보여줄 것이다. 이 책의 다음 부분에서 당신이 답을 얻게 될 질문들은 다음과 같다.

- 왜 그렇게 많은 커플이 장기간 성적 정절을 지키는 것이 그토록 힘든가?
- 왜 사랑이 깊어지는데도 흔히 성적 열정은 사라지는가?
- 왜 남자는 흔히 너무 빨리 오르가슴에 도달하고 곧 흥미를 잃는 반면, 여자는 잠재적으로 다多오르가슴 성향인가?
- 성적 질투심은 인간 본성에서 피할 수 없는, 통제할 수 없는 부분인가?
- 왜 인간의 고환은 고릴라보다 훨씬 크면서 침팬지보다는 작은가?

---

7) Diamond (1987).
8) 그 같은 관계는, 수렵채집인의 특징인 샤머니즘적인 종교에 공통적인 집단 결속 의식 참여를 포함하는 많은 집단 정체성 고양 기술의 일부였을 것이다. 흥미로운 것은 그 같은 집단 정체성 확인 의식들은 흔히 음악-오르가슴처럼 감정적 유대 형성에 가장 관련성이 큰 옥시토신 호르몬을 분비시킨다-을 동반하는 점이다. 음악과 사회적 정체성에 관해 더 알고자 하면 다음을 보라. Levitin (2009).

• 성적 좌절은 우리를 아프게 만들 수 있는가? 어떻게 오르가슴 결핍이 역사상 가장 흔한 질병들 중 하나의 원인이 되는가? 그리고 그것은 어떻게 치료되었는가?

수 쪽에 담긴 수백만 년

간단명료하게 말하면, 우리가 앞으로 이 책에서 말하려는 이야기는 다음과 같다. 수백만 년 전 우리의 옛 조상(호모에렉투스Homo erectus)은 고릴라와 같은 짝짓기 방식―우두머리 수컷이 아내들을 획득하고 유지하기 위해 싸우는 것―에서 대부분의 남성이 여성에게 성적으로 접근하는 방식으로 변천했다. 이런 변화를 뒷받침하는 화석 증거를 부정하는 전문가는 거의 없다.[9]

그러나 이 같은 변천의 의미를 살필 때, 우리는 일반인과 표준적 담화를 지지하는 사람을 구분한다. 표준적 담화는 그 변천의 의미가 '장기간의 암수 한 쌍 결합이 언제 우리 種에서 시작됐는가'이라고 주장한다. 만약 모든 남성이 한 번에 한 명의 여성과 짝짓기를 할 수 있었다면, 대부분의 남성은 자신의 여자라고 부를 수 있는 한 명의 여성으로 끝냈을 것이라는 것이다. 사실, 인간의 선천적인 성생활의 본성에 관한 논쟁에는 오직 두 종류의 선택만이 수용 가능한 것으로 보이는데, 인간이 일부일처제(M–F) 아니면 일부다처제(M–FFF+)로 진화했느냐 하는 것이다. 대개 여성은 전자를 선호하고, 대부분의 남성은 후자를 선택한다는 결론에 이른다.

그러나 대부분의 남녀가 동시에 하나 이상의 성적 관계를 갖는 곳에서의 복합적 짝짓기에 대해서는 무엇이라고 할 것인가? 거의 모든 관련 증거들이 그 방향을 적시한다. 그럼에도 왜 선사시대의 난교亂交는, 도덕적 혐오감과 무관하게, 고려조차 되지 않는가?

---

9) 이와 같은 변천의 정확한 시기에 관해서는 최근 의문이 제기됐다. 다음을 보라. White and Lovejoy (2009).

결국 인간이 진화해 온 수렵채집인 사회들은 거의 모든 것을 공유하는, 고도로 평등한 소규모 집단들이었다. 어디에 살든 수렵채집인의 *즉각 보상* immediate return 삶의 방식은 놀랍도록 일관성을 갖는다.[10] 보츠와나의 꿍산!Kung San족은 호주 오지 원주민들, 아마존 우림 오지의 부족들과 많은 공통점을 가지고 있다. 인류학자들은 '극단적 평등주의'에는 즉각 보상의 수렵채집인 사회가 거의 보편적이라는 것을 반복해서 보여주었다. 공유는 단순한 권장사항이 아니라 의무이다. 예를 들면, 식량을 비축하거나 숨기는 것은 이들 사회에서는 매우 수치스러운 일, 거의 용서받지 못할 행위로 간주된다.[11]

수렵채집인들은 고기를 동일하게 나눠 분배하고, 타인의 자녀에게 서로 젖을 물리며, 서로 사생활을 전혀(혹은 거의) 가지지 않고, 생존을 위해 서로에게 의존한다. 우리 사회가 사유재산과 개인의 책임이라는 관념을 중심으로 도는 것만큼, 그들의 사회는 반대 방향으로, 즉 집단 복지, 집단 정체성, 깊은 내적 관계, 상호의존을 향해 돈다.

이것은 순진한 뉴에이지(역주: 기존 서구식 가치와 문화를 배척하고 종교, 의학, 철학, 천문학, 환경, 음악 등의 집적된 발전을 추구하는 신문화운동) 이상주의, 잃어버린 물병자리 시대(역주: 1960년대에 시작해서 2,000년간 지속된다는 새로운 자유의 시대)를 아쉬워하는 소리 또는 선사시대 공산주의에 대한 찬양으로 들릴 수도 있다. 하지만 진지한 학자들은 농업 이전 사회의 이런 특징을 하나도 반박하지 않는다. 평등주의 사회조직이 모든 환경의 수렵채집인 사회에서 사실상의de facto 시스템이었다는 데에는 압도적인 합의가 성립돼 있다. 실제로 수렵채집인 사회에서는 다른 시스템이 작동할 수 없었다. 공유의 의무는 모두의 이익을 위해 위험을 분산하는 최선책일 뿐이다. 공유에 대한 강제적인 참여는 실용적일까? 그렇다. 고결한 것일까? 거의 그렇지 않다.

---

10) 인류학자 제임스 우드번James Woodburn은 수렵채집인 사회를 '즉각 보상'(단순)과 '지연 보상'(복잡) 시스템으로 분류했다. 전자에서는 음식을 획득한 지 며칠 내에 정교한 가공이나 저장 없이 먹는다. 다른 언급이 없다면 우리는 이 사회를 지칭한다.

11) 공유에 기초한 수렵채집 경제에 관해 더 알고자 하면 다음을 보라. Sahlins (1972), Hwakes (1993), Gowdy (1998), Boehm (1999), 또는 National Geographic에 실린 Michael Finkel의 햇자Hadza 부족 관련 기사. 이 기사는 다음에서 볼 수 있다. http://ngm.nationalgeographic.com/2009/12/hadza/finkel-text.

우리는 이 공유 행위가 섹스에도 마찬가지로 확대됐다고 믿는다. 영장류학, 인류학, 해부학, 심리학의 많은 연구들은 근본적으로 동일한 결론에 도달한다. 인간과 그 조상들은 과거 수백만 년의 거의 대부분을 친밀한 소규모 집단 형태로 살았다. 그 집단 안에서 대부분의 성인들은 정해진 시기에 여러 성적 관계를 맺었다. 이 같은 성적 접근은 약 1만 년 전 농업과 사유재산이 등장할 때까지 지속됐다. 방대한 과학적 증거들 외에 많은 탐험가들, 선교사들, 인류학자들이 이 견해를 지지한다. 그들은 진탕 마시고 노는 의례儀禮, 수그러들지 않는 배우자 공유, 죄의식이나 수치심이 전혀 없는 공개적인 성생활 등에 관한 이야기가 풍부한 글을 썼다.

만약 당신이 인간과 가장 밀접한 영장류와 함께 시간을 보낸다고 하자. 그러면 당신은 침팬지 암컷이 섹스를 원하는 대부분의(혹은 모든) 수컷들과 매일 수십 차례 교미하는 것을 보게 될 것이다. 또 모든 구성원을 편안하게 만들며 강력한 사회적 유대를 유지해 주는, 보노보의 난무하는 그룹섹스를 보게 될 것이다. 특정한 포르노그래피에 관한 현대인의 갈망에 대해 또는 인간이 성적으로 장기간 한 파트너만 상대하기가 그토록 힘든 현상에 대해 탐구해 보라. 그러면 곧 당신은 성욕 과잉인 우리 조상들의 유물들을 보고 놀라 휘청거리게 될 것이다.

우리 몸도 같은 이야기를 반복한다. 남성의 고환은 일부일처제적인 영장류가 필요로 하는 것보다 훨씬 더 크고, 몸 밖에 취약하게 달려 있는데 그것은 낮은 온도를 통해 정자 세포가 여러 번 사정射精을 할 수 있도록 준비하는 데 도움을 준다. 또한 남성은 아주 빨리 오르가슴에 도달하는 놀라운 성향을 가졌을 뿐 아니라, 지구상 어떤 영장류보다 길고 두터운 성기를 가지고 있다. 여성의 늘어진 가슴(자녀에게 젖을 먹이는 데 전적으로 불필요하다), 무시할 수 없는 환희의 울음(무감각한 군중을 향한 *여성의 교성*), 오르가슴 뒤에 또 오르가슴을 느끼는 능력은 모두 선사시대의 난교亂交에 관한 이런 견해를 지지한다. 이들 각각은 표준적 담화에서는 중대한 골칫거리가 된다.

일단 계절마다 같은 땅에서 농사를 짓게 되자, 대부분의 사회에서 작동 방식modus operani이 공동 소유에서 사유재산으로 재빨리 대체됐다. 이동하는 수렵채집인들은 개인 재산-운반을 필요로 하는 것-을 최소화한다. 여기에는 분명한 이유들이 있다. 누가 땅을, 강의 물고기를, 하늘의 구름을 소유하는가에 관해서는 거의 생각지 않는다. 남성들-그리고 종종 여성들-은 함께 위험에 대처한다. 개별 남성의 '부모투자'-달리 말해서 표준적 담화의 핵심 요소-는 우리가 진화해 온 곳과 같은 사회에서는 분산되는 경향이 있으며, 전통적 모델의 주장과 달리 특정한 한 여성과 그녀의 자녀들을 향하지 않는다.

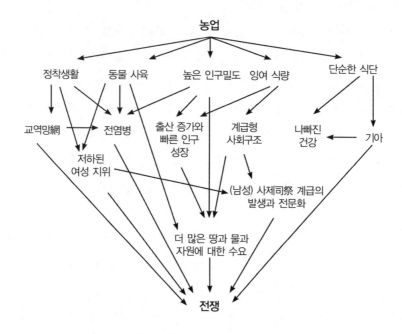

그러나 농업공동체 정착생활을 시작했을 때, 사회적 현실은 돌이킬 수 없을 정도로 뿌리 깊이 변화했다. 갑자기 당신의 땅이 어디서 끝나며, 이웃의 땅이 어디서 시작되는가를 아는 것이 결정적으로 중요해졌다. 십계명을 기억해 보라. "이웃의 집을 탐하지 마라. 네 이웃의 아내를 탐하지 마라. 네 이웃의 남

녀 하인, 소, 당나귀 그리고 네 이웃에게 속하는 어떤 것도 탐하지 마라." 농업 혁명의 가장 큰 패배자—아마도 노예는 제외하고—가 여성이었다는 것은 명백하다. 여성은 수렵채집인 사회의 중심이며 존경받는 위치에서 집, 노예, 가축과 마찬가지로 남성이 얻고 지켜야 할 또 하나의 소유물로 전락했다.

고고학자 스티븐 미슨Steven Mithen은 "농업의 기원은 인류 역사의 결정적 사건이다. 여타의 모든 동물과 과거의 인간 유형과는 전적으로 다른 생활방식과 인식을 가진 현대 인간을 출현시킨 전환점이다."라고 말한다.[12] 농업으로의 이행은 우리 종의 이야기에서 중심점이다. 그것은 불의 통제, 마그나 카르타(대헌장), 인쇄기, 증기기관, 핵核 분열 그리고 다른 어떤 것보다 더 근본적으로 인간의 삶의 방향을 바꿨다. 농업 문화와 함께 사실상 모든 것이 변했다. 즉 지위와 권력의 본질, 사회구조와 가족구조, 인간이 자연세계와 상호작용하는 방법, 기도의 대상인 신神, 집단 간 전쟁 가능성과 그 본질, 삶의 질, 수명, 그리고 확실히 성생활을 지배하는 규칙들이 변했다. 〈섹스의 선사시대The Prehistory of Sex〉의 저자인 고고학자 티모시 테일러Timothy Taylor는, 관련 고고학적 증거에 관한 연구를 통해 다음과 같이 언급한다. "수렵채집인의 섹스는 공유와 상보성相補性 개념의 모델이 된 반면, 초기 농업사회의 섹스는 관음증 성향에다 억압적이고 동성애를 혐오하며 생식에 초점이 맞춰져 있었다." 그는 "농부들은 야생野生이 두려워 그것을 파괴하기 시작했다."[13]라고 말한다.

이제 땅은 소유할 수 있고 다음 세대로 물려줄 수 있게 됐다. 사냥과 채집을 통해 확보했던 식량은 이제 씨를 뿌리고, 관리하고, 수확하고, 저장하고, 지키고, 사고, 팔아야 하는 것으로 됐다. 울타리와 담장, 관개灌漑 시스템을 만들고 보강해야 했다. 그 모든 것을 지키기 위해 군대를 양성하고 먹이고 통제해야만 했다. 사유재산 때문에 우리 종의 역사상 처음으로 부성父性이 중요한 관심사가 됐다.

---

12) Mithen (2007), p. 705.
13) Taylor (1996), pp. 142-143. 테일러의 책은 인간의 성적 기원에 관한 탁월한 고고학적 설명이다.

그러나 표준적 담화는 부성 확실성이 항상 우리 종에게 가장 중요했으며, 유전자가 우리에게 부성을 중심으로 성생활을 조직하도록 지시한다고 주장한다. 그런데 왜 인류학적 기록은 생물학적 부성이 거의(혹은 전적으로) 중요하지 않은 사회들에 관한 사례들이 많은가? 부성이 중요하지 않는 곳에서는 남성이 여성의 성적 정절에 상대적으로 무관심해지는 경향이 있다.

이런 실생활의 사례들을 살펴보기 전에, 먼저 유카탄 반도를 재빨리 여행해 보자.

제1부

그럴 듯한 것의 기원

제1장 유카탄 반도를 기억하라!

상상의 기능은 이상한 것을 안정시키는 것이 아니라, 오히려 안정된 것을 이상하게 만드는 것이다.

체스터튼G. K. Chesterton

알라모(역주: 1836년 텍사스 독립전쟁 중 벌어진 전투)는 잊어 버려라. 유카탄 반도가 훨씬 더 유용한 교훈을 준다.

1519년 초봄이었다. 에르난 코르테스Hernán Cortés와 그의 부하들이 멕시코 본토 연안에 막 도착했다. 그 정복자는 부하들에게 원주민 한 명을 배 갑판으로 데려오라고 명령했다. 그리고 그 원주민에게 그들이 발견한 이국적인 장소의 이름을 물어보았다. 원주민이 'Ma c'ubah than' 이라고 대답했는데 스페인인인들은 '유카탄' 으로 알아들었다. 충분히 그럴 수 있었다. 코르테스는 그날 이후 유카탄과 그곳에 매장된 금은 전부 스페인 국왕 소유라는 것 등을 선언했다.

4세기 반 뒤인 1970년대에, 고대 마야 방언을 연구하는 언어학자들은 'Ma c'ubah than' 은 '나는 당신의 말을 이해하지 못한다' 는 뜻이라고 결론지었다.[1]

매년 봄, 수천 명의 미국 대학생들이 '나는 당신의 말을 이해하지 못한다'

---

1) 이 설명은 다음에 나온다. Todorov (1984). 그러나 그 일에 관한 토도로프의 견해는 보편적으로 받아들여지지는 않는다. 가령 (스페인어로 된) 다른 어원에 관한 검토를 위해서는 다음을 보라. http://www.yucatantoday.com/culture/esp-yucatan-name.htm.

반도의 아름다운 해변에서 젖은 티셔츠 경연대회, 거품 파티, 젤로Jell-O(역주: 과일의 맛, 빛깔, 향을 낸 디저트용 젤) 레슬링 등으로 이 일을 기념한다.

혼동을 앎으로 오인하는 일은 봄방학에만 발생하는 것이 아니다. 우리 모두는 이런 함정에 빠진다. (어느 날 밤, 한 친한 여자 친구는 저녁 식사를 하면서 자신이 가장 좋아하는 비틀즈의 노래는 〈헤이 듀드Hey Dude〉라고 말했다.) 수 년간의 훈련에도 불구하고, 과학적인 유형의 사람들은 자신의 편견과 무지를 투사投射할 때에도, 어떤 것을 관찰하고 있다는 착각에 빠진다. 우리 모두가 공유한 동일한 인지認知 오류가 과학자들의 실수를 유도한다. 우리가 안다고 생각하지만 실제로는 알지 못하는 것에 대해 확신하기는 힘들다. 우리는 지도를 잘못 읽어도 현재 위치를 안다고 확신한다. 반대 증거에도 불구하고, 우리 대부분은 직감을 따르는 경향이 있다. 그러나 직감은 신뢰할 수 있는 안내자가 아니다.

당신이 먹는 것이 바로 당신이다

음식을 예로 들어보자. 음식에 대한 열망과 혐오는 음식 자체의 어떤 것 때문이라고 우리 모두는 가정한다. 그러나 그것은 우리 문화가 미리 프로그래밍한 종종 임의적인 반응이라는 주장에 반대된다. 우리는 호주인이 야구보다 크리켓을 더 좋아하는 것, 또는 프랑스인이 제라르 드빠르디유Gérard Depardieu가 섹시하다고 생각하는 것을 이해한다. 그러나 당신이 밤공기에서 나방을 낚아채, 파닥거리고 먼지 나는 그것을 먹겠다는 생각을 하게 되려면 그 전에 당신이 얼마나 배가 고파야 하겠는가? '펄떡거린다, 오도독 씹는다, 액체가 흐른다.' 당신은 침으로 만든 맥주로 그것을 씻어낼 수도 있을 것이다. 양의 뇌 한 접시는 어떻게 들리는가? 육즙 소스를 칠해 구운 강아지는? 우리가 당신을 돼지의 귀나 새우 머리에 관심을 갖도록 할 수 있을까? 당신이 씹는 것이, 노래하는 새를 프라이팬에 바싹 구운 것이라면? 그 새의 뼈나 부리 그리고 다른 것들이라면? 잔디에서 하는 크리켓 게임은 그렇다 치고, 프라이팬에 구운 귀뚜라미들이 레몬 향이 나는 풀 위에 놓여 있다면(역주: 크리켓 게임과 귀뚜라미의 영어 철자는 cricket으로 동일하다)? 그것은 역겹다.

아니면? 양고기 갈비는 좋은데 왜 당신은 양의 뇌에서 공포를 느끼는가? 왜 당신은 돼지의 어깨, 뒷다리, 복부는 좋으면서 귀, 코, 발을 먹는 것은 역겨워하나? 바닷가재는 메뚜기와 어떻게 그렇게 다른가? 누가 맛있는 것과 역겨운 것을 구분하나? 그리고 그 기준은 무엇인가? 그 모든 예외는 무엇인가? 돼지의 남은 부위를 갈아서 창자에 채운 다음, 당신은 그것을 좋은 소시지나 핫도그로 만들어 먹어왔다. 당신은 감자튀김과 케첩, 소금과 후추처럼 베이컨과 계란의 조합이 잘 어울린다고 생각할 수 있다. 그러나 아침식사로서의 베이컨과 계란의 조합은 약 100년 전 베이컨 판촉을 위해 고용된 한 광고회사가 생각해낸 것이다. 네덜란드인은 감자튀김을 케첩이 아닌 마요네즈와 함께 먹는다.

벌레 먹는 것을 역겨워하는 것이 합리적이라고 생각하는가? 다시 생각해보라. 건조시킨 귀뚜라미 100g은 철 1,550mg, 칼슘 340mg, 아연 25mg을 함유한다. 이 세 가지 종류의 무기물은 만성 빈곤층의 식단에서 종종 결핍되어 있다. 곤충은 소고기나 돼지고기보다 무기물과 몸에 좋은 지방 성분이 더 풍부하다. 외골격과 더듬이, 너무 많은 다리 때문에 질겁했는가? 그렇다면 잔디Turf에 충실하고 파도Surf는 잊어버려라. 왜냐하면 새우, 게, 바닷가재는 메뚜기와 마찬가지로 모두 절지동물이기 때문이다. 그리고 그것들은 바다 밑바닥에 가라앉아 있는 것 중에서 가장 지저분한 것들을 먹는다. 그러니 벌레들의 역겨운 식단에 대해서는 말하지 마라. 어쨌든 지금 당장 당신의 치아 사이에 벌레 조각들이 끼어 있을 수도 있다. 미국 식품의약국은 소속 감독관들에게 후추 50g당 평균 475mg 이상의 곤충 조각을 발견하지 않는 한, 후추 속 곤충 조각을 무시하라고 말한다.[2] 오하이오 주립대의 자료표에 따르면, 미국

---

2) 미국 식품의약국의 거시분석과정 매뉴얼(향신료 분석법)에서. 다음에서 온라인 접속이 가능하다.
http://www.fda.gov/Foods/ScienceResearch/LaboratoryMethods/MacroanalyticalProceduresManualMPM/ucm084394.htm.

인은 부지불식간에 매년 평균 1~2파운드의 곤충을 먹는 것으로 평가된다.

최근 한 이탈리아 교수는 〈소형 가축의 생태적 의미: 곤충, 설치류, 개구리, 달팽이의 잠재력〉이란 글을 발표했다. 윌리엄 살레탄William Saletan은 슬레이트 닷컴Slate.com에 쓴 글에서 '선라이즈 랜드슈림프Sunrise Land Shrimp' 라는 이름의 회사에 관해 말한다. 그 회사의 로고는 '음음. 그것은 좋은 랜드 슈림프야!' 이 다. 랜드 슈림프Land Shrimp가 무엇인가에 관해서는 세 가지 추측이 있다.

• • •

위체터 그럽witchetty grub(역주: 호주 나무뿌리 유충의 일종)은 필로phyllo 반죽 페 이스트리에 싸인, 호두향이 첨가된 으깬 달걀과 부드러운 모차렐라 치즈 맛이 난 다… 이것은 정말 맛있다.

피터 멘젤Peter Menzel과 페이스 달뤼시오Faith D'Aluisio,
〈배고픈 세상: 세계가 먹는 것Hungry Planet: What the World Eats〉

초기에 호주를 여행한 영국인들은, 자신들이 만난 원주민들이 비참하게 살고 있으며 만성적 기근에 시달린다고 보고했다. 원주민들은 대부분의 수렵 채집인과 마찬가지로 농업에는 관심이 없었다. 그 유럽인들은 광범위한 기근 에 대해 편지와 잡지로 보고하면서도 원주민들이 전혀 수척하지 않다는 사실 에 당혹했다. 사실 원주민들은 방문자들이 더 뚱뚱하고 게으르다고 여겼다. 그러나 유럽인들은 원주민들이 굶주려 죽을 정도라고 확신했다. 왜? 왜냐 하 면 그들은 원주민들이 최후의 수단-곤충, 위체터 그럽, 쥐를 먹는 것-에 의 지하는 것을 보았기 때문이다. 확실히 그것들은 굶주리지 않는다면 아무도 먹지 않을 생물들이다. 그 음식들이 영양가가 높고, 풍부하며, 호두 향을 곁 들인 으깬 계란과 부드러운 모차렐라 치즈 맛을 낼 수 있다는 생각을 영국인 들은 하지 못했다. 그들이 해기스haggis(역주: 양의 내장으로 만든 순대 비슷한 스코틀랜드 음식)와 고형 크림이 먹고 싶어 향수병에 걸렸다는 것은 의심할 나위가 없다.

좋은 유충. 사진: 글렌 로즈Glenn Rose와 대릴 프리츠Daryl Fritz

우리의 관점? 어떤 것이 자연스럽다 혹은 부자연스럽다고 '느껴지는' 것은 실제로 그렇다는 의미가 아니다. 침으로 만든 맥주를 포함해, 앞서 예로 든 모든 것은 어디에선가 맛있는 것이 된다. 그 사람들은 당신이 규칙적으로 먹는 많은 것들을 역겨워할 것이다. 특별히 우리는 식생활이나 섹스처럼 친숙하고, 개인적이며, 생물학적인 경험에 관해 이야기 할 때, 문화적으로 친숙한 것이 마음속 깊이 파고든다는 것을 잊어서는 안 된다.

문화적으로 친숙한 것이 우리의 눈금판을 조절하고 우리의 스위치를 누르는 것을 우리는 느낄 수가 없다. 그러나 모든 문화는 그 구성원들에게 어떤 것은 자연스럽게 옳고 다른 것은 자연스럽게 그르다고 믿게끔 한다. 이런 믿음은 옳다고 느껴질 수 있다. 하지만 그것은 우리가 위험을 각오하고 신뢰하는 느낌이다.

그 초기 유럽인들처럼, 우리는 무엇이 정상이며 자연스러운 것인가에 관한 인식의 제약을 받는다. 우리 모두는 한 부족 또는 다른 부족의 구성원이다. 이 부족은 문화, 가족, 종교, 계급, 교육, 고용, 팀 가입이나 특정한 수의 다른 기준에 의해 결속된다. *인간적인 것으로부터 문화적인 것을 식별하기 위해 필수적인 첫 단계*는 신화학자 조셉 캠벨Joseph Campbell이 말한 '부족 인습에서의 탈피detribalization'이다. 우리는 우리가 속한 여러 부족들을 인식해야 하며, *진실에 대해 그 부족들이 실수하는 검증되지 않은 가정假定들로부터 벗어나야*

한다.

질투심은 단지 *자연스러운* 것이기 때문에 우리가 친구들을 질투한다고 권위자들은 확신한다. 여성이 성적 친밀감을 느끼기 위해 헌신을 필요로 하는 것은 '원래 그렇게 되어 있기 때문'이라고 전문가들은 말한다. 가장 뛰어난 진화심리학자들 중 상당수는 기본적으로 인간은 질투하고, 소유하려 들며, 서로 죽이고 속이는 종족임이 과학적으로 확실하다고 주장한다. 그리고 인간은 어두운 본질을 극복하고 문명화된 예의범절에 복종하는 불안정한 능력에 의해서만, 겨우 구제받은 종족임이 과학적으로 확실하다고 주장한다. 확실히 인간은 동물적 존재가 더 핵심이라는 점에서, 문화적 영향보다 더 뿌리 깊은 갈망과 혐오감을 가지고 있다. 인간은 소위 '백지 상태'로 태어나 조작操作 명령서를 기다린다고 우리는 주장하지 않는다. 그러나 생물학적 진실을 문화적 영향과 구분하는 작업에서, 어떤 것이 어떻게 '느껴지는가'는 결코 믿을 수 있는 안내자가 아니다.

• • •

가서 인간 본성에 관한 책을 찾아보라. 그러면 곧 〈악마 같은 남성Demonic Males〉, 〈나쁜 유전자들Mean Genes〉, 〈병든 사회Sick Societies〉, 〈문명 이전의 전쟁War Before Civilization〉, 〈끊임없는 전투Constant Battles〉, 〈남자의 어두운 면The Dark Side of Man〉, 〈이웃집 살인마The Murderer Next Door〉 등을 만나게 될 것이다. 이런 책들을 피해 살고 있다니 당신은 얼마나 행운아인가! 그러나 이처럼 많은 분량의 책이 과학적 진실을 사실적으로 묘사해줄까? 먼 과거에 관한 현재의 가정과 공포를 투영해줄까?

이 책의 다음 장들에서, 우리는 사회적 행동에 대한 이 같은 (그리고 다른) 측면을 다시 생각하고 재조정함으로써 과거와 다른 관점을 갖게 될 것이다. 어떻게 우리가 오늘날 우리 자신이 되었는가를 설명하는 데에 우리 모델이 많은 성과를 낼 것으로 믿는다. 가장 중요한 문제인 *왜* 비록 대부분은 아니더라도, *성적으로 역기능을 하는 많은 결혼들이 어느 누구의 잘못도 아닌가*를 설명하는 데에는 두말 할 나위가 없을 것이다. 우리는 인간 성생활에 관한 우리의 방대한 정보-특히 일부 진화심리학자들에게서 나온 정보-가 왜 잘못된 것인가를 보여줄 것이다. 왜 그것이 다윈과 초기 사상가들에게로 거슬러 올라가는, 근거 없는 낡은 가정에 기초한 것인가를 보여줄 것이다. 너무나 많은 과학자들이 잘못된 퍼즐을 완성하려고 열심이다. 자신들이 발견한 것을, 정보의 조각으로 있는 그대로 파악하기는커녕, 인간 성생활이 그렇게 *되지 않으면 안 된다*고 그들이 생각하는 것에 관한, 미리 형성되고 문화적으로 용인된 관념에 끼워 맞추려고 열심이다.

우리 모델에 대해 당신은 우스꽝스럽다, 음란하다, 모욕적이다, 가증스럽다, 매혹적이다, 우울하다, 이해에 도움이 된다, 혹은 명확하다는 생각을 할 수도 있다. 여기서 우리가 제시하는 것에 대해 당신이 편안함을 느끼든 그렇지 않든 계속 읽어주기를 바란다. 우리는 여기서 제시한 정보에 대해 특정 반응을 지지하는 것은 아니다. 솔직히 말하면, 우리는 어떤 반응을 보여야 할지 확신이 없다.

의심의 여지없이 일부 독자는 인간 성생활에 관한 우리의 '낯 뜨거운' 모델에 대해 감정적으로 반응할 것이다. 표준적 담화의 성벽城壁을 충실히 지키는 사람들은 우리의 자료 해석을 묵살하거나 조롱할 것이다. 그들은 "알라모를 잊지 마라!"라고 외칠 것이다. 그러나 우리가 당신에게 부당한 가정, 절망적인 추측, 잘못된 결론에 관한 이야기를 들려주었듯이, 우리의 충고는 "알라모는 잊어라! 대신 항상 유카탄 반도를 기억하라!"이다.

제2장 섹스에 관해 다윈이 알지 못한 것

여기에서 우리는 희망 또는 공포에 관심이 있는 것이 아니다. 우리의 이성이 진리를 발견하도록 허용하는 한, 오직 진리에만 관심이 있는 것이다.

찰스 다윈Charles Darwin, 〈인간의 유래The Descent of Man〉

무화과 잎 하나는 많은 것들을 가릴 수 있지만 인간의 발기勃起는 무화과 잎 하나가 가릴 수 있는 것이 아니다. 인간 성생활의 기원과 본성에 관한 표준적 담화는, 기만적이며 꺼림칙한 성적 일부일처제의 발전을 설명한다고 주장한다. 종종 언급되는 이 이야기에 따르면, 이성애자異性愛者인 남녀는 우리의 상반된 유전자의 의제에 의해 지시를 받는 대리전의 노리개이다. 총체적인 재앙은 남녀가 갖는 근본적이고도 생물학적인 디자인에서 기인한다는 말을 우리는 듣는다.[1] 남성은 싸고 풍부한 씨앗을 멀리 널리 퍼뜨리려고 애쓴다. 한편으로는 자신의 부성父性 확실성을 높이기 위해 한 명 혹은 소수의 여성을 통제하려고 노력한다. 반면 여성은 공급이 제한된, 신진대사 상으로 비싼 알들을 가치 없는 구혼자들로부터 보호한다. 그러나 일단 한 부양자(남편)에게 엮이면, 배란기에 재빨리 치마를 끌어올린다. 유전적 우월성이 확실한, 턱이 네모진 남성과의 신속하고 더럽고 은밀한 짝짓기를 위해서이다. 그것은 아름다운

---

1) 우리가 사용한 '디자인'이라는 단어는 순전히 은유적이다. '디자이너'라든지, 인간 행동이나 해부구조의 진화에 깔려 있는 의도성을 의미하는 것이 아니다.

그림이 아니다.

생물학자 조안 러프가든Joan Roughgarden은, 그것은 150년 전 다윈이 묘사한 것과 거의 다르지 않은 이미지라고 지적한다. "섹스의 역할에 관한 다윈의 설명은 그렇게 진기한 시대착오가 아니었다."라고 그녀는 썼다. "오늘날의 생물학적 용어로 다시 언급하면, 그 설명은 입증된 과학적 사실로 여겨진다… 성적 선택의 자연관은 충돌, 속임수 그리고 더러운 유전자 풀pool을 강조한다."[2]

'충고의 여신'이란 권위에 걸맞게 신디케이트 칼럼니스트 에이미 알콘Amy Alkon은 종종 듣는 이 이야기를 대중적으로 말했다. "싱글맘으로 살기에는 정말로 나쁜 장소들이 많다. 가장 나쁜 장소들 중 하나는 아마도 180만 년 전 아프리카 대초원이었을 것이다. 유전자를 성공적으로 우리에게 물려준 여자 조상들은, 성실하지만 맥없는 남성과 매력적이지만 사기꾼인 남성을 구분하는 등 관목 밑으로 함께 갈 남자를 고르는 데에 까다로웠다. 남자들은 다른 유전자적 명령—자기 자식이 아닌 아이들을 위해서는 들소를 집으로 가지고 가지 않는 것—을 가지고 있었다. 그리고 본분을 너무 쉽게 포기하는 여자들을 매우 위험한 존재—바위더미 위에서 뒹구는 것 이상의 일을 하기에는—로 간주하도록 진화했다."[3] 얼마나 많은 것이 이 깔끔한 포장물—모성母性의 취약성, 성실하지만 맥없는 남성과 매력적이지만 사기꾼인 남성의 구분, 부성父性 투자, 질투, 성적 이중 잣대—에 적합한가에 주목해 보라. 그러나 공항에서 하는 말대로, 당신이 직접 포장하지 않은 깔끔한 포장물은 조심하라.

• • •

영국 숙녀에 관해 말하자면, 나는 현재의 존재—매우 천사 같고 선한 어떤 것—를

2) 원래 《Daedalus》지 2007년 봄호에 출간됐다. 이 논문은 다음에서 볼 수 있다. http://www.redorbit.com/news/science/931165/challenging_darwins_theory_of_sexual_selection/index.html. 자연에서의 성적 다양성에 관한 그녀의 독창적이고 해박한 견해를 더 알고자 하면 다음을 보라. Roughgarden (2004). 동물세계의 성생활에 관해 더 알고자 하면 다음을 보라. Bagemihl (1999).
3) http://www.advicegoddess.com/ag-column-archive/2006/05.

거의 잊어버렸다.

찰스 다윈, HMS 비글호에서 보낸 편지에서

신사들은 동정 받아야 했다. 그들은 사랑의 관점에서 이점이 너무 없었다. 그들은 목사관 정원에서 탱탱한 아내에게 키스를 원한다고 말할 수 있었다. 그들은 그녀가 자기 밑에서 울부짖으며 자기 등을 꽉 쥐었으며, 자신은 정액을 불꽃처럼 분사했다고 말할 수는 없었다.

로저 맥도날드Roger McDonald, 〈미스터 다윈의 슈터Mr. Darwin's Shooter〉

성생활에 관한 우리의 갈등적 관계를 재평가하기에 가장 좋은 첫 장소는 찰스 다윈과 함께 하는 것일 것이다. 다윈의 훌륭한 업적은 본질적으로 반反성적인 편견에 우연히 지워지지 않는 과학적 흔적을 남겼다. 천재성에도 불구하고 다윈이 섹스에 대해 알지 못했던 것이 책으로 만들어질 수 있었다. 〈종의 기원On the Origin of Species〉이 바로 그 중 하나이다.

이 책은 고대 이전 인간의 삶이 거의 알려지지 않았던 1859년에 출간됐다. 선사시대—우리는 이 시대를 해부학상의 현대 인류가 농업과 문자 없이 살았던 20만년 남짓 정도로 규정한다—는 이론가들이 오직 추측에 의존해 채울 수밖에 없었던 백지상태였다. 다윈과 다른 사람들이 종교와 과학적 진실 사이의 연계를 느슨하게 만들기 전까지는, 종교 교리의 제약 때문에 사람들이 그 먼 과거에 관해 추측하기가 힘들었다. 영장류 연구는 유아기 단계였다. 그러나 다윈이 보지 못한 과학적 자료들 덕분에, 다윈의 맹점盲點은 그의 통찰력만큼이나 진실을 밝히는 데 효과적이라는 것은 놀랄 일이 아니다.[4]

예를 들면, 다윈은 지금도 유명한, 선사시대 인간의 삶에 관한 토마스 홉스

---

4) 물론 모든 사람이 동의하는 것은 아닐 것이다. 다윈의 형인 이래즈머스가 그 책을 처음 읽었을 때, 찰스의 추론은 너무 강해서 그가 증거 부족에 관해 신경 쓰지 않았다는 것을 알았다. 그는 "사실이 적합하지 않을 것이라면, 왜 내가 사실에 관해 최악의 것들이 너무 많다고 느끼겠는가."라고 썼다. 어떻게 다윈의 빅토리아조 풍이 그의 과학과 후속 과학에 영향을 미쳤는가를 철저히(그러나 독자 우호적으로) 파악하고자 하면 다음을 보라. Hrdy (1996).

의 묘사—그는 "고립적이고, 가난하고, 지저분하고, 야수 같고, 명이 짧다." 라고 묘사했다—를 너무나 쉽게 받아들였다. 그렇게 함으로써 이 잘못된 가정들이 인간 성생활에 관한 현재의 이론들에 깊이 뿌리 내리는 결과를 낳았다. 선사시대 인간의 섹스에 관해 상상해보라는 요청을 받으면, 우리는 대부분 한 손에 몽둥이를 든 남자 혈거인穴居人이 다른 손으로 멍한 상태인 여자의 머리채를 잡아끄는 이미지를 떠올린다. 이런 이미지는 마술처럼 공통적이다. 나중에 알게 되겠지만 선사시대 인간의 삶에 관한 이런 이미지는 모두 홉스의 세부적 설명에서 잘못 취한 것이다. 마찬가지로, 다윈은 그 먼 과거에 관한 토마스 맬서스의 추론을 자신의 이론에 수용했다. 그렇게 함으로써, 그가 어떻게 초기 인간의 고통을 과대평가하게 됐는가—나아가 영국 빅토리아 시대의 삶의 상대적 우월성을 과대평가하게 됐는가—를 우리는 알게 될 것이다. 이 핵심적인 오해들은 오늘날 많은 진화론적 시나리오에서 계속되고 있다.

성적으로 흥분한 남자와 까다로운 여자 사이의 끝없는 탱고에 관한 이 같은 설명을 다윈이 만들지 않은 것은 확실하다. 하지만 그는 이 같은 설명의 '자연스러움'과 필연성을 열렬히 성원했다. 그는 "여성은… 남성보다 덜 열렬하며 그것에는 예외가 거의 없다… (여성은) 구애 받기를 원한다. 여성은 수줍어하며coy, 흔히 남성으로부터 벗어나기 위해 오랫동안 노력하는 것처럼 보일 수도 있다."와 같은 구절을 썼다. 여성의 이 같은 조심스러움은 많은 포유동물의 짝짓기 방식에서 핵심적인 특징이다. 하지만 그것이 특별히 인간에게만 적용될 수 있는 것은 아니다. 또 그것은 인간과 가장 밀접한 영장류에게만 적용될 수 있는 것도 아니다.

자신이 주변에서 목격한 외도의 관점에서, 초기 인간은 일부다처제—한 남성이 여러 여성과 짝짓기를 하는 방식—였을지도 모른다고 다윈은 생각했다. 그래서 그는 "현존 남성의 사회적 습관과, 대부분의 미개인이 일부다처제라는 사실을 바탕으로 판단할 때, 원시 남성은 작은 공동체를 구성해 미개하게 살았다. 그 속에서 각자 자신의 부양 능력 내에서 여러 아내를 거느렸으며, 질투심을 가지고 다른 남자들로부터 아내들을 보호했을 것이라고 보는 것이 가장 타당한 견해이다."[5]라고 썼다.

진화심리학자 스티븐 핑커Steven Pinker는 직설적으로 "모든 사회에서 섹스는 적어도 어느 정도는 '더러운' 것이다. 섹스는 은밀하게 행해지며, 강박적인 심사숙고의 대상이다. 관습과 금기의 지배를 받으며, 험담과 괴롭힘의 소재가 된다. 또 질투심 섞인 분노를 촉발한다."라고 주장한다.[6] 그는 이런 주장을 할 때와 마찬가지로(비록 다윈 같은 자기 인식은 없지만) "현존 남성의 사회적 습관에 따라 판단하는" 것 같다. 섹스가 "관습과 금기의 지배를 받는 것"은 사실이다. 하지만 지나치게 자신만만한 핑커의 선언에는 모든 요소마다 다양한 예외들이 있다. 우리는 그것을 보여줄 것이다.

우리 모두와 마찬가지로 다윈은 개인적 경험(혹은 경험의 부재不在)을 인간의 모든 삶의 본성에 관한 그의 가정에 포함시켰다. 존 파울즈John Fowles는 〈프랑스 대위의 여자The French Lieutenant's Woman〉에서 다윈의 세계를 특화한 성적 위선을 보여준다. 파울즈는 "19세기 영국은 여성이 신성시되는 시대였다. 그리고 당신이 원하기만 하면 수 파운드 혹은 수 실링으로 13세 소녀를 한두 시간 동안 살 수 있었다… 여성의 몸은 절대로 볼 수 없도록 감춰져 있지 않았으며, 모든 조각가는 여성 나체를 조각하는 능력으로 평가받았다… 여성은 오르가슴을 갖지 않는다는 주장이 보편적으로 통용됐으며, 모든 창녀는 오르가슴을 가장하도록 교육 받았다."[7]라고 썼다.

빅토리아여왕 시대 영국의 성적 풍습은 어느 면에서는 그 시대의 특징인 증기엔진 기계를 모사模寫했다. 성적 에너지의 흐름을 차단함으로써 압력을 끊임없이 증가시킨다. 이 압력은 짧은 시간에, 통제된 생산성의 폭발을 통해 일에 투입된다. 지그문트 프로이트Sigmund Freud는 많은 것이 틀렸다. 하지만

---

5) Darwin (1871/2007), p. 362.
6) Pinker (2002), p. 253.
7) Fowles (1969), pp. 211-212.

그가 '문명화'는 주로 차단되고, 집중화되고, 축적되고, 전용된 성적 에너지 위에서 이루어졌다고 관찰한 것은 옳았다.

월터 휴튼Walter Houghton은 〈빅토리아 시대 마음의 구조The Victorian Frame of Mind〉에서 "몸과 마음을 때 묻지 않게 지키기 위해, 소년은 여성을 최고 존경과 경외의 대상으로 생각하도록 교육 받았다. 또 좋은 여성(자매와 엄마, 미래의 신부처럼)은 인간이라기보다 천사에 훨씬 더 가까운 존재로 생각해야 했다. 그것은 사랑을 섹스와 분리할 뿐만 아니라 사랑을 숭배로, 순결에 대한 숭배로 바꾸기 위해 훌륭하게 계산된 이미지였다."[8]라고 썼다. 남성은 자매, 엄마, 딸, 부인의 순결을 숭배할 기분이 아닐 때에는, '여염집 여성들'과의 '외도'로 가족적 사회적 안정성을 위협하기보다, 매춘부를 통해 성욕을 해소할 것이 요구됐다. 19세기 철학자 아르투르 쇼펜하우어Arthur Schopenhauer는 "런던에만 8만 명의 매춘부가 있다. 그들은 일부일처제의 제단에 바쳐진 희생물이 아니면 무엇이겠는가?"[9]라고 했다.

확실히 다윈은 당대 성애性愛공포증의 영향을 받았다. 실제로 다윈은 유명한(그리고 수치심이 없는) 할아버지의 지적 그늘에서 성년이 됐다. 그 점을 고려하면, 다윈은 그 영향에 '특별히' 민감했다는 주장이 가능하다. 그의 할아버지 이래즈머스 다윈Erasmus Darwin은 당시 성 풍속을 어기고 여러 여자들과 공개적으로 아기를 낳았다. 또 시詩로 그룹섹스를 찬양하기도 했다.[10] 다윈은 8살 때 어머니의 죽음으로 인해, 여성을 저속한 욕구 위에 있는 천사 같은 존재로 보는 인식이 강해졌을 것이다.

존경받는 다윈 전기傳記작가 중 한 명인 정신과 의사 존 보울비John Bowlby

---

8) Houghton (1957). 다음에서 인용. Wright (1994), p. 224.
9) Richards (1979), p. 1244에서 인용.
10) 과학사학자 론다 쉬빙거Londa Schiebinger는 〈Scientific American Online〉지 2005년 2월호 30쪽에서 다음과 같이 설명한다. "이래즈머스 다윈은… 성적 관계를 성스러운 결혼생활의 유대에 국한하지 않았다. 〈식물의 사랑Loves of the Plants〉(1789)에서 다윈의 식물들은 이성애적 결합의 상상 가능한 모든 형태를 자유롭게 표현했다. 달콤한 관심사로 한숨짓는 예쁜 콜린소니아Collinsonia는 교대로 두 형제의 사랑을 만족시켰다. 평범한 노란 구륜 앵초인 메아디아Meadia는 자신의 다섯 연인을 충족시킬 때 '음탕한 분위기'로 인사하고, 검은 눈동자를 굴리며, 황금빛 모발을 흩날렸다… 다윈이 첫 아내의 죽음 이후 자신이 실천한 자유로운 사랑을 선전하기 위해, 식물을 이용한 것은 당연하다."

는 다윈의 일생에 걸친 불안발작, 우울증, 만성 두통, 어지럼증, 구역질, 구토, 발작적 울부짖음이 일찍 어머니를 여읨으로 인해 생긴 분리불안seperation anxiety 탓으로 생각한다. 성인이 된 다윈이 막 상처喪妻한 사촌에게 쓴 이상한 편지를 봐도 이런 해석은 타당하다. 그는 어머니에 관한 기억을 확실히 억누르면서 "나는 살면서 근친을 잃어본 적이 없기에, 네 슬픔이 얼마나 클지 상상조차 할 수 없다고 감히 말한다."라고 썼다. 다윈의 손녀도 이런 심리적 상처를 암시하는 말을 했다. 스크래블(역주: 철자가 적힌 플라스틱 조각들로 글자 만들기를 하는 보드 게임의 하나)과 유사한 게임에서, 누군가 'OTHER'라는 단어에 철자 'M'을 추가했을 때 다윈은 매우 혼란스러워했다는 것이다. 그는 오랫동안 보드를 쳐다본 뒤 단호히 '그런 단어는 없다'고 말해 모든 사람들을 혼란에 빠뜨렸다.[11]

생존해 있던 다윈의 큰 딸 헨리에타Henrietta도 빅토리아 시대의 극심한 성애性愛혐오감을 가졌던(그리고 강박상태였던) 것으로 보인다. 알려진 바와 같이 '에티Etty'(역주: 헨리에타의 애칭)는 적절치 않다고 생각하는 문장에 파란 크레용을 놓음으로써 아버지의 책들을 편집했다. 예를 들면, 그녀는 다윈의 전기 내용 중 생각이 자유로웠던 할아버지에 관한 부분에서, 이래즈머스가 '여성들을 열렬히 사랑했다'는 내용을 지웠다. 또 그녀는 〈인간의 유래The Descent of Man〉와 다윈 자서전에서 '불쾌한' 문장들을 지웠다.

성적인 것을 근절하려는 에티의 고지식한 열정은 글에 한정되지 않았다. 그녀는 다윈의 사유지 부근 숲에서 지금도 불쑥불쑥 자라는 대곰보버섯 stinkhorn mushroom과 이상한 전쟁을 벌였다. 가여운 그녀는 그 버섯이 남자 성기와 유사하다는 점을 더 강하게 느꼈음이 분명하다. 수년 뒤 그녀의 조카(다윈의 손녀)는 "에티는 바구니와 뾰족한 막대를 지참하고 사냥용 특수 망토와 장갑으로 무장한 채 그 버섯 채취에 나서곤 했다. 그리고 날이 저물 무렵 응접실 문을 닫아건 채 버섯들을 화로에서 아주 은밀히 태웠다. 그것은 하녀들의

---

11) Hrdy (1999b).

도덕심 때문이었다."라고 회상했다.[12]

• • •

그의 열정이 신기한 힘을 소진했을 때, 그의 개보다 더 좋고 그의 말보다 약간 더
소중한 어떤 것을 소진했을 때, 그는 당신을 잡을 것이다.

알프레드 테니슨 경Alfred, Lord Tennyson

우리의 말을 오해하지 마라. 다윈은 박식했으며, 위대한 사상가로서 그의
위치는 변함이 없다. 만약 당신이 다윈 혐오자로서 지지를 구한다면, 여기서
는 아무것도 얻지 못할 것이다. 찰스 다윈은 우리가 무한한 존경심을 갖는 천
재이자 신사이다. 남자 천재들에게서 흔히 나타나는 일이지만, 그는 여성에
관해서는 약간 멍청했다.

인간의 성적 행위와 관련한 문제에서 다윈은 추측 수준을 벗어나지 못했
다. 다윈의 성적 경험은 매우 조신한 아내인 엠마 웨지우드Emma Wedgewood에
게 한정됐던 것으로 보인다. 그녀는 다윈의 사촌인 동시에 매제의 여동생이었
다. 비글호를 타고 세계일주를 하는 동안 그 젊은 박물학자는 당시 많은 선원
들이 추구했던 성적, 감각적 쾌락을 찾아 해안으로 내려가지는 않았던 것 같
다. 그는 헤르만 멜빌Herman Melville이 베스트셀러 소설 〈타이피Typee〉와 〈오
무Omoo〉에서 넌지시 말한 자료를 직접 수집하는 데 몰두했던 것이 확실하다.
또는 성적으로 절망한 승무원들에게 '바운티호'의 반란을 부추긴 남태평양의
어스름한 즐거움을 표본조사하는 데 몰두했던 것이 확실하다.

다윈은 그처럼 성적 추구에 철저히 무관심했다. 그는 특정 여성을 마음에
두기 이전에 추상적 차원에서 결혼을 신중히 고려했다. 당시 그 문제에 관한
그의 교과서적인 접근법이 명확히 드러났다. 그는 공책에 2개의 난欄-'결혼

---

12) Raverat (1991).

하는 것'과 '결혼하지 않는 것'-을 만들어 장단점을 적었다. 그는 '결혼하는 것' 난에는 "자녀-(만약 그것이 신을 기쁘게 한다면), 한 가지에 관심을 갖게 될 영원한 동반자(그리고 늙어서 친구), 사랑하고 함께 놀아야 할 대상-어쨌든 개보다는 낫다… 여자들의 수다… 그러나 엄청난 시간적 손실"이라고 적었다.

같은 쪽의 다른 편에는 우려를 적었다. "좋아하는 곳은 어디든 갈 수 있는 자유-사회의 선택, 그럴 일은 없다… 친척을 방문하라고 강요하지 않고 모든 사소한 일에 몸을 굽히라고 강요하지 않는다… 뚱뚱함과 게으름-분노와 책임감… 아마도 내 아내는 런던을 좋아하지 않을 것이다. 그러면 그 벌은 추방과 나태하고 게으른 바보로 전락하는 것이다."[13]

다윈은 사랑이 충만한 남편이자 아버지로 판명됐다. 하지만 결혼의 장단점을 이처럼 따진 것을 보면, 그는 결혼 대신 개와 함께 지내는 것을 심각하게 고려했던 것으로 보인다.

선사시대의 고인돌화

'현존 남성의 사회적 습관을 바탕으로 판단하는 것'은 선사시대를 이해하는 신뢰할 수 있는 방법이 결코 아니다(다윈도 그랬다고 본다). 가까운 현재에 관한 놀랄 만큼 상세한 자료 속에서 먼 과거에 관한 단서를 찾으려고 하면, 그것은 과학보다 자기 정당화에 더 가까운 신화神話를 만들기 쉽다.

오늘날 신화라는 단어는 저질이자 싸구려가 됐다. 흔히 잘못된 것이나 거짓말을 지칭하기 위해 사용한다. 그러나 이 같은 용법은 신화의 근본 기능을 간과한 것이다. 신화는 명백하게 동떨어진 정보들에 질서정연한 설명을 부여

---

13) Desmond and Moore (1994), p. 257. 또 다윈의 사고思考과정과 가족생활에 관한 탁월한 통찰을 보기 위해서는 다음을 보라. Wright (1994).

한다. 별자리가 아주 멀리 떨어져 있는 별들을 상상 속에서, 동시에 현실 속에서 확실히 인식할 수 있도록 분류하는 것과 같은 방식이다. 심리학자 데이비드 파인스타인David Feinstein과 스탠리 크리프너Stanley Krippner는 "신화학은 일상 경험의 가공되지 않은 자료들을 일관성 있는 하나의 이야기로 엮는 베틀이다."라고 설명한다. 이렇게 엮는 작업은 특히 우리가 2만 년 내지 3만 년이나 동떨어진 선조들의 일상 경험을 신화화할 때에는 까다로운 일이 된다. 고의는 아니지만 우리가 우리 자신의 경험으로 선사시대를 엮는 일은 너무나 흔하다. 현재의 문화적 성향을 먼 과거에 투사하는 이런 광범위한 경향을 우리는 '고인돌화Flintstonization' [14]라고 부른다.

〈고인돌 가족 플린트스톤The Flintstones〉이 현대를 사는 석기시대 가족이었던 것과 마찬가지로, 선사시대 인간의 삶에 관한 오늘날의 과학적 사유는 흠 없이 타당해 보이는 가정假定에 의해 흔히 왜곡된다. 우리는 이런 가정에 의해 진실과 동떨어진 길로 갈 수 있다.

고인돌화에는 두 부모가 있다. 확실한 자료의 결여, 그리고 자신의 삶과 시대를 설명하고 정당화하고 기리려는 심리학적 욕구이다. 그러나 우리의 목적을 위해서, 고인돌화에는 적어도 3명의 지적知的 할아버지-홉스, 루소, 맬서스-가 존재한다.

토마스 홉스Thomas Hobbes(1588~1679)는 외롭고 겁먹은 파리의 망명자였다. 그는 안개처럼 희미한 선사시대를 들여다본 뒤 '고립적이고, 가난하고, 지저분하고, 야수 같고, 수명이 짧은' 인간의 비참한 삶에 대해 추측했다. 그때 그는 고인돌 가족이 됐다. 그는 선사시대를 자신이 둘러봤던 17세기 유럽 세계와 놀랍게 동일하다고 추측했으며, 또 고맙게도 모든 면에서 더 못하다고 추측했다. 장 자크 루소Jean-Jacques Rousseau(1712~1778)는 전혀 다른 심리학

---

14) Levin (1996)이 처음으로 'Flintstonization' 이라는 용어를 사용했다. 'The Flintstones' 는 미국문화사에서 독보적인 위치를 차지한다. 그것은 첫 성인용 프라임타임 애니메이션 시리즈, 두 계절 이상 계속된(1992년 'The Simpsons' 방영 때까지) 첫 프라임타임 애니메이션 시리즈, 침대에 함께 있는 남녀를 보여준 첫 애니메이션 프로그램이었다.

적 의제에서 출발했다. 그는 유럽 사회의 고통과 추악함을 보고, 자연 그대로의 인간 본성이 타락한 것을 목격했다고 생각했다. 아메리카 대륙의 단순한 미개인들에 대한 여행자들의 이야기가 그의 낭만적 환상을 부채질했다. 수십 년 뒤 지적 시계추는 홉스의 견해로 되돌아갔다. 토마스 맬서스Thomas Malthus(1766~1834)가 극단적인 가난, 그에 따른 절망은 영원한 인간 상태의 전형임을 수학적으로 입증하겠다고 주장했다. 궁핍은 포유류 번식의 미적분학에서 본질적인 것이라고 그는 주장했다. 인구는 세대별로 2배씩 기하급수적으로(2, 4, 8, 16, 32…와 같이) 증가하는 반면 농부는 재배면적을 산술급수적으로(1, 2, 3, 4…와 같이) 늘려 식량 공급을 증대시킬 수 있을 뿐이다. 따라서 모든 사람에게 충분한 식량 공급은 '결코 있을 수 없다'는 것이다. 따라서 맬서스는 빈곤은 바람과 비처럼 피할 수 없는 것이라고 결론 내렸다. 그것은 어느 누구의 잘못도 아니며, 단지 있는 그대로의 상태라는 것이다. 이 결론은 부자와 권력자들에게 매우 인기가 있었다. 그들은 자신의 행운을 납득할 수 있는 것으로 만들고, 가난한 사람들의 고통을 피할 수 없는 삶의 현실로 정당화하기를 열망했다.

다윈의 유레카eureka의 순간은 끔찍한 두 토마스와 친근한 한 프레드—각각 홉스, 맬서스, 그리고 고인돌 가족 한 명—로부터 얻은 선물이었다. 홉스와 맬서스는 인간 본성과 선사시대 삶의 유형에 관한 상세한(비록 잘못된 것이지만) 묘사를 명료하게 함으로써, 다윈의 자연 선택 이론에 지적 맥락을 제공했다. 철저히 고인돌 가족적인 그들의 가정假定은 불행히도 다윈의 생각으로 완전히 통합됐으며 오늘날까지 지속되고 있다.

선사시대에 관해 우리가 들은 것의 신화적 본질은 흔히 과학의 진지한 어조에 의해 가려진다. 그 신화눈 역기능적이며, 부정확하고, 자기 합리화하는 일이 너무나 흔하다.

이 책에 관한 우리의 핵심 의도는 일부 별들을 별자리들로부터 구분하는 것이다. 인간 성생활의 기원과 본성에 관한, 일반적으로 수용된 신화는 사실에 결함이 있을 뿐 아니라, 파괴적이며, 인간 존재가 무엇을 의미하는가에 관한 잘못된 인식을 지탱한다. 이 잘못된 설명은 우리의 능력과 필요성에 관한 인식을 왜곡한다. 그것은 거의 아무에게도 맞지 않는 옷을 잘못 광고하는 수준이다. 어쨌거나 우리 모두는 그 옷을 사서 입어볼 예정이다.

다른 모든 신화와 마찬가지로, 이 신화는 우리가 누구이며 어떤 사람인가, 우리는 상대방에게 무엇을 기대하고 요구할 수 있는가를 규정하려고 한다. 종교 당국은 수 세기 동안 이 단정적 설명을 퍼뜨리며 수다스러운 뱀, 부정직한 여성, 금지된 지식, 영원한 고통에 관해 경고했다. 그 설명은 근래에는 자연과학으로 세속 사회에 제공됐다.

사례는 풍부하다. 인류학자 오언 러브조이Owen Lovejoy는 명망 있는 잡지 〈사이언스Science〉에 쓴 글에서 "핵가족과 인간의 성적 행동은 (180만 년 전) 구석기 시대가 시작되기 훨씬 전에 궁극적 기원을 가지고 있을지도 모른다."라고 주장했다.[15] 저명한 인류학자 헬렌 피셔Helen Fisher는 이에 동의해 "일부일처제는 자연스러운 것인가?"라고 묻고, 한 단어로 답했다. "그렇다." 계속해서 그녀는 "인간 속에서… '일부일처제는 법칙' 이다."라고 했다.[16]

인간의 성적 진화에 관한 표준적 담화에서는, 선사시대의 많은 다른 요소들이 서로서로 말끔하게 끼워 맞춰졌다. 그러나 기억하라. 인디언이 코르테스의 질문에 대답하는 '것처럼 보였다' 는 것을. 지구가 태양계의 중심에 확고히 머물러 있다는 것이 교황 우르반Urban 8세와 거의 모든 사람들에게 논란의 여지가 없는 '것처럼 보였다' 는 것을. 동물학자이자 과학저술가인 매트 리들리Matt Ridley는 남녀 한 쌍의 결합이 갖는 당연한 영양상의 이점에 초점을 맞춤으로써, 이런 결합에 내재한 유혹을 보여준다. "큰 두뇌는 고기를 필요로 했다.… (그리고) 음식 공유는 고기가 많은 식사-그것은 남자들이 야생동물을 쫓는 과정에서 실패의 위험을 무릅쓰게 했기 때문이다-를 허용했다… (그리

---

15) Lovejoy (1981).
16) Fisher (1992), p. 72.

고) 음식 공유는 큰 두뇌를 요구했다(타산적인 세부 기억력이 없다면, 당신은 공짜로 얻어먹는 사람에게 쉽게 속을 수 있었다)." 여기까지는 좋다. 그런데 리들리는 자신의 춤에 성적인 스텝을 삽입한다. "노동의 성적 분업은 일부일처제를 촉진시켰다(남녀 한 쌍이 이제 경제적 단위가 된다). 일부일처제는 (짝을 선택할 때 젊음을 중시함으로써) 유태성숙neoteny(역주: 동물이 유태幼態에서 성장을 멈추고 생식기만 성숙하여 번식하는 현상)적인 성적 선택으로 귀결됐다." 그것은 하나의 왈츠다. 하나의 가정이 다음 것으로 이어지며, 정당화의 나선형에 따라 둥글게 원을 그리며, 어떻게 우리가 현재에 이르렀는가를 보여주는 왈츠다.[17]

인간의 성적 진화를 설명하는 것처럼 보이는 깔끔한 별자리에서, 어떻게 각각의 요소가 다음에 오는 모든 것을 예상하는가를 적어보라.

표준 별자리에 속한 먼 별들은 다음 것들을 포함한다.

- 인류 이전의 수컷이 어떤 동기로 특정 암컷과 그 새끼들에게 '투자' 하게 됐는가
- 남성의 성적 질투심과, 남성 대 여성의 성적 자율성에 관한 이중 기준
- 여성의 배란기는 '숨겨져 있다' 는 흔히 반복되는 '사실'
- 설명할 수 없을 정도로 매혹적인 여성의 유방
- 여성의 악명 높은 기만성과 배반, 많은 전통 컨트리 음악과 블루스의 기원
- 그리고 물론, 어떤 것이든 다리로 짜내려고 하는 남성의 유명한 열망(그 것도 마찬가지로 풍부한 음악적 소재가 됐다)

이것이 우리가 직면한 것들이다. 그것은 강력하고, 간결하며, 스스로를 강화하며, 밤낮으로 라디오에서 방송되는 노래이다. 그러나 그것은 잘못된, 너무나 잘못된 것이다.

---

17) Ridley (2006), p. 35.

표준적 담화는 아담과 이브의 이야기만큼이나 거의 과학적으로 타당하다. 사실 여러 측면에서 그것은 '성적 기만, 금지된 지식, 그리고 죄로 가득하다'는 〈창세기Genesis〉의 묘사대로, 원죄原罪를 과학적으로 다시 언급한 것이다. 그것은 인간 성생활에 관한 진실을 하나의 무화과 나뭇잎(과학의 이름으로 팔린 무정부주의적인 빅토리아 시대의 신중함) 뒤에 숨기고 있다. 그러나 실제적인(신화적인 것과 반대되는) 과학은 무화과 나뭇잎 뒤로부터 내다보는 방법을 가지고 있다.

· · ·

찰스 다윈은 진화론적 변화가 발생하는 두 가지 기본 메커니즘을 제시했다. 첫 번째는 잘 알려진 '자연 선택natural selection'이다. 대부분의 생물학자들이 아직도 '자연 선택'을 선호한다. 하지만 경제철학자 허버트 스펜서Herbert Spencer는 훗날 이 메커니즘을 설명하기 위해 '적자생존survival of the fittest'이라는 용어를 만들었다. 진화란 개선의 과정이 아니라는 점을 이해하는 것이 중요하다. 단순히 종種은 끊임없이 변화하는 환경에 적응함으로써 변화한다고 자연 선택은 주장한다. 신新다윈주의자들이 범하는 만성적 실수의 하나는 진화를 인간과 사회가 개선되는 과정이라고 가정하는 것이다.[18] 그렇지 않다.

도전적이고 급변하는 환경에서 살아남을 수 있는 가장 좋은 유기체는 번식을 위해 산다. 생존자로서, 그들의 유전자 코드는 아마 '그 특정 환경에서' 자기 자식에게 유리한 정보를 내포하고 있을 것이다. 그러나 그 환경은 언제든 다시 변할 수 있으며, 진화로 얻은 이점을 무력화할 수 있다.

찰스 다윈은 어떤 형태의 진화가 자연계에서 일어나고 있다는 것을 처음 제시한 사람은 결코 아니었다. 다윈의 할아버지 이래즈머스 다윈은 동식물 모

---

18) 예를 들면, 인간 사회는 세대를 거듭하면서 발전적으로 더 평화로워졌다는 스티븐 핑커Steven Pinker의 주장을 보라(제13장에서 상세하게 논의된다).

두에서 발생하는 명백한 분화의 과정에 관해 언급했다. 큰 의문은 '어떻게' 분화가 생겼는가, 종들을 분화시킨 메커니즘은 무엇인가 하는 것이었다. 다윈은 특별히 갈라파고스 군도群島의 여러 섬에서 본 핀치 새들의 미묘한 차이에 끌렸다. 이런 통찰력을 통해 다윈은 환경이 분화 과정에 결정적이라는 사실을 깨달았다. 하지만 이후 한참 동안 '어떻게' 환경이 여러 세대에 걸쳐 유기체를 형성하는가를 설명할 길이 없었다.

진화심리학이란 무엇인가? 왜 당신은 그것에 관심을 가져야 하는가?

다윈이 〈종의 기원〉을 출간한 한참 뒤에, 진화론은 신체에 적용됐다. 그는 책 출간에 뒤따른 논란을 두려워하며 수십 년 동안 자신의 이론을 고수했다. 만약 당신이 왜 인간은 귀가 머리 양옆에 있고 눈은 이마 위에 있는가를 알고 싶다고 하자. 진화론은 왜 새는 눈이 머리 양옆에 있고 귀는 전혀 보이지 않는가를 설명하는 것과 같은 방식으로, 그 이유를 당신에게 설명할 수 있다. 달리 말해서 진화론은 어떻게 '신체'가 지금처럼 되었는가를 설명한다.

1975년 윌슨E. O. Wilson은 급진적인 내용을 제시했다. 윌슨은 〈사회생물학 Sociobiology〉이라는 짧고 폭발력 있는 책에서, 진화론은 단지 인체가 아니라 인간 행동에도 적용될 수 있으며 확실히 적용되어야 한다고 주장했다. 훗날 우생학−다윈의 사촌 프랜시스 골턴Francis Galton이 만들었다−과 어느 정도 관계가 있다는 등 빠르게 형성된 부정적 의미를 피하기 위해, 그 접근법은 다시 '진화심리학'으로 명명됐다. 윌슨은 진화론을 몇몇 핵심적인, 말할 수 없이 중요한 문제와 연관시킬 것을 제안했다. "정신은 어떻게 작용하나? (그것을 넘어서서) 왜 정신은 다른 방식이 아닌 그런 식으로 작용하나? (이 두 가지를 함께 고려함으로써) 인간의 궁극적인 본성은 무엇인가?" 그는 진화론은

'인간 조건에 관해 진지하게 고려할 때에 핵심적인 제1의 가설'이라고 주장했다. 그리고 "진화론이 없다면 인문학과 사회과학은 물리학 없는 천문학, 화학 없는 생물학, 대수학 없는 수학처럼 표면적 현상의 제한된 서술자일 뿐이다."라고 주장했다.[19]

〈사회생물학〉과 〈인간 본성On Human Nature〉(윌슨이 3년 뒤에 낸 보완서)을 시작으로, 진화론자들은 눈, 귀, 깃털, 모피에서 덜 실재적이며 논란의 여지가 훨씬 큰 이슈들-사랑, 질투심, 짝 선택, 전쟁, 살인, 이타심 등-로 초점을 옮기기 시작했다. 서사시와 연속극에서 건져낸 재미있고 주관적인 주제들이 미국 유명 대학들에서 지적인 연구와 논쟁의 대상이 됐다. 진화심리학이 탄생한 것이다.

그것은 난산이었다. 생각과 감정은 머리, 손가락 길이와 마찬가지로 유전자 코드와 강하게 연결돼 있다-따라서 피할 수 없고 바꿀 수 없다-는 암시에 많은 사람들이 분개했다. 진화심리학 연구는 남녀 차이에 재빨리 초점을 맞췄다. 그것은 남녀는 생식 문제에서 상충한다는 가정 하에서 형성됐다. 비판가들은 수 세기에 걸친 정복, 노예제도, 차별을 정당화한 급진적 결정론과 의기양양한 성차별주의의 이야기를 들었다.

윌슨은 유전자의 유전이 단독으로 심리적 현상을 초래한다고 주장하지 않았다. 단지 진화의 경향이 인식과 행동에 영향을 *미친*다고 주장했다. 그의 통찰력이 적절했음에도 불구하고 부적절한 논쟁이 촉발됐다. 그 결과 그의 적절한 견해가 오히려 모호해지는 타격을 받았다. 당시 많은 사회과학자들은 인간을 거의 전적으로 문화적 피조물-백지상태에서 사회에 의해 성격이 규정되는 존재-이라고 믿었다.[20] 그러나 윌슨의 견해는 더 엄격한 과학적 방법론의 도입을 열망한 다른 학자들에게 매우 매력적이었다. 그들은 지나치게 주관적이며, 자유주의 정치관과 의도적인 사고에 의해 왜곡된다고 생각한 분야에 이

---

19) Wilson (1978), pp. 1–2.
20) 더 미묘한 차이의 입장이 일반화된 이후 한참 뒤에, 그 수십 년 뒤에 스티븐 핑커Steven Pinker가 소생시킨 견해.

같은 방법론의 도입을 열망했다. 수십 년 후 그 논쟁의 양면은 극단적 입장-
'인간 행동은 유전적으로 결정된다' 대 '인간 행동은 사회적으로 결정된다' -
을 굳건히 했다. 당신도 예상하겠지만, 진실-그 분야의 가장 가치 있는 과학-
은 이 양 극단 사이의 어딘가에 위치해 있다.

　오늘날 진화심리학의 '현실주의자'라고 자칭하는 사람들은, 우리는 오래
된 인간 본성의 유도에 따라 이웃과 싸우고, 배우자를 속이며, 의붓자식들을
학대한다고 주장한다. 강간은 불행하지만 매우 성공적인 생식 전략이며, 결혼
은 서로 실망만 할 것이 분명한 승산 없는 싸움이라고 그들은 주장한다. 낭만
적 사랑은 우리를 생식의 철조망으로 유혹하는 화학반응으로 축소된다. 부모
로서의 사랑 때문에 우리는 이 철조망을 빠져나가지 못한다. 인간의 모든 상
호작용을 비열한 자기 이익 추구로 축소함으로써, 그 모든 것을 설명한다고
주장하는 포괄적 담화가 있다.[21]

　물론 진화심리학, 영장류학, 진화생물학, 그리고 우리가 비판에 동원하지
않은 분야에 종사하는 많은 과학자들이 있다. 그들의 패러다임은 어떤 점에서
는 겹치지만, 다른 점에서는 차이가 있다. 여러 패러다임의 광범위한 개요를
미묘한 차이에 매달리지 않고 더 명쾌하게 설명하기 위해, 가끔 우리가 지나
치게 단순화하는 것처럼 보일 때도 있다. 그럴 때에 우리는 그들의 용서를 기
대한다.

　진화심리학의 표준적 담화는 여러 가지 명백한 모순을 내포한다. 가장 어
색한 것 중의 하나로 여성의 성욕이 포함돼 있다. 여성은 까다롭고 내성적인
성性을 가지고 있다는 얘기를 우리는 되풀이해서 듣는다. 남성은 모든 여성에
게, 내숭떠는 여성들에게 자신이 소중하게 지켜온 성적 총애를 준다는 확신을
심어주려고 애쓴다. 이를 위해 비싼 시계를 과시하거나, 빛나는 새 스포츠카
를 몰며, 힘들게 명예, 지위, 권력의 자리로 나아간다. 여성의 섹스는 관계의
안전-감정적 그리고 물질적-에 관한 것이지 육체적 쾌락에 관한 것이 아니라

---

21) 예를 들면 다음을 보라. Thornhill and Palmer (2000).

고 그 설명은 주장한다. 다윈은 이 같은 견해에 동의했다. '구애받기를 원하는 수줍어하는' 여성이 그의 성性선택 이론에 깊이 뿌리내리고 있다.

만약 여성이 남성만큼 성욕이 강하다면 인간 사회는 붕괴될 것이라는 얘기를 우리는 듣는다. 액튼경Lord Acton이 1875년 "여성과 사회에 다행스럽게도, 대부분의 여성은 어떤 종류의 성감性感에도 별로 시달리지 않는다."라고 선언한 것은 모든 사람이 아는 사실을 단순 반복한 것이다.

여성은 특별히 성적인 피조물이 아니라는 확언이 반복됨에도 불구하고, 전 세계 문화에서 남성들은 여성의 성욕을 통제하기 위해 철저한 노력을 해왔다. 여성 생식기 훼손, 머리에서 발끝까지 차도르 착용, 중세 마녀 화형, 정조대, 숨 막히는 코르셋, '만족할 줄 모르는' 창녀에 관한 모욕적 불평, 병리현상으로 취급, 여성의 과잉성욕·과잉흥분이라는 가부장적인 의학적 진단, 자신의 성생활에 관대하려는 여성에 대한 숱한 경멸, 그리고 여성 성욕의 억압을 은폐하려는 전 세계적인 캠페인의 모든 요소들. 왜 고양이 둘레에 전기가 통하는, 칼날이 부착된, 고도의 보안 철조망을 치는 것일까?

• • •

그리스신화의 신神 티레시아스Tiresias는 남녀의 성적 쾌락에 관해 독특한 견해를 가지고 있었다.

젊은 시절 그는 교미를 하면서 뒤엉켜 있는 뱀 두 마리를 발견했다. 그가 지팡이로 교미 중인 뱀들을 떼어내자 그는 갑자기 여자로 변했다. 7년 뒤 여자 티레시아스가 숲속을 걷고 있었을 때 사적인 시간을 즐기고 있는 뱀 두 마리를 다시 방해하게 됐다. 그는 뱀들 사이에 지팡이를 둠으로써 순환을 완성하고 다시 남자로 변했다.

이 독특한 폭넓은 경험 때문에 그리스 신들 중 제1커플인 제우스와 헤라는 결혼에 관한 자신들의 오랜 논란을 해결하기 위해 티레시아스를 불렀다. "남자와 여자 중 누가 더 섹스를 즐기는가?" 제우스는 여자가 더 즐긴다고 확신했으나, 헤라는 그 문제에 관해 아무 얘기도 듣고 싶지 않았다. 티레시아스는 여자가 남자보다 섹스를 더 즐길 뿐 아니라, 그것도 9배나 더 즐긴다고 대답했다.

헤라는 그 대답에 너무 화가 나 티레시아스의 눈을 멀게 했다. 불쌍한 티레시아스를 골치 아픈 일에 끌어들인 데 대한 책임감으로, 제우스는 그에게 예언 능력을 부여해 보상하려고 했다. 그가 부모를 알지 못한 채 아버지를 죽이고 엄마와 결혼한 오이디푸스의 끔찍한 운명을 본 것은 바로 이런 눈먼 상태에서였다.

13세기에 가장 널리 읽힌 의학서 중의 하나인 〈빈자貧者의 보물Thesaurus Pauperum〉의 저자 피터 오브 스페인Peter of Spain은 같은 질문을 받았을 때, 더 외교적으로 대답했다. 그의 대답-책 〈노자성체路資聖體에 관한 질문들Quaestiones super Viaticum〉로 출간됐다-은 여성이 더 많은 쾌감을 얻지만, 남성의 성적 쾌락이 더 양질이라는 것이다. 피터의 책은 34가지 최음제 성분, 남성 성욕을 강화하기 위한 56가지 처방, 피임을 원하는 여성을 위한 조언이 포함돼 있다. 아마 그의 외교 수완, 출산 통제에 관한 조언, 열린 마음 상태 때문에 비극적인 역사적 전환점 중 하나가 발생한 것 같다. 1276년 피터 오브 스페인은 교황 요한 21세로 선출됐다. 그러나 취침 도중 의심스러운 서재 천장 붕괴로 아홉 달 만에 선종했다.

이런 역사가 왜 중요한가? 인간의 성적 진화에 관한 광범위한 오해를 바로잡는 것이 왜 중요한가?

그러면 자신에게 물어보라. 티레시아스가 주장한 9배는 차치하더라도 여성이 남성 '만큼' 섹스를 즐긴다-혹은 적어도, 제대로 된 환경에서는, 즐길 수 있다-는 것을, 만약 모든 사람이 안다면 무엇이 달라질까? 만약 여성 성생활에 관해 다윈이 틀렸다면, 만약 그가 당시 빅토리아 여왕 시대의 편견에 의해 오도誤導됐다면 어떻게 될까? 남녀 모두 우리의 진정한 성적 본성에 관한 잘못된 선전의 희생자라는 것이 빅토리아 시대에 가장 큰 비밀이었다면 어떻게 될까? 오늘날까지 지속되고 있는 양성兩性 간 전쟁은 위장된 작전이며, 주의注意를 공동의 적으로부터 다른 데로 돌리는 것이라는 것이 빅토리아 시대에 가장 큰 비밀이었다면 어떻게 될까?

결혼의 축복, 여성의 성적 망설임, 성적 일부일처제 이후의 무한한 행복은 *자연스러운 것*이라는 주문呪文은 근거가 없으나 끊임없이 반복되면서 우리를 오도하고 우리에게 잘못된 정보를 주고 있다. 그 주문은 비현실적인 기대, 눈덩이처럼 커지는 좌절, 참담한 실망으로 이루어진 비극적 탱고에서, 남녀가 서로 겨루게 만드는 담화이다. 작가 겸 미디어비평가 로라 키프니스Laura Kipnis의 표현대로, 우리는 이 '둘(남녀)의 폭압' 아래에 살면서 '현대 사랑의 핵심 불안감'−즉, 낭만과 성적 매력은 확실한 반대 증거가 많음에도 불구하고, 짝을 이룬 남녀가 평생 동안 지속할 수 있다는 기대감−에 눌려 지낸다.[22]

우리는 진화한 취향이 일부일처제 결혼에 관한 낭만적 신화학神話學과 충돌하는 전장戰場에서 가장 성스러운 관계를 형성한다. 앤드류 셜린Adrew J. Cherlin이 〈다양한 결혼The Marriage-Go-Round〉에서 설명하듯이, '우리는 누구인가'와 '많은 사람들은 과거 우리가 누구였기를 바라는가' 사이의 해결되지 않은 갈등 때문에, 미국 가족생활의 격변, 가족 유동성, 다른 곳에서 볼 수 없는 대규모 파트너 교체가 벌어지고 있다. 셜린의 연구는 '미국인의 개인적 삶에는 다른 서방 국가들보다 더 많은 파트너가 있음'을 보여준다.[23]

그러나 우리가 감히 결혼에 대한 우리의 잘못된 이상의 핵심에 있는 모순을 정면으로 대면하는 일은 드물다. 그런데 만약 우리가 대면한다면? 오랜 결혼생활을 해왔으나 외도를 들킨 또 한 명의 정치인에 관한 일상적인 토론 자리에서 코미디언 겸 사회비평가 빌 마허Bill Maher는 자신의 TV쇼 출연자들에게, 많은 경우 그런 상황에 깔려 있는 무언無言의 현실에 관해 생각해 줄 것을

---

22) "A Treatise on the Tyranny of Two," *New York Times Magazine*, October 14, 2001. 그 기사는 다음에서 온라인으로 볼 수 있다. http://www.english.ccsu.edu/barnetts/courses/vices/kipnis.htm.
23) Flanagan (2009)에서 인용.

요청했다. 마허가 말했다. "남자가 20년간 결혼생활을 했을 때, 그는 섹스를 원하지 않거나, 그의 아내도 그와의 섹스를 원하지 않는다. 이유가 무엇이든. *무엇이 정답인가? 나는 그의 외도가 나쁘다는 것을 알지만, 무엇이 정답인가?* 그냥 상황을 받아들이고, 여생을 열정 없이 살며, 1년에 3일 아내와 섹스 하면서 다른 사람을 상상하며 지내는 것인가?" 어색하고도 긴 침묵 끝에 결국 한 출연자가 "그렇지 않다. 정답은 그런 관계에서 벗어나는 것이다… 계속 나아가야 한다. 내 말은 당신은 어른이라는 것이다."라고 말했다. 다른 출연자도 "이 나라에서 이혼은 합법적이다."라고 말하며 동의했다. 세 번째 출연자이자, 솔직한 언론인 오루크P. J. O'Rourke는 자신의 신발을 쳐다볼 뿐 아무 말도 하지 않았다.

"계속 나아가라고?" 정말인가? 한 가정을 포기하는 것이 사회적으로 허용된 낭만적 이상과 성적 열정에 관한 불편한 진실 사이에 내재하는 갈등을 해결하는 '어른의' 선택인가?[24]

• • •

수줍어하는 여성에 대한 다윈의 인식은 단지 그가 살았던 빅토리아 시대의 가정假定들에만 기초한 것이 아니었다. 그는 자연 선택에 덧붙여 진화적인 변화에 대한 두 번째 메커니즘을 제시했다. 그것은 *성적 선택*이다. 성적 선택의 중심 전제는 대부분의 포유류에서 암컷이 수컷보다 자식에게 훨씬 더 많은 투자를 한다는 것이다. 암컷은 임신, 수유, 연장된 새끼 양육에 매인다. 피할 수 없는 희생이라는 이 불평등 때문에 암컷은 더 주저하는 참여자가 되며, 그 희생이 좋은 생각이라는 확신을 필요로 한다고 다윈은 추론했다. 반면 수컷은 생식에 관해 암컷에게 크게 감사함으로써 그런 확신을 주기를 열망한다는 것

---

24) *Real Time with Bill Maher*(2008년 3월 21일). 역설적으로 "계속 나아갈 것"을 제안한 패널리스트는 TV 프로그램 'Mad Men'에서 계속 바람둥이 역할을 한 존 햄Jon Hamm이었다.

이다. 진화심리학은 짝짓기에 대한 암수의 접근법이 본질적으로 충돌하는 의제라는 믿음 위에서 성립한다.

승리하는 수컷의 선택은 전형적으로 수컷끼리의 경쟁을 내포한다. 숫양은 자신들의 머리를 함께 세게 밀며, 공작 수컷은 포식자를 유혹하는 다채로운 꼬리를 끌고 다니며, 남성은 비싼 선물을 들고 촛불을 배경으로 영원한 사랑을 맹세한다. 다윈은 성적 선택을, 승자에게 복종하는 암컷-수동적이며 임신 가능한-에게 성적으로 접근하려는 수컷들 사이의 투쟁으로 보았다. 자신이 가정한 경쟁적 맥락을 고려해, 다윈은 '자연 상태에서의 난교亂交는 극히 드물었다'고 믿었다. 그러나 다윈의 동시대인들 중 최소한 한 명은 이에 동의하지 않았다.

루이스 헨리 모건

백인들에게, 루이스 헨리 모건Lewis Henry Morgan(1818~1881)은 학문과, 사회가 스스로를 조직하는 방법에 매료된 철도 변호사로 알려졌다.[25] 이로쿼이Iroquois(역주: 북아메리카에 거주하는 인디언)의 세네카Seneca 부족은 모건을 성인으로 받아들이고는 그에게 타야다오우쿠Tayadaowuhkuh라는 이름을 주었다. 그것은 '간극을 메우는 것'을 의미한다. 뉴욕 주 로체스터 인근 자신의 집에서, 모건은 공부하며 글을 쓰거나, 시간적 공간적으로 멀리 떨어진 사람들의 사적인 생활을 이해하는 데 과학적 열정을 쏟으며 저녁 시간을 보냈다. 그는 자신이 살았던 세기에 3명의 지적 거인들이 모두 언급한 유일한 미국인 학자이다. 다윈, 프로이트, 마르크스 등 3인과 많은 사람들이 그를 당대에 가장 영향력 있는 사회과학자로, 미국 인류학의 아버지로 인정했다. 역설적이지만 그의 업적이 오늘날 더 잘 알려지지 않은 이유는 마르크스와 엥겔스가 그의 사상을 찬양했기 때문일 것이다. 모건은 마르크스주의자는 아니었지만, 과거

---

25) 모건의 삶과 사상에 관해 더 알고자 하면 다음을 보라. Moses (2008).

성적性的 경쟁의 핵심에 관한 다윈의 중요한 가정假定들을 의심했다. 이 같은 입장은 다윈 자신은 아니지만 일부 다윈 옹호론자들을 화나게 하기에 충분했다. 다윈은 그를 존경하고 칭송했다. 사실 모건 부부는 영국 여행 도중 다윈 부부와 함께 하루 저녁을 보냈다. 수 년 뒤 다윈의 아들 중 2명이 뉴욕 주 북부에 있는 모건의 집에서 머물렀다.

모건은 특별히 가족구조와 전체 사회조직의 진화에 관심을 가졌다. 다윈의 이론과 충돌하지만, 그는 난교亂交의 성행이 선사시대의 전형이었을 것이라고 가정했다. 그는 "남편들은 일부다처제 속에서, 즉 한 명 이상의 여러 아내와 살았으며, 아내들도 일처다부제 속에서, 즉 한 명 이상 여러 남편들과 살았다. 그것은 인간사회만큼이나 오래된 것으로 보인다. 그런 형태의 가족은 부자연스럽지도 획기적인 것도 아니었다."라고 썼다. "원시시대에 가족의 시작에 관한 다른 가능성을 찾는 것은 어려울 것이다." 여러 쪽 뒤에서 모건은 "다윈처럼 위대한 저술가가 의문을 제기하겠지만, 난교 상태가 선사시대의 전형이라는 결론으로부터 벗어날 길이 없어 보인다."[26]라고 결론 내린다.

선사시대 사회는 군혼群婚-원시 무리primal horde 또는 잡혼雜婚omnigamy으로도 알려져 있으며 후자는 프랑스 작가 샤를르 푸리에Charles Fourier가 만든 것이 확실하다-을 실행했다는 모건의 주장은 다윈의 사상에도 영향을 미쳤다. 그래서 다윈은 "결혼 풍습은 점진적으로 발달했으며, 한때 난교가 전 세계적으로 극히 보편적이었다는 것이 확실해 보인다."라고 인정했다. 다윈은 그의 특징적인 겸손함을 가지고 "한 부족 내 모든 남녀가 각각 서로에게 남편과 아내인 현대 부족이 있다."라고 인정했다. 다윈은 모건의 학문에 경의를 표하며 말했다. "그 주제를 가장 밀접하게 연구한 사람들의 판단은 내 판단보다 훨씬 더 가치 있다. 그들은 군혼이 전 세계적으로 최초이며 보편적인 형태라고 믿는다… 그 같은 믿음을 옹호하는 간접 증거들은 너무나도 강력하다…"[27]

---

26) Morgan (1877/1908), p. 418, 427.
27) Darwin (1871/2007), p. 360.

정말로 그렇다. 그리고 증거는 직접적인 것과 간접적인 것 모두 다윈이 상상할 수 있었던 것보다, 또는 심지어 모건이 상상할 수 있었던 것보다 훨씬 더 강력해졌다.

• • •

먼저 한 단어에 관해 한 마디 하자. *Promiscuous*(난잡한)는 사람에 따라 서로 다른 것들을 의미한다. 그러니 용어 정의를 하자. 그 단어의 라틴어 어원은 *miscere*로 섞는다는 뜻인데, 그것이 우리가 의미하고자 하는 방식이다. 선택과 선호의 영향을 받기 때문에, 그 단어는 짝짓기에서 *무작위*randomness를 의미하지는 않는다. 우리는 이 책에서 쓸 다른 용어-폄하성 비웃음이 없는 것-를 찾아보았다. 그러나 동의어들-*sluttish*품행이 나쁜, *wanton*음탕한, *whorish*매춘부의, *fallen*타락한-은 훨씬 더 나빴다.

우리가 전 세계의 다양한 사회의 성적 관습을 설명할 때, 그것이 논의의 대상이 된 사람들에게는 정상적인 행위라고 묘사한다는 점을 기억하라. 보통 용법에서 난혼promiscuity은 비非도덕적 혹은 무無도덕적 행위, 무신경함과 무감각함을 의미한다. 그러나 우리가 설명할 대부분의 사람들은 그들의 사회가 용인하는 한도 내에서 잘 행동한다. 그들은 반역자, 범죄자, 유토피아적 이상주의자들이 아니다. 수렵채집인(오늘날에도 존재하는 사람들이든, 선사시대의 사람들이든) 집단은 100명에서 150명을 크게 넘는 경우가 드물다. 이 점을 고려할 때, 이들은 각자 자신의 모든 파트너를 깊이 친숙하게 잘 알았을 가능성이 크다. 아마도 현대 남녀가 자신의 일시적 애인들에 대해 아는 것보다 훨씬 많이 알았을 것이다.

모건은 〈고대사회Ancient Society〉에서 "이런 미개한 생활에 관해 역겨움을 느낄 필요가 없다. 왜냐하면 그들에게 그것은 결혼의 한 형태였고 따라서 부적절한 행동이 전혀 아니었기 때문이다."라고 씀으로써 이 같은 관점을 분명

히 밝혔다.[28]

생물학자 앨런 딕슨Alan F. Dixson은 영장류의 성에 관한 가장 포괄적인 연구—아니나 다를까, 그 책의 제목은 〈영장류의 성Primate Sexuality〉이 됐다—의 저자이다. 딕슨은 자신이 '다多남성-다多여성 짝짓기 시스템'이라고 부르기를 좋아하는 것에 관해 같은 관점을 밝혔다. 그 시스템은 인간과 가장 가까운 영장류(침팬지, 보노보)에게 전형적인 것이다. "다남성-다여성 영장류 그룹에서 짝짓기는 거의 무차별적이지 않았다. 친족관계, 사회적 계층, 성적 매력, 개인적인 성적 선호도 등 다양한 요소들이 양성兩性 간 짝 선택에 영향을 미칠 수 있었을 것이다. 따라서 그 같은 짝짓기 시스템에 '난잡하다'는 꼬리표를 붙이는 것은 옳지 않다."[29]

따라서 만약 난혼이 진행 중인 비非배타적인 많은 성적 관계를 의미한다면, 우리 조상들은 우리들 중 성적으로 거의 가장 흥분한 사람보다 훨씬 더 난잡한 것이 된다. 반면에 만약 우리가 난혼을 파트너 선택에서 전혀 차별하지 않거나, 무작위로 낯선 사람과 섹스 하는 것을 지칭한다고 이해하면, 우리 조상들은 많은 현대인들보다 훨씬 덜 난잡했을 것이다. 이 책에서 난혼은 오직 동시에 많은 성적 관계를 갖는 것만을 지칭한다. 선사시대 작은 집단생활의 윤곽을 고려해보면, 이런 파트너들 중 다수가 낯선 사람이 아니었을 것이다.

---

28) Morgan (1877/1908), p. 52.
29) Dixon (1998), p. 37.

제3장 표준적 담화에 대한 세밀한 검토

우리에게는 좋은 뉴스와 나쁜 뉴스가 있다. 좋은 뉴스는, 표준적 담화에 반영된 인간 성생활에 대한 음울한 시각은 잘못됐다는 것이다. 남자는 속이는 비열한 인간으로 진화하지 않았으며, 여자도 수백만 년의 세월에도 불구하고 거짓말하고 바람피우며 미모로 돈을 우려내는 존재가 되지 않았다. 나쁜 뉴스는, 도덕관념이 없는 진화의 작인作因들이 우리 안에서 지킬 수 없는 비밀을 가진 종을 창출했다는 것이다. 호모사피엔스Homo sapiens는 부끄러움 없이, 부인할 수 없이, 피할 수 없이, 성적性的인 존재로 진화했다. 건장한 난봉꾼들. 한량, 악당, 탕아들. 수고양이와 성적인 새끼고양이들. 섹스에 집착하는 수캐들. 발정한 암캐들.[1]

사실, 우리들 중 일부는 우리 본성의 이런 측면을 넘어선다(혹은 그 아래에 가라앉는다). 이런 전의식前意識의 충동은 우리의 생물학적 바탕선에, 그리고 우리의 판단점에 남아 있으며, 우리의 개인적 수數체계에서 '0'에 남아 있다.

---

1) "A Ladies' Man and Shameless"의 저자인 John Perry Barlow에 대한 사과와 함께. http://www.nerve.com/personalEssays/Barlow/shameless/index.asp?page=1에서.

우리 각자가 점유한 육신은 진화한 우리의 경향을 '정상'으로 여긴다. 넘치는 죄의식, 공포, 수치심 그리고 심신心身 손상에 의해 강화된 의지력 덕분에, 우리는 이 같은 충동에 대해 어느 정도 통제력을 얻을 수도 있다. 가끔. 드물게. 극히 드물게. 그러나 이런 충동들이 통제되고 있다고 하더라도 그것들을 무시할 수는 없다. 독일 철학자 아르투르 쇼펜하우어Arthur Schopenhauer가 지적했듯이, *인간은 무엇을 할 것인가를 선택할 수는 있지만, 무엇을 원할 것인가를 선택할 수는 없다.*

인정하든 인정하지 않든, 진화된 이런 경향은 지속되며 우리의 관심을 얻기 위해 투정한다.

진화된 성적 본성을 부정하는 데에는 비용이 따르는데, 이 비용은 개인, 커플, 가족 그리고 사회가 매일 밤낮으로 지불하게 된다. 이런 비용은 윌슨E. O. Wilson이 '우리가 자연적 본성을 피하기 위해 지불해야 하는, 인간 행복의 덜 실재적인 돈'이라고 부른 것으로 지불된다.[2] 성적 억압에 관한 우리 사회의 투자가 순이익인가 순손실인가는 다음 순서의 질문이다. 우선 우리는 본성을 초월하려는 것은 항상 위험하고 소모적이며, 흔히 화려한 실패로 귀결된다는 점을 설명할 것이다.

우리는 누구이고, 어떻게 오늘에 이르렀으며, 이와 관련해 무엇을 할 것인가? 이 질문을 이해하려면, 우리의 진화된 성적 성향을 인정하는 일에서부터 출발해야 한다. 왜 그렇게 많은 세력들이 우리의 일관된 성취에 저항하는가? 왜 전통적 결혼은 그렇게 우라질 일인가? 부단한 캠페인에도 불구하고, 2,000년에 걸친 불과 유황의 천벌과 결합된 성적 일부일처제의 *자연스러움*에 대한 사회과학적 주장은 어떻게 사제, 전도사, 정치인, 교수들에게조차 금지된 욕망을 제거하는 데 실패했는가? 우리 자신을 현재 있는 그대로 파악하기 위해, 우리는 지구상의 모든 피조물 중에서 '호모사피엔스'만큼 조급히, 창조적으로, 부단히 성적인 존재가 없다는 사실을 인정하는 것에서부터 시작해야 한다.

2) Wilson (1978), p. 148.

우리는 남녀가 정확히 같은 방식으로 에로티시즘을 경험하지 않지만, 티레시아스의 말대로 남녀 모두 거기서 상당한 쾌감을 얻는다고 주장한다. 대부분의 여성은 성적 모터를 가동하는 데 남성들보다 긴 시간을 필요로 하는 것이 사실일 것이다. 그러나 일단 그것이 가동되면 남성들보다 훨씬 더 멀리 나아가는 능력을 가지고 있다. 의심할 나위 없이, 대부분의 여자는 외모보다 남자의 성격에서 더 강렬함을 느낀다(물론 한계 내에서). 반면 남자는 여자의 외모에 더 많은 신경을 쓰는 경향이 있다. 그리고 여성의 생물학은 여성이 섹스하기 전에 고려해야 할 훨씬 더 많은 것을 제공한다는 것 또한 사실이다.

코미디언 제리 사인필드Jerry Seinfeld는 불과 소방관의 관점에서 그것을 요약한다. "성생활에서 남녀의 기본적 갈등은 남자는 소방관과 같다는 것이다. 남자에게 섹스는 비상사태이고, 우리는 무슨 일을 하고 있든지 2분 안에 준비할 수 있다. 반면 여자는 불과 같다. 그녀들은 매우 흥분하지만, 불이 발생하기 위해서는 조건이 정확히 맞아야 한다."

많은 여성들에게 성욕은 아마 미식가의 배고픔 같을 것이다. 다수 남성과 달리, 그런 여성들은 단순히 허기를 면하기 위해 먹기를 갈망하지 않는다. 오히려 특정 방식이 제공하는 특별한 만족을 추구한다. 대부분의 남성이 추상적으로 섹스를 갈망할 수 있고 갈망하는 반면에, 여성은 담화, 성격, 섹스의 *이유*를 원한다고 보고한다.[3] 달리 말해서 우리는 진화심리학에 핵심적인 많은 *관찰들*에 동의한다. 우리가 문제시 하는 것은 이런 관찰에 대한 왜곡된, 내부적으로 충돌하는 *설명들*이다.

그럼에도 불구하고, 인간 성생활에 관한 이 같은 표준 관찰에는 대부분 단순하고 논리적이고 일관된 설명이 *존재한다*. 그것은 검소하고 우아한, 인간의 성적 진화에 대한 대안적 담화이다. 그것은 난해하고 복잡한 전략도, 현재 수용되고 있는 이야기에 고유한 고인돌화Flintstonizing도 요구하지 않는 수정 모델이다.

---

3) 그러나 미식가가 대식가보다 자신의 음식에서 즐거움을 *더 적게* 얻는다고 누가 주장하겠는가?

표준적 담화는 훨씬 더 밝은(어느 정도 스캔들을 담고 있지만) 진실 위에 인간의 어두운 이미지를 그린다. 우리 모델을 제시하기 전에 표준적 담화를 좀 더 세밀히 살펴보자. 광범위하게 수용된 가정이 포함된 4개 주요 연구 영역에 초점을 맞춰보자.

- 상대적으로 약한 여성의 성욕
- 남성의 부모 투자
- 성적 질투와 부성父性 확실성
- 확장된 수용성受容性과 숨겨진(혹은 비밀스러운) 배란

어떻게 다윈이 당신 엄마를 모욕했나(성적 경제학의 음울한 과학)

이기는 남성 구애자는 자신의 치장과 과시의 대가로 무엇을 얻게 될까? 섹스. 글쎄, 그렇긴 한데 그것은 단순한 섹스가 아니라 특정 여성에 대한 *배타적* 접근이다. 표준 모델은 성적 배타성이 결정적이라고 상정하는데, 그것은 진화의 시대에 남성이 자신의 부성父性을 확보하는 유일한 방법이기 때문이라는 것이다. 진화심리학에 따르면, 이것은 인간 가족의 핵심이 되는, 마지못해 하는 계약이다. 남자는 배타적인, 상대적으로 일관된 성적 접근에 대한 대가로 물건과 서비스-선사시대의 환경에서 주로 고기, 주거지, 보호, 지위-를 제공한다. 헬렌 피셔는 그것을 섹스 계약The Sex Contract이라고 불렀다.

경제학을 흔히 *음울한 과학*dismal science이라고 한다. 그런데 경제학이 인간 성생활에 적용될 때보다 더 음울할 때는 없다. 섹스 계약은 흔히 경제적 게임 이론의 관점에서 설명된다. 경제적 게임이론에서는, 가장 많은 자식을 생존시켜 생식하게 하는 사람이 투자의 대가가 가장 크기 때문에 이긴다. 따라서 만약 여자가 임신 기간 중 자신을 도와줄 의사가 없는, 위험성 높은 양육 초기에 자녀를 이끌어줄 의사가 없는 남자의 자식을 임신한다면, 그녀는 아마도 시

간, 에너지, 임신의 위험성을 낭비한 꼴이 될 것이다. 이 이론에 따르면, 아버지의 도움이 없다면 그 자녀는 성적으로 성숙하기 전에 죽을 가능성이 매우 높다. 임신한 엄마, 수유 중인 엄마에게 위험이 가중됨은 말할 나위가 없다. 저명한 진화심리학자 스티븐 핑커Steven Pinker는 인간 생식에 대한 이 같은 시각을 섹스의 *유전경제학*the genetic economics of sex이라고 부른다. 핑커는 다음과 같이 설명한다. "남자와 여자의 최소 투자는… 평등하지 않다. 아이는 남편이 도망해버린 편모偏母 가정에서 태어날 수 있으나, 아내가 도망한 편부偏父 가정에서는 태어날 수 없기 때문이다. 그러나 남자의 투자는 0보다는 크다. 이는 여자도 결혼시장에서 경쟁했을 것으로 예측된다는 의미이다. 비록 여자들은 투자할 가능성이 가장 높은 남자들을 놓고 경쟁했겠지만…."[4]

역으로, 만약 남자가 모든 시간, 에너지, 자원을 자신의 등 뒤에서 못된 짓을 하는 여자에게 투자한다면, 결국 다른 남자의 아이들을 키우게 되는 위험에 빠질 것이다. 만약 그의 삶의 유일한 목적이 자신의 유전자를 미래로 전달하는 것이라면, 이는 모든 것을 잃는 것이다. 실수를 범하지 마라. 표준 진화론의 냉철한 논리에 따르면, 유전자를 물려주는 것은 우리 인생의 유일한 목적이다. 진화심리학자 마고 윌슨Margo Wilson과 마틴 데일리Martin Daly는 이 때문에 남자는 여자의 성에 대해 결정적으로 소유적인 관점을 취한다고 주장한다. "지저귀는 새가 영역을 주장하듯이, 사자가 사냥감에 대한 권리를 주장하듯이, 남녀 모두 귀중품에 대한 권리를 주장하듯이, 남자는 특정 여자에 대한 권리를 주장한다."라고 그들은 썼다. "개별적으로 인식 가능하고 잠재적으로 방어 가능한 자원으로 묶어 둠으로써, 소유자는 경쟁자들로부터 자신의 것을 방어하겠다는 의도를 알리고 실천한다."[5]

"사자가 사냥감을 사랑하듯이 나는 당신을 사랑한다." 확실히 결혼이 이보다도 덜 낭만적으로 표현된 적은 없다.

---

4) Pinker (2002), p. 252.
5) Barkow et al. (1992), p. 289.

주의력 있는 독자들은 주목했겠지만, 이성異性 간의 상호작용에 관한 표준적 담화의 핵심은 매춘이다. 즉, 여성은 자신의 성적 서비스를 자원에 대한 접근과 교환한다는 것이다. 아마도 이 같은 신화적 공명共鳴에 의해, 〈귀여운 여인Pretty Woman〉 같은 영화가 대박을 터뜨린 매력의 일단이 설명된다. 이 영화에서 리처드 기어는 자신의 부에 대한 접근 허용과 줄리아 로버츠-당신은 놓쳤을 수도 있지만, 그녀는 상냥한 마음을 가진 창녀 역할이다-가 제공해야만 했던 것을 교환한다. 그녀가 제공해야만 했던 것은 전술前述한 상냥한 마음, 텍사스 주만큼 큰 미소, 한 쌍의 길고 사랑스러운 다리, 그리고 그 다리는 지금부터 오직 그에게만 열릴 것이라는 엄숙한 약속에 한정된다는 점에 주목하라. 그 영화의 천재성은 수많은 영화와 책에서 모호했던 것을 분명히 했다는 점에 있다. 이 이론에 따르면, 여자는 생각할 필요도 없고 부끄럼도 없이 성적 쾌락을 남자의 부, 보호, 지위 그리고 자신과 자식이 누리게 될 다른 보물들에 대한 접근과 교환하도록 진화한 것이다.

당신 엄마는 창녀라고 다윈은 말한다. 그처럼 간단하다.

우리가 경솔하다고 생각하지 않도록 하기 위해, 여성의 생식력과 정조를 재화 및 서비스와 교환하는 것이 진화심리학의 근본적 전제들 중 하나라는 점을 당신에게 확신시킨다. 많은 사람들이 진화심리학의 바이블이라고 생각하는 책 〈적응된 마음The Adapted Mind〉에 섹스 계약이 아주 명쾌하게 언급돼 있다.

여성에 대한 남성의 성적 매력은 자연 환경에서 짝으로서의 높은 가치와 상호 연관된 특성의 기능일 것이다… 결정적인 질문은 '어떤 특성이 짝으로서의 높은 가치와 상호 연관됐는가?' 라는 것이다. 세 가지 가능한 답변은 다음과 같다.

- 여자와 그 자녀를 부양하려는 남자의 의지와 능력
- 여자와 그 자녀를 보호하려는 남자의 의지와 능력
- 육아 활동에 직접 참여하려는 남자의 의지와 능력[6]

이제 남자, 여자, 가족구조, 선사시대의 삶에 관한 이와 같은 가정假定들 위에 성립된 가장 유명한 연구들 중 일부를 검토해 보자.

유명한, 여성의 시든 성욕

여성은… 남성보다 덜 열정적이며, 그것에 예외는 거의 없다…

찰스 다윈

여자는 섹스에 관심이 거의 없다, 맞는 말인가? 티레시아스의 관찰에도 불구하고, 그 말은 극히 최근까지 서양 대중문화, 의학 그리고 진화심리학에서 보편적 합의에 가까웠다. 최근 수 년 사이에 대중문화는 여성의 상대적 관심 부족에 의문을 제기하기 시작했다. 그러나 표준 모델에 관한 한, 윌리엄 액튼 William Acton 박사가 1875년 그 문제에 관한 유명한 생각들을 발표한 이후 변화는 많지 않았다. 그는 독자들에게 "최상의 엄마, 아내, 가정의 관리자들은 성적 방종에 관해 아는 것이 거의 혹은 전혀 없다. 일반적으로 보통 여자는 자신을 위한 성적 만족은 거의 바라지 않는다. 남편에게 복종하면서 그를 기쁘게 하는 일만 한다."라고 확신했다.[7]

더 최근에 심리학자 도널드 시먼즈Donald Symons는 이제는 고전이 된 〈인간 성생활의 진화The Evolution of Human Sexuality〉에서 확신을 가지고 "모든 사람에게 성교는 여성이 남성에게 바치는 서비스나 호의로 이해된다."라고 선언했다.[8] 1948년 발표된 기본 논문에서 유전학자 베이트먼A. J. Bateman은 과실파리의 행동에 관한 발견을 주저 없이 인간에게 적용해 추론했다. 그는 자연 선택은 '남성 안의 무분별한 열정과 여성 안의 분별 있는 소극성'을 촉진한다고

---

6) Barkow et al. (1992), pp. 267-268
7) Acton (1857/62), p. 162.
8) Symons (1979), p. vi.

언급했다.[9]

여성은 특별히 성적인 존재가 아니라는 확신을 주기 위해 축적된 빈약한 증거들은 매우 인상적이다. 수천은 아니더라도 수백 가지의 연구들이 확실히 여성의 성욕은 무기력하다고 주장했다. 모든 진화심리학에서 가장 많이 언급되는 연구들 중 하나는 1989년에 출판된 것으로, 그 장르의 전형이다.[10] 한 매력적인 학부생 여성 자원봉사자가 플로리다 주립대 캠퍼스에서 아무런 의심을 하지 않는 (혼자 있는) 이성異性 학생에게 다가갔다. 그리고 말했다. "안녕, 최근 시내에서 너를 봤어. 네가 매우 매력적이라고 생각해. 오늘밤 나랑 잘래?" 청년의 약 75%가 "좋아"라고 대답했다. 받아들이지 않은 남자도 다수가 후일을 기약했다. 그러나 매력적인 낯선 남성들이 접근했을 때 여성들은 *단 한 명도 그 제안을 받아들이지 않았다.* 연구는 그렇게 종료됐다.

농담이 아니다. 이 연구는 '실제로' 모든 진화심리학에서 가장 유명한 것들 중 하나이다. 여자는 일시적 섹스에는 관심이 없다는 것−만약 당신의 이론이 여자는 남자에게서 물건을 얻기 위해 본능적으로 섹스를 교환한다는 것을 사실로 상정한다면, 이것은 중요하다−을 확고히 하기 위해, 연구자들은 그 연구를 참고문헌 목록에 달았다. 결국 만약 여성이 즐거운 마음으로 섹스를 공짜로 제공한다면, 섹스에 대한 수요는 뚝 떨어진다. 따라서 다른 여성은 가치 있는 어떤 것과 섹스를 교환하는 데 어려움을 겪을 것이다.

남성의 부모 투자

앞서 언급한 바와 같이 일반적인 진화심리학뿐만 아니라 이와 같은 이론의 바탕에는, 삶은 경제적 측면과 게임이론으로 개념화할 수 있다는 생각이 깔려

9) Bateman (1948), p. 365.
10) Clark and Hatfield (1989).

있다. 그 게임의 목적은 가능한 한 많은 자녀를 생존시킴으로써 당신의 유전 암호를 미래로 전하는 것이다. 이런 확산이 행복으로 귀결될 것인가 아닌가는 별개의 문제다. 진화심리학의 베스트셀러 연구물인 〈도덕적 동물The Moral Animal〉에서, 로버트 라이트Robert Wright는 그것을 명확히 표현했다. "우리는 효과적인 동물로 만들어졌다. 행복한 동물로 만들어지지 않았다. (물론 우리는 행복을 추구하도록 디자인됐다. 그리고 다원적인 목표 , 즉 섹스나 지위 등의 성취를 통해 우리는 자주 행복을 얻는다. 적어도 당분간은 행복을 느낀다.) 그러나 행복의 잦은 부재로 인해 우리는 행복을 추구하고, 그럼으로써 우리는 생산적이 된다."[11]

이것은 호기심을 유발하는 생산성 개념이다. '생산성'은 마치 단 한 가지 의미만 가능하다는 듯이, 명백히 정치적이지만 매우 순수하게 제시된다. 삶에 관한 이 같은 시각은 프로테스탄트의 노동윤리– '생산성'은 동물을 '효과적'으로 만든다는 것–를 수용한다. 또 삶은 즐기는 것이 아니라 참고 견디는 것이라는 구약 성서를 되풀이한다. 이런 가정들은 모든 진화심리학 문헌에 뿌리 내리고 있다. 인간 본성에 관해 더 열린 마음을 가진 철학자 중 한 명인, 동물 행동학자 겸 영장류학자 프란스 드 발Frans de Waal은 이것을 칼뱅주의 사회생물학Calvinist Sociobiology이라고 부른다.

양보다 질에 대한 여성의 관심은 두 가지 관점에서 중요하다. 첫째, 여성은 자녀의 생존과 번창 가능성을 극대화하기 위해 건강한 남성의 자녀를 임신하는 데 관심이 있다. 진화심리학자 데이비드 버스David Buss는 "여성의 생식 자원은 소중하고 한정적이다. 여성 조상들은 그것을 아무렇게나 만난 남자에게 낭비하지 않았다."라고 썼다. 그는 이어서 "명백히, 여성은 '정자는 싸고 난자는 비싸다'는 생각을 의식적으로 하는 것은 아니다. 그러나 섹스에 동의하기 전에 통찰력을 발휘하지 못한 과거 여성은 진화의 먼지 속에 남겨졌다. 우리의 엄마 조상들은 '패자敗者'를 배제하기 위해 감정적 지혜를 사용했다."라고

---

11) Wright (1994), p. 298.

썼다.[12] 만약 패자의 조상이 수천 세대 동안 그렇게 세심하게 배제돼 왔다면, 왜 오늘날 유전자 풀에 아직도 그렇게 많은 패자들이 있는지를 버스는 설명하지 않는다.

우리 종에서 여성의 부모 투자는 상당 부분 생물학적으로 불가피한 것이다. 하지만 진화론자들은 호모사피엔스의 경우 영장류 중에서 *남성의 부모 투자*가 특이하게 높다고 믿고 있다. 그들은 높은 수준의 부모 투자가 결혼의 보편성의 토대를 형성한다고 주장한다. 라이트가 언급했듯이, "인류학적 기록상 모든 인간 문화에서 결혼은…표준이며, 가족은 사회조직의 원자이다. 모든 곳의 아버지는 자신의 자녀에 대해 사랑을 느낀다…이 사랑으로 인해 아버지는 자녀 양육을 돕고 자녀를 보호하며, 그들에게 유익한 것들을 가르친다."[13]

생물학자 팀 버크헤드Tim Birkhead는 이에 동의하면서 "부성에 관한 이슈는 많은 경우에서 남자 행동의 핵심이며 진화의 좋은 이유이다."라고 썼다. "원시시대에 자기 자식이 아닌 자녀에게 투자한 남자는 평균적으로 자신의 유전적 자식만을 키운 남자보다 더 적은 자손을 남겼을 것이다. 결과적으로 남자는 부성에 사로잡혔으며 지금도 계속 그러고 있다…"[14]

이제 우리는 이 논쟁의 기저에 자리한 미심쩍은 상당수 가정들을 간략하게 언급할 것이다.

- 모든 문화는 결혼과 핵가족을 중심으로 조직된다.
- 자기 자식만 부양한 아버지는 물질적으로 관대했던 아버지보다 훨씬 많은 자손을 남겼을 것이다.
  - *이것이 '부성 집착'처럼 형체 없는 것에 관해, 어떻게 별개의 유전적 기반을 추정하는가에 주목하라.*
- 조상들이 처한 환경에서 남자는 어떤 자녀가 생물학적으로 자기 자식인

---

12) Buss (2000), p. 140.
13) Wright (1994), p. 57.
14) Birkhead (2000), p. 33.

지를 알 수 있었다. 이것은 다음과 같은 점들을 상정한다.

- *남자는 한 번의 성행위는 한 자녀로 귀결될 수 있다는 점을 이해한다.*
- *남자는 자신의 파트너의 정절을 100% 확신한다.*

• 사냥꾼은 자신의 사냥물을 수렵채집인의 긴밀한 집단에서 살고 있는 사람들(조카, 조카딸, 평생 친구의 자녀를 포함해서) 중 배고픈 사람과 공유하는 것을 거절할 수 있었다. 그러고도 부끄러움을 느끼거나 왕따 당하거나 공동체에서 추방되는 일은 없었다.

따라서 표준적 담화에 따르면, 남성의 부모 투자가 그 남성의 자녀에게 이점-더 많은 음식, 보호, 교육-이 되는 것처럼, 여성은 이런 자원에 대한 더 많은 접근을 가진 짝을 선택하도록 진화했을 것이다. 또한 이런 자원을 오직 그녀와 그녀의 자녀들과만 공유하겠다는 뜻을 행동으로 표현-선택적인 너그러움, 정절, 성실의 징후들-하는 짝을 선택하도록 진화했을 것이다.

그러나 이 설명에 따르면, 여성의 두 가지 목적-좋은 유전자, 남성의 자원에 대한 접근-은 남녀가 (그들의 관계 내에서 그리고 같은 성의 경쟁자들과) 상충하는 상황을 만든다. 라이트는 그런 상황을 이렇게 요약한다. "남성의 높은 부모 투자는 성적 선택이 두 가지 방향으로 동시에 작용하게 만든다. 남성은 부족한 여성 난자를 놓고 경쟁하도록 진화했을 뿐 아니라, 여성은 부족한 남성 투자를 놓고 경쟁하도록 진화했다."[15]

이성 간 전쟁에서의 '혼합 전략'

권력이 가장 큰 최음제라는 유명한 관찰을 한 남자가 먼 거리 사진 촬영에

---

15) Wright (1994), p. 63.

서 미남이 아니었다는 것은 우연이 아니다.[16] 그러나 (우리가 '키신저 효과'[역주: 영어를 잘하는 데에 있어 발음과 억양을 비슷하게 구사하는 것보다 상황에 적절하고 잘 다듬어진 문장을 구성하는 것이 더욱 중요하다는 인식의 전환]라고 부를 수도 있는 것에서) 자원과 지위에 대한 접근성이 가장 뛰어난 남자는 육체적 매력으로 대변되는 유전적인 부富가 흔히 결여돼 있다. 소녀는 어떻게 해야 할까?

전통적 이론에 따르면, 그녀는 융자금을 갚고, 기저귀를 갈고, 쓰레기를 내다버리는, 멋있고, 부유하고, 예측 가능하고, 진실한 남자와 결혼할 것이다. 그러나 야성적이며 섹시하고 위험한 녀석과 바람을 피울 것이다. 특히 배란기에 즈음해서는 더 그렇다. 따라서 그녀는 애인의 아이를 가질 가능성이 더 높다. 과학 문헌에서 혼합 전략mixed strategy으로 알려진 바와 같이, 남녀는 짝짓기에서 상반되는 목적—여성은 짝짓기 질의 극대화, 남성은 짝짓는 기회의 양적 극대화—을 따르기 위해 자신에게 맞는 어두운 전략을 쓰는 것으로 일컬어진다. 그곳은 하나의 정글이다.

이 두 가지 상충하는 전략의 본질을 가장 잘 입증하는 것으로 알려진 연구는 데이비드 버스와 그의 동료들이 수행한 것이다. 만약 남녀가 짝짓기 행동에서 상충하는 의제를 가지고 있다면, 그 차이는 남녀가 성적 질투를 경험하는 방식에서 나타난다는 것이 그들의 가정에 들어 있다. 그 가정이 예측한 대로, 그 연구자들은 남성은 짝의 성적 부정不貞에 관해 더 불안해하는 반면 여성은 짝의 감정적 부정에 대한 생각 때문에 끊임없이 더 속상한다는 것을 발견했다.

이런 결과들은 남성의 부모 투자에 기초한 모델을 확인해주는 것으로 흔히 언급된다. 이 결과들은 그 모델이 예측한 상충하는 이해를 반영하는 것처럼 보인다. 그 이론에 따르면, 여자는 파트너가 다른 여자에게 감정적으로 몰입하는 것에 더 속상해 할 것이다. 그것이 그녀의 필수적인 이해관계를 더 위협

16) 헨리 키신저Henry Kissinger—단지 우리 의견, 개인적인 감정은 없다.

할 것이기 때문이다. 표준 모델에 따르면, 이 진화 게임에서 선사시대 여성에게 최악의 시나리오는 자기 남자의 자원과 후원에 대한 접근을 잃는 것일 것이다. 만약 그가 다른 여자—현대적 측면에서 보면 오히려 사회 계급이 더 낮은 여성이거나 매춘부여서 그가 결혼하지 않을 상대—와의 무의미한 성적 유희를 계속한다면, 이는 그녀와 그녀 자녀의 생활수준에 훨씬 덜 위협적일 것이다. 그러나 만약 그가 다른 여자와 사랑에 빠져 떠난다면, 그녀의(그리고 그녀의 자녀의) 앞날은 단숨에 곤두박질 칠 것이다.

앞서 언급한 바와 같이, 남자의 관점에서 보면, 최악의 시나리오는 시간과 자원을 다른 남자의 자녀를 키우는 데 써버리는 것—자신의 비용으로 다른 사람의 유전자가 미래로 나가게 하는 것—일 것이다. 만약 그의 파트너가 다른 남자와 섹스를 하지 않고 감정적인 연관을 갖는다면, 그런 유전적 재앙은 발생할 수 없을 것이다. 그러나 그녀가 감정적 친밀함이 없음에도 다른 남자와 섹스를 한다면, 그는 알지 못한 채 자신의 진화를 위한 '투자'를 상실하게 될 것이다. 따라서 여자의 질투는 남자의 감정적 행동—따라서 남자의 자원에 대한 자신의 배타적 접근을 보호하는 것—을 향해 있는 반면 남자의 질투는 여자의 성적 행동—따라서 자녀의 부성父性을 확실히 하는 것—을 통제하도록 진화했다고, 표준적 담화는 추측한다(그 연구는 이런 설명을 확인해주는 것처럼 보인다).[17]

당신이 추측했겠지만, 앞서 언급된 혼합 전략은 같은 길을 따를 것이다. 남자의 혼합 전략은 성적 행동을 통제할 수 있는 오랜 짝을 갖는 것일 것이다. 만약 가난하다면 맨발인 채 임신 상태를 유지하며, 중국인이라면 발을 묶은 채 임신 상태를 유지하고, 만약 부자라면 하이힐을 신긴 채 임신 상태를 유지하는 것일 것이다. 한편 그는 더 많은 아이들의 아버지가 될 기회를 갖기 위해, 가능한 한 많은 여성들과 일시적 섹스(적은 투자)를 계속할 것이다. 이런 방법으로 표준 진화론은 남자는 더러운 거짓말쟁이 후레자식으로 진화했다고

---

17) 우리는 제9장에서 성적 질투심의 본성을 더 상세히 알아본다.

상정한다. 표준적 담화에 따르면, 남성의 진화된 행동 전략은 미친 듯이 (심지어 폭력적으로) 아내를 질투하면서, 임신한 아내를 두고 바람을 피우는 것이다.

대단하다.

그의 일시적 접촉에서 생긴 자녀의 생존 가능성은 그가 양육을 돕는 자녀보다 낮을 것이다. 그럼에도 불구하고, 그가 부담할 낮은 비용―술 몇 잔과 시간당으로 빌리는 '그늘진 숲속의 모텔' 방―을 생각하면 이 투자가 현명한 방법일 것이다. 여자의 혼합 전략은 자원, 지위, 보호를 가장 잘 제공하는 남자로부터 장기간 헌신을 이끌어내는 것일 것이다. 그와 동시에 자신을 사랑하며 가정적인 짝에게 결여된 유전적 이점을 주는, 가죽옷 입은 건장한 녀석과의 일시적인 정사를 추구하는 것일 것이다. 남자와 여자 중 누가 더 나빠 보이는가를 판단하는 것은 어려운 일이다.

여성은 배란기에 남편 몰래 바람피우는(혼외정사를 하는) 경향이 더 크며, 가임기가 아닐 때보다 피임약을 사용하는 경향이 덜하다는 것이 여러 연구에서 입증됐다. 게다가 여성은 생리주기 중 배란기에 더 많은 향수와 보석을 사용하며, 더 남성적인 외모를 가진 남자―더 강한 유전자라는 육체적 표시를 가진 남자―에게 끌리는 경향이 있다. 상충하는 이 의제들, 그리고 그것들이 부채질하는 것처럼 보이는 영원한 투쟁―이성異性 간의 전쟁―은, 오늘날 과학적이고 치료적인 담화들에 등장하는, 인간 성생활에 관한 암울한 전망에서 핵심적이다.

라이트가 요약한 대로, "남성의 높은 부모 투자에도 불구하고, 그리고 일정 부분 그것 때문에, 남녀 사이에는 기본적으로 '상호 착취'라는 동력動力이 깔려 있다. 그들은 종종 서로를 불행하게 만들도록 디자인된 것 같다."[18] 시먼즈는 〈인간 성생활의 진화〉의 첫째 줄에서 다음과 같이 동일한 체념을 말한다.

이 책의 중심 주제는, 성생활과 관련해 여성의 본성과 남성의 본성이 있으며, 비록

---

18) Symons (1979), p. v.

그 차이가 이성 관계에 수반되는 타협과 도덕적 경고에 의해 상당 부분 가려지지만, 이 둘은 매우 다르다는 것이다. 인간 진화의 역사상 유구한 수렵채집 단계를 통틀어, 남녀가 각기의 성에 적응한 성적 욕망과 성향은 생식적 망각에 대비한 또 다른 티켓들을 위한 것이기 때문에, 남녀는 성적 본성이 다르다.[19]

황량하지 않은가? 이 책을 읽는 모든 여성은 책략적이고 남자 돈을 우려먹으며, 자기를 신뢰하지만 재미없는 남자를 꾀어 결혼하는 방향으로 진화했다고 전통적 진화론은 확신한다. 그리고 남편이 소파에서 잠들자 말자, 가죽옷 입은 네안데르탈인의 자녀를 임신하기 위해, 향수를 잔뜩 뿌리고 동네 독신자 클럽으로 달려간다고 확신한다. 어떻게 당신이 그럴 수 있겠는가? 그러나 우리 남성 독자들도 우월감을 느끼기 전에 기억하라. 같은 설명에 따르면, 당신도 사랑이 변치 않겠다는 공허한 약속을 하고 손목에 가짜 롤렉스시계를 채워주면서 순진한 젊은 미인에게 구애하고 결혼하도록 진화했다는 것을. 그리고 가능한 한 빨리 그녀를 임신시킨 뒤, 당신이 관리할 수 있는 한도 내에서 가급적 많은 여비서들과 함께 '늦게까지 일하기'를 시작한다는 것을 기억하라. 남성들이여, 당신도 자랑스러울 것이 없다.

확장된 성적 수용성과 은폐된 배란

가장 밀접한 영장류 사촌들과 달리, 표준적인 인간 여성은 배란기에 즈음해 정상 크기의 두 배로 부풀어 오르며 연붉게 변하는 음부陰部를 가지고 있지 않다. 사실 표준적 담화의 근본 전제는, 남성은 여성이 언제 가임기인지를 알 수 없다는 것이다. 가장 똑똑한 생명체로 여겨지는 인간이 특이하게도 이 점에서 무지하다는 것은 흥미로운 일이다. 거의 대다수의 다른 포유류 암컷은

---

19) Wright (1994), pp. 57–58.

가임기를 널리 알리나, 다른 시기에는 섹스에 전혀 관심이 없다. 은폐된 배란은 인간의 중요한 예외로 언급된다. 영장류 중에서, 암컷이 언제 어디서든 섹스 할 수 있는 능력과 의지를 지닌 것은 오직 보노보와 인간만의 특징이다. 대부분의 포유류는 섹스가 '중요할' 때-임신이 가능할 때-에만 섹스를 하는 반면에, '확장된 수용성'은 여성이 생리주기를 통틀어 성적으로 활동적일 수 있다고 말하는 과학적 방법이다.

자원 공유를 위해 남자를 이용할 때가 아니면, 여자는 특별히 섹스에 관심이 없다고 한다면, 왜 여성은 특이하게 풍부한 성적 능력을 진화시켰을까? 거의 모든 포유류처럼, 생리주기에서 임신 가능성이 가장 높은 며칠 동안만 섹스하면 될 것을, 왜 그러지 않는 것일까?

이 현상을 설명하기 위해 두 가지 주요한 이론이 제시됐는데, 두 이론은 전적으로 다르다. 인류학자 헬렌 피셔Helen Fisher가 '고전적 설명'이라고 부른 것은 다음과 같다. 은폐된 배란과 확장된(더 정확히 말하면 끊임없는) 성적 수용성은 초기의 인간 여성들에게서 진화했다. 늘 성적으로 흥분해 있는 남자 짝의 관심을 잡아둠으로써 짝 유대를 발전시키고 굳건히 하기 위한 방법으로 진화했다는 것이다. 이 능력은 두 가지 방식으로 작용했다고 추정된다. 첫째, 여성은 언제든(배란기가 아닐 때에도) 섹스가 가능했기 때문에 짝이 성적 쾌락을 위해 다른 여자를 찾을 이유가 없었다. 둘째, 여성의 생식력은 숨겨져 있었기 때문에 남자는 자기 자녀의 피임 가능성을 증대시키면서 언제든(짧은 발정기뿐만 아니라) 그녀와 짝짓기를 한 다른 남자가 없다는 사실을 확신하기 위해 늘 그녀 주변에 붙어 있게 됐다. 피셔는 "소리 없는 배란은 특별한 친구가 늘 가까이에서 그녀에게 소중한 보호와 음식을 제공하도록 했다."라고 말한다.[20] 그것은 과학자들에게 '짝 보호 행동'으로 알려졌지만, 현대 여성들은 '나를 혼자 내버려 두지 않는 몹시 불안하고 성가신 사람'이라고 부를지도 모른다.

---

20) Fisher (1992), p. 187.

인류학자 사라 블래퍼 흐르디Sarah Blaffer Hrdy는 여성의 특이한 성적 능력에 대해 다른 설명을 제시한다. 그녀는 초기 인류의 은폐된 배란과 확장된 수용성은 남성을 안심시키기 위한 것이 아니라 혼란을 주기 위한 것이라고 말한다. 그녀는 새로 즉위한 개코원숭이 우두머리 수컷이 이전 족장의 새끼들을 모두 죽이는 경향에 주목했다. 그녀는 여성 성생활의 이 같은 양상은 여러 수컷들 사이에서 부성父性에 혼란을 주는 방법의 하나로 발전했을 것이라고 가정했다. 여성은 아무도 부성에 대해 확신하지 못하도록 여러 남성들과 섹스했을 것이다. 그럼으로써 차기 우두머리 남성이 자신의 자식일 수도 있는 자녀를 죽일 가능성을 줄였을 것이다.

한 남자의 관심을 붙잡아두는 수단으로 여성이 특별한 섹시함을 진화시켜왔다는 피셔의 '고전적 이론'과, 그것은 여러 남자들이 부성을 추측하게 만들기 위한 것이라는 흐르디의 말을 살펴보았다. 피셔의 '고전적 이론'이 여성은 음식, 보호 등과 섹스를 교환했다고 하는 표준 모델과 더 잘 어울린다. 그러나 이 설명은 우리가 남성─우리의 '원시' 조상을 포함해서─은 항상 *오직 한 여자*와의 섹스에만 관심이 있었다고 믿을 때에만 유효하다. 이 설명은 남성은 일차적인 짝·가족에 대한 자신의 투자를 보호하는 동시에 자신의 씨를 멀리 광범위하게 퍼뜨리는 데 필사적이라는 전제와 상충한다.

흐르디의 '혼란의 씨' 이론에 따르면, 은폐된 배란과 끊임없는 수용성은 여러 남성 파트너를 가진 여성에게 이익이 될 것이라고 한다. 남자들이 그녀의 자식을 죽이지 못하게 하고, 자식을 지키거나 돕도록 유도한다는 것이다. 인간의 성적 진화에 관한 흐르디의 견해는 여성을 남성과 직접 상충하게 만든다. 남성은 임신 가능한 여성을 '개인적으로 인식 가능하며 잠재적으로 방어 가능한 자원의 묶음'으로 여기며, 공유할 수 없을 정도로 소중하게 생각하기 때문이다.

어느 쪽이든 선사시대 인간의 성생활은 표준적 담화의 묘사처럼 속임수, 실망, 좌절을 특징으로 한다. 이 견해에 따르면, 남녀는 본질적으로 모두 거짓말쟁이, 창녀, 사기꾼이다. 이성애적異性愛的 남녀는 가장 기본적인 단계에서 이기적인 제로섬과 상호 적대적인 유전적 의제를 추구하는 한편 서로를 속이도록 진화했다고 그들은 말한다. 비록 이것이 우리가 가장 진실하게 사랑한다고 주장하는 사람들의 배신을 요구함에도 그렇다는 것이다.

정말 원죄原罪이다.

제4장 거울 속의 유인원

왜 우리의 형편없는 것들은 유인원이었던 과거의 앙금이어야 하며, 친절함만 유독 인간적인 것이어야 하는가? 왜 우리는 '고상한' 특성에 대해서는 똑같이 다른 동물들과의 연속성을 찾지 않는가?

스티븐 제이 굴드Stephen Jay Gould

동물의 외적 행동이 우리와 유사하기 때문에, 우리는 동물의 내적인 것도 우리와 흡사하다고 판단한다. 동일한 추론 원칙을 한 걸음 더 진척시키면, 우리는 내적인 행동이 서로 닮았기 때문에 그 행동을 유발한 원인도 닮았음이 분명하다고 결론 내리게 될 것이다. 따라서 인간과 짐승에게 공통적인 정신작용을 설명하기 위해 어떤 가정假定을 사용할 때, 우리는 같은 가정을 양자兩者에게 적용해야 한다.

데이비드 흄David Hume, 〈인간 본성에 관한 논고A Treatise of Human Nature〉(1739-1740)

유전적으로 동물원의 침팬지와 보노보는 고릴라, 오랑우탄, 원숭이, 혹은 우리 속에 있는 어떤 동물들보다 당신과 다른 관람객들에게 훨씬 더 가깝다. 우리 DNA는 약 1.6%만 침팬지, 보노보와 다르다. 이 때문에 우리와 그것들의 관계는 개와 여우, 흰 손 긴팔원숭이와 흰 뺨 갈기 긴팔원숭이, 인도 코끼리와 아프리카 코끼리 사이의 관계보다 더 밀접하다. 혹은 TV를 시청하고 있을 조류 관찰자들에게는 붉은 눈 미국개고마리(역주: 새의 일종)와 흰 눈 미국개고마리 사이보다 더 밀접하다.

침팬지와 보노보의 계통도는 500만~600만 년 전에 인간의 계통도와 갈라진다. 비록 이 분리 이후에도 이 두 계통은 약 100만 년 간 상호교배가 계속됐던 것으로 보이지만. 이 둘의 계통도는 300만 년 전과 86만 년 전 사이의 어디쯤에서 갈라졌다.[1] 인간과 다른 영장류들의 가족적 거리는 이 두 가까운 사촌들보다 훨씬 멀어진다. 고릴라는 약 900만 년 전에 공동 계통도에서 떨어져

---

1) 다음을 보라. Caswell et al. (2008), Won and Hey (2004). 유전자 실험의 빠른 발전으로 인해 침팬지와 보노보의 분기 시점에 대한 논쟁이 재점화됐다. 그것이 100만 년 전도 채 되지 않는 시점이었다고 판명될 수도 있지만, 우리는 300만 년 전이라는 널리 수용된 평가를 사용한다.

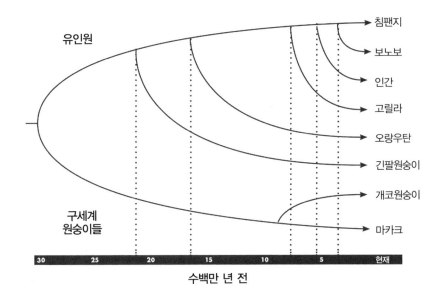

유인원

구세계
원숭이들

침팬지
보노보
인간
고릴라
오랑우탄
긴팔원숭이
개코원숭이
마카크

| 30 | 25 | 20 | 15 | 10 | 5 | 현재 |

수백만 년 전

나갔다. 오랑우탄은 1,600만 년 전에, 유일한 일부일처제 유인원인 긴팔원숭이는 약 2,200만 년 전에 일찍 떨어져 나갔다. DNA 증거에 따르면, 유인원과 원숭이의 마지막 공동 조상은 약 3,000만 년 전에 살았던 것으로 보인다. 인간과 유인원의 상호 유전적 거리를 지리학적 그림으로 그릴 때, 우리가 마지막으로 공동의 조상을 공유한 이후 10만 년이 1마일을 의미한다고 하자. 그러면 다음과 같이 될 것이다.

- 호모 사피엔스 사피엔스: 뉴욕 주州의 뉴욕
- 침팬지와 보노보는 사실상 이웃들로, 13마일 이내인 코네티컷 주의 브리지포트와 페어필드에 산다. 둘 다 뉴욕으로부터 겨우 50마일 떨어져 있어 인류와 통근이 가능하다.
- 고릴라는 펜실베이니아 주 필라델피아에서 치즈스테이크를 즐기고 있다.
- 오랑우탄은 메릴랜드 주 볼티모어에서 사람들이 볼티모어에서 하는 것은 무엇이든 한다.

- 긴팔원숭이는 워싱턴 D. C.에서 바쁘게 일부일처제를 입법화하고 있다.
- 구세계 원숭이들(개코원숭이, 마카크)은 겨우 버지니아 주 로아노크 근처 남쪽에 살고 있다.

18세기 중반 인간과 침팬지의 분류학상 거리를 최초로 만든 칼 린네Carl Linnaeus는 자신이 그 일을 하지 않았기를 바라게 됐다. 이 분리-침팬지속屬과 사람속-는 이제 과학적 정당성을 상실한 것으로 취급된다. 많은 생물학자들은 놀라운 동질성을 반영해 사람, 침팬지, 보노보를 함께 재분류할 것을 주장한다.

렘브란트의 그림 〈해부학 강의The Anatomy Lesson〉의 모델이 돼 영원성을 부여받은 유명한 해부학자 니콜라스 툴프Nicolaas Tulp는 1641년에 최초로 인간이 아닌 유인원의 해부학에 대해 정확하게 기술했다. 툴프가 해부한 시체는 인간과 너무 닮아서 그는 "이처럼 서로 닮은 난자를 발견하기는 어려울 것이다."라고 말했다. 툴프는 자신의 표본을 인도 사티로스Indian Satyr(역주: 고대 그리스 신화에서 숲의 신. 남자의 얼굴과 몸에 염소의 다리와 뿔을 가진 모습)라고 불렀고 지역 주민들은 오랑우탄이라고 불렀다고 말했지만, 툴프의 기록을 연구한 현대 영장류학자들은 그것이 보노보였다고 믿고 있다.[2]

우리와 마찬가지로 침팬지와 보노보는 아프리카 유인원이다. 모든 유인원이 그렇듯이 그것들은 꼬리가 없다. 그것들은 일생의 대부분을 땅에서 보내며, 높은 지능을 지녔고, 매우 사회적인 동물이다. 생식과는 전적으로 분리된, 터보 충전기가 장착된 보노보의 성생활은 사회적 상호작용과 집단 결속의 중심이 되는 것이 특징이다. 인류학자 마빈 해리스Marvin Harris는 "보노보는 배란이라는 목표를 맞추는 데에는 소모적이다. 하지만 그들은 생식과 관련된 이득을 얻는다."라고 주장한다. 그 이득은 "암수 사이의 더 강한 형태의 사회적 협력이다. 암수 사이의 사회적 협력은 더 협동적인 사회집단, 자녀양육에 더

---

2) 이 설명은 다음에서 가져왔다. de Waal and Lanting (1998).

안전한 환경으로 연결된다. 이는 결국 더 섹시한 암수의 생식 성공률을 높이는 결과를 낳게 된다."[3] 달리 말해 보노보의 난교亂交는 유인원에게 중요한 진화의 이점을 제공한다.

유일한 일부일처제 유인원인 긴팔원숭이는 동남아시아에서 30~50km²의 분리된 영역을 차지하며, 암수와 자식으로 구성된 소가족 단위로 산다. 그것들은 다른 긴팔원숭이들과 집단 상호작용이 거의 없으며, 언급할 만한 발달된 지능도 거의 없다. 생식 목적으로만 드물게 성교하며 결코 나무를 떠나지 않는다.

표준적 담화를 믿는다면, 일부일처제는 우리를 제외하면 사회적이고 집단 생활을 하는 어떠한 영장류에게서도 발견되지 않는다.

인류학자 도널드 시먼즈Donald Symons는 일부일처제인 긴팔원숭이가 인간 성생활의 성공적 모델이 될 수 있었다는 잦은 주장에 대해 우리만큼 놀란다. 그는 "왜(혹은 정말로) 인간이 긴팔원숭이처럼 짝 결합을 하는가에 관한 이야기는, 왜 바다가 끓는가, 그리고 돼지는 날개가 있는지 없는지에 대한 얘기를 할 때처럼 나를 놀라게 한다."라고 썼다.[4]

영장류와 인간의 본성

토마스 홉스가 인간 본성에 관한, 자신의 가장 암울한 확신을 형상화하는 동물을 디자인할 기회를 가졌다고 하면, 그는 침팬지 같은 것을 내놓았을지도 모른다. 이 유인원은 인간 존재에 내재하는 못된 것에 관한 홉스의 끔직한 가정假定들을 모두 확인해 주는 것 같다. 침팬지는 권력에 미쳐 있으며, 질투심 많고, 쉽게 폭력을 사용하며, 기만적이고, 공격적인 것으로 보고된다. 그들의

---

3) Harris (1989), p. 181.
4) Symons (1979), p. 108.

행동에 대한 설명들에는 살인, 집단 사이의 조직화된 전쟁, 강간, 영아살해가 두드러지게 나타난다.

이런 종류의 자료가 1960년대에 출간되자, 이론가들은 즉각 인간의 기원에 대해 이른바 '킬러 유인원killer ape' 이론을 제시했다. 영장류학자 리처드 랭엄Richard Wrangham과 데일 피터슨Dale Peterson은 침팬지의 행동에서 고대 인간의 폭력적 충동에 관한 증거를 발견한 후 이 사악한 이론을 냉혹하게 요약했다. "인간의 전쟁 이전에 침팬지와 같은 폭력성이 존재했으며, 그것이 인간의 전쟁으로 가는 길을 닦았다. 그 폭력성 때문에 현대인은 500만 년 동안 끊임없이 계속된 치명적 공격 습관의 멍한 생존자가 됐다."[5]

침팬지가 인간 조상의 행동을 설명하는 가장 좋은 산 모델로 여겨지기 전에는, 훨씬 먼 친척인 사바나의 개코원숭이가 그 자리를 차지하고 있었다. 땅에 거주하는 이들 영장류는 일단 나무에서 내려오자, 우리 조상들이 차지했을 법한 종류의 생태적 환경에 적응했다. 그들에게는 인간의 근본적 특성들 중 일부-협동을 통한 사냥, 도구 사용, 조직화된 전쟁, 복잡한 연합을 내포한 권력투쟁-가 없다는 것이 명백해지자, 개코원숭이 모델은 폐기됐다. 한편 제인 구달Jane Goodall과 다른 학자들은 침팬지 행동의 이런 특성을 관찰하고 있었다. 개코원숭이의 행동에 관한 전문가인 신경과학자 로버트 사폴스키Robert Sapolsky는 "개코원숭이가 수양修養을 조금이라도 할 수 있다면, 그것들이 닮고자 열망하는 대상은 침팬지일 것이다."라고 썼다.[6]

침팬지는 인간이 거의 수양 없이도 닮을 수 있는 대상이라고 당시 많은 학자들이 가정했다는 것은 아마도 놀랄 일이 아닐 것이다. 20세기 후반 인간의 본성에 관한 침팬지 모델의 중요성은 매우 컸다. 우리가 고안한(혹은 이전 탐구자들로부터 물려받은) 지도는 우리가 어디에서 탐구하며 거기에서 무엇을 발견할 것인가를 미리 결정한다. 침팬지가 보여준 교활한 야만성은 상당 부분

---

5) Wrangham and Peterson (1996), p. 63.
6) Sapolsky (2001), p. 174.

인간 역사의 특징인 수치스러운 잔인함과 결부돼 있다. 그 야만성은 더 큰 힘에 의해 통제되지 않고 방치될 때의 인간 본성에 관한 홉스의 생각을 확인해 주는 것 같다.

〈표 1〉 유인원의 사회조직[7]

보노보	**평등주의적이며 평화적이다.** 암컷이 수컷과도 유대를 갖지만, 보노보 공동체는 기본적으로 **암컷 끼리의** 사회적 **유대**에 의해 지탱된다. 수컷의 지위는 어미로부터 나온다. 모자母子 간의 유대는 평생 유지된다. **여러 수컷-여러 암컷 형태의 짝짓기.**
침팬지	수컷 사이의 유대가 제일 강하며, 그것은 끊임없이 변화하는 **수컷 연합**으로 귀결된다. 암컷들은 수컷이 순찰하는 영역 내에서 서로 겹치는 범위를 형성하며 움직인다. 그러나 암컷은 다른 암컷이나 특정한 수컷과 강한 유대를 형성하지 않는다. **여러 수컷-여러 암컷 형태의 짝짓기.**
인간	영장류 중 지금까지 가장 다양한 사회적 종種이다. 현대 인간들 사이에 **모든 형태의 사회적·성적 결합, 협력, 경쟁**이 존재한다는 풍부한 증거가 있다. **여러 수컷-여러 암컷 형태의 짝짓기.**[8]
고릴라	일반적으로 지배적 수컷 한 마리(소위 실버백Silverback)가 여러 암컷과 새끼들로 구성된 가족 단위의 영역을 차지한다. 청년기 수컷은 성性 성숙이 되면 무리에서 추방된다. 수컷과 어른 암컷 사이에 가장 강한 사회적 유대가 형성된다. **일부다처제 짝짓기.**
오랑우탄	외롭게 살며 어떤 종류와도 유대를 맺지 않는다. 수컷 오랑우탄들은 서로의 존재를 용인하지 않는다. 어른 수컷 한 마리는 여러 암컷들이 사는 넓은 영역을 설정한다. 그러나 암컷은 각자의 영역을 갖는다. **짝짓기는 분산되며,** 흔하지 않고, 종종 폭력적이다.
긴팔원숭이	핵가족 단위를 이룬다. 각 짝은 다른 짝들로부터 배타적인 영역을 유지한다. **짝짓기는 일부일처제.**

---

7) 이 표는 다음에 기초한 것이다. de Waal (2005b)과 Dixson (1998).
8) 만약 당신이 출처에 따라서 인간이 일부일처제 혹은 일부다처제로 분류되는 표준 모델에 집착하지 않는다면.

침팬지 모델에 대한 의심

그러나 선사시대의 인간 사회를 이해하기 위해 침팬지의 행동에 의지하는 것은 몇 가지 심각한 문제가 있다. 침팬지는 극도로 계급적이지만, 인간 수렵채집인 집단은 극도로 평등주의적이다. 침팬지는 바로 고기 분배 때문에 계급성이 가장 뚜렷해지는 반면, 성공적인 사냥은 인간 수렵채집인 사회에 가장 중요한 평등 메커니즘을 만든다. 영장류학자들은 침팬지에게 권력 의식이 중요하다는 데 대부분 동의한다. 그러나 다른 장소-예를 들면, 서부 아프리카 코트디부아르의 타이Taï-에서 행해진 관찰들에 따르면, 일부 야생 침팬지들은 인간 수렵채집인을 연상시키는 방식으로 고기를 분배한다. 이 점을 고려할 때, 곰베Gombe에서 행해진 관찰을 일반화하는 것은 성급할 수 있다. 곰베 침팬지의 고기 분배는 전적으로 족벌 위주, 마키아벨리 방식인 반면, 타이 침팬지는 사냥 집단 내 모든 개인-친구든 적이든, 친척이든 낯선 사람이든-에게 고기를 분배한다고 영장류학자 크레이그 스탠포드Craig Stanford는 설명한다.[9]

구달과 다른 사람들이 곰베에서 얻은 자료는 무자비하고 타산적인 이기심이 침팬지 행동의 전형이라는 생각을 지지하는 것 같다. 하지만 다른 지역의 연구에서 얻은 정보는 이런 발견과 상충하며 이런 생각을 약화시킨다. 야생에서의 침팬지의 행동 관찰에 내재한 어려움을 고려할 때, 우리는 방목되는 침팬지에게 활용 가능한 제한된 자료로부터 일반화하는 것을 조심해야 한다. 그리고 논란의 여지가 없는 지능과 사회성을 고려할 때, 사로잡힌 침팬지들에게서 수집된 자료도 마찬가지로 의심해봐야 한다. 그것은 죄수의 행동이 인간 행동으로 일반화될 수 없는 것처럼, 일반화될 수 없을 것으로 보인다.

---

9) Stanford (2001), p. 116.

만약 침팬지들이 자연 서식지에서 방해받지 않은 채로 살면 얼마나 폭력적일까에 대해서도 의문이 있다. 이 책 제13장에서 논의하겠지만, 여러 요인들이 침팬지에게서 관찰된 행동을 근본적으로 바꾼 것일 수도 있었을 것이다. 문화역사학자 모리스 버만Morris Berman은 "만약 우리가 음식 공급, 인구 밀도, 자발적 집단의 형성·해체 가능성을 바꿔⋯ 상황이 혼란스러워지면, 침팬지는 유인원이 아니라 사람 같을 것"이라고 설명한다.[10]

비록 우리 자신을 침팬지 모델에 한정해도, 오늘날 신新홉스 비관주의자들의 암울한 자기 확신은 찾아볼 수 없을지도 모른다. 가령 진화생물학자 리처드 도킨스Richard Dawkins는 인간 본성에 관해 "만약 당신이 나처럼, 개인이 공동의 선을 위해 관대하게 이기심 없이 협력하는 사회를 만들기를 원한다면, 생물학적 본성으로부터는 도움을 기대할 수 없다는 점을 명심하라. 우리는 이기적으로 태어났기 때문에, 관용과 이타심을 *가르치*도록 노력하자."라고 평가했다.[11] 그럴 수도 있지만 협력 또한 우리 종에게서 깊이 이루어지고 있다. 영장류 지능 비교를 통한 최근 발견들에 의해, 연구자 바네사 우즈Vanessa Woods와 브라이언 헤어Brian Hare는 협력의 충동이 우리 종을 결정하는 지능의 핵심이 아닐까 하고 생각하게 됐다. 그들은 "흔히 주장하듯, 가장 지적인 인류로 출발해 다음 세대를 만든 것이 아니다. 시간이 흐르면서 더 높은 단계에 적응하고 더 복잡한 문제 해결을 선호하게 된 것은 더 사회적인 인류였을 것이다. 그들은 함께 문제를 해결하는 데 더 뛰어났기 때문이다."[12]라고 썼다. 그들은 우리 조상이 협력을 배웠기 때문에 인간이 똑똑해졌다고 가정한다.

선천적으로 이기적이든 아니든, 식량 공급과 서식지 고갈은 야생 침팬지와 인간 수렵채집인 모두에게 영향을 미쳤다. 이 영향을 감안할 때 인간은 *선천*

---

10) Berman (2000), pp. 66-67.
11) Dawkins (1976), p. 3.
12) http://www.edge.org/3rd_culture/woods_hare09/woods_hare09_index.html.

적으로 공격적이고 이기적인 동물이라고 주장하는 도킨스와 다른 사람들은, 자신의 연구를 뒷받침하기 위해 이 같은 침팬지 자료를 인용하는 데 조심스러워야 한다. 인간집단은 침팬지에게서 관찰된 것-계급적으로 강화된 사회 조직, 집단 간 폭력, 영역 경계 방어, 마키아벨리적인 동맹-과 같은 행동으로 잉여 식량과 비축된 식량에 반응하는 경향이 있다. 달리 말해서, 침팬지와 마찬가지로 인간은 싸울 가치가 있을 때에 싸우는 경향이 있다. 그러나 선사시대 대부분의 기간 동안 얻거나 잃어야 할 잉여 식량도, 지켜야 할 본거지도 없었다.

영장류의 연속성을 찾아서

여성과 보노보가 공유한 두 요소는, 배란이 은폐되어 있어 즉각 탐지되지 않으며 생식 주기 내내 섹스를 한다는 것이다. 그러나 유사성은 여기서 끝난다. 인간의 생식기 융기 현상은 어디에 있는가, 그리고 재빠른 섹스는 어디에 있는가?

프란스 드 발Frans de Waal[13]

섹스는 친근함의 표현이다. 아프리카에서 그것은 악수와 같다.… 그것은 친근하고 재미있다. 강제성 없이 흔쾌히 제공된다.

폴 서룩스Paul Theroux[14]

침팬지의 폭력에 관해, 그것과 인간 본성의 연관성에 관해 어떤 결론을 내리든, 우리와 가장 가까운 영장류 사촌인 보노보는 매력적인 반대 모델을 제공한다. 침팬지가 인간의 기원에 관한 홉스의 시각을 형상화한 것처럼, 보노

---

13) de Waal (2005), p. 106.
14) Theroux (1989), p. 195.

보는 루소의 관점을 반영한다. 오늘날 *고귀한 미개인*Noble Savage의 지지자로 가장 잘 알려진 루소는 자서전에서 성생활의 매력을 상세히 서술하면서, 만약 자신이 보노보를 알았더라면 보노보와 코드가 맞다고 생각했을 것이라고 시사한다. 드 발은 이들 두 유인원의 행동 차이를 "침팬지는 권력으로 성적 문제를 해결하며, 보노보는 섹스로 권력 문제를 해결한다."라고 요약한다.

성행위 횟수는 보노보가 침팬지를 능가하지만, 두 종의 암컷은 복수 짝짓기 기간에 상이한 수컷들과 연속적으로 빠른 짝짓기를 한다. 배란기의 침팬지 암컷은 집단 내 어떤(그리고 모든) 수컷의 짝짓기 초대에도 응하기를 열망하지만, 평균 하루 6~8회 짝짓기를 한다. 영장류학자 앤 퓨지Anne Pusey는 자신이 관찰한 침팬지 암컷의 행동에 관해 "성적 수용성이 있는 기간에는 각자 태어난 공동체 내에서 짝짓기를 마친 후 다른 공동체를 방문했다… 그들은 열심히 접근해 새로운 공동체의 수컷들과 짝짓기를 했다."라고 썼다.[15]

이 가외집단extra-group 성 행동은 침팬지들 사이에서 공통적이다. 이는 집단 내의 관계가 일부에서 주장하듯이 폭력적이지 않다는 점을 시사한다. 예를 들면, 최근 코트디부아르의 타이 연구 구역 내 침팬지 우리에서 채집한 모낭의 DNA 연구 결과, *새끼의 절반 이상*-13마리 중 7마리-이 암컷의 서식 집단 외부의 수컷의 자식인 것으로 나타났다. 만약 이들 침팬지가 영원한 전쟁 구역에서 살고 있었다면, 암컷들이 자기 임신의 절반 이상을 설명할 수 있을 정도로 쉽게 자기 구역에서 사라지기는 힘들었을 것이다. 배란기의 침팬지 암컷은 다른 집단으로 가서 낯선 수컷과 짝짓기를 한 뒤 자신의 서식 집단으로 한가로이 걸어 돌아갈 정도로, 충분히 자신의 수컷 보호자·억류자들을 빠져나갔다(표준 모델이 예측한 수컷의 강화된 감시에도 불구하고). 이런 종류의 행동은 높은 경계가 지속되는 상태에서는 힘들다.

음식을 함께 조달하지 않는 야생 침팬지 집단 사이의 관계에 관한 진실이 무엇이든, 무의식적인 편견은 다음과 같은 구절에서 드러난다. "연애만큼이나

---

15) Pusey (2001), p. 20.

전쟁에서도 보노보와 침팬지는 확연히 다른 것 같다. 두 보노보 공동체가 케냐 왐바Wamba의 구역 경계에서 만났을 때, 침팬지들 사이에서 종종 발생하는 치명적인 공격이 없었을 뿐 아니라, 암컷들과 적대적 공동체enemy community의 수컷들 사이에 친교親交도 이루어지고 심지어 교미까지 하는 것 같다."[16]

적이라고? 지적인 영장류의 두 집단이 함께 친교하고 섹스까지 할 때, 누가 이들 집단이 적이라고, 그런 만남을 전쟁이라고 생각하겠는가? 이 설명에 담긴 유사한 가정들에 주목하라. "침팬지는 떨어져 있는 다른 침팬지에게 음식의 존재를 알리는 특별한 신호를 보낸다. 이것은 보통 말하는 음식 분배에 관한 것이지만, 그것을 자선적慈善的인 것으로 해석할 필요는 없다. 충분히 넘치는 음식과 마주친 침팬지(발신자)는 음식을 분배함으로써 잃을 것이 전혀 없을 것이고, 다른 침팬지가 화답하는 경우 그는 나중에 득을 보게 될 수도 있다."[17]

외형상 협력적으로 보이는 이 행위를 '자선으로 해석할 필요는 없지만', 그런 해석이 가진 무언無言의 문제점은 무엇인가? 왜 우리는 비非인간 영장류 또는 다른 동물들 일반 사이에서 관대함처럼 보이는 것에 대해서는 발뺌하려고 드는가? 관대함은 독특하게 인간에게만 나타나는 특질일까? 굴드Gould가 질문했듯이, 이와 같은 문구를 볼 때, 우리는 많은 사람들이 우리 공격성의 뿌리를 과거 영장류에 두기를 분명히 갈망하듯이 과학자들은 왜 우리의 긍정적 충동들 속에서 영장류의 연속성을 보기를 꺼릴까를 궁금해 하게 된다.

• • •

우리가 침팬지나 개코원숭이에 대해 들은 것이 전혀 없으며, 보노보를 먼저 알았다고 상상해보라. 그러면 지금 우리는, 초기 인류는 여성 중심 사회에서 살았으며, 그 사회에서 섹스는 중요한 사회적 기능을 담당했고, 전쟁은 드물었거나 없었다

16) Stanford (2001), p. 26.
17) McGrew and Feistner (1992), p. 232.

고 믿을 것이 거의 확실하다.

프란스 드 발[18]

보노보는 정치적으로 불안한 나라-콩고민주공화국, 즉 이전의 자이레-의 울창한 밀림 속 먼 지역에서만 살기 때문에, 자연 서식지에서의 연구가 가장 안 된 포유류 중 하나이다. 그들과 보통 침팬지의 해부학적 차이는 오래 전인 1929년에 이미 언급됐다. 하지만 행동이 근본적으로 다르다는 것이 명백해질 때까지, 보노보는 침팬지의 하위 집단으로 여겨져 종종 '피그미 침팬지pygmy chimps'로 불렸다.

보노보에게 있어서 암컷의 지위는 수컷의 서열보다 훨씬 더 중요하지만, 암컷의 지위는 유동적이며 고착된 것이 아니다. 침팬지와 고릴라 그리고 여타 영장류에게 공통적인 지위의 과시와 같은, 공식화된 지배·복종 의식儀式이 보노보에게는 없다. 영장류학자 타카요시 카노Takayoshi Kano는 야생에서의 보노보 행동에 관해 가장 상세한 정보를 수집했다. 보노보에게 지위가 전무한 것은 아니지만, 카노는 암컷 보노보를 설명할 때 '고위의high-ranking'보다 '영향력 있는influential'이란 용어를 선호한다. 그는 암컷이 지위보다는 보살핌 때문에 존경받는다고 믿는다. 프란스 드 발은 보노보의 계급을 논의하는 것이 적절한지에 의문을 제기한다. 그는 "만약 암컷에게 서열이 있다면, 그것은 물리적 위협보다 주로 연공서열에 기초한 것이다. 나이 많은 암컷이 일반적으로 젊은 암컷보다 더 높은 지위를 차지한다."라고 말했다.[19]

만약 그것이 침팬지와 개코원숭이에게서 발견되는 수컷 권력구조가 도치倒置된 것일 뿐이라면, 사람들은 수컷의 복종을 기대할 수도 있다. 하지만 인간 사회에서 모계사회의 증거를 찾는 사람들은 보노보 암컷의 '지배'는 수컷의 복종이라는 형태로 귀결되지 않는다는 사실에 관해 숙고할지도 모른다. 암컷

---

18) de Waal (1995).
19) de Waal and Lantung (1998), p. 73.

보노보는 수컷 영장류와는 다른 형태로 권력을 사용한다. 수컷 보노보는 복종적인 사회적 역할에도 불구하고 수컷 침팬지나 개코원숭이보다 훨씬 처지가 나은 것 같다. 나중에 우리는 여성지배 사회들에 관해 논의할 것이지만, 여성이 책임을 질 때 남성도 아주 잘 지내는 경향을 보인다. 사폴스키Sapolsky는 끊임없는 권력투쟁의 결과 수컷이 겪는 만성적으로 높은 스트레스 수준 때문에 개코원숭이 연구를 선택했다. 반면 드 발은 보노보가 다른 종류의 존재방식에 직면해 있다면서, "잦은 성적 활동과 낮은 공격성 때문에, 나는 보노보 수컷이 특별히 스트레스 받는 시간을 상상하기가 힘들다."라고 말한다.[20]

결정적으로, 인간과 보노보는 평화 공존을 좋아하는 특별한 해부학적 구조를 공유한 것으로 보이지만, 침팬지는 그렇지 않다. 두 종種은 옥시토신oxytocin 호르몬 분비에 중요한 이른바 (AVPR1A 유전자에 있는) 반복 미소부수체反復 微小附隨體를 가지고 있다. 종종 '자연의 엑스터시'라고 불리는 옥시토신은 공감, 신뢰, 관용, 사랑, 그리고 에로티시즘 등 친사회적 행동에 중요하다. 인류학자이자 작가인 에릭 마이클 존슨Eric Michael Johnson은 "인간과 보노보가 상호 독립적으로 같은 돌연변이를 거쳤다는 것보다 침팬지가 이 반복 미소부수체를 상실했다는 것이 훨씬 더 빈약한 설명이다."라고 설명한다.[21]

그러나 상대적으로 낮은 수준의 스트레스와 과다한 성적 자유가 인간의 과거 특징일 수 있다는 생각에는 강한 저항이 존재한다. 헬렌 피셔Helen Fisher는 보노보가 갖고 있는 인간 행동과의 많은 상관성들뿐만 아니라 보노보 생활의 이런 측면을 인정하면서, 심지어 모건Morgan의 *원시 무리*primal horde에 관해서도 은밀히 언급한다.

이 동물은 수컷, 암컷, 새끼의 혼성 집단으로 여행한다… 개체들은 식량 공급에 따라 집단들 사이를 오가며, 수십 마리로 구성된 응집력이 강한 하나의 공동체로 연

---

20) de Waal (2001a), p. 140.
21) 인용은 다음에서 나온다. http://primatediaries.blogspot.com/2009/03/bonobos-in-garden-of-eden.html.

결된다. 여기에 원시 공동체가 있다… 섹스는 거의 매일 하는 취미이다… 암컷은 생리주기 중 대부분의 기간에 성교를 한다. 성교 형태는 다른 어떤 동물보다 인간 여성과 비슷하다… 보노보들은 긴장을 완화하기 위해, 식사 때에는 분배를 촉진하기 위해, 여행 중에는 스트레스를 줄이기 위해, 열렬한 재회 기간에는 우정을 재확인하기 위해 섹스에 참가한다. '전쟁이 아니라 사랑을 하라'는 것이 보노보의 전략임이 분명하다.[22]

그러고 나서 피셔는 "우리 조상들이 동일한 행동을 했는가?"라는 명백한 질문을 한다. "보노보는 인간이 뉴욕, 파리, 모스크바, 홍콩의 거리, 술집과 식당, 아파트 문 뒤에서 보이는 성적 습관들 중 많은 것을 보여준다."라고 언급함으로써, 그녀는 우리에게서 긍정적인 대답을 유도하려는 듯하다. "보노보는 성교에 앞서 상대의 눈을 깊이 응시한다."라고 그녀는 썼다. 그리고 피셔는 독자에게 "사람과 마찬가지로 보노보는 팔짱을 낀 채로 걷고, 서로의 손과 발에 키스하며, 서로 안고 혀를 주고받는 프렌치 키스를 길고 깊게 한다."라고 확신한다.[23]

피셔는 우리와 마찬가지로 표준적 담화의 다른 측면에 관해 의심하면서, 장기적인 남녀 한 쌍 짝짓기의 도래와 선사시대의 다른 측면-보노보와 인간이 공유한 이런 행동들을 잘 반영한 것-에 관한 주장을 재설정하려는 듯하다. 표준적 담화를 지지하는 침팬지 행위의 탁월한 역할을 고려할 때, 어떻게 우리가 선사시대에 관한 추측에서 똑같이 유관·적합한 보노보의 자료들을 포함시키지 '않을' 수 있겠는가? 기억하라, 우리는 유전적으로 침팬지와 보노보로부터 같은 거리에 있다는 것을. 그리고 피셔가 언급한 대로, 인간의 성적 행위는 지구상 다른 어떤 동물보다 보노보와 더 많은 공통점을 가지고 있다.

그러나 피셔는 '인간의 성적 과거는 보노보의 현재와 같은 것이었을 수 있

---

22) Fisher (1992), p. 129.
23) Fisher (1992), pp. 129-130.

다' 는 사실을 인정하기를 망설인다. 그녀는 "보노보의 성생활은 다른 유인원들과는 매우 달랐다."라고 말함으로써 마지막 순간에 180도 반전을 시도한다. 그러나 피셔 자신에 따르면, 인간의 성 행동은 보노보와 매우 흡사하지만, 인간은 '유인원'이기 때문에 이것은 사실이 아니다. 이어 그녀는 "보노보는 생리주기 내내 이성애적 행위를 한다. 그리고 암컷 보노보는 출산 1년 내에 다시 성행위를 한다."라고 말한다. 오직 한 종의 영장류만이 보노보의 성생활의 이 두 가지 독특한 특징을 공유한다. 그것은 '호모사피엔스'이다. 그럼에도 불구하고 피셔는 "피그미 침팬지(보노보)는 '영장류 성생활의 극단적인 모습'을 보이기 때문에, 그리고 생화학적 자료에 따르면 (그들은) 겨우 200만 년 전에 출현했기 때문에, 나는 그들이 2,000만 년 전 인류에게 적합한 모델이라고 느끼지 않는다."[24]

이 문장은 여러 면에서 이상하다. 피셔는 보노보의 성 행동이 인간과 얼마나 놀랍게도 닮았는가에 대해 길게 썼다. 그런 다음 뒤로 2회 공중회전해서 그들이 우리 조상에게 적합한 모델이 *되지 못한다*고 결론 내린다. 우리를 더욱 혼란스럽게 만드는 것은, 그녀가 마치 *모든 유인원*의 마지막 공동 조상에 대해 말하고 있었다는 듯이(실제로는 그렇지 않았다) 전체 논의를 2,000만 년 전으로 이동시킨 점이다. 이는 침팬지, 보노보, 인간이 겨우 500만 년 전에 공동 조상으로부터 갈라졌다는 사실과도 상치된다. 실제로 피셔는 그렇게 먼 조상에 대해 이야기하고 있지 않았다. 우리가 인용하기도 했던 그녀의 책 〈사랑의 해부학The Anatomy of Love〉은, 과거 수백만 년 동안 인간-*모든 유인원*이 아니다-에게 계속된 암수 한 쌍 결합의 진화에 대한 그녀의 획기적인 학문적 업적을 대중화한 아름다운 글이다. 그리고 어떻게 피셔가 보노보와 인간이 공유한 그 특징들을 '영장류 성생활의 극단적인 모습'이라고 언급했는가에 주목해 보라.

신新빅토리아주의의 흔적은 우리 조상들이 나무 위에서 지상생활로 변천한 과정을 피셔가 서술할 때에도 드러난다. "나무에서 살았던 우리의 여성 원시

---

24) Fisher (1992), 이 인용들은 모두 329쪽의 주註에서 가져온 것이다.

인 조상은 친하게 지내기 위해 여러 남성과의 섹스를 추구했을 것이다. 약 400만 년 전 우리 조상들이 아프리카 초원으로 내려오고 어린 것을 키우기 위해 암수 한 쌍 결합을 진화시켰을 때, 여성은 공개적 난교亂交를 은밀한 성교로 바꿨다. 이에 따라 자원의 혜택과, 더 나은 또는 더욱 다양한 유전자를 얻었다."[25] 뒷받침하는 증거가 없음에도 불구하고, 피셔는 400만 년 전의 암수 한 쌍 결합의 도래를 *추정한다.* 그녀는 이 순환적인 추론을 계속하면서 다음과 같이 썼다.

보노보는 유인원 중 가장 똑똑한 것처럼 보이기 때문에, 인간과 매우 비슷한 육체적 특징을 많이 가지고 있기 때문에, 이들 침팬지는 솜씨 있게 자주 성교를 하기 때문에, 일부 인류학자들은 보노보가 우리의 마지막 나무 거주 공동 조상인 아프리카 인류 원형과 매우 닮았다고 추측한다. 피그미 침팬지는 아마 우리 과거의 살아 있는 유물일 것이다. 그러나 그들은 성 행동에서 일부 근본적인 차이점을 드러낸다. 먼저 보노보는 인간처럼 오랜 암수 한 쌍 결합을 하지 않는다. 그들은 남편과 아내로서 어린 것을 키우지도 않는다. 수컷은 어린 형제자매를 돌본다. 그러나 일부일처제는 그들을 위한 생활이 아니다. 난교가 그들의 몫이다.[26]

여기서 우리는 인간의 성 행동에 관해 가장 해박한 이론가들의 생각조차 왜곡할 수 있는 고인돌화의 수정水晶 같은 표현을 본다. 이 책의 다음 부분에서 우리가 다루는 정보를 전부 본다면, 피셔 박사는 자신이 성 행동의 '근본적 차이점'이라고 한 것이 전혀 차이점이 아니라는 것을 알게 될 것이다. 우리는 그렇게 확신한다. 그녀와 다른 사람들의 주장과 달리, 우리는 남편·아내 결혼과 성적 일부일처제가 보편적 인간 행동과는 *거리가 멀다는* 것을 보여줄 것이다. 단순히 보노보가 인간의 오랜 암수 한 쌍 결합의 자연스러움에 의심을

---

25) Fisher (1992), p. 92.
26) Fisher (1992), pp. 130–131.

제기하기 때문에, 피셔와 대부분의 다른 권위자들은 보노보가 인간 진화의 모델이 될 수 없다고 결론 내린다. 먼저 그들은 오랜 성적 일부일처제가 자연스럽고 영원하며 유일한 인간 가족구조의 핵심이라는 추정에서부터 시작한다. 그런 다음 거기서 역으로 추론한다. 유카탄 반도에서와 같은 일이 다 있군!

...

가끔 나는 만약 우리가 보노보를 먼저 알고 침팬지를 나중에 알았거나 전혀 알지 못했다면, 어떻게 되었을까를 상상해 본다. 인간 진화에 관한 논의가 폭력, 전쟁, 남성 지배를 위주로 진행되지 않고 성생활, 공감, 돌봄, 협력 위주로 진행되었을 것이다. 우리가 얼마나 다른 지적 상황에 놓였겠는가!

프란스 드 발, 〈우리 안의 유인원Our Inner Ape〉

지금 우리가 보노보 행동에 관해 알고 있는 것들의 관점에서 보면, '킬러 유인원 이론'의 약점은 명백해진다. 1970년대에 유용해진 자료가 없었더라도, 침팬지에 의해 강화된 홉스의 견해는 결국 많은 결점을 드러냈을 것이라고 드 발은 아직도 설득력 있게 주장한다. '킬러 유인원 이론'은 포식捕食과 공격을 혼동하며, 도구는 무기로 만들어졌다고 가정하며, 여성을 "남성 경쟁의 수동적 대상"으로 묘사한다. 드 발은 이와 같은 사실에 주의를 환기시킨다. 그는 "현존 수렵채집인 사이에 조직화된 전쟁이 없는 점, 그들의 평등주의적 경향, 정보와 자원에 관한, 집단을 초월한 관대함을 인정하고 설명하는" 새 시나리오를 요구한다.[27]

많은 이론가들은 여성의 정절에 관한, 농경農耕 이후의 최근 집착을 선사시대의 상상에 투사한다. 그렇게 함으로써 자신의 방식을 고인돌화해 막다른 골목으로 밀어 넣었다. 여성의 성생활을 통제하려는, 표면상 본능적으로 보이는

---

27) de Waal (2001b), p. 47.

현대 남성의 충동은 인간 본성의 타고난 특징이 아니다. 그것은 (우리 종이 진화한 조건과는 매우 다른) 역사상의 특정한 사회경제적 조건에 대한 반응이다. 이것이 현대 세계의 성생활을 이해하는 열쇠이다. 인간에게 계급적이고, 공격적이고, 영토 집착적인 행동은 최근에 시작됐다고 말하는 드 발이 옳다. 나중에 보겠지만, 그것은 농업과 함께 시작된 사회적 세계에 대한 적응이다.

지금 우리의 관점에서 보면, 헬렌 피셔, 프란스 드 발 그리고 다른 몇몇 사람들은 인간 성생활에 관한 사실무근인 가정假定들의 급류 위를 가로지르는 다리를 향해 위험을 무릅쓰고 나아간 것처럼 보인다. 그러나 그들은 감히 그 다리를 건너지는 못했다. 우리가 보기에는, 그들의 입장은 그들뿐 아니라 모든 사람이 알고 있는 자료에 대한 가장 인색한 해석에 저항하려는 타협인 것 같다. 인간은 일부일처제 종種처럼 *행위하지* 않는다는 무시할 수 없는 사실에 직면하자, 그들은 확실히 우리의 '탈선'(아직도 뒤엉켜 지속되고 있는) 행동에 관해 변명한다. 남녀 한 쌍 결합은 유아가 아버지 도움 없이 수렵채집인 집단생활을 할 수 있는 아이로 성장할 때까지 계속 진화했다고 주장함으로써, 피셔는 전 세계적인 결혼 파탄 현상을 설명한다. 자신의 입장에서 드 발은 핵가족이 "본질적으로 인간적"이며 남녀 한 쌍 결합은 "우리 종을 표시하는, 믿을 수 없는 수준의 협력을 만드는 열쇠"라고 주장한다. 그러나 드 발은 도발적으로 "하나의 종으로서 우리의 성공은 보노보의 생활방식을 버린 것, 성적 표현에 대한 엄격한 통제와 밀접하게 관련돼 있다."[28]라고 결론 내린다. "버렸다고?" 가져본 적이 없는 것을 버린다는 것은 불가능하기 때문에, 명쾌하게 말한 적이 없지만 드 발은, 어떤 시점에서 인류 조상의 성생활은 느긋하고 난잡한 보노보와 무척 비슷했다는 점에 동의할 것이다. 언제 또는 왜 우리 조상들이 그 같은 존재 방식을 버렸는가를 그는 과감히 말하지 않았다.[29]

---

28) de Waal (2005), pp. 124-125.
29) 참된 과학자인 드 발은 자신의 견해와 일치하지 않는 부분까지 포함해 이 책의 각 장을 검토하고 비판해줄 만큼 친절했다.

〈표 2〉 보노보, 침팬지, 인간의 사회성애적 행동과 유아 발달 비교[30]

인간과 보노보 암컷은 **임신, 수유기**뿐 아니라 **생리주기 내내 성교를 한다.** 침팬지 암컷은 생리주기의 25~40% 기간에서만 성적으로 활동적이다.

인간과 보노보의 유아 발달은 침팬지보다 훨씬 느리다. 침팬지보다 훨씬 느리게 약 1.5세가 되어서야 다른 사람과 놀기 시작한다.

사람과 마찬가지로 **보노보 암컷은 출산 후 즉각 무리에 복귀하며 수개월 내에 성교를 한다.** 그들은 유아 살해에 대한 우려가 거의 없다. 사육되는 것이든, 야생이든 보노보에게서 유아 살해가 관찰된 적은 결코 없었다.

보노보와 인간은 다양한 성교 체위를 즐긴다. 침팬지는 거의 배타적으로 후배위를 선호하는 반면 보노보 암컷은 정상위(선교사 체위)를, 수컷은 후배위를 선호한다.

보노보와 인간은 성교할 때 자주 상대방의 눈을 응시하며, 서로 깊은 키스를 한다. 침팬지는 둘 다 하지 않는다.

인간 여성과 보노보 암컷의 성기는 양 다리 사이에 위치해 있으며 **몸의 앞쪽을 향해 있다.** 반면 침팬지와 다른 영장류는 뒤쪽을 향해 있다.

인간과 보노보의 **음식 분배**는 성적 활동과 밀접하게 관련돼 있다. 침팬지는 단지 중간 정도로만 관련돼 있다.

인간과 보노보의 잠재적인 성적 조합은 가변성이 매우 높다. 둘 다 동성同性 간 활동도 흔하다. 그러나 침팬지는 동성 간 활동이 드물다.

암컷 보노보들끼리 **생식기와 생식기를 비비는 행동**은 암컷끼리의 결합을 확신시키는 것으로 보이며, 그런 행동은 인간이 연구한 모든 보노보들(야생의 것이든 사육되는 것이든)에게서 나타난다. 그러나 그것은 침팬지에게는 전혀 없다. 여성의 성기를 서로 비비는 행동에 관한 인간의 자료는 현재 활용 가능하지 않다.(주의: 야심적인 대학원생들!)

침팬지와 다른 영장류들은 주로 번식을 위해 성적 활동을 하는 반면, **보노보와 인간은 사회적 목적**(긴장 완화, 결속, 갈등 해소, 즐거움 등)**을 위해 성생활을 활용한다.**

---

30) 이 표의 정보는 다양한 출처들(Blount, 1990; Kano, 1980 and 1992; de Waal and Lanting, 1998; Savage-Rumbaugh and Wilkerson, 1978; de Waal, 2001a; de Waal, 2001b)에서 나왔다.

제2부

천국에서의 성욕
(고립적인)

제5장 천국에서 누가 무엇을 잃어버렸나?

(남자는) 천국에 관해 상상했고, 그의 기쁨 중 최상의 것, 즉 그의 인종의 모든 개인에게 다른 무엇보다도 더 소중한 한 가지 황홀함을 전적으로 천국 밖에 두었다. 섹스! 그것은 마치 찌는 사막에서 길을 잃고 죽어가는 사람이 구조자로부터 한 가지만 제외하고 갈망하는 모든 것을 선택하고 가질 수 있다는 말을 듣고서는 물을 제외하는 것을 선택하지 않으면 안 되는 것과 같다.

마크 트웨인Mark Twain, 〈지구로부터의 편지들Letters from the Earth〉

알다시피, 에덴동산은 결코 진정으로 동산이 아니었다. 그것은 동산이 아니라 정글, 숲, 사나운 해변, 탁 트인 사바나, 바람 부는 툰드라였다. *아담과 이브는 동산으로부터 쫓겨난 것이 아니다. 그들은 한 동산 안으로 쫓겨 들어갔다.*

그것에 대해 생각해보라. 동산이란 무엇인가? 경작 중인 땅. 보살핌 받고, 정돈되고, 조직되고, 의도적인 곳. 잡초는 무자비하게 뽑히거나 제초제로 제거된다. 씨는 선별돼 파종된다. 그와 같은 곳에서는 자유롭거나 자발적인 것은 없다. 사고는 반갑지 않다. 그러나 그 이야기에 따르면, 하느님의 은총을 잃기 전까지 아담과 이브는 걱정 없이, 알몸으로, 천진난만하게 살았다. 아무 부족함이 없었다. 그들의 세계는 음식, 주거지, 동료애 등 그들이 필요로 하는 것을 제공했다.

그러나 추방당한 이후 좋은 시절은 끝났다. 이전에 넉넉한 세상의 선물이었던 식량은 이제 힘든 노동을 통해 얻어야 했다. 여성은 출산의 고통을 겪어야 했다. 이전에 죄의식이 없었던 성적 쾌락은 굴욕과 수치의 근원이 됐다. 성서 속 이야기에 따르면, 최초의 인간들은 동산에서 추방됐지만, 그 설명은 어느 시점에선가 분명히 역전됐다. 아담과 이브가 겪은 저주는 스트레스가 적고 즐거운 수렵채집인(혹은 보노보) 생활을 먼지 뒤집어쓰는 농부의 노역과 교환한 것이 핵심이다. 원죄는 도대체 왜 우리 조상들이 그처럼 부당한 대우를 수용했는가를 설명하려는 시도이다.[1]

추방 이야기는 '발견하면 바로 취득하는' 수렵채집인의 존재로부터 농업인의 고된 투쟁으로의 대단히 충격적인 이행에 관한 설명의 구조를 제공한다. 농부들은 벌레, 설치류, 날씨, 꺼림칙한 지구 자체와 씨름하면서, 이마에 땀을 흘리며 자신들의 빵을 얻어야 했다. 그들의 조상이 영원히 했던 대로, 지금은 금지된 열매를 단순히 발견해서 그것을 입에 넣는 일은 더 이상 할 수 없었다. 수렵채집인이 유럽인들로부터 농업기술을 배우는 데에 어떤 관심도 보이지 않았다는 것은 결코 놀랄 일이 아니다. 한 수렵채집인이 말하듯이, "세상에 몽공고 열매가 이렇게 많은데, 왜 우리가 재배를 해야 하나?"

• • •

인간 본성에 관련된, 이 책과 같은 책들은 문제를 조명하는 불빛이다. 한편으로 모든 사람은 전문가이다. 우리 모두는 인간으로서 인간 본성에 대한 의견을 가지고 있다. 그런 정도의 이해에는 단지 약간의 상식과, 자신의 끊임없는 갈망과 혐오감에 대한 주의가 필요한 것으로 보인다. 매우 간단하다.

그러나 인간 본성에 관한 이해는 실제로는 결코 간단하지 않다. 인간 본성은 정원이나 해변의 골프 코스처럼 집중적으로 조경하고, 다시 심고, 잡초를 뽑고, 퇴비를 주고, 울타리를 치고, 씨를 뿌리고, 물을 대는 대상이었다. 인간이 경작한 다른 어떤 것보다 더 오랫동안 인간이 경작되어 왔다. 문화는 불분

---

1) 어떻게 그리고 왜 수렵채집에서 농경으로의 변천이 발생했는가를 더 깊이 이해하고자 하는 독자들에게는 다음 두 책이 훌륭한 출발점이다. Fagan (2004), Quinn (1995).

명한 목적을 위해 우리를 길들인다. 우리 행동과 성향의 특정한 면을 육성하고 촉진하면서, 방해되는 것은 제거하려고 노력한다. 농업은 식물 재배나 동물 사육만큼 인간 길들이기를 포함했다고 사람들은 말할지도 모른다.[2]

인간 본성의 전체 범위에 대한 우리의 인식은 우리 식단처럼 꾸준히 줄어들었다. 아무리 영양가가 있어도 야생의 것은 제거된다. 하지만 나중에 보게 되듯이, 우리 안에서 자라는 잡초들의 일부는 우리가 공유한 과거로까지 깊이 뿌리를 내리고 있다. 원하면 잡초를 잡아당겨보라. 그러나 잡초는 반복해서 되돌아올 것이다.

어떤 사회에서 (땅과 마음에서) 재배되는 것이 개인들에게 반드시 이로운 것은 아니다. 어떤 것은 문화에 이로울 수 있지만 그 사회 구성원 대부분에게 는 처참한 것이 될 수 있다. 개인은 전쟁에서 고통을 겪고 죽지만, 사회는 큰 이득을 얻을 수도 있다. 산업 독극물에 의한 대기와 물의 오염, 세계화된 무역 합의, 유전자 조작 농산물… 이 모든 것들이 거래에서 결국 질 가능성이 큰 개 인들에 의해 수용된다.

농경사회로의 이행은 그것을 감내하는 대부분의 개인에게 사실상 재앙이 었음에도 불구하고 왜 그것이 위대한 진보로 묘사되는가를 설명하는 데에 개 인과 집단 이익의 불일치는 도움이 된다. 세계 여러 지역에서 수집한, 수렵채 집 생활에서 농업으로의 이행기 무렵의 유골들을 살펴보면, 모두 같은 이야기 가 담겨 있다. 기근의 증대, 비타민 결핍, 성장 저해, 수명의 대폭적인 감소, 폭력의 증가… 축하해야 할 이유는 거의 없었다. 우리는 대부분의 사람들에게 수렵채집 생활에서 농업으로의 이행은 아담과 이브 이야기에서 묘사된 대로 대재앙이었다는 것을, 미래를 향한 거대한 도약이라기보다 은총을 상실한 아 찔한 추방이었다는 것을 보게 될 것이다.

---

2) 다음 책은 이런 유사성의 일부를 지적한다. Cochran and Harpending (2009). "(길들여진) 인간과 길들여진 동 물 모두에게서, 우리는 두뇌 크기 축소, 더 넓은 두개골, 머리와 털 색깔의 변화, 더 작아진 치아를 본다."(p. 112.)

펑키가 되어 계속 춤추는 것

인간이 무엇보다도 먼저 사회적 동물이라는 사실을 의심한다면, 노골적인 사형이나 육체적 고문을 제외하면 한 사회 내에서 최악의 처벌은 항상 추방이었다는 점을 생각해 보라. 최악의 죄수들을 추방할 빈 장소들이 부족해지자, 우리는 내부적 추방을 가장 가혹한 처벌로 삼는 쪽으로 선회했다. 독방 감금이 그것이다. 사르트르Sartre는 그것을 뒤집어 "지옥은 타인들이다l' enfer, c'est les autres."라고 선언했다. 우리 종種에게 지옥 같은 것은 다른 사람들의 부재不在이다. 사회적 접촉에 대한 인간의 갈망은 너무도 강해서, 죄수들은 거의 대부분 격리가 연장되는 것보다는 미치광이 살인자와 함께 있는 것을 선택한다. 언론인 테리 앤더슨Terry Anderson은 7년간의 레바논 인질 생활을 회상하면서 "나는 동반자가 전혀 없는 것보다는 최악의 동반자를 택하겠다."라고 말했다.[3]

진화이론가들은 엘크의 뿔, 기린의 목, 치타의 질주 속도처럼 우리 종種의 가장 두드러진 특징에 관한 설명을 찾기를 좋아한다. 이런 특징들은 종이 진화해온 환경을 반영하며, 결과적으로 그것이 환경에서 차지하는 특별한 위치를 반영한다.

우리 종의 두드러진 특징은 무엇인가? 슈퍼 사이즈인 남성 성기─이 책 제4부를 보라─를 제외하면, 신체적 외관에서 인상적인 것을 찾을 수 없다. 평균적인 침팬지는 우리 몸무게의 절반이 안 되지만 콧수염 난 소방대원 4, 5명의 힘을 가지고 있다. 많은 동물들이 인간보다 더 빨리 달릴 수 있으며, 더 깊이 다이빙할 수 있고, 더 잘 싸울 수 있으며, 더 멀리 볼 수 있고, 더 희미한 냄새를 맡을 수 있으며, 인간에게는 침묵처럼 들리는 미묘한 소리를 들을 수 있다. 그러면 우리는 파티에 무엇을 가지고 갈까? 인간에게 특별한 것은 무엇인가?

---

3) 앤더슨Anderson의 말은 다음에서 인용됐다. Atul Gawande, "Hellhole", *The New Yorker*, March 30, 2009. 이 기사는 독방 감금이 고문만큼 반反인간적인가에 관한 시험 때문에 읽어볼 만한 가치가 매우 크다. 가완데Gawande 는 "정상적인 인간으로 단순히 존재하기 위해서는 타인과의 상호작용이 요구된다."라고 씀으로써 명백하게 그렇다고 결론 내린다.

우리의 무한히 복잡한 상호작용.

우리는 당신이 무엇을 생각하고 있는지 안다. 큰 두뇌. 맞다, 그러나 우리의 독특한 두뇌는 수다스러운 사회성의 결과로 생겨난 것이다. 정확히 왜 인간 두뇌가 그렇게 빨리, 그렇게 커졌는가에 대해서는 열띤 논쟁이 있다. 하지만 대부분은 인류학자 테렌스 디컨Terrence W. Deacon이 쓴 글에 동의할 것이다. "인간 두뇌는 단지 더 나은 지능에 대한 일반적 요구에 의해서가 아니라, 언어에 필요한 능력을 정교하게 발전시킨 진화 과정에 의해 형성됐다."[4]

고전적 환류還流 고리에서, 우리의 큰 두뇌는 복잡하고 미묘한 의사소통 요구를 충족시키는 동시에 그 요구로부터 생겨난다. 결국 언어는 가장 심오하고 가장 인간적인 특징—유연하고 다차원적이며 적응할 수 있는 사회적 네트워크를 형성하고 유지하는 능력—을 가능하게 한다. 다른 모든 것에 앞서 인간은 모든 동물들 중에서 가장 사회적이다.

불균형적으로 큰 두뇌 그리고 언어와 관련된 능력 외에도, 우리는 특별히 인간적인 다른 능력을 가지고 있다. 아마도 놀라지는 않겠지만, 그것 또한 가장 중요한 우리 사회구조에 엮여 있는 어떤 것이다. 우리의 과장된 성性이 그것이다.

어떤 동물도 지구상에서 자신에게 할당된 시간을 호모사피엔스보다 더 많이 섹스에 호들갑스럽게 쓰지 않는다. 성욕이 강한 것으로 유명한 보노보조차 그렇지 않다. 인간과 보노보 모두 1회 출산당 평균 수백 회—수천 회는 아니더라도—의 성교를 하며, 이는 다른 어떤 영장류들보다 앞서는 것이지만 보노보의 '행위'는 우리보다 훨씬 간단하다. 암수 한 쌍 결합의 일부일처제 동물들은 거의 언제나 덜 성적이며 바티칸이 권장하는 대로 섹스를 한다. 드물게, 조용히, 오직 생식을 위해서만. 인간은 종교와 무관하게 성욕 스펙트럼의 다른 쪽 끝에 위치한다. 최고 성욕의 화신化身.

인간과 보노보는 쾌락을 위해, 우정을 굳건히 하기 위해, 합의를 강화하기 위해(역사적으로 결혼은 영원한 사랑의 선언보다 기업 합병과 더 닮았다는 점

---

4) Jones et al. (1992), p. 123.

을 상기하라) 성적 표현을 사용한다. 이 두 종種−명백히 오직 이 두 종−에게 생식 목적이 아닌 섹스는 '자연스러우며' 뚜렷한 특징이다.[5]

오로지 이런 지극히 시시한 섹스 때문에 우리 종이 '동물적' 이라는 소리를 들어야 하나? 그렇지 않다. 동물의 세계는 긴 간격을 두고 오직 암컷이 배란기일 때에만 섹스를 하는 종으로 가득하다. 오직 두 종만이 생식 아닌 이유로 매주 섹스를 할 수 있다. 하나는 인간이며, 다른 하나는 인간과 매우 유사한 종이다. 따라서 쾌락을 위해 여러 파트너들과 섹스하는 것은 동물적이라기보다 '인간적' 인 것이다. 엄격하게 생식을 위해, 극히 드물게 하는 섹스는 인간적이라기보다 '동물적' 인 것이다. 달리 말해, 과도하게 성적으로 흥분한 원숭이는 '인간적' 으로 행동하는 것인 반면, 1년에 한두 번 이상의 섹스에 무관심한 남녀는, 엄격하게 말하면, '동물처럼 행동' 하는 것이다.

많은 사람들이 자신의 인간적 성욕을 자신에게(혹은 서로서로) 숨기려고 노력함에도 불구하고 그것은 본성의 힘이기 때문에 뚫고 나온다. 강직하고 올곧은 많은 미국인들이 엘비스가 노래할 때 엉덩이를 움직인 방식에 분개했다. 그가 '로큰롤' 을 노래했을 때, 얼마나 많은 사람들이 '로큰롤' 이라는 말의 의미를 깨달았을까? 아프리카계 미국인 음악의 뿌리를 연구한 문화사학자 마이클 벤추라Michael Ventura는 '로큰롤' 이 남부 대중식당에서 유래했다는 것을 발견했다. 벤추라에 따르면, 그 용어는 엘비스가 등장하기 전에 오랫동안 사용됐다. 원래는 음악 이름을 의미하지 않았으며 '성교하다to fuck' 를 의미했다. 적어도 1920년대 이후 '록' 은 그 자체로는 그 집단에서는 '성교하다' 는 의미가 훨씬 강했다. 그 용어가 주류 문화에서 널리 사용된 1950년대 중반까지, "디스크자키들은 자신들이 무슨 말을 하는지를 몰랐거나 너무 교활해서 자신들이 아는 것을 인정하지 않았다."라고 벤추라는 말한다.

신경질적이고 늙은 에드 설리번Ed Sullivan은 '모든 아이들이 미쳐 있는 이

---

5) 인간과 보노보만이 생리주기 내내 섹스를 하는 것처럼 보이지만, 침팬지와 일부 돌고래도 생식만을 위해서가 아니라 인간처럼 쾌락을 위해 섹스하기를 좋아하는 것 같다.

새로운 로큰롤'을 방송으로 소개했을 때, 자신이 한 말의 뜻을 깨달았다면 분개했을 것이다. 하지만 보통 미국 영어의 표면 아래에 잠복한, 가까스로 감춰진 성적인 언급의 사례는 이 정도에 그치지 않는다. 미국에서 가장 탁월한 아프리카예술 역사학자인 로버트 패리스 톰슨Robert Farris Tompson은 *funky*는, 당신이 일을 함으로써가 아니라 춤을 추거나 섹스를 함으로써 흘리는 '긍정적인 땀'을 뜻하는 콩고어 *lu-fuki*에서 왔다고 말한다. 연인을 매혹시키기 위해 '노력' 하지 않으면 안 되는 우리의 *mojo*는 '영혼soul'을 뜻하는 콩고어이다. *Boogie*는 '지독히 좋다'는 의미인 *mbugi*에서 왔다. 그리고 *jazz*와 *jism*은 모두 '사정射精하다'를 의미하는 콩고어 *dinza*에서 나왔을 가능성이 크다.[6]

포르노에서 쏟아져 나오는 수십억 달러는 잊어 버려라. TV, 광고, 영화에 나오는 가슴과 엉덩이는 모두 잊어 버려라. 관계를 시작할 때 우리가 부르는 사랑 노래, 관계를 끝낼 때 부르는 블루스는 잊어 버려라. 이 모두를 배제해도 인간이 섹스를 생각하고, 계획하고, 행하고, 기억하는 시간이 삶에서 차지하는 비중은 지구상 어떤 동물과도 비교할 수 없을 정도로 크다. 생식과 관련한 비교적 낮은 잠재력-12명 이상의 자녀를 낳는 여성은 거의 없다-에도 불구하고, 우리 종은 진실로 계속해서 춤출 수 있으며 그렇게 하고 있다.

• • •

내가 나의 출생 장소를 선택해야만 했다면 나는 모든 사람이 다른 모든 사람을 알고 있고 따라서 악의 어두운 책략도 덕의 고상함도 대중의 정밀한 감시와 판단을 회피할 수 없는 나라를 선택했을 것이다

장 자크 루소,

---

6) 재즈와 록 음악의 기원에 관한 이런 재미있는 얘기들은 벤추라Ventura의 다음과 같은 훌륭한 에세이에서 나온다. "Hear That Long Snake Moan," published in Ventura (1986). 이 책은 절판됐지만 이 에세이와 다른 글들은 벤추라의 웹사이트(http://www.michaelventura.org/)에서 볼 수 있다. 톰슨의 자료는 벤추라의 에세이와 Thompson (1984)에서 찾아볼 수 있다.

〈인간 불평등 기원론Discourse on the Origin of Inequality〉(1754)

루소는 잘못된 시기에 잘못된 장소에서 태어났다. 만약 그가 2만 년을 앞서 같은 장소에서, 유럽의 동굴 벽에 실물 크기 황소를 그린 예술가들 사이에서 태어났더라면, 자신이 속한 사회의 구성원을 모두 알았을 것이다. 그 대신에 자신의 시대이지만 아직 농업에 의해 바뀌지 않은 많은 사회들 중 한 곳에서 태어났다면 자신이 열망한, 유대가 긴밀한 사회를 발견했을 것이다. (심지어 붐비는 도시 속에서도) 혼자라는 감각은 인간의 삶에서 이상한 것이고, 다른 많은 것들과 마찬가지로 농업 패키지에 포함된다.

토마스 홉스는 붐비는 자신의 세계에서 과거를 되돌아보면서, 선사시대 인간의 삶은 참을 수 없을 정도로 고립적이었다고 상상했다. 오늘날 우리는 얇은 벽, 작은 이어폰, 빡빡한 스케줄에 의해 무수한 낯선 사람들로부터 분리된다. 황량한 고립감이 바람처럼 선사시대를 휘몰아치면서 우리 선조들을 짓눌렀음이 분명하다고 우리는 가정한다. 그러나 실제로는 겉보기에 상식적인 것처럼 보이는 이 가정은 지극히 잘못된 것이다.

수렵채집인의 사회생활은 사회적 상호작용이 깊고 강렬한 것이 특징이다. 우리 중에는 그러한 사회적 상호작용을 상상할(혹은 용인할) 수 있는 사람이 거의 없었다. 개성, 개인 공간, 사유 재산이라는 서로 맞물린 원칙 위에 조직된 사회에서 태어나고 자란 우리는, 그처럼 긴밀하게 짜인 사회를 상상하기가 힘들다. 그 사회에서 모든 공간과 재산은 공동체 소유이며, 정체성은 개인적이라기보다 집단적이다. 태어난 첫날 아침부터 죽음을 애도하는 마지막 순간까지 수렵채집인의 삶은 강렬하고 끊임없는 상호작용, 상호연관, 상호의존의 삶이다.

다음 장에서 우리는 선사시대 인간의 삶에 관한 홉스의 유명한 격언 중 첫 번째 요소를 검토할 것이다. 국가의 등장 이전에, 선사시대 인간의 삶은 전혀 '고립적이지' 않았다는 것을 보여줄 것이다.

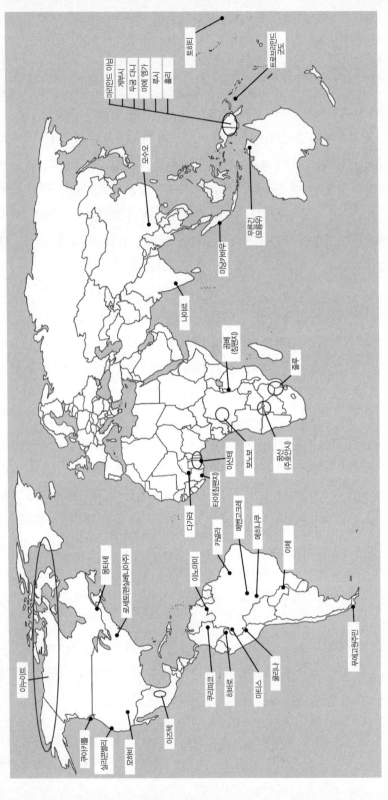

북극해를 둘러싼 사회문화권

제6장 누가 당신의 아버지들인가?

배타적 남녀 한 쌍 결합의 아버지와 어머니로 구성되어 있지 않거나 그들을 포함하고 있지 않은 현대의 가족 집단이 자주 발생한다는 견지에서 볼 때, 나는 왜 우리 선조들이 일부일처제 핵가족에서 성장했다고, 그리고 남녀 한 쌍 결합이 다른 어떤 배열보다 더 자연스럽다고 주장하는지를 이해할 수 없다.

마빈 해리스Marvin Harris[1]

아마존에서는 생명 탄생의 비밀이나 성에 관한 지식이 다르다. 그곳에서 여성은 조금만 임신할 수 있을 뿐만 아니라, 대부분이 실제로 그러하다. 우리가 논의할 사회들 각각은 과학자들이 '나누어지는 부성父性partible paternity' 이라고 부르는 것에 대한 믿음을 공유하고 있다. 이들 집단은 임신에 대한 진기한 관념을 갖고 있는데, 태아는 축적된 정액으로 만들어진다고 보고 있다.

인류학자 스티븐 베커만Stephen Beckerman과 폴 발렌타인Paul Valentine은 다음과 같이 설명한다. "임신pregnancy은 정도의 문제로 간주되고 잉태gestation와 명백하게 구분되지는 않는다… 성적으로 활동적인 여성들은 모두 조금만 임신 중이다. 시간이 흐르면서… 정액이 자궁에 축적되고, 태아가 형성되고, 추가적인 성교가 뒤따르고, 추가된 정액이 태아를 더 많이 자라게 한다."[2] 여성이 생리가 끝났을 때 섹스를 중단한다면, 이 문화권 사람들은 태아가 성장을 중단할 것이라고 믿는다.

---

1) Harris (1989), p. 195.
2) Beckerman and Valentine (2002), p. 10.

정액이 어떻게 아이를 형성하는가에 관한 이와 같은 이해理解는 '책임 있는' 성性행동에 관한 일부 강력하고 재미있는 결론으로 귀결된다. 지구상의 모든 엄마들과 마찬가지로, 이들 사회의 여성도 자기 자녀에게 삶에 가능한 모든 이점을 주기를 열망한다. 이를 위해 일반적으로 그녀는 여러 남성들과의 섹스를 추구할 것이다. 자기 자녀가 문자 그대로 각 남성의 진수를 흡수할 것이라는 희망 하에, 그녀는 가장 뛰어난 사냥꾼들, 가장 뛰어난 이야기꾼들, 가장 웃기는 사람들, 가장 친절한 사람들, 가장 잘 생긴 사람들, 가장 강한 사람들 등에게 '기부'를 간청할 것이다.

인류학자들은 단순 수렵채집인에서 원예농업인에 이르기까지의 많은 남미 사회가 임신과 태아 발달에 관해 유사한 이해를 가지고 있다고 보고한다. 부분적인 리스트만 보더라도 아체Aché족, 아라웨테Araweté족, 바리Bari족, 카넬라Canela족, 카시나후아Cashnahua족, 쿠리파코Curripaco족, 에세 에하Ese Eja족, 카야포Kayapó족, 쿨리나Kulina족, 마티스Matis족, 메히나쿠Mehinaku족, 피아로아Piaroa족, 피라하Pirahã족, 세코야Secoya족, 시오나Siona족, 와라오Warao족, 야노마미Yanomami족, 예크와나Ye'kwana족을 포함할 것이다. 이들 사회는 베네수엘라에서 볼리비아에 이르는 지역에 분포해 있다. 이것은 민족지학적인 호기심, 관련된 문화들 사이에서 통용되는 이상한 관념은 아니다. 수천 년간 접촉했다는 증거가 없는 문화집단들 사이에서 동일한 이해가 발견된다. '나누어지는 부성'은 남미에 한정된 것이 아니다. 예를 들면, 파푸아뉴기니아의 루시Lusi족 또한 태아 발달은 여러 차례의 성교에, 그것도 종종 다른 남자와의 성교에 달려 있다고 생각한다. 심지어 오늘날까지도 젊은 루시족은 현대적 관점에서 생식을 이해하지만, 사람은 한 명 이상의 아버지를 가질 수 있다는 데 동의한다.

베커만과 발렌타인이 설명한 대로, "나누어지는 부성이 효과적인 가족, 즉 아버지의 만족스러운 자녀 양육을 제공하고 자녀들을 성공적으로 어른으로 키울 수 있게 하는 가족을 유지하게 할 수 있다는 것이 고대 사람들의 믿음이라는 것 말고는 어떠한 결론도 내리기 어렵다."[3]

．．．

파라과이에서 연구활동을 하고 있던 한 인류학자가 아체Aché족 실험대상
자들에게 그들의 아버지를 밝혀 보라고 요청했다. 그는 어휘 수업을 통해서만
풀 수 있는 한 가지 수학 퍼즐을 받았다. 321명의 아체족이 600명이 넘는 아
버지가 있다고 주장했다. 누가 당신의 아버지들인가?

아체족은 아버지를 네 종류로 구분하는 것으로 드러난다. 인류학자 킴 힐
Kim Hill에 따르면, 네 가지 유형의 아버지는 다음과 같다.

- *미아레*Miare: 그것을 주입한 아버지
- *페로아레*Peroare: 그것을 혼합한 아버지들
- *몸보아레*Momboare: 그것을 넘치게 한 아버지들
- *비쿠아레*Bykuare: 아이의 본질을 제공한 아버지들[4]

다수의 아버지를 가진 자녀들은 '사생아'나 '개새끼'로 따돌림 당하기는커
녕, 자신들에게 특별한 관심을 쏟는 한 명 이상의 남자들로부터 혜택을 얻는
다. 인류학자들은 그들이 어린 시절에 죽지 않고 살아남을 가능성은 동일한
사회에서 단 한 명의 인정된 아버지를 둔 자녀들보다 종종 의미 있게 높다고
추정한다.[5]

이러한 사회들에서 남성은 자신의 유전적 유산遺産이 의문시되는 것에 전
혀 격분하지 않으며, 오히려 더 강한 아기의 출생과 양육에 협력한 것에 대해,
다른 남자들에게 *감사할* 공산이 크다. 표준적 담화의 예측대로 질투로 눈이
멀기는커녕, 이들 사회의 남성들은 자신들이 함께 아버지가 된 자녀들의 부성

---

3) Beckerman and Valentine (2002), p. 6.
4) 킴 힐Kim Hill은 다음에서 인용했다. Hrdy (1999b), pp. 246-247.
5) 예를 들면, 콜롬비아와 베네수엘라의 바리족族은, 사회적으로 인정받은 2명 이상의 아버지를 둔 아이들은 80%가
생존해 성인이 되는 반면, 한 명의 공식 아버지를 둔 아이들은 64%만 성인이 된다는 것을 연구자들이 발견했다.
힐과 후르타도(Hill and Hurtado, 1996)는 227명의 아체족 연구대상 중에서 한 명의 공인 아버지를 둔 아이들은
70%가 10살을 넘긴 반면 첫째와 둘째 아버지를 둔 아이들은 85%가 그랬다고 보고했다.

父性을 공유함으로써 서로서로 결속돼 있음을 느낀다. 베커만이 설명하듯이, 최악의 경우를 상정한 시나리오에서도 이 시스템은 자녀들에게 추가적인 안전을 제공할 수 있다. "당신도 알다시피 만약 당신이 죽으면, 누군가 다른 남자가 당신 자녀들 중 최소한 한 명을 돌보는 의무를 떠안게 된다. 따라서 당신 아내가 애인을 만들 때, 다른 시각에서 보거나 심지어 축복하는 것이 당신이 들 수 있는 유일한 보험이다."[6]

독자들이 이런 종류의 행동을 기이하고 먼 나라의 것으로 분류하고 싶은 유혹을 느끼지 않도록, 집에서 아주 가까운 곳에서도 유사한 사례들을 발견할 수 있다.

사회성애적 교환S.E.Ex의 즐거움

이해理解는 섹스와 많이 비슷하다. 이해는 실제적인 목적을 가지고 있지만, 그것이 사람들이 일상적으로 이해를 하는 이유는 아니다.

프랭크 오펜하이머Frank Oppenheimer

데스몬드 모리스Desmond Morris는 1970년대 말과 1980년대 초에 걸쳐 여러 달 동안 한 영국 프로축구팀을 관찰했고, 나중에 자신의 생각을 〈축구 부족 The Soccer Tribe〉이라는 책으로 출간했다. 책 제목이 암시하듯, 모리스는 팀 동료들의 행동이 이전 연구에서 그가 부족 집단들 사이에서 접한 것과 놀랍도록 비슷하다는 사실을 발견했다. 그는 두 맥락 모두에서 특별히 두드러진 두 가지 행동에 주목했다. 집단 평준화group leveling와 소유욕의 부재nonpossessiveness

---

6) 이 인용은 AlterNet.org에 실린 샐리 레만Sally Lehrman의 논문에서 가져온 것이다. 다음에서 볼 수 있다. http://www.alternet.org/story/13648/?page=entire.

110 왜 결혼과 섹스는 충돌할까

가 그것이다.

모리스는 "축구선수들끼리 이야기할 때, 당신은 제일 먼저 그들의 재치의 속도를 알게 된다. 그들의 유머는 종종 잔인하며, 이기적인 기미를 조금이라도 보이는 동료의 기를 꺾기 위해 사용된다."라고 썼다. 그러나 선사시대 평등주의의 메아리는 이기심 꺾기를 넘어서 성생활로까지 확대되어 울려 퍼졌다. "만약 그들 중 한 명이 (성적으로) 득점을 한다고 해도 그는 독점욕을 갖지 않고, 오히려 팀 동료들이 같은 여자와 성공하는 것을 봐도 무척 행복할 뿐이다." 어떤 사람들에게 이 말은 냉정하게 들릴지도 모르겠지만, 모리스는 이 같은 질투심의 결여가 "경기장에서나 경기장 밖에서나, 팀 동료들 사이에 이기심이 억제될 수 있을 정도까지 확대된 수준이었다."[7]라고 독자들에게 확신했다.

많은 수렵채집인 사회의 남녀 구성원들뿐 아니라 프로선수들, 음악가들 그리고 그들의 가장 열성적인 여성 팬들에게, 겹치고 교차하는 성적 관계가 집단 응집력을 강화하고 불확실한 세계에서 안전의 수단을 제공할 수 있다. 때때로, 아마도 대부분의 시간에, 인간의 섹스는 단지 쾌락과 생식에 관한 것만은 아니다. 성인들 내부에서 성적 관계에 대한 통상적 접근은 단순한 육체적 만족감을 훨씬 뛰어넘는 중요한 사회적 기능들을 가질 수 있다.

이 유동적인 성욕을 건조하고 학술적인 용어로 표현해 보자. 우리는 *사회성애적 교환*Socio-Erotic Exchanges(줄여서 S.E.Ex)은 소규모 이동성 사회-그리고 명백히, 여타의 고도로 상호의존적인 집단들-에서 개인 간 유대를 강화하며, 중요하고 견고한 사랑, 소속, 상호 의무의 그물망을 형성한다고 가정한다.

진화의 관점에서, 그러한 네트워크는 더없이 중요하다. 결국 느리고 약하며 평범한 종種이 살아남아 궁극적으로 지구를 지배할 수 있었던 것은, 일차적으로 그처럼 유연하고 적응 잘하는 집단들 (그리고 그런 집단들을 가능하게 했으며 그런 집단들에서 생겨난, 뇌의 성장과 언어 능력의 환류還流 고리) 덕분이었다. 만약 잦은 사회성애적 교환이 없었다면, 수렵채집인 집단들이 수천

---

7) Morris (1981), pp. 154-156.

년에 걸쳐 사회적 균형과 생식력을 유지할 수 있었을는지 의심스럽다. 사회성 애적 교환은, 부성父性이 모호하거나 여러 부성을 가진 자녀들을 공동으로 돌보고, 자녀 각자는 집단 내부의 대부분의 또는 모든 남성—만약 아버지가 아니라면 삼촌, 사촌 등이라도—과 연관시킬 가능성이 큰 집단으로 성인들을 결속하는 데 결정적인 역할을 했다.[8]

이처럼 서로 맞물린 관계는 사회 결속에 결정적이기 때문에, 여기에 참여하지 않는 것은 문제를 야기할 수 있다. 인류학자 필립 에릭슨Philippe Erikson은 마티스족族에 관한 글에서 다음과 같이 확인한다. "복수複數의 부성은… 이론적 가능성 이상의 것이다… 혼외정사는 광범위하게 이루어지고 있을 뿐 아니라 항상 용인된다. 여러 측면에서 그것은 *의무적인 것* 같다. 기혼이든 미혼이든, 이들은 '제 생식기에 인색하다'는 것은 평범한 부정不貞보다 훨씬 더 심각한 마티스족 윤리의 위반인데, 그 경우 처벌을 받기 때문에 이성異性의 (실제든 분류상이든) 고종사촌이나 이종사촌의 성적 접근에 응해야 하는 *도덕적 의무*를 지니고 있다."(강조는 필자)[9]

성적 구두쇠라는 꼬리표가 붙는 것은 결코 웃을 일이 아님은 명백하다. 에릭슨은 성적으로 흥분한 사촌을 피해 여러 시간 동안 자신의 오두막에 와서 웅크리고 있었던 한 젊은 남자에 관해 썼다. 만약 여자 사촌이 그를 찾아낸다면 그는 합법적으로 성적 접근을 거절할 수 없었을 것이다. 더욱 더 심각한 것은 마티스족의 문신文身 축제 기간 중에는 자신의 통상적인 파트너(들)와 섹스를 하는 것이 명백히 금지돼 있다는 점이다. 이를 위반하면 사형을 포함한 극형에 처해진다.[10]

만일 사회성애적 교환이 선사시대의 사회적 결속에서 핵심적인 역할을 한

---

8) 사적인 통신에서, 돈 폴락Don Pollock은 복수 부성父性 개념에 관해 재미있는 주장을 한다. "한 명 이상의 남자가, 태어날 아기의 '생물학적' 아버지가 될 수 있다는 쿨리나족의 개념이 역설적으로 유전적 현실과 비슷하다는 것을 나는 항상 발견했다. 유전적으로 동종인 소규모 인구 집단—또는 여러 세대에 걸친 내부 결혼의 결과로, 그와 비슷한 집단—에서, 모든 아이들은 그들의 엄마들이 성관계를 가진 모든 남성들과 극도의 유전적 유사성을 가진다. 심지어 그들의 엄마가 관계를 가지지 않은 남성들과도 유전적 유사성을 가진다."

9) Beckerman and Valentine (2002), p. 128에서.

10) Beckerman and Valentine (2002)에서 에릭슨Erikson의 장을 보라.

것이 사실이라면, 우리는 과거와 현재를 통틀어 전 세계적으로 그처럼 부끄러움 없는 성적 행동의 잔재들을 많이 찾아내야 한다. 우리는 그렇게 할 것이다.

모하비Mohave족 여성은 음란한 습관과, 한 남자에게 정착하는 것을 꺼리는 것으로 유명하다.[11] 시저Caesar—맞다, *바로 그 시저*—는 "철기시대의 영국에서 열 명 혹은 심지어 열두 명의 남자들이 자신들의 공동 아내를 가지며, 특히 형제들 사이에 그렇다…"라고 언급하면서 분개했다.[12] 1769년 제임스 쿡James Cook 선장이 타히티에서 석 달을 보내는 동안, 그와 선원들은 타히티인들이 "목격자 앞에서 모든 욕망과 열정을 만족시키는 것"을 발견했다. 1773년에 첫 출간된 쿡 선장의 여행에 관한 설명에서, 존 호크스워스John Hawkesworth는 한 젊은 남자에 관해 썼다. "키가 약 6피트인 그는 우리 일행 여러 명과 많은 원주민들 앞에서 11세 혹은 12세 정도인 어린 소녀와 비너스 의식을 거행하고 있었다. 그는 외설적이라거나 부적절하다는 의식이 눈곱만큼도 없었다. 그러나 그것은 이미 드러났듯이 그 지역의 관습에 완벽하게 순응한 것이었다." 비록 쿡은 우리에게 "그녀는 어렸음에도 (그들의) 도움을 그렇게 필요로 하는 것 같지 않았다."[13]라고 말했지만, 애욕적인 놀이를 관찰하던 그 섬의 일부 나이 든 여성들은 그 소녀에게 분명하게 지시를 내렸다.

타히티에서 시간을 보낸 적이 있는 다른 배의 선장 사무엘 윌리스Samuel Wallis는 "여자들은 일반적으로 매우 예뻤으며, 일부는 정말로 대단한 미인이었다. 그런 장점에도 불구하고 그녀들이 못을 싫어한 것은 아니었다."라고 보고했다. 타히티인들이 쇠에 대한 매혹을 느꼈기 때문에, 실제로 못 한 개는 그 지역 여인과의 성적 밀회와 교환됐다. 윌리스가 출항할 때까지 선원 대부분은 갑판에서 자고 있었는데, 그것은 그들의 해먹을 걸 못조차 남아 있지 않았기 때문이다.[14]

---

11) William (1988), p. 114.
12) Caesar (2008), p. 121.
13) 다음에서 인용. Sturma (2002), p. 17.
14) 다음을 보라. Littlewood (2003).

오늘날 트로브리안드 군도群島에는 얌 수확 축제가 있는데, 이때 젊은 여성들은 떼를 지어 섬들을 돌아다니며 마을 바깥에서 남자들을 '강간' 한다. 만약 남자들이 자신들을 만족시키지 못하면 그들의 눈썹을 물어뜯는 것으로 알려졌다. 고대 그리스인들은 아프로디시아, 디오니시아, 레네아 축제 때 섹스 면허를 기리며 즐겼다. 로마에서 바커스(역주: 술의 신) 제례 위원들은 매달 최소한 다섯 번의 잔치를 주관했다. 남태평양의 많은 섬들은 수 세기에 걸쳐 선교사들이 도덕적 수치심을 설교했음에도 불구하고, 아직도 통제되지 않는 공개적인 성생활로 유명하다.[15] 현대의 많은 브라질인들은 축제 기간 중 자유롭게 감정표현을 한다. 그 축제에서 그들은 합의에 의해 배우자가 아닌 사람과의 섹스 의식에 참가한다. *사카나겜*sacanagem으로 알려진 이 의식은 뉴올리언스나 라스베이거스에서 일어나는 행위들을 별 재미없는 것으로 보이게 만든다.

일부 독자들은 여성들이 그 같은 활동에 열렬히 참가하는 것에 놀랐을지도 모르겠다. 하지만 다윈과 다른 사람들의 가정에도 불구하고, 여성의 성적 침묵은 생물학적인 것이라기보다 문화적인 것이라는 점이 분명해진 것은 오래된 일이다. 50여 년 전, 섹스연구가 클레란 포드Clellan Ford와 프랭크 비치Frank Beach는 "성적 문제에 대한 기준을 확실하게 가진, 다양한 간통이 허용되는 그런 사회들에서, 여성은 남성만큼 자신들의 기회를 적극적으로 활용한다."[16]라고 단언했다.

우리와 가장 가까운 영장류 사촌의 암컷들을 살펴보면, 순전히 생물학적 우려 때문에 인간 여성이 성적으로 주저*해야 한다*고 믿을 이유는 거의 없다. 대신 영장류학자 메레디스 스몰Meredith Small은 암컷 영장류는 짝짓기에서 새

---

15) 이 점에 관해, 반대론자들은 남태평양의 방탕함에 관한 마가렛 미드Margaret Mead의 주장은 데렉 프리먼(Derek Freeman, 1983)에 의해 오류임이 드러났다고 지적할 것이다. 그러나 프리먼의 입증도 마찬가지로 틀렸음이 드러나 미드의 원래 주장은 남아 있다. 그렇다면 무엇이 다시 틀렸다는 것인가? 히람 케이턴(Hiram Caton, 1990)과 여타 연구자들은 프리먼의 부단한 미드 공격은 아마 정신질환이 동기가 되었을 것이라고 매우 강력하게 주장했다. 이 정신질환 때문에 그는 호주 외교관들에 의해 사라와크에서 강제 추방될 정도로 심한, 여러 피해망상적인 폭발을 일으켰다. 인류학계의 일반적 합의에 따르면, 만약 미드의 발견에 오류가 있다고 해도 그것이 어느 정도인지는 불분명한 것 같다. 프리먼이 주장한 오류 수정은 기독교가 사모아인들을 교화한 지 수십 년 뒤의 일이다. 따라서 그가 들은 이야기가 50년 전 미드가 들은 얘기와 크게 달랐다고 해도 아무도 놀라지 않았을 것이다. 간단한 검토를 위해 우리는 다음을 추천한다. Monaghan (2006).

16) Ford and Beach (1952), p. 118.

로움novelty에 극도로 이끌린다고 언급했다. 수컷이 제공할지도 모르는 다른 어떠한 특성들—높은 지위, 큰 크기, 천연색, 잦은 몸단장, 금줄, 털 많은 가슴, 금 목걸이, 새끼손가락 반지 등 어떤 것이라도—에 의해서도, 친숙한 수컷보다 낯선 수컷이 암컷에게 더 매력적인 것 같다. 스몰은 "일반적인 영장류에게서 볼 수 있는 변함없는 유일한 관심사는 새로움과 다양함이다… 사실 암컷은 인간의 눈으로 인식할 수 있는 다른 어떤 특성보다 더 자주 낯선 것을 추구하기를 선호한다는 것이 입증됐다."[17]라고 썼다.

프란스 드 발은 "남성은 어떤 성교가 임신으로 귀결되는지 아닌지를 알지 못한다. 집단 내에서 어떤 아이도 그의 자녀가 될 수 있었다… 만약 부성父性이 모호한 상태로 남는 사회 시스템을 인간이 디자인해야 했다면, 인간은 대자연이 (이) 사회를 가지고 한 일보다 더 나은 일을 거의 할 수 없었을 것이다."라고 썼다.[18] 그때 드 발은 앞서 언급된 아마존 사회들에 관해서도 언급할 수 있었다. 드 발의 언급은 비非배우자와의 섹스가 의례적으로 행해지는 많은 사회들에 적용될 수 있지만, 그는 실제로는 보노보에 관해 쓰고 있었다. 따라서 그는 가장 밀접한 3종의 유인원, 즉 침팬지와 보노보 그리고 이들과 갈등하는 사촌인 인간을 연결하는 성적 연속성을 강조하고 있었다.

• • •

인간과 침팬지, 보노보의 성욕 과잉의 관점에서, 우리는 왜 그렇게 많은 사람들이, 여성의 성적 배타성이 100만 년 이상 인간의 진화적 발전에서 필수적인 부분이었다고 주장하는지 의아하게 생각한다. 여기에 제시된 직접적인 모든 증거 외에도, 표준적 담화를 뒤집는 환경적 사례들은 압도적으로 많다.

우선 맛보기로, 대규모 사회집단을 이뤄 살고 있는 일부일처제 영장류 종種

---

17) Small (1993), p. 153.
18) de Waal (2005), p. 101.

의 전체 수는, 인간을 그 같은 동물의 유일한 사례라고 주장하지 않는다면, 정확히 '0'이라는 점을 상기하라. (수백 종 중에서) 몇몇 현존 일부일처제 영장류는 모두 나무 꼭대기에서 산다. 영장류를 제외하면, 포유류 중 단지 3%, 무척추동물 1만 종 중 한 종만이 성적 일부일처제로 간주될 수 있다. 간통은 연구대상이 된, 표면상 일부일처제인 모든 인간 사회에서 그 존재가 입증됐으며, 그것은 오늘날 전 세계적으로 이혼의 가장 중요한 이유이다. 그러나 행복하게 연인을 공유하는 축구선수들을 관찰한 데스몬드 모리스는, 그의 고전 〈벌거벗은 유인원The Naked Ape〉의 최신판에서, "인간의 성 행동은 남녀 한 쌍 결합 상태에서 거의 배타적으로 이루어진다. 간통은 단지 남녀 한 쌍 결합 메커니즘의 한 가지 불완전성일 뿐이다."[19]라고 주장한다.

그것은 주요한major 작은minor '불완전성'이다.

우리가 이 글을 쓰고 있는 이 순간에도, CNN은 이란에서 6명의 간통자가 돌팔매질 처형을 받고 있다고 보도한다. 위선적 죄인들이 첫 번째 돌을 던지기 전에, 남성 간통자들은 허리 부분까지 땅에 묻힐 것이다. 정중함을 가장한 역겨운 제스처에 의해, 여성 간통자들은 목까지 땅에 묻힐 것이다. 용기 있게 자신들의 몸을 자신의 것으로 간주한 이들 여성을 더 빨리 죽게 하려는 의도인 것 같다. 역사적으로 말하면, 성적 일탈자에게 그처럼 잔인한 처형은 결코 이상한 일이 아니다. "유대교, 기독교, 이슬람교, 힌두교는 각자 여성의 성적 자유를 처벌하는 것에 관해 근본적인 관심을 공유하고 있다."라고 에릭 마이클 존슨Eric Michael Johnson은 말한다. "어떤 '남자가 한 여자와 간통하면, 곧 어떤 남자가 자기 이웃의 아내와 간통하면, 간통한 남자와 여자는 사형을 받아야 하지만'(레위기 20장 10절), 미혼 남성과 성관계를 가진 미혼 여성은 '그 아버지의 집 문에서 끌어내고 그 성읍 사람들이 그녀를 돌로 쳐 죽일 것이다'(신명기 22장 21절)."[20]

---

19) Morris (1967), p. 79.
20) http://primatediaries.blogspot.com/2007/08/forbidden-love.html.

그런 야만적인 처벌이 수 세기에 걸쳐 행해졌지만, 간통은 어느 곳에서나 예외 없이 계속되고 있다. 1950년대에 알프레드 킨제이Alfred Kinsey가 언급했듯이, "여성의 혼외 성교를 가장 열렬히 통제하려고 노력한 문화권에서조차, 그런 행위가 발생하고 있다. 많은 경우 그것이 매우 규칙적으로 행해지고 있다는 것은 너무나 명백하다."[21]

그 점을 생각해 보라. 집단생활을 하는 그 *어떤* 비非인간 영장류도 일부일처제가 *아니며*, 간통은 연구대상이 된 모든 인간 문화권에서 그 존재가 입증됐다. 간통자들이 통상적으로 돌팔매질 사형을 당하는 문화권도 예외가 아니다. 피비린내 나는 이 모든 응징의 면에서 보면, 어떻게 일부일처제가 우리 종種에 '자연스럽게' 들어왔는지를 이해하기 힘들다. 왜 그렇게 많은 사람들이 인간 본성에 *반하는* 것을 위해 자신들의 명예, 가족, 경력—심지어 대통령직의 특혜까지—을 내걸까? 만약 표준적 담화가 주장하는 대로, 일부일처제가 우리 종의 고대의 진화된 특성이라면, 어디서나 발생하는 그 위반은 드물 것이며 그처럼 무서운 응징도 전적으로 불필요할 것이다.

어떤 동물도 그 본성과 조화되는 행동을 했다는 이유로 죽음의 위협을 받아서는 안 된다.

난혼의 약속

현대의 남녀는 성적인 것에 사로잡혀 있다. 그것은 아직도 우리 대부분에게 남아 있는 원시적 모험의 유일한 영역이다. 동물원의 유인원과 마찬가지로, 우리는 에너지를 한 가지 남은 놀이에 쓰고 있다. 그렇지 않다면 인간의 삶은 산업문화의 벽, 철장, 쇠사슬, 그리고 잠긴 문에 의해 매우 잘 갇혀 있을 것이다.

에드워드 애비Edward Abbey

---

21) Kinsey (1953), p. 415.

선사시대의 인간 성생활에 관한 대안적인 관점을 고려할 때, 표준적 담화의 핵심 논리는 두 가지 서로 맞물린 가정들을 중심축으로 한다는 것을 명심하라.

- 선사시대의 엄마와 자녀는 남성이 제공하는 고기와 보호를 필요로 했다.
- 여성은 자신의 성적 자율성을 반대급부로 제공해야 했다. 그럼으로써 그에게 그가 자신의 자식을 부양하고 있음을 확신시켰다.

표준적 담화는, 확인된 부성父性을 위한 보호와 단백질을 교환하는 것이, 자녀가 생식 가능한 연령까지 생존할 가능성을 늘리는 최선책이었다는 신념에 토대를 두고 있다. 다윈과 후속 이론가들이 서술한 대로, 결국 자녀의 생존이 자연 선택의 주요한 엔진이다. 그러나 만일 *반대* 방식을 촉진하는 행위가 자녀에 대한 위험을 더 효과적으로 완화한다면 어떻게 되는가? 만일 한 남성이 고기와 보호, 지위를 특정 여성과 그녀의 자녀와 공유하기로 합의하는 것이 아니라, 공유가 일반화된다면 어떻게 되는가? 만약 집단 규모의 공유가 선사시대의 세계에서 우리 조상들이 마주친 위험에 더 효과적으로 접근할 수 있게 한다면 어떻게 되는가? 그리고 이 같은 위험의 관점에서 볼 때, 부성 *불확실성*은 더 많은 남성들이 자녀에게 관심을 쏟게 만듦으로써 자녀의 생존 가능성에 더 유익하다면 어떻게 되는가?

게다가, 우리는 *더 고상한* 사회 시스템을 제안하는 것이 아니라, 단지 선사시대 조건들의 도전에 더 적절하게 대처할 수 있었을지도 모르는, 사람들이 생식할 수 있을 정도로 충분히 오래 생존하도록 돕는 데 더욱 효과적인 사회 시스템을 얘기하고 있을 뿐이다.

공유에 기초한 이 같은 사회생활은 인간에게만 독특한 것은 결코 아니다. 예를 들면, 중앙아메리카에 사는 뱀파이어박쥐는 큰 포유류의 피를 먹고 산다. 그러나 매일 밤 모든 박쥐가 먹이를 발견하는 데 성공하는 것은 아니다. 그들이 동굴로 돌아오면, 좋은 밤을 보낸 박쥐들은 자신들이 먹은 피를 토해 운이 좋지 못한 박쥐들의 입 속에 넣어준다. 부조扶助 받은 박쥐들은 상황이 역전됐을 때 은혜를 갚는 경향이 강하지만, 과거에 자신들을 거절한 박쥐에게는 피를 나눠주기를 꺼린다. 한 관찰자가 설명한 대로, "박쥐 상호간의 이러한 과정의 핵심은 한 동굴에 사는 모든 박쥐들과의 관계사關係史를 기억하는 박쥐의 개별적 능력이다. 이 같은 연상聯想의 필요성 때문에 뱀파이어박쥐의 두뇌 진화가 촉진됐는데, 그것의 두뇌는 모든 박쥐들 중 가장 큰 신피질을 가지고 있다."[22]

우리는 혈연관계가 아닌데도 피를 토해주는 뱀파이어박쥐가, 공유는 선천적으로 '고상한 것'이 아니라는 확신을 주는 본보기가 되기를 희망한다. 일정한 조건에서 일부 종種들이, 관대함이 불확실한 생태계의 위험을 줄이는 최선책이라는 것을 발견했을 뿐이다. 호모사피엔스는 비교적 최근까지 그런 종이었던 것으로 보인다.[23]

수렵채집인에게 극단적 평등주의가 거의 보편적이었던 사실에 비춰보면, 선사시대 조상들은 실제로 선택의 여지가 거의 없었다. 고고학자인 피터 보구키Peter Bogucki는 "빙하기의 이동성 수렵사회에서, 자원을 의무적으로 공유하는 사회조직의 집단 모델은 실제로 유일한 생존방식이었다."[24]라고 썼다. 그것은, 선사시대의 인간은 최상의 생존 가능성을 제공하는 길─비록 그 길이, 오늘날 많은 서구 사회들이 인간의 기본적인 본성이라고 주장하는, 사리사욕 차원의 자원 비축보다는 평등주의적 공유를 요구한다 해도─을 선택했을 것이라고 가정하는 다윈주의자들의 생각을 완전하게 만든다. 결국 다윈 자신도 협동적인 사람들의 부족이 이기적 개인주의자들로 구성된 부족을 격파했을 것이라고 믿었다.

우리는 설득력 없는 사랑과 평화flower-power(역주: 반전을 부르짖던 1960-70년대 청년문화)와 같은 어리석음을 설교하고 있는가? 아니다. 평등주의는 세계 어디에서나 연구된 거의 모든 단순한 수렵채집인 사회─우리 조상들이 5

---

22) Sulloway (1998).
23) 공유 행위를 하는 다른 포유류에 관한 검토를 위해서는 다음을 보라, Ridley (1996), Stanford (2001).
24) Bogucki (1999), p. 124.

만 년 혹은 10만 년 전에 직면했던 것과 가장 비슷한 조건에 처해 있는 집단들-에서 발견된다. 그들은 자신들이 특별히 고상해서가 아니라, *그것이 최상의 생존 가능성을 제공하기 때문에* 그 길을 선택했다. 보구키가 결론짓고 있듯이, 그와 같은 조건 하에서는 평등주의가 *유일한 삶의 방식*일지도 모른다. 자원과 성性의 제도화된 공유는 위험을 분산·축소하며, 냉장이 없는 세상에서 음식이 낭비되지 않을 것이라는 확신을 주며, 남성 불임의 영향을 제거하고, 개인의 유전자 건강을 촉진하며, 자녀와 어른 모두에게 더욱 안전한 사회적 환경을 보장해 준다. 수렵채집인들은 유토피아적 낭만주의와는 전혀 다른 차원에서 평등주의를 고수한다. 그것은 평등주의가 가장 실제적인 수준에서 효과적으로 작동하기 때문이다.

보노보의 시작

성적 평등주의의 효율성은 암컷 보노보에 의해 확인된다. 암컷 보노보는 많은 다른 독특한 특성을 인간과 공유하지만 다른 종들과는 공유하지 않는다. 이런 성적 특성은 예측 가능하며 직접적인 사회적 결과를 초래한다. 예를 들어 드 발의 연구는 암컷의 성적 유용성이 크게 떨어지는 다른 영장류들과 비교할 때, 암컷 보노보의 증대된 성적 수용성受容性은 수컷들의 갈등을 극적으로 줄인다는 것을 입증했다. 풍부한 성적 기회 덕분에, 수컷들은 부상을 감수하면서까지 특정한 성적 기회를 놓고 싸울 필요성을 덜 느끼게 된다. 가령 수컷 침팬지들 사이의 동맹은 일반적으로 경쟁자들이 배란기 암컷에게 접근하지 못하게 하며, 특정 수컷에게 더 많은 짝짓기 기회를 주는 높은 지위를 얻는 데 기여하기 때문이다. 다루기 힘든 이들 무리의 주요 동기는 보노보의 풍부한 성적 기회라는 느긋한 열기 속에서 증발하고 만다.

이와 동일한 역학이 인간 집단에도 적용된다. '현존하는 남성의 사회적 습관' 과는 무관하게, 최근 선호되는 인간 진화의 일부일처제 모델에 초기 인간이 적응했을 것이라고 추정하면서도, 중앙아프리카 정글에 사는 보노보는 그렇지 않을 것이라고 추정하는 이유는 무엇인가? 만약 문화적 제약에 의해 구속받지 않았다면, 인간 여성의 소위 *지속적 민감성*continual responsiveness이 동일한 기능을 수행했을 것이다. 즉, 남성들에게 풍부한 성적 기회를 제공함으로써 갈등을 줄이고 더 큰 규모의 집단, 더 광범위한 협동, 모두를 위한 더 큰 안전을 가능하게 했을 것이다. 인류학자 크리스 나이트Chris Knight가 쓴 대로, "영장류의 기본 양식은 성적으로 계속 '아니오no' 라고 하면서 주기적으로 '예yes' 신호를 주는 것이다. 반면 인간(그리고 보노보)은 부단히 '예' 라고 하면서 주기적으로 '아니오' 신호를 보낸다."[25] 여기서 우리는 아주 가까운 관계인 이들 두 영장류에게만 독특한, *행동 상의 그리고 심리학적인 동일한 적응*을 가지고 있지만, 많은 이론가들은 그 적응이 각자 전적으로 상이한 기원과 기능을 가지고 있음이 틀림없다고 주장한다.

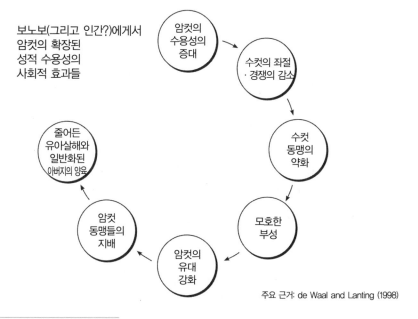

보노보(그리고 인간?)에게서 암컷의 확장된 성적 수용성의 사회적 효과들

암컷의 수용성의 증대

수컷의 좌절 · 경쟁의 감소

수컷 동맹의 약화

모호한 부성

암컷의 유대 강화

암컷 동맹들의 지배

줄어든 유아살해와 일반화된 아버지의 양육

주요 근거: de Waal and Lanting (1998)

25) Knight (1995), p. 210.

강화된 이 사회적 응집은, 사실 인간과 보노보에게서만 발견되는 확장된 성적 수용성과 은폐된 배란에 대한 가장 일반적인 설명일 것이다.[26] 그러나 대부분의 과학자들은 이 같은 논리적 연관성의 단지 절반 정도만 보는 것 같다. 다음의 초록에서 그 점이 드러난다. "자신들이 속한 집단이 일부일처제와 공유와 협동을 촉진시킨 평화로운 안정을 유지했기 때문에, 배란을 감춘 여성들은 소중한 대접을 받았다."[27] 어떻게 여성의 더 큰 성적 유용성이 공유와 협력, 평화로운 안정을 증대시킬 수 있었는가는 명백하지만, 일부일처제가 왜 그 목록에 포함되어야 하는가는 아무도 답하지 않을 뿐만 아니라 거의 아무도 묻지 않는 질문이다.

인간 성생활의 실체를 인정하려는 인류학자들은 그것의 사회적 이점을 명백히 알고 있다. 베커만과 발렌타인은 '나누어지는 부성父性'이 남성들 간의 잠재적 갈등을 약화시킨다는 사실을 지적하며, 그런 적대감은 여성의 장기간에 걸친 생식적 이익에 도움이 되지 않는 경향이 있다고 말한다. 인류학자 토마스 그레고르Thomas Gregor는 자신이 연구한 브라질 메히나쿠Mehinaku족 마을의 어른 37명에게서 진행 중인 88건의 남녀관계를 보고했다. 그의 의견에 따르면, 혼외 관계는 "다른 (씨족의) 사람들 사이의 관계를 강화하며, 상호간의 애정에 기초한 지속적인 관계를 촉진함으로써 마을의 응집에 기여한다." 그는 "많은 연인들이 서로를 매우 좋아하며, 그런 관계에서 고립되는 것을 피해야 할 박탈로 여긴다."라는 사실을 발견했다.[28]

우리는 이처럼 공동체를 구축하고 갈등을 축소시키는 인간 성생활의 사례를 수십 건 이상 보여줌으로써 당신을 압도하기보다는, 단 한 가지 사례만 추가해 결론을 내리고자 한다. 인류학자 윌리엄William과 진 크로커Jean Crocker는

---

26) 인간에게서 배란이 정확히 감춰지는 정도는 많은 권위자들이 주장하는 것과 달리 해결된 문제는 아니다. 후각 시스템은 아직도 여성의 배란을 찾을 수 있고 그 시스템은 고대 인류와 비교했을 때 매우 쇠퇴했다고 믿을 만한 이유가 있다. 예를 들면 다음을 보라. Singh and Bronstad (2001). 여성은 보석이나 얼굴 매력의 변화와 같은 신호를 통해 자신들의 생식력 지위를 광고한다고 믿을 만한 이유가 있다. 예를 들면 다음을 보라. Roberts et al. (2004).
27) Daniels (1983), p. 69.
28) Gregor (1985), p. 37.

1950년대 말부터 30년 이상 역시 브라질의 아마존 지역에 있는 카넬라족을 방문 연구했다. 그들은 다음과 같이 설명한다.

> 카넬라족이 집단과 부족을 개인보다 더 중요하게 생각하는 정도는 현대의 개인주의적 사회의 성원들로서는 상상하기는 힘들다. 관대함과 공유는 이상理想인 반면, 주지 않고 보유하는 것은 사회적 악이었다. 재산을 공유하는 것은 존경을 가져왔다. 한 사람의 육체를 공유하는 것은 직접적인 당연한 귀결이었다. 물건과 자신을 통제하고자 하는 욕망은 인색함의 한 형태였다. 이런 맥락에서는, 왜 여성이 남성을 즐겁게 해 주기를 선택했는가, 왜 남성이 강한 성적 욕구를 표현하는 여성을 즐겁게 해 주기를 선택했는가를 이해하는 것은 쉬운 일이다. *아무도 자신이 중요하다고 여기지 않았기 때문에 부족 동료를 만족시키는 것이 개인적 이득보다 덜 기쁜 일이라고 생각하지 않았다*(강조는 원문).[29]

생식과 무관한 섹스는 호혜적인 관계의 네트워크를 형성하고 유지하는 방법으로 인식되기 때문에 더 이상의 특별한 설명을 필요로 하지 않는다. 예를 들면, 동성애는 윌슨E. O. Wilson이 쓴 대로 "무엇보다도 결합의 한 형태이며… 관계를 공고히 하는 도구로서 이성애적인 행동의 더 큰 부분과 일치한다."[30] 라는 점에서 훨씬 덜 혼란스러운 것이 됐다.

표준적 담화의 주장과 달리, 부성父性 확실성은 언제 어디서나 모든 남성이 최우선시할 정도로 보편적인 집착의 대상이 전혀 아니었다. 그것은 농경시대 이전에 살았던 남성들에게는 아무런 이슈가 아니었을 가능성이 크며, 그 후에 재산을 부계父系를 통해 물려주면서 생긴 관심사인 것 같다.

---

29) Crocker and Crocker (2003), pp. 125-126.
30) Wilson (1978), p. 144.

제7장 사랑하는 어머니들

당신의 자녀는 당신의 자녀가 아니다. 그들은 삶의 갈망 그 자체의 아들과 딸이다.

칼릴 지브란Kahlil Gibran

이러한 성적 상호작용의 교차하는 그물망으로부터 귀결된, 확산된 부모의 책임감은 아버지뿐만 아니라 어머니에게로도 확대된다. 인류학자 도널드 폴락Donald Pollock은, 쿨리나족은 태아가 원래 정자—쿨리나에서는 *남성의 우유*—의 축적에 의해 만들어졌다고 믿으며, 생후 아기의 성장은 *여성의 우유* 덕분이라고 여긴다고 말한다. 그는 "많은 여성들이 자녀에게 젖을 물렸을 것이다. 젖 물리는 일을 공유하는 것은… 자매들끼리 아주 흔하다. 엄마가 바쁠 때에는 우는 아이를 달래기 위해, 할머니가 젖이 안 나오더라도 아이에게 젖을 물리는 일도 낯설지 않다."라고 썼다. 폴락이 이들 다른 여성도 그 아이의 엄마냐고 물었을 때, 그는 "확실히 그렇다."라는 대답을 들었다.[1]

부르키나 파소Burkina Faso(역주: 아프리카 서부에 위치한 공화국)의 다가라Dagara족 사회에서 어린 시절을 보낸, 작가 겸 심리학자 말리도마 파트리스 소메Malidoma Patrice Somé는 아이들이 얼마나 자유롭게 마을 전체의 집들을 드나들었는지를 기억한다. 소메는 "이것이 아이들에게 매우 폭넓은 소속감을 주

---

1) Pollock (2002), pp. 53–54.

며, 아이 양육을 돕기 위해 모든 사람이 십시일반十匙一飯한다."라고 설명한다. 소메는 부모에게 주는 많은 명백한 이득 외에도, 그것이 아이들에게 주는 뚜렷한 심리적 이점들에 대해 "아이가 소외감을 느끼거나 심리적 문제를 유발하는 일은 매우 드물다. 모든 사람이 자신이 어디에 소속되어 있는가를 매우 분명히 느낀다."[2]라고 말한다.

소메의 설명이 이상화理想化된 기억으로 들릴지도 모르지만, 그가 기술한 것은 아직도 대부분의 아프리카 농촌에서 표준적인 마을 생활이다. 그곳에서 아이들은 마을 내의 친척이 아닌 어른들의 집을 들락거려도 환영을 받는다. 엄마의 사랑이 독특하다는 것은 의심의 여지가 없지만 전 세계적으로 여성(그리고 일부 남성)은 자기 자식뿐만 아니라 아무 관계없는 아기들도 어르고 싶어 한다. 이 같은 열망은 다른 사회적 영장류에게서도 공통적인데, 그나저나 그것들 중 어느 종種도 일부일처제가 아니다. 느낌이 강렬하며 광범위하게 공유된, 무관한 아이들을 돌보려는 의지는 현대 세계에도 살아 있다. 관료주의로 인한 입양의 고통스런 체험은 출산에 드는 스트레스·비용에 필적하거나 그것을 초과하지만, 수백만 쌍의 부부는 그 대가가 불확실하지만 입양을 하려고 한다.

핵가족에만 초점을 맞춘 과학자들은 우리 종種에서 '부모가 아닌 사람의 부모 행동alloparenting'의 핵심적인 역할을 놓치고 있다. 〈어머니들과 타인들 Mothers and Others〉의 저자 사라 블래퍼 흐르디Sarah Blaffer Hrdy는 "다른 영장류와 다양한 부족사회에서의 자녀 공유 이야기는 인류학 문헌의 중심에 서 본 적이 없었다. 많은 사람들이 그것이 행해지고 있다는 사실을 인식조차 하지 않는다. 그러나… 엄마와 자녀의 생존과 생물학적 건강의 측면에서, 공동 보육의 결과는 모두에게 좋은 것으로 판명된다."[3]라면서 한탄한다.

다윈은 '미개한' 개인들에게는 엄마-자녀의 유대가 더 큰 집단과의 유대

---

2) 그 인용은 다음의 한 인터뷰에서 따왔다. Sarah van Gelder, "Remembering Our Purpose: An Interview with Malidoma Som?," In Context: A Quarterly of Humane Sustainable Culture, vol. 34, p. 30 (1993). 온라인으로 다음에서 볼 수 있다. http://www.context.org/ICLIB/IC34/Some.htm.
3) Hrdy (1999), p. 498.

보다 덜 중요할지도 모른다는 극단적인 가능성을 염두에 두었다. 그는 *어머니, 아버지, 아들, 딸*과 같은 가족 용어의 관습적인 사용을 전체 집단 구성원들과 관련해 논평하면서, "사용된 용어는 엄마는 배제하고 오로지 부족과의 연관을 표현한다. 온갖 종류의 위험에 노출돼 있는 같은 미개 부족의 관련 구성원 사이의 연관은, 상호 보호와 지원의 필요성 때문에, 엄마와 자녀 사이의 연결보다 훨씬 더 중요했을지도 모른다…"[4]라고 시사했다.

17세기 예수회 선교사 폴 르 전느Paul Le Jeune가 한 몽타녜Montagnais 인디언 남자에게 자신이 목격한 만연한 부정不貞의 위험에 관해 설교했을 때, 그는 그 대답으로 제대로 된 부모 역할에 관한 교훈을 들었다. 그 선교사는 "나는 여자가 남편 아닌 다른 사람을 사랑하는 것은 명예롭지 못하며, 이 죄악이 그들 사이에 있기 때문에, 그 자리에 나와 있는 아들이 그의 아들이라고 확신하지 못한다고 말했다. 그러자 그는 '당신은 뭘 모른다. 당신네 프랑스인들은 오직 자기 자식들만 사랑한다. 그러나 우리 모두는 우리 부족의 모든 자녀를 사랑한다.'라고 대답했다."라고 전했다.[5]

우리 대부분에게 그것이 상식인 것처럼 보일지라도, 생물학에 기초한 우리의 친족 시스템은 고인돌화의 또 다른 사례이다. 단순히 우리는 우리의 가족 개념이 인간 본성에서 영원하며 보편적인 것을 반영한다고 *가정한다*. 그러나 우리가 보았듯이, 한 번의 섹스 행위가 임신으로 귀결되는 데 충분하다는 데 모든 사람이 동의하는 것은 아니다.

'자녀 한 명당 엄마 한 명'이라는 개념은 서구 사회에서도 문제가 되고 있다. '인간 본성 전문가'인 윌리엄 살레탄William Saletan은 인터넷 사이트 슬레이트닷컴Slate.com에서 "모성이 분열되고 있다."라고 썼다. "당신은 유전적인 엄마, 임신해 준 엄마, 양엄마가 있을 수 있으며 그밖에 어떤 엄마가 있는지는 신神이 알 뿐이다. 당신 엄마들 중 한 명이 할머니라면 훨씬 더 혼란스러울 것

---

4) Darwin (1871), p. 610.
5) Leacock (1981), p. 50.

이다." 다른 여자의 태아를 임신하는 대리모와 관련해, 살레탄은 여성의 엄마가 아기를 임신하는 것이 합당하다고 주장한다. "대리모가 할머니일 때 혼선이 덜 하다. 엄마와 딸은 서로에 대해 그리고 그 자녀에 대해 유전적 유대를 공유한다. 그들은 일을 잘 처리하며 자녀에게 안정적인 가족 환경을 만들어줄 가능성이 훨씬 높다."[6] 아마도 그럴 것이다. 광범위한 입양, 재혼으로 인한 복합가족stepfamily 그리고 대리 임신, 정자 기증, 극저온 배아 보관 같은 기술 등 어느 것에 의해서든, 호모 *사피엔스*는 아마 먼 과거를 연상시키는 더 유연한 가족 배치를 향해 '전통적인' 가족구조에서 빠르게 이탈하고 있다.

• • •

'나누어지는 부성父性'에 대한 믿음은 집단 전체에 걸쳐 아버지라는 느낌을 확산시키지만, 그것은 집단의 견고함을 높이는 여러 메커니즘 중의 하나에 불과하다. 명명命名 의식과 씨족 가입이 개인들 사이에서 혈연관계보다 더 구속력 있는 의무감을 갖게 하는 여러 사회에 관해 인류학자들은 보고한다. 인류학자 필립 에릭슨Philippe Erickson은 함께 살았던 마티스족에 관해 "친족 유대를 정의할 때, 명명 의식에서 생긴 관계는 족보상의 관계 등 다른 어떤 고려사항보다 절대적으로 우선시된다. 두 가지 사고방식 사이에 충돌이 생길 때, 이름의 공유가 우선시된다…"[7]라고 지적한다.

일부 인류학자들은 집단 수준의 사회에서 친족이 중요한 개념인지 아닌지를 묻는다. 그러한 소규모 사회에서는 모든 사람이 어떤 방식으로든 서로 관련돼 있을 가능성이 높기 때문에 친밀함은 우정과 파트너 공유처럼 더 유동적인 측면에서 측정되는 경향이 있다고 그들은 주장한다.

다윈이 이해한 대로, 가장 직접적이고 즉각적인 친족 용어조차 문화적 정

---

6) http://www.slate.com/id/2204451/.
7) Erikson (2002), p. 131.

의에 종속된다. 인류학자 자네트 체르넬라Janet Chernela는 "지역 씨족의 모든 남성은 씨족 내 모든 어린이들에게 아버지다운 행동을 할 것이 요구된다. 씨족의 모든 남성은 사랑, 음식 구하기를 포함한 다양한 보살핌을 제공한다."[8]라고 말한다. 인류학자 바네사 리Vanessa Lea는 메벤고크레Mebengokre족 사이에서의 자신의 경험을 바탕으로 "책임의 분배는 사회적으로 만들어진 것이지, 객관적 사실이 아니다…"[9]라고 말한다. 투카노안Tukanoan족은 "씨족의 형제들이 서로의 자녀를 하나의 집단으로 부양한다. 남성들은 매일매일 잡는 것을 비축함으로써, 마을의 전체 자녀들 – 형제들의 자녀들뿐만 아니라 자신의 자녀들 – 을 위해 규칙적으로 일한다."[10]

• • •

육아에 대한 이러한 확대된 접근법은 아프리카나 아마존강 유역의 마을들에 한정된 것이 아니다. 데스몬드 모리스Desmond Morris는 폴리네시아에서 한 여성 트럭운전사와 함께 보낸 오후를 기억한다. 그녀는 자신이 9명의 자녀를 낳았는데 그 중 2명은 불임인 친구에게 주었다고 그에게 말했다. 그 자녀들이 어떻게 생각하느냐고 모리스가 묻자, 그녀는 "우리 모두가 모든 자녀를 사랑하기 때문에" 그 아이들은 전혀 개의치 않는다고 말했다. 모리스는 다음과 같이 회상한다. "우리가 마을에 도착했을 때 이 마지막 사항은 사실로 입증됐다… 그녀는 일군의 아기들 사이를 돌아다니며, 그들과 잔디에 눕기도 하고, 그들과 놀면서 시간을 보냈다. 마치 그들이 자신의 자녀들인 것처럼. 그들은 아무 질문도 없이 즉각 그녀를 받아들였다. 행인들도 그들이 함께 놀고 있는 자연스러운 가족이 아니라고는 결코 짐작조차 하지 않았을 것이다."[11]

---

8) Chernela (2002), p. 173.
9) Lea (2002), p. 113.
10) Chernela (2002), p. 163.
11) Morris (1998), p. 262.

"자연스러운 가족". 어른들과 친족이 아닌 아이들이 이처럼 서로를 쉽게 받아들이는 것, 아이들이 모든 남자를 '아버지'로 모든 여성을 '어머니'로 간주하는 사회와 낯선 사람의 친절을 당연시할 만큼 작고 격리된 사회에서 발견된 확대된 육아, 이들 사회에서는 중첩되는 성적 관계로 인해 유전적 부성父性은 알 수 없으며 거의 아무런 중요성도 갖지 않는다… 아마도 이것이 우리 종種에게 '자연스러운' 가족구조일 것이다.

한두 명의 자녀가 궤도를 도는, 남편-아내 핵의 원자적 고립은, 실제로는 우리 종에게 문화적으로 강요된 일탈일 수도 있지 않은가? 그것은 코르셋, 정조대, 갑옷만큼 우리의 진화된 경향들에 어울리지 않는 것은 아닌가? 감히 묻건대, 어머니, 아버지, 자녀는 모두 아무에게도 맞지 않는 가족구조 속으로 억지로 집어넣어진 것은 아닌가? 분열된 가족, 부모의 탈진, 그리고 혼란스럽고 분노에 찬 자녀라는 오늘날의 세계적인 유행병은, 사실은 우리 종에게 부적절한, 왜곡되고 왜곡하는 가족구조의 예측 가능한 결과들일지도 모르는 게 아닌가?

원자로 노심爐心의 용융熔融

독립적이고 고립된 핵가족 단위가 정말로 인간이 자신들을 가장 자연스럽게 윤곽 지은 구조라고 한다면, 왜 현대사회와 종교는 동성애 커플과 이른바 '비전통적인' 방식으로 구혼하는 사람들로부터 필사적으로 핵가족을 수호하는 한편, 세금우대조치와 지원 입법으로 핵가족을 유지하는 것이 필요하다고 보는가? 결혼이 이민법 및 재산법과 갖는 관련성은 별도로 치고, 왜 결혼이 법적인 이슈인가에 대해 사람들은 실제로 의아해 한다. 왜 인간 본성에 그토록 필수적인 무엇이 그러한 삼엄한 법률적 보호를 필요로 하는가?

게다가 만약 3인조로 된 이와 같은 핵가족 구조가 우리 본성에 뿌리 깊게 박혀 있다면, 왜 우리들 중 점점 더 적은 사람들이 그런 삶의 방식을 선택하는가? 미국에서 핵가족 가정의 비율은 1970년대 이후 45%에서 23.5%로 줄었다. 결혼한 커플-자녀가 있든 없든-은 1930년에 전체 미국 가구의 약 84%를 차지했지만, 가장 최근 수치는 50% 미만인 반면, 결혼하지 않고 동거하는 사람은 1970년의 50만 명에서 2008년에는 10배 이상으로 급속히 늘었다.

당대에 가장 존경 받고 가장 영향력 있는 인류학자였던 브로니슬로 말리노프스키Bronislaw Malinowski(1884~1942)가 그 이슈는 해결됐다고 선언하기 이전에, 어머니-아버지-자녀의 3인조가 실제로 인간의 사회조직의 보편적인 원자 단위이었는가에 대해서는 많은 논란이 있었다. 말리노프스키는 사회가 비핵가족의 선을 따라 조직될 수 있었을 것이라는 모건Morgan의 생각을 비웃었으면서 다음과 같이 썼다.

> 처음에 이 배우俳優들의 수는 *분명히* 세 명이다. 부모와 그들의 자녀… 의문의 여지없이 옳은 이 원칙은… 원시적인 집단혼에 관한 모건의 가설을 새롭게 해석하는 출발점이 됐다… (그들은) 집단결혼이 집단양육을 의미한다는 것을 충분히 알고 있다. 그러나 집단양육은 거의 *생각할 수 없는* 가설(이다)… 이 결론은 '씨족은 씨족과 결혼하고 씨족을 낳는다' 그리고 '씨족은 가족처럼 생식집단이다' 라는 치명적인 실수를 초래한다(강조는 필자).[12]

'의문의 여지없이 옳은 원칙'? '생각할 수 없는 가설'? '치명적인 실수'? 말리노프스키는 감히 모건이 신성한 핵가족 구조의 보편성과 자연스러움을 의심했다는 사실에 개인적으로 화가 났던 것처럼 보인다.

한편, 그가 강의하던 런던의 강의실과 불과 몇 블록 떨어진 기아棄兒수용소에서, 엄청난 수의 유아들이 문자 그대로 희생되고 있었다. 이들의 존재는 말리노프스키의 '의문의 여지없이 옳은 원칙' 의 중심에 있는 커다란 실수를 노출시키는 위협이 됐다. 상황이 끔찍하기는 미국도 마찬가지였다. 1915년 헨

---

12) Malinowski (1962), pp. 156-157.

리 채핀Henry Chapin이라는 의사가 기아수용소 10곳을 방문했는데, 그는 이 시설 중 9곳에서 모든 아이들이 두 살 이전에 죽는다는 것을 발견했다. 모든 아이들이.[13] 이 어두운 운명이 유럽 전역에 걸쳐서 태어난 귀찮은 아이들을 기다리고 있었다. 예를 들면 20세기 초 독일 중산층에 대한 회상록에서, 도리스 드러커Doris Drucker는 '앤젤메이커Angelmaker' 라는 마을에 대해 묘사했다. 이 마을에서는 미혼모의 아기를 받아들여 "그 어린 아이들을 굶겨 죽였으며", 한편 이제 아기가 없는 미혼모는 상류층 가족들에게 유모로 고용됐다.[14] 얼마나 효율적인가.

생각하기에는 공포스럽지만, 만연한 영아살해는 말리노프스키의 시대에 한정된 것이 아니었다. 수 세기 동안 유럽 전역에서 수백만 명의 아이들이 신중한 회전回轉 상자를 통해 기아수용소 담장 안으로 보내졌다. 이 상자는 아이를 버리는 사람의 익명성을 보호하기 위해 설계됐지만, 영아는 거의 보호하지 못했다. 그런 기관에서의 생존율은 회전상자가 열려 바로 화장터 용광로 속으로 던져졌다고 가정했을 때보다 더 낮지 않았다. 그곳은 치료소이기는커녕 정부와 교회가 인정한 도살장이었으며, 존재 자체가 핵가족의 '자연스러움'에 불편한 의문을 제기할지도 모르는 아이들이 그곳에서 산업화된 영아살해의 형태로 제거됐다.[15]

• • •

역사학자 로버트 맥켈바인Robert S. McElvaine은 자신의 책 〈이브의 씨앗: 생물학, 섹스, 역사의 과정Eve's Seed: Biology, the Sexes, and the Course of History〉에서

---

13) 다음을 보라. Sapolski (2005).
14) Drucker (2004).
15) '고귀한 미개인'이라는 낭만적 이상의 포스트에 등장하는 소년인 루소Jean-Jacques Rousseau조차도 이 같은 유아 처리시설들을 이용했다. 1785년 벤자민 프랭클린Benjamin Franklin은 루소Rousseau가 사생아 5명을 맡긴 병원을 방문해 그곳의 영아 사망률이 85%라는 사실을 발견했다("Baby Food," by Jill Lepore, in The New Yorker, January 19, 2009).

"인간 진화의 전체적 경향은 *부인할 수 없이* 남녀 한 雙 결합과 지속적인 가족을 지향한다. 남녀 한 雙 결합—특히 남성에 의해, 종종 어느 정도 이전의 나쁜 행실로 돌아갈지라도—과 가족은, 예외들에도 불구하고, *인간 種을 특성화하는 특징들에 속한다.*"[16](강조는 필자)라고 씀으로써 자신의 '치명적 실수' 몇 가지를 말한다.

확실히, 이전의 나쁜 행실로 되돌아가는 모든 것과 많은 예외들은 잊어버려라. 그러면 당신은 진정하고 강력한 한 가지 증거를 얻게 될 것이다!

방대한 반증反證에도 불구하고, 말리노프스키의 입장은 가족 구조에 관한 과학적인 가정假定들과 대중적인 가정들에 깊이 뿌리내리고 있다. 사실 서구 사회에서 *가족 자격을 부여하는* 전체 구조는, 어디에서든 모든 자녀는 항상 단 한 명의 아버지를 갖는다는 말리노프스키의 주장에 기초한다.

그러나 만약 말리노프스키의 입장이 승리를 거뒀다면, 왜 모욕을 주기 위해 불쌍한 모건의 지적知的 육신을 규칙적으로 발굴하는 것일까? 인류학자 로라 벳직Laura Betzig은 부부관계의 와해(실패한 결혼)에 관한 논의의 장을 연다. 벳직은 "(집단혼에 관한) 모건의 환상은… 그 증거와 마주치자마자 소멸됐고, 모건 이후 1세기가 지나서… (일부일처제) 결혼은 인간의 행동에 관한 어떤 것보다 더 인간에게 보편적인 것에 가깝다는 것이 합의됐다."[17]라고 언급했다. 아이쿠! 그러나 사실은, 가족 구조에 대한 모건의 이해는 '환상'이 아니었다. 그의 결론들은 수십 년에 걸친 대규모 현장조사와 연구에 기초한 것이다. 훗날 벳직은, 풀이 약간 죽어서, "그럼에도 불구하고 왜 결혼이 그렇게 광범위한가에 대한 합의는 아직 이뤄지지 않고 있다."라고 인정한다.

그것은 정말 알 수 없는 일이다. 인류학자들은 결혼이 무엇처럼 보이는가에 대해 아직 결정하지 못했다는 주된 이유 때문에 그곳이 어디든 자신들이 바라보는 곳에서 결혼을 찾는다는 사실을 우리는 보게 될 것이다.

---

16) McElvaine (2001), p. 45.
17) Betzig (1989), p. 654.

132 왜 결혼과 섹스는 충돌할까

제8장 결혼, 짝짓기, 일부일처제 뒤죽박죽 만들기

결혼은 남성의 가장 자연스러운 상태이며, 따라서 당신이 확고한 행복을 찾을 가능성이 가장 높은 상태이다.

벤자민 프랭클린Benjamin Franklin

사랑은 이상적인 것이며 결혼은 현실적인 것이다. 이상과 현실의 혼동은 결코 처벌받지 않고 지나가는 법이 없다.

요한 울프강 폰 괴테Johann Wolfgang von Goethe

알베르트 아인슈타인Albert Eintein이 E=mc²이라고 선언했을 때, 어떤 물리학자도 "E가 무엇을 의미하는가?"라고 묻지 않았다. 자연과학에서 중요한 것은 숫자나 미리 정의된 부호들로 포장돼 나타난다. 부정확한 단어를 선택해도 혼동을 초래하는 일은 거의 없다. 그러나 인류학과 심리학 그리고 진화론 같은 훨씬 해석적인 과학에서는 오역誤譯과 오해가 흔하게 일어난다.

사랑love과 정욕lust을 예로 들어보자. 사랑과 정욕은 적포도주와 블루치즈만큼이나 서로 다르지만, 서로를 멋지게 보완할 수 있기 때문에, 이 둘은 놀랍고 말문이 막힐 정도로 규칙적으로 융합한다.

진화심리학의 문헌에서, 대중문화에서, 취향에 따라 지명된 결혼상담가의 사무실에서, 종교적 가르침에서, 정치적 담론에서, 그리고 놀랄 것도 없이 우리 자신의 혼동된 삶에서 주어진 모든 것의 형태로, 정욕은 흔히 사랑으로 잘못 사용된다. 아마 성적으로 배타적인 일부일처제가 장기간 지속된 사회들에서, 그 같은 서술은 훨씬 더 서서히 퍼지면서 더 해를 끼쳤을 것이며, 그 같은 서술의 부정적인 형태 또한 그러하다. 정욕 부재不在는 사랑 부재를 나타내는 것으로 잘못 읽혀진다(우리는 이 점을 제5부에서 탐구할 것이다).

전문가들은 무심코 우리가 이 두 가지를 혼동하게 만든다. 앞서 언급한 헬렌 피셔Helen Fisher의 책 〈사랑의 해부학Anatomy of Love〉은 부모를 결합시키는 사랑보다, 자녀의 생후 수년간 아버지의 공통된 책임감에 훨씬 더 많은 관심을 가지고 있다. 그러나 우리는 피셔를 비난할 수 없다. 언어 자체가 명료성에 불리하게 작용하기 때문이다. 우리는 눈을 감지 않고도 누군가와 '동침' 할 수 있다.[1] 우리는 정치인이 매춘부와 '성관계를 가졌다' 는 뉴스를 읽을 때, 사랑은 그것과 무관하다는 것을 안다. 우리는 얼마나 많은 '연인' 이 있었는가를 이야기 할 때, 그들 모두와 '사랑에 빠졌다' 고 주장하는가? 마찬가지로, 만약 우리가 누군가와 '짝짓기' 를 한다면, 그것으로 인해 우리가 '짝' 이 될까? 남자에게 섹시한 여자의 사진을 보여주고 '그녀와 짝짓기' 를 하고 싶은가 하고 물어 보라. 그는 "그럼요!" 하고 말할(혹은 생각할) 가능성이 크다. 그러나 마찬가지로, 그의 의사결정 과정에 결혼, 자녀, 긴 미래에 대한 전망이 함께 고려되지 않았을 가능성이 크다.

모든 사람은 이것이 거의 무한한 상황과 관계에 관한 임의적 표현이라는 것을 안다. 전문가를 제외한 모든 사람이 그런 것 같다. 많은 진화심리학자들과 여타 연구자들은 '사랑' 과 '섹스' 를 서로 교체할 수 있는 용어라고 생각하는 것 같다. 그리고 그들은 '성교' 와 '짝짓기' 를 마찬가지로 취급한다. 이 같은 용어 정의의 실패 때문에, 우리는 혼동을 초래하고 문화적 편견이 인간의 성적 본능에 관한 우리의 생각을 오염시키게 한다. 이처럼 복잡하게 얽힌 언어의 덤불을 헤치며 나아가 보기로 하자.

---

1) 우리가 이런 표현을 쓰는 바와 같이, 타이거 우즈Tiger Woods는 12명이 넘는 여성들과 차에서, 주차장에서, 소파에서 '같이 잤다' 는 비난을 받고 있다. 우리는 그를 발작성 수면증 환자라고 생각할 수 있는가?

결혼 : 인간 종의 '근본적인 조건'?

친밀한 남녀 관계… 동물학자들은 '한 쌍 결합'이라고 부르는데, 그것은 우리 뼛
속에 심어졌다. 나는 다른 어떤 것보다 이것으로 인해 우리가 유인원들과 구분된
다고 믿는다.

프란스 드 발[2]

나는 대다수 남편들을 보면서 바이올린을 켜려고 애쓰는 오랑우탄을 상기한다.

오노레 드 발자크Honoré de Balzac

진화심리학의 성배聖杯는 '인간적 보편성'이다. 결국 그 원칙의 요점은 본
질적으로 문화적, 개인적 차원에서 결정된 인식, 인지認知, 행위로부터 그것의
인간적인 형태를 알아내는 것이다. 당신은 아버지와 함께 게임을 보면서 자랐
기 때문에, 혹은 운동장에서 전략을 짜고 함께 운동하는 일군一群의 남자들을
보는 것이 당신 두뇌의 원시적 단위조직과 연계돼 있기 때문에, 야구를 좋아
하는가? 진화심리학은 그 같은 종류의 질문을 하기 좋아하고 그런 질문에 대
답하기를 열망한다.

진화심리학은 *인류의 정신적 일체성을 발견하고 설명하는 것*이 전부이며,
특정 정치적 의제와 일치하는 특성을 발견하라는 상당한 정치적, 전문적 압력
을 받고 있다. 그렇기 때문에, 독자들은 그 같은 보편성에 관한 주장에는 조심
해야 한다. 이런 주장들은 정밀히 검토할 경우 유지되지 못하는 경우가 너무
흔하다.

소위 인간 결혼의 보편성, 그리고 그것과 연계된 핵가족의 편재遍在가 이에
딱 들어맞는 사례이다. 인간의 성적性的 진화에 관한 표준적 모델의 초석礎石
과, 결혼하려는 인간의 보편적 경향에 관한 주장은 의문이나 의심의 여지가

---

2) de Waal (2005), p. 108.

없는 것처럼 보인다. 말리노프스키의 표현으로, '의문의 여지없이 옳은' 것이다. 그러한 경향은 다윈 이전부터 가정假定되어 왔지만, 진화생물학자 로버트 트라이버스Robert Trivers는, 고전이 된 1972년의 논문 〈부모투자와 성적 선택 Parental Investment and Sexual Selection〉에서 결혼을 인간의 성적 진화론에 기본이 되는 것으로 확고히 자리매김했다.[3]

이들 이론이 정의한 대로, 결혼은 인간의 성적 진화의 바탕에 깔린 *근본적 인 교환*을 대표한다는 것을 상기하라. 자신의 BBC TV 시리즈 〈인간적인 동물The human animal〉에서 데스몬드 모리스Desmond Morris는 "남녀 한 쌍 결합은 인간 종種의 근본적인 조건이다."라고 솔직히 선언한다. 생물학자이자 제인 구달Jane Goodall의 피후견인인 마이클 길리에리Michael Ghiglieri는 "결혼은… 인간의 궁극적 계약이다. 모든 사회에서 남녀는 거의 동일한 방식으로 결혼한다. 결혼은 통상적으로 남녀 사이의 '영원한' 짝짓기이다.… 여자가 자녀를 양육하는 한편 남자는 그들을 부양하고 지켜준다."라고 썼다. 그는 "결혼이라는 제도는 국가, 교회, 법률보다 더 오래됐다."라고 결론 내린다.[4] 아이고! *근본적인 조건? 인간의 궁극적인 계약?* 그것들은 논쟁하기가 힘들다.

그러나 노력해 보자. 인류학 문헌에서 *결혼*이라는 단어를 파악하기 힘들게 사용한 결과, 어떻게 결혼과 핵가족이 *실제로* 인간 본성에 적응했는가—적어도 그랬다면—를 이해하려는 사람들은 크게 골머리를 앓았기 때문이다. 우리는 그 단어가 무수히 많은 다른 관계들을 언급하는 데 사용된다는 것을 알게 될 것이다.

영장류학자 메레디스 스몰Meredith Small은 영장류 암컷의 성생활에 관한 연구인 〈암컷의 선택Female Choices〉에서 *배타적 교제*consortship라는 용어가 원래 의미에서 변질됐을 때 초래되는 혼동에 대해 썼다. 그것은 결혼이란 용어에

---

3) 트리버스의 논문은, 남성 공급(투자)이 여성의 성적 선택에서 결정적 요인이라는 점을 확립하는 데 기본이 된 것으로 보인다. 만약 당신이 진화심리학의 전반적인 발전에 관해 더 깊이 이해하고자 한다면, 그것은 읽어볼 만한 가치가 충분하다.
4) Ghiglieri (1999), p. 150.

관한 혼동과 놀랍게도 비슷했다. 스몰은 "'배타적 교제'라는 단어는 원래 대초원의 개코원숭이에게서 볼 수 있는 암수의 긴밀한 성적 결합을 정의하기 위해 사용됐다. 그런데 그 단어는 짝짓기 중인 다른 쌍들의 관계로 확대됐다."라고 설명한다. 스몰은 "이와 같은 의미의 도약은 실수였다."라고 말한다. "연구자들은 모든 영장류는 '배타적 교제'를 한다고 생각하기 시작했다. 그들은 길든 짧든, 배타적이든 아니든 상관없이 모든 짝짓기에 그 단어를 적용했다." "원래 특정한 암수 유대를 표현하려는 의도였던 것이 짝짓기를 의미하는 매우 포괄적인 단어가 됐다… 일단 암컷이 '배타적 관계'에 있다고 표현하면, 아무도 그 암컷이 다른 수컷들과 정기적으로 성교하는 것을 중요하게 여기지 않기" 때문에, 이는 문제가 된다.[5]

생물학자 조안 러프가든Joan Roughgarden은 오늘날의 인간 짝짓기의 이상理想을 동물에게 적용하는, 동일한 문제점에 관해 언급했다. 그녀는 "성적 선택에 관한 기본 문헌은 혼외혈통을 남녀 한 쌍 결합에 대한 '부정不貞'으로 표현한다. 그 남성에 대해서는 '배우자가 바람피웠다'고 말한다. 혼외관계의 자녀에 대해서는 '사생아'라고 말한다. 혼외정사를 가지지 않는 여성에 대해서는 '정숙하다'고 말한다."라고 썼다. 러프가든은 "판단과 관련된 이 같은 용어는 서양의 결혼에 관한 현대적 정의定義를 동물에게 적용하기에 이른다."라고 결론지었다.[6]

친숙한 상표를 적용할 때, 확증편향confirmation bias으로 알려진 심리학적인 과정에서 뒷받침하는 증거가 반대 증거보다 훨씬 더 눈에 잘 보이는 것이 사실이다. 일단 우리가 정신적 모델을 가지고 있으면, 우리는 반대 증거보다 우리 모델을 뒷받침하는 증거에 주목하고 그 증거를 기억할 가능성이 훨씬 높다. 현대 의학연구자들은 중요한 모든 연구에서 이중맹검二重盲檢 방법론—연구자와 피대상자 모두 어느 알약에 진짜 약이 들어 있는지 모르게 하는 방법—

5) Small (1993), p. 135.
6) Roughgarden (2007). 온라인에서는 다음에서 볼 수 있다. http://www.redorbit.com/news/science/931165/challenging_darwin_theory_of_sexual_selection/index.html.

을 사용함으로써, 이 효과를 중화하려고 시도한다.

많은 인류학자들은 자신들이 찾는 것에 대한 명백한 정의定義 없이, 그곳이 어디든 자신들이 보는 모든 곳에서 결혼을 찾는다. 미국 인류학의 중심인물인 조지 머독George Murdock은 1949년 자신의 고전적인 비교문화인류학 연구에서 핵가족은 "인간의 보편적인 사회적 집단화이다."라고 주장했다. 계속해서 그는 결혼이 모든 인간 사회에서 발견된다고 선언했다.

그러나 우리가 이미 보았듯이, 인간 본성을 표현하려고 노력하는 연구자들은 고인돌화하기가 매우 쉽다. 즉, 친숙해 보이는 특징들을 '발견'하려는 무의식적인 경향을 보이며, 이에 따라 진실을 보는 통찰력을 무심코 차단하면서 현대의 사회적 윤곽을 보편화하게 된다. 언론인 루이 메낭Louis Menand은 〈뉴요커The New Yorker〉의 한 기사에서 이러한 경향을 지적하면서 다음과 같이 썼다. "인간 본성에 관한 과학은 그것을 후원하는 체제가 어떤 체제이든 그 체제의 관행과 선호를 타당화하는 경향이 있다. 전체주의 체제에서 반체제는 정신질환으로 취급된다. 인종차별 체제에서 인종 간 접촉은 부자연스러운 것으로 취급된다. 자유시장 체제에서 개인 이익은 확고한 것으로 취급된다."[7] 이와 같은 각각의 경우에, 소위 자연스러운 행위는 권장되어야 하며 부자연스러운 일탈은 벌을 받아야 하는 것이 얼마나 역설적인가에 주목하라.

지금은 잊힌 질병인 드라페토매니아drapetomania와 디스이테시아 이티오피카dysaethesia aethiopica가 이 점을 예증해 준다. 두 질병은 루이지애나 주의 '깜둥이' 의료관리의 최고 권위자이자 노예찬성운동의 주도적 사상가인 새뮤얼 카트라이트Samuel Cartwright 박사가 1851년에 기술한 것이다. 카트라이트 박사는 자신의 논문 "깜둥이 인종의 질병과 특성Diseases and Pecularities of the Negro Race"에서 드라페토매니아는 "깜둥이들을 도망가게 하는 질병이다… 백인 주인에 대한 봉사에서 무단이탈하는 것이다. 반면에 디스이테시아 이티오피카는 신체의 무감각과 둔한 감각이 특징이다."라고 설명했다. 그는 노예감독관

---

7) The New Yorker, November 25, 2002.

들이 흔히 이 질병을 더 단순하게 '못된 짓'이라고 지칭했다고 말했다.[8]

고결한 반대 주장들 – 흔히 미래의 반대자들을 겁주기 위해 선택된 언어(디스이테시아 이티오피카!)로 표현된다 – 에도 불구하고, 과학은 지배적인 문화 패러다임의 발밑에서 굼실거리는 것이 다반사이다.

이와 같은 많은 연구의 다른 약점은 '번역의 역설translation paradox'로 알려져 있다. 즉, 한 언어에서 다른 언어로 번역된 단어–예를 들면, 결혼–는 똑같은 의미를 갖는다는 가정假定을 말한다.

우리는 새의 노래와 벌의 춤이 동기에서부터 실행에 이르기까지 우리와 공통점이 거의 없다는 것을 기억할 때에만, 그것들이 노래하고 춤춘다는 데 동의할 수 있다. 우리는 전혀 다른 행동들을 의미하기 위해 동일한 단어를 사용한다. 그것은 '결혼'도 마찬가지이다.

모든 곳에서 사람들은 짝짓기를 한다. 비록 그 기간이 몇 시간, 며칠, 몇 년일지라도. 아마도 쾌락을 공유하기 위해, 아기를 만들기 위해, 가족을 기쁘게 하기 위해, 정치적 동맹이나 사업상 거래를 체결하기 위해, 혹은 단지 서로를 좋아하기 때문에, 그들은 짝짓기를 할 것이다. 그들이 짝짓기를 할 때, 그곳에 상주常住하고 있는 인류학자가 사랑의 그늘에 서서 "아하, 이 문화도 결혼을 실행하고 있구나. 보라, 결혼은 보편적인 것이다!"라고 말한다. 그러나 이런 관계들 중 상당수는 결혼에 관한 우리 인식과는 거리가 멀다. 그것은 마치 줄해먹과 할머니의 깃털 침대가 전혀 다른 것과 같다. 단순히 용어를 바꾸는 것, 결혼 대신에 장기간의 남녀 한 쌍 결합이라고 말하는 것은 좋지 않다. 도널드 시먼즈Donald Symons가 말한 대로, "영어 어휘는 인간 경험의 질감質感을 적절히 반영하기에는 한심하게도 부적합하다… 현재의 어휘를 한 구절('짝 결합 pair-bond' 처럼)로 줄이는 것, 그렇게 할 때 자신이 과학적이라고 상상하는 것은… 단지 자신을 속이는 것이다."[9]

---

8) 카트라이트의 논문은 다음에서 볼 수 있다. http://www.pbs.org/wgbh/aia/part4/4h3106t.html.
9) Symons (1979), p. 108.

부부의 배신

우리가 편재遍在해 있는 언어상의 혼동을 간과하더라도, 자신이 결혼했다고 생각하는 사람들은 자신의 결혼이 내포한 의미에 대해 놀라울 정도로 다른 개념을 가질 수 있다. 파라과이의 아체족은 같은 오두막에서 잠자는 남자와 여자는 결혼한 것이라고 말한다. 그러나 그들 중 한 명이 자신의 해먹을 가지고 다른 오두막으로 가면, 그들은 더 이상 결혼 상태가 아니다. 그게 끝이다. 독창적인 흠결 없는 이혼이다.

보츠와나의 꿍산족—주호안시Ju/hoansi족으로도 알려져 있다—도 대부분의 여성은 장기적인 관계로 정착하기 전에 여러 번 *결혼한다.* 브라질의 쿠리파코족에게 결혼은 점진적이며 한정되지 않은 과정이다. 그들과 함께 살았던 한 과학자는 "한 여성이 남자 옆에 자신의 해먹을 걸고 그를 위해 요리할 때, 일부 젊은 쿠리파코족들은 그들이 결혼했다(*카이누카나*kainukana)고 말한다. 그러나 나이든 정보원들은 그 말에 동의하지 않고, 그들이 서로를 후원하고 부양할 수 있다는 것을 입증했을 때에만 결혼한 것이라고 말한다. 아기를 가지는 것, 배고픔을 함께 극복하는 것이 결혼을 굳건히 한다는 것이다."[10]라고 설명한다.

현대의 사우디아라비아와 이집트에는 *니카 미시아르*Nikah Misyar—통상 '여행자의 결혼'으로 번역된다—로 알려진 결혼 형태가 있다. 로이터 통신의 최근 기사에 따르면 다음과 같다.

> 니카 미시아르 결혼은 유연한 합의를 원하는 남성들뿐만 아니라 재산이 줄어든 남성들에게 매력적이다. 남편은 이 결혼을 끝낼 수 있으며 첫 부인에게 알리지 않고 다른 여성과 결혼할 수 있다. 부유한 이슬람교도는 휴일에 자신들의 종교 교리를 어기지 않고 성적인 관계를 갖기 위해 가끔 이 결혼 계약을 맺는다. 메디나에 있는 국제회교도학자협회의 수하일라 제인 알-아비딘Suhaila Zein al-Abideen은

---

10) Valentine (2002), p. 188.

140 왜 결혼과 섹스는 충돌할까

이 결혼의 약 80%가 이혼으로 끝난다고 말했다. 그녀는 "여성은 모든 권리를 잃는다. 얼마나 자주 남편을 보느냐 하는 것조차도 남편의 기분에 달려있다."라고 말했다.[11]

시아파 회교도 전통에서는 니카 무타Nikah Mut'ah('쾌락을 위한 결혼')라는 비슷한 제도가 있는데, 여기서 관계는 자동차 임대처럼 종료 시점을 미리 정해놓고 시작된다. 이러한 결혼들은 어디에서나 수 분에서 수 년까지 지속될 수 있다. 남성은 동시에 (자신의 '영원한 아내' 외에 추가로) 일시적인 아내를 몇 명이고 거느릴 수 있다. 이 제도는 종종 매춘이나 일시적 섹스가 종교적인 요구들의 경계 내에 들어갈 수 있는 종교적 허점으로 이용되지만, 서류작업이나 의식儀式이 불필요하다. 이것 또한 결혼인가?

영속성이나 사회적 인정에 대한 기대는 별도로 하고, 처녀성이나 성적 정절은 어떠한가? 그것들은 부모 투자 이론이 예측하는 것처럼 결혼의 보편적이고 핵심적인 부분인가? 많은 사회에서 처녀성은 그 개념을 의미하는 단어조차 없을 정도로 전혀 중요하지 않다. 크로커Crocker 부부는 "카넬라족에게 처녀성 상실은 여성이 완전한 결혼으로 가기 위한 첫 단계일 뿐이다."라고 설명한다. "카넬라족 사회가 한 쌍을 진정으로 결혼했다고 인정하기까지는 여러 가지 다른 단계들이 필요한데, 여기에는 젊은 여성이 '축제하는 남성들'에 대한 봉사를 통해 사회적 인정을 받는 것도 포함된다." 이 혼전婚前 '봉사'에는 남성 15~20명과의 순차적인 섹스가 포함돼 있다. 만약 예비신부가 잘하면, 그 여성은 대가로 남성들로부터 고기를 받을 것이다. 그 고기는 축제일에 장래의 시어머니에게 바로 지급될 것이다.

카실다 제타Cacilda Jethá(이 책의 공저자)는 1990년 모잠비크 농촌 지역의 마을에서 주민의 성 행동에 관한 세계보건기구의 한 연구를 수행했다. 그녀는 자신의 연구집단에 속한 남성 140명이 87명의 여성을 아내로, 다른 여성 252

---

11) Souhail Karam, Reuters, July 24, 2006.

명을 장기적인 섹스파트너로, 추가로 226명을 가끔씩 섹스하는 상대로 관계 맺고 있는 것을 발견했다. 이들 남성 중 많은 사람이 경험하는 것으로 보이는 보고되지 않은 일시적 접촉을 제외하더라도, 남자 한 명이 평균 네 명의 여자와 성적인 관계를 진행 중인 것으로 드러났다.

브라질의 밀림에 사는 집단인 와라오족의 경우 일상적인 관계는 주기적으로 유예되며 마무세(mamuse)로 알려진 의식적儀式的 관계가 이를 대체한다. 이 축제 기간 중에 성인은 자신이 좋아하는 사람이라면 누구와도 자유롭게 섹스한다. 이와 같은 관계는 명예로운 것이며, 그 결과 태어날지도 모를 자녀에게도 긍정적인 영향을 미치는 것으로 그들은 여긴다.

피라하족과 그들을 연구한 한 과학자에 관한 매력적인 소개 기사에서, 언론인 존 콜라핀토(John Colapinto)는 "비록 (그들은) 부족 외부와의 결혼을 허용하지 않지만, 여성들이 외부 사람과 자도록 허용함으로써 오랫동안 자신들의 유전자 풀(pool)이 생기를 되찾게 했다."라고 보고한다.[12]

시리오노족은 형제들이 자매들과 결혼하는 것이 일반적인데, 이는 전적으로 다른 종류의 〈브래디 번치(Brady Bunch)〉(역주: 미국 TV 시트콤)를 만든다. 결혼 자체는 어떤 종류의 의식이나 종교의식 없이 이루어진다. 재물이나 서약의 교환도 없으며 심지어 잔치도 하지 않는다. 단지 당신의 해먹을 여성의 해먹 옆에 걸기만 하라. 그러면 당신은 결혼한 것이다.

인류학자들이 '결혼'이라고 부르는 것에 관한, 이처럼 가벼운 접근은 결코 특이한 것이 아니다. 몹시 추운 북쪽지방에서 초기 탐험가들, 고래잡이들, 모피 사냥꾼들은 이누이트족이 입이 쩍 벌어질 정도로 환대하는 것을 발견했다. 마을 추장이 지치고 얼어붙은 여행자에게 자신의 침대—아내를 포함해서—를 제공한다는 것을 알았을 때, 그들이 당황하며 감사하는 모습을 상상해보라. 사실 크누드 라스문센(Knud Rasmussen) 일행이 우연히 직면한 환대는 이누이트 문화의 핵심인 배우자 교환 시스템이었다. 그 시스템은 그토록 힘든 기후에서

---

12) *The New Yorker*, April 17, 2007.

는 명백한 이점이 있었다. 위기 시에 확실한 지원을 하는 지속적 연결망 속에 있는 먼 마을들 사이에서, 성적 교환은 가족들을 연결하는 데 중요한 역할을 했다. 북극은 극한적인 생태계 때문에 아마존이나 심지어 칼라하리 사막보다 인구밀도가 훨씬 낮았다. 혼외의 성적 상호작용은 예측할 수 없는 위험에 대해 동일한 보험을 제공하는 등 결속을 다지는 데 기여했다.

관계자들은 이런 행동 중 어떤 것도 간통이라고 생각지 않는다. 그러나 간통도 결혼처럼 다루기 힘든 용어이다. 남자를 유혹할 수 있는 것은 단지 당신 이웃의 아내들뿐만이 아니다. 당신 자신의 아내도 마찬가지이다. 보베의 뱅상 Vincent of Beauvais이 쓴, 중세의 유명한 도덕 안내서 〈교리의 거울Speculum Doctrinale〉은 "자신의 아내를 매우 사랑하는 남자는 간통자이다. 다른 누군가 의 아내에 대한 사랑, 혹은 자신의 아내에 대한 깊은 사랑은 부끄러운 것이 다."라고 선언했다. 저자는 계속해서 "올곧은 남자는 애정이 아닌 판단력으로 자신의 아내를 사랑해야 한다."라고 충고했다.[13] 보베의 뱅상은 〈로빈슨 크루 소Robinson Crusoe〉의 저자로 지금도 유명한 (런던의) 다니엘 데포Daniel Defoe와 의 교제를 즐겼을 것이다. 데포는 1727년 〈부부의 외설: 또는 결혼의 매춘 Conjugal Lewdness: or, Matrimonial Whoredom〉이라는 튀는 제목의 논픽션 에세이를 출간함으로써 영국인을 격분시켰다. 확실히 그 제목은 좀 너무했다. 나중에 개정판에서 그는 〈결혼 침대의 이용과 남용에 관한 논문A Treatise Concerning the Use and Abuse of the Marriage Bed〉으로 제목의 분위기를 누그러뜨렸다. 이것은 무인도의 모험 이야기가 아니다. 당신이 배우자와 섹스를 즐길 때의 육체적 정신적 위험에 관한 훈계조의 강의이다.

데포는 인도 남부의 원주민 나야르Nayar족에게 감사했을 것 같은데, 그들은 성적 활동을 반드시 포함하지 않을 뿐만 아니라 영속성을 기대하지 않고 동거 도 하지 않는 결혼 형태를 가지고 있다. 실제로 일단 결혼식이 끝나면 신부는 신랑을 다시 보지 않을 수도 있다. 그러나 인류학적 연구들에 따르면, 이 제도

---

13) Vincent of Beauvais Speculum doctrinale 10. 45.

에서 이혼은 허용되지 않기 때문에 결혼 안정성은 모범적임이 분명하다.

이런 사례들에서 볼 수 있는 것처럼, 현대 서양에서 결혼의 필수 구성요소로 간주되는 많은 특성들—성적 배타성, 재산 교환, 심지어 오랫동안 동거할 의사 등—은 결코 보편적인 것이 아니다. 우리는 진화심리학자들과 인류학자들이 결혼이라고 부른 관계들 중 상당수에서 이런 특성들을 전혀 기대할 수 없다.

이제 *짝*과 *짝짓기*라는 단어가 야기한 혼동에 관해 생각해보라. 짝은 때때로 특정 성교에서의 섹스파트너를 지칭한다. 다른 경우에 짝은 자녀를 함께 양육하며 모든 종류의 행위와 경제 양식이 확립된, 인정된 결혼에서의 파트너를 지칭한다. 누군가와 짝짓기를 하는 것은 '죽음이 우리를 갈라놓을 때까지' 함께 하는 것을 의미할 수 있고, 아니면 단지 '학교 운동장에서 훌리오와' 급하게 섹스하는 것을 의미할 수도 있다. 진화심리학자들이 남성과 여성은 선천적으로 서로 다른 인지認知구조 또는 감정구조를 가지고 있으며 이것이 짝의 부정에 대한 그들의 반작용을 결정한다고 말할 때, 우리는 이것이 장기적인 관계에서의 짝을 지칭한다고 추정한다.

그러나 당신은 결코 알지 못한다. "남녀는 짝 평가를 매개하는 메커니즘이 서로 다르기 때문에 짝 선택 기준에는 성적 차이가 존재하며 지속된다." 또는 "남성이 시각적 자극을 통해서 성적으로 두드러져 보이려는 경향은 짝 선택 과정의 일부를 구성한다."[14]라는 문장을 읽을 때, 우리는 머리를 긁적이며 의아해 한다. 이것이 어머니에게 소개할 특별한 사람을 선택하는 방법에 대한 논의일까, 아니면 이성애적인 남성이 매력적인 여자 앞에서 흔히 경험하는 단순히 즉각적이며 본능적인 반응일까 하면서. 만약 남성이 사진이나 영화, 매력적인 복장의 마네킹, 노아의 방주의 가축들—어느 것도 결혼 대상이 아니다—에 대해 이와 동일한 반응 유형들을 보인다면, 이 말은 단지 성적 매력만을 지칭하는 것이 분명한 것 같다. 그러나 우리는 그다지 확신하지는 않는다. 어느 시점에 짝은 짝짓기 하는 사람의 짝이 될까?

---

14) 둘 다 다음에서 인용. Townsend and Levy (1990b).

제9장 부성 확실성 : 바스러지는 표준적 담화의 초석

인류학자 로버트 에저튼Robert Edgerton에 따르면, 멜라네시아Melanesia의 마린드-아님Marind-anim족은 다음과 같이 믿는다고 한다.

정액은 인간의 성장과 발달에 필수적이었다. 그들은 또한 어려서 결혼했고, 신부의 임신을 확실히 하기 위해 신부는 정액으로 가득 채워져야 했다. 따라서 첫날밤, 남편 혈족 열 명이 신부와 섹스를 했다. 만약 혈족이 열 명 이상인 경우, 나머지 혈족들은 다음날 섹스를 했다… 비슷한 의식은 다양한 간격으로 여성의 일생을 통해 반복됐다.[1]

우리 가족을 방문한 것을 환영한다. 내 사촌들은 만나보았는가?

당신이 이것을 매우 특이한 결혼식이라고 생각하지 않도록 하기 위해, 로마인의 조상들이 비슷한 일을 한 것 같다. 그들은 남편 친구들이 신부와 성교하는 결혼 잔치를 통해 결혼을 축복했다. 그때 목격자들이 옆에 서 있기도 했

---

1) Egerton (1992), p. 182.

다. 오토 키퍼Otto Kiefer는 1934년 〈고대 로마의 성생활Sexual Life in Ancient Rome〉에서, 로마인의 관점에서 "자연법칙과 물리학 법칙들은 결혼의 유대와 무관하며 심지어 상반된다. 따라서 결혼하려는 여성은 자신을 훼손시키는 데 대해 대자연에 속죄해야만 하고, 사전 음란으로 결혼의 순결을 사기 위한 자유로운 매춘의 시기를 거쳐야 한다."[2]라고 설명한다.

많은 사회에서 그처럼 음란한 장난은 첫날밤이 지나도 계속됐다. 아마존 강 일대의 쿨리나족은 *두체이 바니 토위*dutse' e bani towi(고기를 잡으라는 명령)로 알려진 의식을 가지고 있다. 돈 폴락Don Pollock은 "마을 여자들은 새벽에 무리를 지어 집집마다 돌아다닌다. 각각의 집에서 성인 남자들에게 노래하며 사냥하러 가라고 '명령' 한다. 집마다 무리 중 한두 여자가 앞으로 나가 막대로 집을 두드린다. 만약 남자들이 사냥에 성공하면, 그녀들은 그날 밤 그 집 남자들의 섹스파트너가 되어 봉사할 것이다. 무리의 여성들은… 자신들의 남편을 선택할 수 없다."라고 설명한다.

그 다음 일이 중요하다. 남자들은 후회하는 척하며 해먹에서 나와 정글로 향한다. 각자 사냥하러 흩어지기 전에, 그들은 나중에 마을 밖에서 만나 각자 잡은 것을 재분배할 시간과 장소를 정한다. 그렇게 해서 모든 남성이 고기를 가지고 돌아가도록 해, 모두에게 혼외 섹스를 보장한다. 그럼에도 표준적 담화의 관棺에는 또 다른 못이 박혀 있다.

폴락은 사냥꾼들의 승리의 귀환에 관해 더 고칠 것 없이 잘 묘사한다.

남자들이 무리를 지어 마을로 돌아온 날의 마지막에는, 성인 여성들이 큰 반원을 만들며 남성들에게 성적으로 자극적인 노래를 부르며 고기를 요구한다. 남자들은 사냥해온 것들을 반원 중앙에 쌓아 큰 고기더미를 만든다. 그리고 남자들은 극적인 몸짓, 의기양양한 미소와 함께 종종 고기를 세게 던진다… 고기를 요리해서 먹은 뒤, 여자들은 각자 자신이 성적 밀회의 대상으로 선택한 남자와 함께 물러난다.

2) Margolis (2004), p. 175.

쿨리나족은 매우 즐겁게 이 의식에 참여하며 이 의식을 정기적으로 행한다.[3]

그들이 그렇게 하는 것은 분명하다. 친애하는 독자들이여, 친절하게도 폴락은 고기를 뜻하는 쿨리나족의 단어 *바니*bani는 음식과 당신이 생각하는 그것을 모두 지칭한다는 우리의 예감을 확신시켜주었다. 아마도 결혼은 인간에게 보편적인 것이 아니겠지만, 성적으로 이중적인 의미를 표현하는 능력을 갖고 있는 것은 맞을 것이다.

사랑, 성욕 그리고 루구호湖에서의 자유

지금도 그렇지만 과거에도 남성이 유전적으로 아내의 자식보다 여자형제의 자식에게 훨씬 더 가까울 정도로 부성父性 확실성이 너무 낮은 사회는 존재하지 않았다. 행복한 난교亂交를 하며 무소유적인 루소의 침팬지는 존재하지 않는 것으로 판명됐다. 마찬가지로 나는 유용한 증거를 바탕으로 그런 인간이 존재한다고는 확신하지 않는다.

도널드 시먼즈, 〈인간 성생활의 진화The Evolution of Human Sexuality〉

시먼즈의 대담한 선언은 부모 투자 이론에 대한 믿음, 인간 진화에서 부성父性 확실성의 최우선적 중요성을 표현한 것이다. 그러나 시먼즈는 두 가지 관점 모두에서 전적으로 틀렸다. 1970년대 후반 그가 그처럼 불운한 글을 썼을 때, 콩고강 주변 정글의 영장류학자들은 보노보가 '정확하게' 행복한 난교亂交를 하며 무소유적인, 시먼즈가 존재할 수 없다고 선언한 유인원이라는 사실을 알게 됐다. 중국 서남부의 고대 사회인 모수오Mosuo족—*나*Na 또는 *나리*Nari로도 불린다—은 부성 확실성이 낮고 중요하지 않아 남자는 여자형제의 자녀를

---

3) Pollock (2002), p. 53.

자신의 자녀인양 키운다.

. . .

여자와 남자는 결혼해서는 안 된다. 왜냐하면 사랑은 계절과 같은 것이기 때문이다. 그것은 오고 간다.

양 에르체 나무Yang Erche Namu(모수오족 여성)

중국 윈난성과 쓰촨성의 경계지역에 있는 루구호Lugu Lake 인근 산악지대에는 수 세기 동안 여행객들과 학자들을 당황시키고 매료시킨 가족제도를 즐기는 약 5만 6,000명이 살고 있다. 모수오족은 루구호를 어머니 여신으로 숭배하는 한편 루구호 위로 높이 솟아 있는 간모Ganmo산을 사랑의 여신으로 존경한다. 그들의 언어는 문자로 쓰이지 않고, 오늘날의 세계에서 여전히 사용되고 있는 유일한 상형문자인 동바Dongba로 옮겨진다. 그들은 살인, 전쟁, 강간 등에 해당하는 단어가 없다. 모수오족의 평안하고 존경스러운 평온함은 거의 절대적인 남녀의 성적 자유, 성적 자율과 함께 한다.[4]

1265년 마르코 폴로는 모수오족 지역을 통과했다. 그는 나중에 그들의 수치심 없는 성생활을 상기해, "그들은 외국인이나 다른 남자가 자신의 아내, 딸, 여자형제, 자기 집의 다른 여성과 성관계를 갖는 것을 무례하다고 생각지 않는다. 그들은 그것을 대단한 특전이라고 생각한다. 실제로 그들은 자신의 신과 우상이 자신에게 혜택을 베풀 것이며 풍성한 물질적인 상품을 줄 것이라고 말한다. 이것이 자기들의 여성들과 관련해 그들이 그토록 외국인에게 관대한 이유이다."라고 썼다. 폴로는 "한 외국인은 여러 번 윙크와 팔꿈치 찌르기를 한 끝에, 불쌍한 얼간이의 아내와 3~4일 동안 침대에서 뒹굴었다."라고 썼다.[5]

---

4) 한 사회에서 폭력 수준과 에로티시즘의 깊은 유대에 관해 더 알고자 하면, 다음을 보라. Prescott (1975).
5) 다음에서 인용. Hua (2001), p. 23.

폴로는 남자다움을 과시하는 이탈리아인이었지만 상황을 잘못 읽었다. 그는 여성의 성적 유용성을 남자들이 통제하는 상품으로 오해했다. 그때 실제로 모수오족 시스템의 가장 두드러진 특징은 철저하게 보호된, 모든 성인의, 남성뿐만 아니라 여성의 성적 자율성이다.

모수오족은 자신들의 시스템을 '걸어 다니는'을 의미하는 *세세*sese라는 말로 표현한다. 예상대로, 대부분의 인류학자들은 모수오족의 시스템을 '주혼走婚walking marriage'이라고 언급함으로써, 모든 것을 아우르는 자신들의 결혼문화 목록에 모수오족을 포함시킴으로써, 그 관점을 놓친다. 모수오족은 자신들의 시스템을 그렇게 표현한 것에 결코 동의하지 않는다. "아무리 상상의 나래를 펴봤자 *세세*는 결혼이 아니다."라고 양 에르체 나무Yang Erche Namu는 말한다. 그녀는 루구호 호숫가에서 보낸 자신의 어린 시절을 회고록으로 펴낸 모수오족 여성이다. "모든 *세세*는 방문에 관한 것이다. 서약이나 재산의 교환, 자녀 양육, 정조에 대한 기대는 포함되지 않는다." 모수오족 언어에는 *남편*이나 *아내*를 뜻하는 단어가 없으며, 그들은 '친구'를 의미하는 *아쭈*azhu라는 단어를 선호한다.[6]

모수오족은 재산과 성姓이 어머니로부터 딸에게 상속되는 모계母系 농경민족이다. 따라서 가정은 여성을 중심으로 이루어진다. 소녀가 성숙해서 대략 13, 14세가 되면, 자신의 침실을 받는다. 그 침실은 집 내부 뜰로, 또 은밀한 문을 통해 거리로 열려 있다. 모수오족 소녀는 누가 이 은밀한 문을 통해 자신의 *바바후아고*babahuago(화방花房)로 들어올 것인가에 대해 완전한 자율권을 가진다. 유일한 철칙은 동트기 전까지 그녀의 손님이 떠나야 한다는 것이다. 그녀는 선택에 따라 다음날(혹은 같은 날 밤 늦은 시각에) 다른 연인을 가질 수 있다. 헌신에 관한 기대는 없으며, 그녀가 임신한 자녀는 자기 어머니의 집에서 남자형제들과 공동체의 나머지 사람들의 도움을 받아 양육한다.

---

6) Namu (2004), p. 276. 모수오족 문화를 잘 알고자 하면 다음을 보라. PBS Frontline World, "The Women's Kingdom". 이것은 다음에서 볼 수 있다. www.pbs.org/frontlineworld/rough/2005/07/introduction_to.htlm.

양 에르체 나무는 어린 시절을 회상하며, 아프리카의 어린 시절에 관한 말리도마 파트리스 소메Malidoma Patrice Somé의 설명을 반복한다. "우리 아이들은 마음대로 돌아다닐 수 있었으며 이 집에서 저 집으로, 이 마을에서 저 마을로 방문할 수 있었다. 엄마들은 우리 안전을 전혀 걱정하지 않았다. 모든 어른은 아이들 모두에게 책임감을 가지고 있었다. 모든 아이들은 모든 어른을 존경했다."[7]

모수오족 남자는 여자형제의 자녀를 자신의 부성父性 책임감 대상으로 인식한다. 그 자녀는 자신이 밤에 여러 화방花房을 방문한 결실이 아닐 것이다. 여기서 우리는 남성의 부모 투자가 생물학적 부성과 무관한 사회를 본다. 모수오족 언어에 *아우*Awu라는 단어는 *아버지*와 *아저씨* 둘 다로 번역된다. 양 에르체 나무는 "모수오족 어린이들에게는 한 아버지 대신 자신을 돌봐주는 많은 아저씨들이 있다. 어떤 면에서 우리에게는 또 많은 어머니들이 있다. 우리는 숙모들을 '작은 엄마'를 의미하는 *아제 아미*azhe Ami' 라고 부르기 때문이다."라고 썼다.[8]

성적 관계는 모수오족의 가족 관계와는 엄격히 분리된다. 많은 주류 이론가들은 이 난해한 대목에서 추락했을 것이다. 밤에 모수오족 남자들은 자신의 연인과 동침할 것으로 예상된다. 만약 그렇지 않다면, 그들은 바깥채에서 자며 여자형제들과 함께 본채에서 자지 않는다. 관습상 가정 내에서 사랑이나 연애관계에 관해 이야기하는 것은 금지돼 있다. 모든 사람은 완벽하게 신중할 것이 요구된다. 남녀 모두 사적인 관계에서는 자유롭게 하고 싶은 것을 할 수 있지만, 각자 서로의 사생활을 존중할 것이 요구된다. 루구호에서 성관계를 공개하는 일은 없다.

모수오족이 말하는 *아샤*açia(역주: 교제하고 있는 연인이라는 뜻) 관계의 역학은 남녀를 불문하고 각 개인의 자율권을 거의 신성시하는 것이 특징이다.[9]

---

7) Namu (2004), p. 69.
8) Namu (2004), p. 8.
9) 개인의 자율권을 신성시하는 것 역시 수렵채집인의 특징이다. 예를 들면, 마이클 핑켈Michael Finkel이 최근 탄자니아의 햇자Hadza족을 방문했을 때, 그는 "햇자족은 공식적인 지도자를 인정하지 않는다. 전통적으로 진영陣營은 남성 연장자의 이름을 따서 짓는다… 그러나 이런 영예는 특별한 권력을 부여하지 않는다. 개인의 자율권은 햇자족의 특징이다. 햇자족 성인은 어느 누구도 타인에게 권위를 가지지 않는다."(*National Geographic*, December 2009.)라고 보고했다.

중국의 인류학자이자 〈아버지 또는 남편 없는 사회A Society without Fathers or Husbands〉의 저자인 카이 후아Cai Hua는 "남녀는 자신이 원하는 만큼 많은 아샤 관계를 가지며, 마음대로 그 관계를 끝낼 자유를 가진다. 뿐만 아니라 각 개인은 하룻밤이든 장기간이든 여러 *아샤*와 동시에 관계를 유지할 수 있다." 라고 설명한다. 이런 관계는 지속적이지 않으며 두 사람이 상대방 앞에 나타날 때에만 유지된다. 카이 후아에 따르면, 각 방문자가 여성의 집을 떠나면 아샤 관계도 종지부를 찍는다. "미래에도 적용되는 *아샤* 개념은 없다. 한 쌍은 그들이 원하는 만큼 자주 방문을 반복할 수 있지만, *아샤* 관계는 오직 즉각적, 과거 회고적으로 존재할 뿐이다."[10]

특별히 성욕이 강한 모수오족 남녀는 수백 건의 관계를 가졌다고 수치심 없이 말한다. 그들의 관점에서 보면, 수치심은 정조貞操에 대한 약속이나 요구가 있을 때에 적절한 반응일 것이다. 그들은 협상이나 교환을 시도하면서 정조를 맹세하는 것을 부적절하다고 여길 것이다. 카이 후아는 "*아샤* 관계는 순수하게 개인적인 결합이다."라고 썼다. 모수오족은 공개적인 질투의 표현은 다른 사람의 신성한 자율권을 은연중에 침해하는 것으로서 공격적인 것이라고 여긴다. 따라서 그것은 비웃음과 수치심의 대상이 된다.

슬프게도 속 좁은 인류학자들이나 13세기 이탈리아 탐험가들만이 여성의 성적 자율권이 이처럼 자유롭게 표현되는 데 대해 적대감을 가진 것은 아니다. 모수오족은 자신들의 시스템을 수출하려고 시도하지 않았으며, 사랑과 섹스에 관한 자신들의 우월성을 다른 사람들에게 확신시키려고 하지도 않았지만, 오랫동안 전통적인 신념을 버리라는 외부 압력을 받아왔다. 외부인들이 그것을 위협적이라고 생각하기 때문인 것으로 보인다.

1956년 중국이 이 지역에 대한 완전한 통제권을 확립한 이후, 정부 관리들은 이곳을 연례적으로 방문해 성적 자유의 위험성에 관해 장광설을 늘어놓으면서 '정상적인' 결혼으로 바꾸도록 종용하기 시작했다. 〈대마의 광기Reefer

10) Hua (2001), pp. 202-203.

Madness〉(역주: 대마의 위험성을 고발하는 다큐드라마)를 연상시키는 미심쩍은 홍보가 있었다. 어느 해에 중국의 정부 관리들은 휴대용 발전기와 영화 한 편을 가지고 나타났다. 그 영화는 "모수오족 복장을 한 배우들이 등장해… 매독 마지막 단계에 이르러 미쳐 버리며, 얼굴의 대부분을 잃어버린다."라는 내용을 담고 있었다. 관중의 반응은 중국 관리들의 예상과 달랐다. 임시변통적인 그 영화는 불태워졌다. 그러나 중국 관리들도 포기하지 않았다. 양 에르체 나무는 "매일 밤 그들은 장광설을 늘어놓으며 비판하고 심문하는 모임을 열었다… (중국 관리들은) 매복했다가 연인의 집으로 가는 남자들을 습격했다. 남녀를 침대 밖으로 끌어내 친척들이 그들의 알몸을 보게 했다."라고 회상한다.

이와 같은 테러 전략은 모수오족이 그들의 시스템을 버리도록 하는 데 실패했다. 그럼에도 불구하고 정부 관리들은 모수오족에게 '예의범절'을 (비록 입증하지는 못해도) 가르쳐야 한다고 고집했다. 그들은 필수적인 곡물 종자와 아이들의 의복 공급을 중단시켰다. 결국 말 그대로 많은 모수오족이 굶주림으로 항복해 정부가 후원하는 결혼식에 참석하기로 동의했다. 그 결혼식에서 모수오족은 각자 '차 한 컵, 담배 한 개비, 사탕 여러 개, 증서'를 받았다.[11]

그러나 강압의 효과는 거의 지속되지 못했다. 여행작가 신시아 반스Cynthia Barnes는 2006년에 루구호를 방문했다. 중국 여행객들은 750년 전 마르코 폴로처럼 모수오족 여성의 성적 자율권을 매춘으로 오해했다. 하지만 이런 압력에도 불구하고 모수오족의 시스템이 온전하다는 것을 반스는 발견했다. 반스는 "비록 그들의 대담함이 세계의 관심을 끌지만, 섹스는 그들의 우주의 중심이 아니다."라고 썼다. 그녀는 계속해서 다음과 같이 말한다.

> 나는 부모님의 쓰라린 이혼을 생각한다. 엄마나 아빠가 다른 사람과 자기로 결정함으로써 뿌리째 뽑히고 파괴된 어린 시절 친구들을 생각한다. 비록 다행히도 '가족 가치'를 극찬하는 정치가와 목사들로부터 자유로웠지만, 루구호는 여성의 왕

---

11) Namu (2004), pp. 94–95.

국이 아니라 가족의 왕국이라고 나는 생각한다. '파괴된 가정' 같은 것은 없다. '싱글맘'에 대해 개탄하는 사회학자도 없다. 부모들이 헤어질 때 경제적 어려움이나 수치심, 오명汚名도 없다. (모수오족 소녀는) 대담하고 자신감이 있으며, 남성과 여성 친척들 사이에서 소중하게 자란다⋯ 그녀가 춤 모임에 참가하고 소년을 자신의 화방花房으로 초대할 때, 그녀가 호르몬에 따라 움직이고 거친 숨을 쉬는 것은 사랑이나 정욕, 또는 사람들이 지칭하는 그 무엇인가를 위한 것일 것이다. 그러나 그녀는 가정을 갖기 위해, '가족'을 만들기 위해 소년을 (혹은 다른 어떤 남자도) 필요로 하지 않을 것이다. 그녀는 항상 자신이 두 가지를 다 가지고 있다는 것을 이미 안다.[12]

루구호를 모수오족 문화의 테마 파크로 바꾸겠다고 위협하는 한족漢族 관광객 무리가 결국에는 사랑과 섹스에 관한 모수오족의 접근방식을 파괴할 것이다. 그러나 수 세기는 아닐지라도 수십 년간, 아직도 많은 과학자들이 인간 본성이라고 주장하는 것에 순응하라는 극단적인 압력에 맞서 온 모수오족의 노력은 자랑스럽고 부정할 수 없는, 표준적 담화의 반례反例로 남아 있다.

모수오족 여인(사진 : 짐 굿맨Jim Goodman)

모수오족 여인들(사진 : 사치 커닝햄Sachi Cunningham / www.germancamera.com)

12) China's Kingdom of Women, Cynthia Barnes. Slate.com(November 17, 2006): http://www.slate.com/id/2153586/entry/2153614.

가부장제의 불가피성

모수오족처럼 여성이 자율권을 가지고 사회경제적 안정에 결정적인 역할을 하는 사회들이 존재하며, 여성이 높은 지위에서 존경 받는 여러 수렵채집인 사회들로부터 나온 많은 증거들이 존재한다. 그럼에도 불구하고 많은 과학자들은 융통성 없이, 모든 사회는 지금도 그렇지만 과거에도 항상 가부장적이었다고 주장한다. 사회학자 스티븐 골드버그Steven Goldberg는 〈왜 남성이 지배하나Why Men Rule〉-원래 제목은 〈가부장제의 불가피성The Inevitability of Patriarchy〉이다-에서 이와 같은 절대적 관점의 한 예를 보여주면서 다음과 같이 썼다. "가부장제는 보편적인 것이다… 진실로 모든 사회제도 중에서 보편성이 그처럼 전적으로 일치하는 것은 아마 없을 것이다. 가족을 넘어선 지역에서 권위와 리더십이 어렴풋이나마 남성과 결부되지 않는 사회는 존재하지 않으며 과거에도 존재하지 않았다. 이것도 저것도 아닌 경우는 없다."[13] 강한 어조이다. 그러나 247쪽에 걸친 책에서 골드버그는 모수오족을 단 한 번도 언급하지 않는다.

골드버그는 인도네시아 서西수마트라의 미낭카바우Minangkabau족에 관해서는 언급하지만, 겨우 부록에서 다른 사람들의 연구를 인용한 두 문장으로 언급한다. 1934년으로 거슬러 올라가는 첫째 문장은 남성은 여성들보다 먼저 식사 대접을 받는다고 말한다. 골드버그는 이것으로부터 미낭카바우족 사회에서 남성이 우월한 권력을 행사한다고 결론 내린다. 이것은 남성이 여성을 위해 문을 열어주기 때문에 서구 사회는 모계중심임이 확실하다고 결론내리는 것과 논리적으로 일치한다. 골드버그가 인용한 두 번째 문장은 인류학자 페기 리브스 샌데이Peggy Reeves Sanday가 공저한 논문에서 따온 것이다. 이 논문은 미낭카바우족 남성은 여러 측면의 전통 법률 적용에서 어느 정도 권위를 가지고 있다고 말한다.

---

13) Goldberg (1993), p. 15.

골드버그의 샌데이 논문 인용에는 두 가지 큰 문제점이 있다. 첫째, 사회가 가부장적이 *아니다*라는 주장과 남성이 여러 가지 형태의 권위를 누리고 있*다*는 주장 사이에는 내재적 모순이 없다는 것이다. 이것은 그냥 비논리적인 것일 뿐이다. 반 고흐의 명화 〈별이 빛나는 밤〉은 그림 속에 노란색이 많지만 '노란색 그림'은 아니다. 이 인용의 두 번째 문제점은, 인류학자 골드버그가 인용한 페기 리브스 샌데이가 "미낭카바우족은 모계중심적이라는 점을 부단

미낭카바우족 여인과 소녀들(사진 : 크리스토퍼 라이언Christopher Ryan.)[14]

히 주장했다."라는 것이다. 실제로 미낭카바우족에 관한 그녀의 최신 저서는 제목이 〈중심에 있는 여성: 현대 모계중심제에서의 삶Women at the Center: Life in a Modern Matriarchy〉이다.[15]

20번이 넘는 여름을 미낭카바우족과 함께 보낸 샌데이는 "미낭카바우족 여성의 힘은 경제사회적 영역으로 확장된다."라고 말한다. 그 예로 여성이 토지 상속을 통제하며, 남편이 아내의 집으로 이사하는 것이 전형적이라고 언급한다. 서수마트라에 사는 400만 명의 미낭카바우족 또한 자신들을 모계중심 사회라고 생각한다. 샌데이는 "서양에 사는 우리가 남성 지배와 경쟁을 찬양하는 와중에도, 미낭카바우족은 그들의 신화적 왕대비王大妃 그리고 협동을 찬양한다."라고 말한다. 그녀는 "남녀는 이기적 사익私益의 지배를 받는 경쟁자

---

14) 내가 이 나이 든 여성을 봤을 때, 그녀의 얼굴에는 내가 사진에 담기 원했던 여성스러운 힘과 유머가 있다는 것을 알았다. 나는 제스처처럼 사진을 찍어도 좋으냐고 물었다. 그녀는 동의했다. 하지만 내게 기다리라고 하고는 바로 누군가를 부르기 시작했다. 이들 작은 두 소녀(손녀? 증손녀?)가 달려왔다. 그녀는 이들을 팔에 안고는 내게 사진을 찍으라고 했다.

15) 그 책은 2002년에 출간된 반면, 골드버그Goldberg의 책은 거의 10년 더 일찍 나왔다. 그러나 골드버그가 언급한 논문을 포함한, 미낭카바우족에 관한 샌데이의 모든 작품은 그의 입장-확실히 언급할 만한 가치가 있는 견해-에 반대되는 주장을 한다.

가 아니라 공익을 위한 파트너의 관계이다. 보노보 사회집단에서처럼 여성의 위신은 나이가 들수록 높아지며 좋은 관계를 촉진시키는 지위로 고양된다…" 라고 보고한다.[16]

다른 문화를 이해하고 토론하려고 할 때 흔히 발생하는 일이지만, 단어 선택은 전문가들의 실수를 유발한다. '진정한 모계사회'를 발견하지 못했다고 주장할 때, 이 인류학자들은 가부장제의 상像을 상상한다. 이 상像은 남녀가 권력을 개념화하고 행사하는 방식의 차이를 무시하는 것이다. 샌데이는 "예를 들면, 미낭카바우족은 합의에 의해 의사결정을 해야 한다고 믿기 때문에, 남성 지배도 여성 지배도 불가능하다."라고 말한다. 그녀가 남녀 중 누가 지배하느냐고 미낭카바우족에게 물었을 때, 자신이 잘못된 질문을 하고 있다는 대답을 들었다. "어느 누구도 지배하지 않는다… 남녀는 서로를 보완하기 때문이다."[17]

술집에서 어떤 떠버리가 "가부장제는 보편적이며 과거에도 항상 그랬다!" 라고 단언할 때, 이것을 기억하라. 그렇지 않으며 과거에도 그렇지 않았다. 우리는 우리의 남성 독자들이 위협을 느끼기보다 다음과 같은 점을 생각하기를 권유한다. 여성이 많은 자율권과 권위를 가지는 사회는 결정적으로 남성 우호적이며, 평온하며, 관대하며, 성적으로 풍성한 경향이 있다. 남자 친구들이여, 이해하는가? 만약 당신이 살아가면서 성적 기회가 적어 불행하다면, 여성을 비난하지 마라. 대신 여성이 권력, 부, 지위에 동등하게 접근할 수 있도록 보장하라. 그리고 무슨 일이 일어나는가를 지켜보라.

암컷 연합이 궁극적인 사회적 권위를 가지며, 암컷 각자가 체구가 더 큰 수컷을 두려워할 필요가 없는 보노보의 경우와 마찬가지로, 반스가 모수오족 여성을 묘사했듯이, 여성이 '대담하며 자신감 있는', 수치심이나 처벌의 두려움 없이 자신의 마음과 성적 욕구를 자유롭게 표현하는 인간사회는, 남성 엘리트

---

16) 출처: http://www.eurekalert.org/pub_release/2002-05/uop-imm050902.php.
17) 출처: www.eurekalert.org/pub_release/2002-05/uop-imm050902.php.

한 명이 지배하는 사회보다 남성 대부분에게 훨씬 더 편안한 경향이 있다. 아마도 모계중심 사회는 서구 남성 인류학자들이 인식하기에는 너무나 어려운 것 같다. 왜냐하면 그들은 남성이 여성의 하이힐 밑에서 고통 받는 문화—서양문화에서 장기간에 걸쳐 남성이 여성을 억압해온 것이 뒤집어진 상像—를 예상하기 때문이다. 대신에 그들은 대부분의 남성이 평온하고 행복하게 사는 사회를 관찰하고는, 또 다른 가부장제를 발견했다고 결론 내린다. 그렇게 해서 핵심을 완전히 놓쳐버리는 것이다.

일부일처제적인 것의 행진

일부일처제에 관한 생각은, 노력이 있었으나 부족한 것으로 인식되기보다, 어려운 것으로 인식돼 노력하지 않은 채 남아 있다.

체스터튼G. K. Chesterton

2005년 놀라운 흥행을 거둔 영화로 〈펭귄의 행진March of the Penguins〉이 있다. 이 영화는 지금까지 두 번째로 많은 돈을 번 다큐멘터리로, 사랑스러운 새끼 양육에서 펭귄 커플들이 보여준 극단적인 헌신을 잘 묘사해 관객들을 감동시켰다. 많은 관객들은 자신의 결혼을 펭귄이 새끼와 짝에게 베푸는 희생에 비춰 반추해 보았다. 한 논평자는 "의인화된 동류의식을 느끼지 않고… 수천 마리의 펭귄이 남극의 찬바람에 맞서 옹송그리는 장면을 보는 것은 불가능하다."라고 표현했다.

미국 전역의 교회는 자기 신자들을 위한 개별적인 상영을 위해 그 영화를 준비했다. 〈내셔널 리뷰The National Review〉의 편집자 리치 라우리Rich Lowry는 젊은 공화당원의 한 회합에서 "펭귄은 정말 일부일처제의 이상적인 사례이다. 이들 조류의 헌신은 놀랍다."라고 말했다. 〈내셔널 지오그래픽 피쳐 필름스National Geographic Feature Films〉의 아담 라이프치히Adam Leipzig 사장은 펭귄을 부모의 모델이라고 선언했다. 그는 "새끼를 돌보기 위해 그들이 겪는 일은 경이적이다. 그것을 보는 부모는 자녀를 등하교 시키는 일에 절대 불평하지 않을 것이다. 인간 본성과 유사성이 있으며 그것은 보기에 감동적이다."[18]라고 말했다.

그러나 펭귄의 몸과는 달리 펭귄의 성생활은 모두 흑백논리적인 것은 아니다. '일부일처제의 이상적인 사례' '부모의 모델'이라는 완벽한 펭귄 커플은 새끼가 부화해서 얼음을 떠나 차가운 남극 바다 속으로 들어갈 때까지만 일부일처제이다. 그 기간은 채 1년이 되지 않는다. 만약 그 영화를 보았다면, 바람이 휩쓴 빙판을 가로질러 앞뒤로 걷고 매서운 남극의 찬바람에 맞서 옹송그릴 때, 혼외정사의 유혹이 그다지 크지 않다는 것을 당신은 알 것이다. 일단 2세가 다른 11개월짜리-유아에 해당하는 펭귄-들과 함께 수영하면, 정조貞操는 재빨리 잊히며 이혼은 고통 없이 빨리 다가온다. 그리고 엄마와 아빠는 짝을 찾아 배회하는 펭귄 무리 속으로 복귀한다. 전형적으로 30년 이상 사는 번식력 있는 어른으로서, 이들 '부모의 모델'은 평생에 걸쳐 적어도 24마리의 가족을 거느려야만 한다. 누가 감히 '일부일처제의 이상적인 사례'라고 말하는가?

당신이 그 영화를 질릴 정도로 달콤하다고 느꼈든 혹은 신선하게 달콤하다고 느꼈든 간에, 비록 약간 비뚤어졌지만 대담한 동시상영上映이었다면 〈펭귄의 행진〉과 베르너 헤어조크Werner Herzog의 〈세상 끝에서의 조우Encounters at the End of the World〉를 상영하게 되었을 것이다. 헤어조크의 남극 다큐멘터리는 사진과, 일련의 놀라운 인물들과의 인터뷰로 구성된 대작이다. 인터뷰 대상 중 데이비드 에인리David Ainley 박사는 20년간 남극에서 펭귄을 연구해 온 웃기도록 내성적인 해양생태학자이다. 에인리는 헤어조크의 비꼬는 질문에,

---

18) 이들 인용의 대부분은 다음 두 가지에서 온 것이다. *The Guardian*, September 18, 2005에 실린 David Smith의 기사(온라인 http://www.guardian.co.uk/uk/2005/sep/18/usa.filmnews에서 볼 수 있다), *The New York Times*, June 24, 2005에 실린 Stephen Holden의 리뷰(온라인 http://movies.nytimes.com/2005/06/24/movies/24peng.html?_r=2에서 볼 수 있다).

펭귄의 삼자三者동거(역주: 부부와 한 쪽 애인이 함께 사는 것)를 목격했다고 보고한다. 수컷 두 마리가 특정 암컷의 알을 교대로 보살피며 '펭귄 매춘'도 한다는 것이다. 암컷은 성교의 대가로 둥지를 짓는 데 중요한 돌멩이를 받는다는 것이다.

초원들쥐는 '자연스러운 일부일처제'의 또 다른 귀감으로 여겨진다. 한 신문기사에 따르면, '초원들쥐는 평야와 초원이 원산지인 땅딸막한 설치류이다. 초원들쥐는 거의 완벽한 일부일처제 종種으로 생각된다. 그들은 둥지를 공유하는 암수 한 쌍 결합을 한다. 암수 모두 상대방과 영토, 새끼를 적극적으로 보호한다. 수컷은 적극적으로 부모 활동을 하며, 한 쪽이 죽어도 남은 쪽은 새 짝을 맞지 않는다.'[19] 150년 전 다윈이 감히 인간을 유인원에 비유해 받은 독설을 감안하면, 현대 과학자들이 인간 성행위를 쥐새끼 같은 초원들쥐와 동일시해도 많은 위로를 받는다는 것은 놀라울 따름이다. 우리는 한때 자신을 천사에 비유했지만, 지금은 하등한 설치류에 비춰 반추한다. 그러나 35년간 초원들쥐와 다른 종種들의 일부일처제 생물학을 연구해온 수 카터C. Sue Carter 와 로웰 게츠Lowell L. Getz는 모호하지 않다. 그들은 "성적 배타성은… (들쥐의) 일부일처제의 특징이 아니다."라고 썼다.[20] 미국 국립정신건강연구소 책임자(이전에는 여키스Yerkes영장류센터 책임자)이자 초원들쥐 전문가인 토마스 인셀Thomas Insel은, 그 방면의 전문가들은 초원들쥐의 일부일처제를 그다지 칭송하지 않는다고 말한다. "그들은 누구와도 동침할 것이지만, 단지 자신들의 파트너 곁에 앉아 있을 것이다."

그러면 "만약 당신이 일부일처제를 찾고 있다면, 백조와 결혼하라"[21]와 같은 길—어떤 이유로 변함없이 여성에게로 향하는 길—이 있다.

자, 백조는 어떤가? 새들 중 많은 종이 일부일처제라고 오랫동안 믿어졌

---

19) *The San Diego Union-Tribune*: "Studies Suggest Monogamy Isn't for the Birds—or Most Creatures," by Scott LaFee, September 4, 2002.
20) "Monogamy and the Prairie Vole," Scientific American online issue, February 2005, pp. 22-27.
21) 노라 에프론Nora Ephron의 영화 〈하트번Heartburn〉에서 가장 유명하다.

다. 부모는 알을 품고 어린 새끼를 먹이는 쉼 없는 노동이 필요하기 때문이다. 투자에 관심을 갖는 이론가들은 사람에서와 마찬가지로, 수컷은 어린 새끼들이 자신의 새끼들이라는 확신이 있을 때에만 양육을 도울 것이라고 추정했다. 그러나 최근 적절한 DNA 실험에 의해 이런 얘기에도 놀라운 구멍이 있다는 것이 밝혀졌다. 파랑새 쌍들은 함께 둥지를 짓고 새끼를 키운다. 하지만 행동생태학자 패트리샤 아데어 고와티Patricia Adair Gowaty에 따르면, 이들 새끼의 평균 15~20%는 파트너 수컷의 씨가 아니다. 파랑새는 특별히 음란한 명금鳴禽이 아니다. 이전에 일부일처제라고 여겨졌던 명금 약 180종의 새끼에 대한 DNA 연구 결과, 그들의 약 90%는 일부일처제가 아닌 것으로 드러났다. 아아! 백조는 도덕적인 10%에 속하지 않는다. 따라서 만약 당신이 일부일처제를 찾는다면, 백조 역시 잊어버려라!

• • •

일부일처제는 자연스러운 것인가? 그렇다… 인간은 남녀 한 쌍 결합을 하라는 권유를 받을 필요가 거의 없다. 대신 우리는 자연스럽게 이것을 한다. 우리는 추파를 던진다. 우리는 열병을 느낀다. 우리는 사랑에 빠진다. 우리는 결혼한다. 우리 중 거의 대다수는 한 번에 오직 한 사람과 결혼한다. 남녀 한 쌍 결합은 인간의 상표이다.

헬렌 피셔

그토록 많은 혼외의 성적 활동을 즐기는 종種에게 그것은 이상한 상표이다. 표준적 담화를 결합시키는 접착제는 *결혼하다*와 *짝짓기 하다*라는 용어는 *먹다*와 *출산하다*처럼 보편적으로 적용될 수 있는 의미를 갖는다는 가정이다. 그러나 전 세계 남녀 사이에 흔히 존재하는 사회적으로 공인된 특별한 관계를 표현하기 위해 우리가 사용하는 용어는, 그것이 무엇이든 우리 종이 직면하고 있는 변화의 세계와 결코 의사소통 하지 못할 것이다.

'결혼' '짝짓기' '사랑'은 사회적으로 만들어진 현상들이며, 특정 문화의 외부에서는 그 의미가 거의 혹은 전혀 전달되지 않는다. 걷잡을 수 없이 일상화된 그룹섹스, 스와핑, 억제되지 않는 가벼운 정사, 사회적으로 허가된 순차적 섹스에 관해 우리가 언급한 사례들이 인류학자들이 '일부일처제'라고 주장하는 모든 사회에서 보고됐다. 그것은 단순히 그들이 '결혼'이라고 부르는 것이 그곳에서도 일어난다고 결정했기 때문에 그런 것이다. 그처럼 많은 사람들이 결혼, 일부일처제, 핵가족은 인간에게 보편적인 것이라고 주장하는 것은 놀라운 일이 아니다. 모든 것을 아우르는 그 같은 개념 해석으로는, '누구와도 동침하는' 초원들쥐조차 일부일처제의 자격을 얻을 것이다.

제10장 '네 이웃의 아내를 탐하지 마라'에 대한 안내

(일단) 결혼이… 일반화되면, 질투는 여성의 덕목에 대한 교육으로 귀결되는 경향이 있다. 그리고 이것은 영예롭게 여겨지며, 결혼하지 않은 여성에게 확산되는 경향이 있다. 그것이 남성에게 얼마나 천천히 확산되는지, 우리는 오늘날에도 보고 있다.

찰스 다윈[1]

카넬라Canela의 전통적인 결혼식에서는 신부와 신랑이 상대의 머리 밑에 팔을 집 어넣고 다리를 서로 꼬고서는 깔개 위에 눕는다. 그리곤 각 배우자 어머니의 남자 형제가 앞으로 나온다. 그는 신부와 그녀의 새로운 신랑에게, 각자의 연인에 대해 질투하지 말라고 특별히 일깨우면서, 그들의 마지막 자식이 성장할 때까지 함께 살 기를 권고한다.

사라 블래퍼 흐르디Sarah Blaffer Hrdy[2]

1631년에 출판된 한 성경이 인쇄업자의 실수로 "너는 간음을 저질러라Thou shalt commit adultery."라고 인쇄되어 버렸다.[3] 비록 성경의 명령이 아니더라도, 우리가 알고 있는 사회성애적 교환S.E.Ex(Socio-Erotic Exchanges)의 많은 사례들 을 관통하는 공통의 실마리는 때때로 죽음의 위협 아래에서도, 습관적인 상대 (들)와의 관계들을 명시적으로 금지하는 것이다. 왜 그렇게 되었을까?

이러한 관행들은 전 세계에 걸쳐 전혀 서로 관계 없는 문화들에서 발전하 였기 때문에, 아마도 중요한 기능들을 할 것이다. 내적 갈등은 우리 조상들이 수천 세대 동안 살았던 집단 같은, 지극히 독립적인 집단들에 대한 실존적인 위협을 대변했다. 관행화되고, 사회적으로 허가되고, 때로는 심지어 강제적인 사회성애적인 교환들은 부성父性의 경계를 흐리는 한편 질투와 소유욕에 의해 야기되는 혼란을 감소시켰다. 개인들 간 신뢰, 관대함, 협동에 크게 의존하는

---

1) Darwin (1871/2007), p. 184.
2) Hrdy (1999b), p. 249.
3) 이 실수는 역사학자들에게 '사악한 성경The Wicked Bible' 또는 '불륜의 성경The Adulterous Bible'으로 알려졌는데 이로 인해 왕실의 면허를 가진 인쇄업자들이 자신들의 면허를 상실하고 300파운드의 벌금을 내야 했다.

소규모 사회들이, 집단 성원들의 집단 조화와 생존을 위협할 수도 있는 행동과 신념들을 억제하는 한편, 이러한 특질들(개인들 간 신뢰, 관대함, 협동)을 고양시키는 방법들을 진화시키고 증진시킨다는 것은 놀라운 일이 아니다.

우리가 어떤 특별한 고귀함 또는 그 문제에 관한 수렵채집인들 사이의 비열함을 주장하는 것은 아니라는 점을 반복해 말할 필요가 있다. 우리에게 정상적인 것처럼 보이는(따라서 우리가 쉽게 보편적인 것으로 상정하는) 어떤 행동들은, 다수의 소규모 수렵채집 사회들을 기능장애에 빠뜨림으로써 그 사회들을 빨리 파괴할지도 모른다. 특히 억제되지 않은 사리사욕은, 식량 사재기로 표출되든 아니면 과도한 성적 소유욕으로 표출되든, 집단 응집에 직접적인 위협이 되며 따라서 수치스럽고 어리석은 것으로 간주된다.

사회들이 그러한 충동들을 새롭게 조형한다는 점에 대해 조금이라도 의심의 여지가 있을까?

바로 지금도 태국과 미얀마의 일부 지역에서는, 남성들에게 더욱 매력적으로 보이게 하기 위해 황동 고리로 소녀들의 목을 길게 늘이고 있다. 북아프리카 전역에 걸친 마을들에서는 여성의 욕망을 약화시키기 위해 음핵을 잘라내고 음순을 꿰매어 붙인다. 반면 매혹적인 캘리포니아에서는 음순 축소 수술reduction labioplasty과 여타의 질膣 성형수술이 최근에 번창하는 사업이 되고 있다. 어떤 다른 곳에서는 의식적儀式的인 할례에 의해 소년들의 음경 거죽이 잘라지거나 절개되고 있다. 당신은 요점을 이해하게 되었을 것이다.

북부 평원에 살던 아메리카 원주민 부

사진 : 크리스토퍼 화이트Christopher White, www.christopherwhitephotography.com

폴 케인Paul Kane의 야외 스케치[5]

족들 중 몇몇은 미美에 대한 합의된 감각에 따라, 자기 유아들의 아직 유연한 이마에 작은 널빤지를 묶었다.[4] 아이가 자람에 따라, 교정 전문 치과 의사가 치열을 조정하듯이, 끈을 조금씩 조였을 것이다. 이 관행으로 인해 뇌가 손상된다고 하더라도 얼마나 많이 손상되는지는 분명하지 않다. 하지만, 결과적으로 형성된 비현실적인 원추형 머리는 그 지역의 이웃 부족들이나 백인 모피 사냥꾼들을 겁먹게 하여 놀람의 비명을 지르게 했다.

그리고 그것은 당연히 잘 들어맞았을 것이다. 만일 그들의 비현실적인 외모가 그렇지 않았다면 가지지 못했을 방어의 이점을 그들에게 주었다면, 그러한 독특한 용모상의 관행이 어떻게 진화할 수 있었는지를 알기는 어렵지 않다. 침으로 발효시킨 맥주와 암소의 피로 만든 밀크셰이크를 맛보는 것에서부터 샌들을 신은 채 양말을 신는 것에 이르기까지, 사람들은 거의 무엇이든 간에 자신들의 사회가 그것이 정상적이라는 확신을 그들에게 준다면, 기꺼이 그것을 생각하고 느끼고 입고 행동하고 믿을 것이라는 데에는 의심의 여지가 거의 없다.

사람들이 파열점破裂點을 넘어서도록 자신들의 목을 늘이고, 자신들의 갓난 아기들의 머리를 조이거나, 자신들의 딸들을 신전神殿 매춘에 팔아넘기게끔 확신을 주는 사회적 힘들은, 성적 질투를 바보 같고 어리석은 것으로 만든다.

---

4) 혼동되게도, 그들의 머리가 사냥꾼들의 머리처럼 '평평한' 모습이긴 했지만 '평평한 머리들Flatheads'로 알려지게 된 부족은 그들의 일원이 아니다. 반면 그들의 이웃 부족들의 머리가 과상하게 생긴 원뿔 모양이었다.

5) 그레이 스케일gray scale 복제는 다음에서 스캔한 것이다. Eaton, D: Urbanek, S.: Paul Kane's Great Nor-West, University of British Columbia Press, Vancouver, 1995.

그렇게 함으로써 성적 질투를 새롭게 조형하거나 중성화시킬 힘을 충분히 가진다. 성적 질투를 *비정상적인* 것으로 만듦으로써.

우리가 보았듯이 남성의 성적 질투에 대한 진화론적 설명은 부성父性 확인의 기저를 이루는 유전학적 미적분학을 중심으로 한다. 그러나 만일 그것이 유전자의 문제라면 남성은 자신의 아내가 자신과 혈연관계가 없는 남성들과 섹스하는 것보다 자신의 형제들 - 자신과 절반의 유전자를 공유하고 있는 - 과 섹스하는 것에 대해 훨씬 덜 염려할 것이다. 신사 여러분, *당신*은 당신의 아내가 전적으로 낯선 사람과 침대에 함께 있는 것보다 당신의 형제와 함께 있는 것에 훨씬 덜 속상하겠는가? 숙녀 여러분, 당신은 당신의 남편이 당신의 자매와 정사를 하는 것을 더 선호하겠는가? 나는 그렇게 생각하지 않는다.[6]

제로섬 섹스

우리는 앞에서 혼합 짝짓기 전략들을 논의하면서 데이비드 버스David Buss에 관해 언급했지만, 그의 저작의 대부분은 질투에 대한 연구와 관련되어 있다. 버스는 식량과 섹스 파트너를 희소성을 통해 개념화함으로써 식량과 섹스 파트너를 공유한다는 관념을 받아들이지 않는다. 그는 "만일 어떤 집단의 모든 성원들을 먹여 살리기에 충분한 식량이 존재하지 않는다면 일부는 살아남는 반면에 일부는 목숨을 잃을 것이다."라고 썼다. 마찬가지로, "만일 두 여성이 동일한 남성에 대해 욕망을 느낀다면... 한 여성이 그를 끌어당기는 데 성공한다는 것은 다른 여성이 실패한다는 것을 의미한다." 버스는 진화를 "패자를 희생시켜서 승자가 승리하는 제로섬 게임"[7]이라는 것을 거의 의심하지 않는다.

---

6) 사실, 매리앤 피셔Maryanne Fisher와 그녀의 동료들은 그 반대가 맞다는 것을 발견했다. 만일 부정不貞이 가족적 연대가 있는 누군가와 연루될 경우 고통이 더 컸다(다음을 보라. Fisher et al.[2009]).
7) Buss (2000), p. 33.

인간 성생활을 둘러싼 논쟁은, 매우 자주, 적대적인 정치경제학적 철학들 사이의 대리전처럼 보인다. 표준적인 담화의 옹호자들은 카인Cain의 이득을 아벨Abel의 손실 바로 그것으로 본다. 그들은 당신에게 "젊은이, 인생이란 바로 그런 것이네."라고 말할 것이다. "그것은 인간의 본성이다. 사리사욕이 세상을 돌아가게 하니, 네 혼자 힘으로 스스로를 자제하라, 세상은 잡아먹고 잡아먹히는 곳이니."

인간의 짝짓기에 대한 이 자유시장론적 시각은 성적 일부일처제가 인간 본성에 고유한 속성이라는 가정에 의존하고 있다. 일부일처제-여성의 재생산 능력에 대한 한 남성의 "소유"-가 없으면, '내가 이기면 네가 진다'는 역학이 무너질 것이다. 앞에서 개략적으로 살펴보았듯이, 버스와 그의 동료들은 내적으로 갈등 관계에 있고 자기패배적인 호모 사피엔스의 "혼합된 짝짓기 전략들"에 관한 헝클어진 논리와 특별한 호소로써 이론상의 많은 두드러진 결함들-우리의 과도한 성적 능력, 모든 문화에서 일반적으로 존재하는 간통, 우리의 가장 가까운 영장류 친척들 양자에 모두 횡행하는 난혼, 대규모 사회 집단을 이뤄 살고 있는 어떤 영장류도 일부일처제를 행하지 않는다는 점-을 처리한다. 비틀기와 늘리기.

버스와 그의 동료들은, 남성과 여성은 서로 상이하게 질투를 경험하지만 성별상의 특징에 일관된 방식으로 그것을 경험한다는 것을 확인시키기 위해 고안된 비교문화적인 연구들을 다수 수행했다. 이 연구자들은 표준적 담화의 저변을 이루는 두 가지 중요한 가정들, 즉 남성들은 보편적으로 부성父性 확실성을 염려하며(따라서, 그의 짝의 성적 정절이 그의 주요 관심이다), 반면에 여성들은 보편적으로 남성들의 자원에 대한 접근에 관심을 가진다(따라서 그녀는 그 남자가 다른 여성을 취하기 위해 그녀를 떠나려고 하는 생각을 불어넣을지도 모르는 어떤 감정적 친밀함에 더 위협을 느낄 것이다)는 점을 확인했다고 주장한다.

이러한 조사연구의 전형적인 한 연구에서, 버스와 그의 동료들은 1,122명의 사람들에게 그들의 배우자가 다른 누군가에 관심을 갖게 되는 것을 상상해 보라고 요청했다. 그들은 "(1) 당신의 배우자가 그 사람과 깊은 감정적인(그러나 성적이지는 않은) 관계를 형성하는 것을 상상하는 것, (2) 당신의 배우자가 그 사람과 성적인(그러나 감정적이지는 않은) 관계를 즐기는 것을 상상하는 것, 둘 중에 어떤 것이 당신을 더 속상하게 하거나 괴롭게 하겠느냐?"라고 물었다. 미국과 유럽 여기저기의 대학 캠퍼스에서 행해진 이 같은 연구들에서, 버스와 그의 동료들은 거의 동일한 결과들을 일관되게 얻었다. 그들은 남성과 여성이 그 반응에서 대략 35% 정도 다르다는 것을 발견했고, 이것은 그들의 가설을 확인해 주는 것처럼 보였다. 버스는 "여성들은 계속해서 배우자의 감정적 부정不貞에 더 많이 속상해 했는데, 그것은 비록 성행위를 수반하지 않는 경우라도 그러했다. 남성들은 계속해서 배우자의 성적 부정에 대해 여성보다 더 많이 속상해 했는데, 그것이 비록 감정적 관계를 수반하지 않는 경우라도 그러했다."[8]라고 썼다.

이러한 조사연구가 갖는 외관상의 비교문화적 광범위성에도 불구하고, 그것은 방법론적 깊이가 결여돼 있다. 버스와 그의 동료들은 많은 성 연구의 기반을 약화시키는 유혹 , 즉 대표성보다는 편의에 의해 선택된 실험집단에 의존하는 동일한 유혹에 빠지고 말았다. 이러한 연구들의 거의 모든 참여자들은 대학생들이었다. 우리는 학부생들이 쉽게 동원할 수 있는 연구자원-대학원생들이 그들을 배치하고 동기를 부여하기 쉽다(예를 들면, 질문지를 채우면 부분적인 학점을 제공함으로써)-이라는 점을 알고 있지만, *이 점이 그들을 인간의 성생활에 대한 타당한 대표자들로 만드는 것은 아니다.* 전혀 그렇지 않다. 심지어 자유로운 분위기인 것으로 알려진 서구 사회에서도, 하룻밤 상대, 장기간의 파트너에 대한 선호, 또는 평생의 성적 파트너의 이상적인 수 등에 관한 질문에 대해 숙고할 때, 대학생 연령의 사람들은 의존할 수 있는 경험이 있다고 하더라도 거의 없는 상태이며, 사회성애적인 발전의 초기 단계들에 있

---

8) Buss (2000), p. 58.

는 것이다. 그런데 그런 모든 질문들이 버스의 질문지에서 분석됐다.

그러나 버스가 학부생들에게 초점을 맞추는 이러한 왜곡된 관행을 혼자서만 행하는 것은 아니다. 성에 관한 다수의 연구가 18세에서 22세 사이의 미국 대학생들의 응답에 기초한다. 누군가는 20살의 남자가 터보 엔진이 달린 것 같은 15살의 남자와 거의 비슷하다고 주장할 수 있겠지만, 20살의 여성이 30살이 더 많은 여성과 성性과 관련해서 많은 공통점을 갖고 있다고 주장할 사람은 거의 없을 것이다. 여성의 성이 성인기 전체에 걸쳐 상당히 변화한다는 것에 대부분의 사람들이 동의할 것이다.

버스가 수행한 종류의 다문화적 연구에서 대학생들을 활용한 것이 갖는 또 다른 문제는 계급 구분과 관련된다. 저개발국에서는 대학생들은 상층 계급 출신일 가능성이 높다. 부유한 앙골라의 대학생은 앙골라 수도 루안다의 빈민가에 사는 같은 연령의 누군가보다 포르투갈 학부생과 훨씬 더 많은 공통점을 가질지도 모른다. 아프리카에서 실시된 우리 자신의 현지 연구는, 성적 신념들과 행동은 그곳의 사회 계급들과 하위문화들 사이에서 크게 다르다는 것을 시사한다. 그것은 세계의 다른 지역들에서도 마찬가지이다.[9]

연령과 계급의 왜곡 효과들을 넘어서, 버스와 그의 동료들은 그들의 연구 대상 모두가 사유재산, 정치적 위계, 세계화된 텔레비전 등으로 특징지어지는 탈농업사회에 살고 있다는 결정적인 사실을 도외시한다. 사고와 행동이 현대 생활의 효과들에 의해 조형되지 않았으며, 그 관점이 우리 종種의 경험의 95% 이상을 대표하는 소수의 수렵채집인을 적어도 포함하지 않고서 어떻게 "인간의 보편적 특성들"을 확정할 수 있을 것으로 기대할 수 있는가? 우리가 입증했듯이, 수렵채집인들에 대한 다수의 연구들은 관계가 없는 사회들 사이에서 중요한 유사성들을 보여주며, 탈농업사회의 규범들과 극적인 차이점들을 보여준다. 스웨덴 사람들과 나이지리아의 상류계급의 사람들은 자신들을 상이한 존재로 볼지도 모르지만, 수렵채집인의 관점에서 보면 그들은 많은 점에서

---

9) Jethá & Falcato (1991).

유사한 것으로 보일 것이다.

물론, 북부 아마존에 사는 수렵채집인들에게 설문지와 샤프2 연필을 공중 투하하기란 쉬운 일이 아니다(*대학원생들이 미쳐야만 한다*). 그럼에도 불구하고, 그들의 관점을 포함하는 것이 어렵거나 불가능하다고 해서, 이런 종류의 연구가 온전해지기 위해 필요한, 그들의 관점이 갖는 필수적인 중요성은 결코 감소되는 않는다. 이 광범위하지만 피상적인 연구 패러다임은 전 세계의 강에서 조사연구들을 수행하고 나서 "보편적인 물고기의 진리들"을 알아냈다고 주장하는 것과 같다. 호수에 사는 물고기는 어떻게 되는 건가? 연못에 사는 물고기는? 대양에 사는 물고기는?

생리학자 크리스틴 해리스Christine Harris는 버스의 결론들은 "남성은 감정적인 자극들보다는 성적 자극들의 어떤 형태에 더 잘 반응하고 (그리고) 그런 자극들을 상상하는 데 더 관심이 있거나 더 잘 상상할 수 있다."[10]라는 낡은 뉴스의 확인에 불과한 것으로 쉽게 치부할 수 있다고 지적했다. 남성은 성에 의해서 더 잘 동요되는데, 그것은 바꾸어 말하면 남성이 여성보다 더 분명하게 성을 상상한다는 단순한 이유 때문이다.

버스의 질문들을 받은 사람들의 신체적 반응을 측정했을 때, 해리스는 "집단으로서의 여성들은 생리학적 반응도에서 거의 차이를 보이지 않았지만" 거의 만장일치로 감정적 부정不貞이 자신들에게 더욱 걱정스러울 것이라고 여전히 예상한다는 것을 발견했다. 이 발견은 이 여성들이 자기 배우자의 정절에 관해 *실제로 느끼는 것*과 *느껴야 한다고* 생각하는 것 사이의 매우 흥미로운 단절을 암시해 준다(잠시 후 더욱 자세히 살펴보자).

심리학자인 데이비드 데스테노David A. DeSteno와 피터 샐로비Peter Salovey는 버스의 연구에서 훨씬 더 근본적인 결함들을 발견했다. 그들은 가상적인 부정에 관한 질문에 답할 때 연구대상자들의 신념 체계가 작동한다는 점을 지적했다. 그들은 "감정적 부정이 성적 부정을 함축한다는 신념을 남성들보다 여성들

---

10) Harris (2000), p. 1084.

이 더 많이 보유하고 있었다."라며, 따라서 "(버스의 연구들의 핵심을 차지하는) 성적 부정과 감정적 부정 사이의 선택은 잘못된 이분법…"[11]이라고 지적했다.

데이비드 리쉬너David A. Lishner와 그의 동료들은 또 다른 약점을 파헤쳤다. 연구대상자들에게는 성적 부정에 대한 생각이 더 많은 상처를 주는지 또는 감정적 부정에 대한 생각이 더 많은 상처를 주는지라는 두 가지 선택만 주어진다는 사실이 그것이다. 리쉬너는 만일 두 가지 시나리오가 연구대상자들에게 동일한 불쾌함을 느끼게 한다면 어떻게 되는가라고 물었다. 리쉬너가 세 번째 선택을 포함했을 때, 그는 응답자들의 다수가 두 가지 형태의 부정이 동일하게 속상하게 한다고 말하는 것을 발견하고는 버스의 결론들에 추가적인 의문을 제기했다.[12]

일정 정도의 질투는 인간 본성의 일부라고 주장하는 버스와 여타 진화심리학자들의 주장은 일리가 있을지도 모른다. 하지만 그들의 발견들이 모든 사람, 모든 장소, 모든 시대에 적용되는 것으로 보편화함으로써, 그들은 과장의 오류를 범하고 있는 것이다. 인간 본성은 고도로 반성적反省的인 소재로 구성되어 있다. 인간 본성은 거울—변경 불가능한 유전적 자국들과 틈들에 의해 틀림없이 특징지어지는—이지만, 그럼에도 불구하고 거울이다. 대부분의 인간에게 있어서 현실은 우리가 그것이 그렇다고 들은 바와 거의 유사하다. 실제로 모든 다른 것과 마찬가지로, 질투는 사회적 수정을 반영하며, 만일 합의가 그것을 그렇다고 여긴다면 작은 자극에 불과한 것으로 명백히 축소될 수 있다.[13]

---

11) 질투에 관한 버스의 연구에 대한 개관을 위해서는 Buss (2000)을 보라. 그의 저작을 반박하는 연구와 논평에 관해서는 Ryan and Jethá (2005), Harris and Christenfeld (1996), DeSteno and Salovery (1996)을 보라.
12) 연구의 원본을 다음에서 무료로 볼 수 있다. www.epjournal.net-2008,6(4): 667-675.
13) 진짜 과학은 그러한 문화적 왜곡들을 넘어서 보는 몇몇의(비록 유일한지는 않지만) 신뢰할 만한 수단들을 제공한다. 그것은 우리가 연구에서 문화적 편견을 뿌리 뽑는 것을 두려워하지 않는 것을 지극히 중요하게 만든다.

• • •

볼리비아의 시리오노Siriono족 사이에서 질투는 누군가의 배우자가 연인들을 갖고 있기 때문에 발생하는 것이 아니라, 그 또는 그녀가 그 연인들에게 너무 많은 시간과 에너지를 바치고 있기 때문에 발생하는 경향이 있다. 인류학자 앨런 홀름버그Allan Holmberg에 따르면, "낭만적 사랑은 시리오노족에게는 낯선 개념이다. 배고픔과 마찬가지로 성은 충족되어야 할 충동이다." *세쿠비*secubi("나는 좋아한다.")라는 표현은 그것이 음식이든, 보석이든 또는 섹스 파트너든 시리오노족이 즐기는 모든 것과 관련해서 쓰인다. 홀름버그는 비록 "성애적 행복에 관한 일정한 이상理想들이 물론 존재했지만, 욕망의 조건들 하에서는 이것들이 쉽게 와해되고 시리오노족은 '얻어먹는 놈은 찬밥 더운밥 안 가린다any port in a storm'는 원칙에 순응하는 데 만족한다."라는 것을 발견했다.[14]

인류학자 윌리엄 크로커William Crocker는 카넬라Canela족의 남편들은 질투심이 없다고 확신하고는 "카넬라족의 남편들이 자신들은 개의치 않는다고 말하는 것이 진실이든 아니든, 그들은… 공동체 전체의 의식儀式 기간 동안 자신들의 아내가 20명 또는 그 이상의 남자들과 의식에 따른 성행위를 하는… 관습을 지키도록 독려하는 데 다른 성원들과 동참한다."라고 썼다. 자, 자신의 아내가 20명 또는 그 이상의 남자들과 성행위를 할 때 질투심을 느끼지 않는 것처럼 *가장*할 수 있는 사람이 있다면, 그가 누구든지 당신은 그를 포커 테이블 맞은편에서 포커 상대로 만나기를 원하지 않을 것이다.

브라질의 찌는 듯한 정글로부터 히말라야의 호숫가 언덕에 이르기까지 우리가 개관한 문화들은 질투와 성적 소유욕을 제어하는 메커니즘들을 각기 발전시켜 왔다. 그러나 그 반대 또한 발생한다. 어떤 문화들은 소유욕을 향한 충동을 적극적으로 *장려한다.*

---

14) Holmberg (1969), p. 161.

남자가 여자를 사랑할 때 어떻게 말하는가

퍼시 슬레지Percy Sledge가 만들어 1966년에 처음 녹음된 "남자가 여자를 사랑할 때When a Man Loves a Woman"는 문화적 신경을 강타했다. 그 노래는 빌보드 차트Billboard Hot 100와 리듬 앤 블루스 차트R&B chart 모두에서 1위를 차지했다. 20년 뒤에 마이클 볼튼Michael Bolton에 의해 녹음된 또 다른 판 역시 곧바로 차트 1위를 기록했고, 현재는 〈롤링 스톤Rolling Stone〉誌의 사상 최고의 500곡이라는 목록에서 54위를 차지하고 있다. 서구의 매체에서 사랑과 섹스보다 더 두드러진 것은 없으며, "남자가 여자를 사랑할 때"는 전 세계에 걸쳐서 낭만적인 귀에 속삭여진 메시지의 한 예이다.

퍼시 슬레지는 여자에 대한 남자의 사랑에 관해 무엇을 말해야 하는가? 무엇이 *진정한* 남성적 사랑의 징표인가? 저작권에 따른 제한들로 인해 우리는 그 노래의 가사 전체를 인용할 수 없지만, 대부분의 독자들은 여하튼 그 가사를 외워서 알고 있다. 개략적으로 살펴보면, 남자가 여자를 사랑할 때 :

- 그는 마음을 빼앗겨, 다른 어떤 것도 생각할 수 없다.
- 그는 그녀와 함께 있기 위해 무엇이든 할 것이다. 심지어 세상도 맞바꿀 것이다.
- 그는 그녀가 갖고 있을지도 모르는 어떠한 결점도 보지 못한다. 만일 친구가 자신에게 그녀에 관해 경고한다면 가장 가까운 친구일지라도 그를 버릴 것이다.
- 그는 그녀의 관심을 끌려고 노력하면서 자신의 돈을 모두 쓸 것이다.
- 그리고 마지막이지만 앞의 것과 똑같이 중요한 것은, 그는 그녀가 시키면 빗속에서 잘 것이라는 점이다.

우리는 이 노래의 대안적인 제목을 제안하고 싶다. "남자가 병적으로 사로

잡혀 바보짓을 해서(그리고 여하튼 여자를 잃으면서, 왜냐하면 누군가가 그렇게 하라고 해서 빗속에서, 밖에서 자는 남자친구를 누가 진정으로 원하겠는가?) 모든 자존심과 품위를 희생할 때"로.

비슷하게, "당신이 쉬는 모든 숨Every Breath You Take"은 〈롤링 스톤〉지의 사상 최고의 500곡 목록에서 84위라는 상당한 순위를 차지하고 있다. 1983년 최고의 히트곡들 중의 하나인 그 노래는 한 달 동안 영국 차트에서 1위를 차지했고 미국 차트에서는 두 달 동안 1위를 차지했다. 그 노래는 '올해의 노래 상Song of the Year'을 수상했고 더 폴리스The Police는 그해의 그래미 시상식에서 '최우수 팝그룹 상Best Pop Performance'을 수상했다. 지금까지 그 노래는 전 세계 라디오 방송국에서 1,000만 번 넘게 방송전파를 탔다. 다시 한 번 우리는 당신이 그 가사를 알고 있다고 가정한다. 그러나 당신은 정말로 그 가사를 들어본 적이 있는가? 시대를 초월한 위대한 사랑 노래들 중 하나로 종종 꼽히지만 "당신이 쉬는 모든 숨"은 사랑에 관한 노래가 전혀 아니다.

그 노래는 자신이 그 남자에게 '속해 있다'는 것을 인정하기를 거부한 여성에게 거절당한 남자의 관점에서 부른 노래이다. 그는 그녀의 모든 걸음걸음을 따라가고 있고, 그녀의 모든 움직임을 응시하며, 그녀가 누구와 밤 시간을 보내는지를 바라본다고 그 노래는 운운한다.

이것이 *사랑* 노래인가? 그것은 빌보드의 "미치고 위험한 스토커 노래들Crazed & Dangerous Stalker Songs" 차트의 1위를 차지할 것임에 틀림없다. "당신이 쉬는 모든 숨/당신이 취하는 모든 움직임"이라는 행이 자신의 잠재의식으로부터 솟아올랐을 때 한밤중에 일어나서는 그 노래의 가사를 쓴 스팅Sting조차도 (그 노래가) "얼마나 불길한 느낌을 주는지" 나중까지 깨닫지 못했다. 한 인터뷰에서 그는 조지 오웰의 〈1984년〉(감시와 통제에 관한 소설)을 떠올린 것일지도 모르며 확실히 사랑을 생각한 것은 *아니라*는 말을 내비쳤다.

∙ ∙ ∙

　그러면 질투는 *자연적인 것인가*? 그것은 때와 장소에 따라 다르다. 공포는 확실히 자연적인 것이고, 다른 어떤 종류의 불안insecurity과 마찬가지로 질투는 공포의 표현이다. 그러나 다른 누군가의 성생활이 걱정스러운 반응을 불러일으키는지의 여부는 주어진 사회, 관계, 그리고 개인의 인성 속에서 성性이 어떻게 규정되어 있는가에 달려 있다.

　맏이로 태어난 아이들은 동생이 태어나면 종종 질투심을 느낀다. 현명한 부모들은 그(혹은 그녀)가 항상 특별할 것이라는 것, 아기는 그의 지위에 대한 어떠한 위협도 되지 않는다는 것, 그리고 모든 사람을 위한 풍부한 사랑이 존재한다는 것 등을 특별히 말해 줌으로써 아이를 안심시킨다. 엄마의 사랑은 제로섬 게임이 아니지만, 성적 사랑은 유한한 자원이라고 왜 그렇게 쉽게 믿을까? 진화생물학자 리처드 도킨스Richard Dawkins는 특유의 우아함으로 다음과 같은 적절한 질문을 던진다. "당신이 한 사람 이상을 사랑할 수 없다는 것이 그렇게 매우 분명한가? 부모의 사랑(부모는 자신들의 모든 자녀들을 똑같이 사랑하는 체라도 하지 않는다면 비난을 받는다), 책에 대한 사랑, 음식에 대한 사랑, 와인에 대한 사랑(샤토 마고Chateau Margaux에 대한 사랑이 호크Hock에 대한 사랑을 가로막지 않으며, 우리가 매일 백포도주를 마신다고 해서 적포도주에 대해 불신을 느끼지는 않는다), 작곡가에 대한 사랑, 시인에 대한 사랑, 휴일의 해변에 대한 사랑, 친구에 대한 사랑…에서는 그럭저럭 여러가지를 사랑할 수 있는 것처럼 보인다. 그런데 왜 성애적 사랑은 그것에 대해 생각조차 해보지 않고 모든 사람이 즉각적으로 인정하는 하나의 예외일까?"[15]

　정말 왜 그럴까? 만일 여성의 성적 접근을 엄격히 통제되는 상품으로 만드는, 대부분의 여성들과 그녀들의 아이들을 구속하는 경제적 의존이 존재하지

15) 워싱턴 포스트 지의 2007년 11월 29일의 블로그 기사 "On Faith"로부터: http://newsweek. washingtonpost.com/onfaith/panelists/richard_dawkins/2007/11/banishing_the_greeneyed_monste.html.

않는다면, 질투의 광범위성과 경험은 서구 사회에서 어떤 영향을 받게 될까? 우리가 논의한 많은 사회에서 그러하며, 우리의 가장 가까운 영장류 사촌들 사이에서도 그러하듯이, 경제적 안전 그리고 죄책감 없는 성적 우정을 거의 모든 남성과 여성이 쉽게 향유할 수 있다면 어떻게 될까? 만일 어떤 여성도 관계가 깨지면 그녀와 그녀의 자녀들이 궁핍하고 공격받기 쉬운 상태로 방치될 것이라는 걱정을 하지 않아도 된다면 어떻게 될까? 만일 평범한 사내들이 함께 사랑을 나눌 누군가를 발견하는 일을 결코 걱정할 필요가 없다는 것을 알게 된다면 어떻게 될까? 만일 우리 모두가 '*진정한 사랑*은 집착과 소유욕이 강하다' 는 말을 듣는 나이까지 성장하지 않는다면 어떻게 될까? 만일 모수오 Mosuo족과 마찬가지로 우리가 사랑하는 사람의 존엄성과 자율성을 존중한다면 어떻게 될까? 만일, 바꾸어 말해서, 성애, 사랑, 그리고 경제저 안전이 우리 조상들에게 그랬던 것처럼 우리 모두가 향유할 수 있는 것이라면 어떻게 될까?

만일 공포가 질투로부터 제거되면, 무엇이 남을까?

• • •

인간은 암을 치료하고 화성에 가고 인종적 편견을 없애고 이리호Lake Erie에 물을 채울 때가 아니라, 원시적인 공동체에서 다시 살 수 있는 방법들을 발견할 때 더욱 행복해질 것이다. 그것이 나의 유토피아이다.

쿠르트 폰네구트 주니어Kurt Vonnegut, Jr.

윌슨E. O. Wilson에 따르면, "우리가 인류의 유전적 역사로부터 추정할 수 있는 모든 것은, 성애적 실행들이 일차적으로는 유대를 형성하는 장치들로 간주되고 이차적으로만 생식의 수단으로 간주되는, 더욱 자유로운 성애적 도덕성을 지지하는 증거를 보여 준다."[16] 우리는 그것에 관해 그보다 더 낮게 말할 수 없었을 것이다. 그러나 부성父性 확인이 쟁점이 되지 않는 상호의존적인 무리에서, 만일 인간의 성생활이 유대를 형성하는 메커니즘으로 주로 발달했다면, 인간의 성적 진화에 대한 표준적 담화는 더 이상 유효하지 않을 것이다. 여성은 항상 육아, 식량, 보호, 그리고 나머지 등을 돕는 것에 대한 대가로 개별 남성에게 몸을 허락하는 교환행위를 한다는 시대착오적인 추정은, 여성들이 그런 거래를 위해 협상할 필요가 없는 많은 사회와 접촉하면 붕괴되고 만다. 표준적인 담화는, 우리가 어떻게 현재의 상태에 이르게 되었는가에 대한 타당한 설명이라기보다는, 과학인 것처럼 포장돼 선사시대의 먼 화면 위에 투영된, 도덕주의자인 것처럼 구는 현대의 편견임이 드러났다. 그것은 과거를 모호하게 하면서 현재를 정당화하고 있다. 우와!

---

16) Wilson (1978), p. 142.

| 제3부 |

예전에는 그렇지 않았다

우리의 논증에서 핵심적인 주제는, 인간의 성적 행동은 진화된 성향들과 사회적 맥락을 모두 반영한다는 것이다. 따라서 인간의 성적 성향들이 진화한 그날그날의 사회·세계에 대한 감각은 그 성향들을 이해하는 데 필수적이다.

홉스가 묘사한 "만인의 만인에 대한 투쟁bellum omnium contra omnes"에 의해 특징지어지는 종류의 세계에서는 우리가 마음속으로 그리는, 공동체적이고 협동적인 사회적 구성이 오래 생존할 것이라고 상상하기는 어렵다.

그러나 "고립적이고, 가난하고, 지저분하고, 야수 같고, 명이 짧은"이라는 홉스의 간결하지만 함축적인 언명 속에 요약된 선사시대 인간에 관한 잘못된 관점은 요즘도 거의 보편적으로 수용되고 있다.

우리는 선사시대의 인간 생활이 고도로 사회적이면서 확실히 고립적이지는 않다는 점을 확인했기 때문에 이제 공공연히 성적인 소재를 좀 더 직접적으로 계속 논의하기 전에, 다음 네 장에서 홉스의 묘사에 나오는 여타 요소들을 간략히 다룰 것이다.

우리는 주로 성에 관심을 갖고 있는 독자들이 우리 이야기를 참을성 있게 읽어주기를 바란다.

처음에는 우회로처럼 보일지도 모르는 것이 사실은 우리 조상들의 그날그날의 생활에 대한 더욱 분명한 시각으로 가는 지름길이며, 그것은 그 다음에 나오는 소재에 대해서뿐만 아니라 당신 자신의 세계에 대해서도 더 잘 이해할 수 있게 도와줄 것이기 때문이다.

제11장 "자연의 부"(가난한?)

신사 숙녀 여러분, 요점은 더 나은 세계가 없기 때문에 탐욕이 선하다는 것이다. 탐욕은 옳고 탐욕은 작용을 한다. 탐욕은 진화의 정신의 본질을 명확하게 하고 꿰뚫으며 사로잡는다. 탐욕은 그 모든 형태에서… 인류의, 위로 솟아오름을 특징지어 왔다.

　　"고든 게코Gordon Gekko", 영화 〈월스트리트〉(1987)에서.

무엇이 우주의 오용을 구성하는가? 이 질문에 대해서는 하나의 단어, 탐욕으로 답할 수 있다… 탐욕은 가장 비통한 잘못을 구성한다.

　　로렌티 마게사Laurenti Magesa, 〈아프리카의 종교: 풍요로운 삶의 도덕적 전통들〉

"음울한 과학"인 경제학은 처음부터 음울한 우파였다.

1838년 어느 늦가을 오후, 구름이 뒤덮인 영국 하늘에서 번쩍인 것 중에서는 가장 밝은 것일 수도 있는 번갯불이 찰스 다윈의 머리 바로 위에 튀었다. 리처드 도킨스가 "인간에게 일어난 것 중에서 가장 강력한 착상"이라고 부른 것이 다윈을 실신시켰다. 바로 그 순간에 자연 선택natural selection 개념의 기반을 이루는 위대한 통찰력이 그에게 찾아왔다. 다윈은 토머스 맬서스의 〈인구의 법칙에 관한 에세이〉를 읽고 있었다.[1]

착상의 척도가 시간상의 지속성이라면 토머스 맬서스는 위키피디아 Wikipedia의 '역사상 가장 영향력 있는 인물'에서 80위의 자리를 차지할 만하다. 2세기 이상이 지났지만 세계 최초의 경제학 교수가 제시한 간단한 논증에 익숙지 않은 단 한 명의 경제학도를 찾는 데에도 여러분은 애를 먹을 것이다. 여러분은 맬서스가 각 세대는 기하급수적으로(2, 4, 8, 16, 32…) 배가되지만, 새로운 농토가 개척되더라도 생산 능력은 선형적인 양식(2, 3, 4, 5, 6…)으로

---

1) 추측컨대 그는 1826년에 출간된 제6판을 읽고 있었을 것이다.

부가되기 때문에 농부들은 식량 공급을 산술적으로 증대시킬 수 있을 뿐이라고 주장했다는 것을 기억할 것이다. 이 투명한 추론으로부터 다음과 같은 맬서스의 잔혹한 결론이 도출된다. 만성적인 인구과잉, 자포자기, 그리고 만연된 기아는 인간 존재에게 고유한 것이다. 그것에 관해 어떤 도움도 줄 수 없다. 가난한 사람들을 도우는 것은 런던의 비둘기들에게 모이를 주는 것과 같다. 그것은 그들이 여하튼 기아의 벼랑 끝으로 재빨리 돌아갈 것이기 때문이다. 그렇다면 요점은 무엇인가? 맬서스는 "사회의 하층계급들 사이에 창궐하는 가난과 불행은 절대적으로 치유할 수 없다."라고 주장한다.

맬서스는 인간의 생식률을 이전 150년 동안(1650~1800년) 북미에서의 (유럽) 인구 증가 기록에 기초해 추산했다. 그는 정착민이 대략 25년마다 두 배로 증가했다고 결론지었으며, 그것을 인간의 인구성장률 일반에 대한 합리적인 추산이라고 간주했다.

다윈은 자서전에서 맬서스의 이러한 끔찍한 계산법을 자연 세계에 적용했을 때 "이러한 환경들 아래서는 유리한 변이들은 보존되고 불리한 변이들은 말살되는 경향이 있을 것이라는 사실이 즉시 내게 떠올랐다. 그 결과로 새로운 종이 형성될 것이다. 그래서 여기에서 마침내 나는 …을 작동시킬 이론을 얻었다."라고 회고했다.[2] 과학 작가 매트 리들리Matt Ridley는, 맬서스가 "과잉 양육은 반드시 역병, 기근 또는 폭력으로 귀결될 수밖에 없다는 삭막한 교훈"을 다윈에게 가르쳤고, 그리하여 자연 선택의 비밀이 생존경쟁에 개입한다고 확신시켰다고 믿고 있다.

그리하여 다윈의 광채가 맬서스의 극심한 어둠에 의해 점화됐다.[3] 다윈과는 별도로 자연 선택의 기초를 이루는 메커니즘을 찾아낸 알프레드 러셀 윌리

---

2) Barlow (1958), p. 120.
3) 다윈이 맬서스의 견해를 잘 알고 있었던 것은 우연이 아니다. 초기 페미니스트이자 경제철학자이며 노예제에 대한 거침없는 반대자인 해리엇 마르티노Harriet Martineau는 자신에게 찰스 다윈을 소개해 준 다윈의 형 이래즈머스Erasmus와 교제를 시작하기 전에 맬서스와 가까웠다. 찰스는 "그녀가 얼마나 못 생겼는지를 알고서 놀라지" 않았기 때문에 매트 리들리Matt Ridley를 포함해서 일부 사람들은 그들의 우정이 결혼으로 귀결되었을지도 모른다고 생각한다. 만일 그랬다면 서구 사상에 영속적인 영향을 미쳤을 결혼이었음에 틀림없을 것이다(리들리의 다음 논문을 참조하라, "The Natural Order of Things", in The Spectator, Jan. 7, 2009).

스Alfred Russell Wallace는 말라리아가 들끓는 말레이시아의 강 제방에 있는 오두막에서 한바탕 열에 시달리면서 같은 *에세이*를 읽었다. 그런 동안 자기 자신의 번뜩이는 통찰력을 경험했다. 아일랜드의 극작가 조지 버나드 쇼George Bernard Shaw는 자연 선택 개념의 기초를 이루는 맬서스의 사망률의 냄새를 맡고는 "당신이 그것의 전체적 의미를 분명히 깨달을 때, 당신의 심장은 당신 내부에 있는 모래더미 속으로 가라앉을 것이다."라고 애도했다. 쇼는 자연 선택의 "끔찍한 운명"을 애도하고 그것이 "미와 지성, 힘과 목적, 명예와 열망을 지독하게 감소시키는 것"[4]에 대해 불평했다.

그러나 다윈과 월리스는 맬서스의 끔찍한 계산법들을 탁월하게 활용한 반면, 그들에게는 한 가지 문제가 있다. 그들은 앞뒤가 맞지 않는다.

• • •

수렵 부족들은, 생계를 꾸려가는 양식에서 자신들과 닮은 맹수들처럼… 지구 표면에 희박하게 분산될 것이다. 맹수들처럼, 그들은 모든 적수를 몰아내거나 모든 적수로부터 도망치지 않으면 안 되고, 서로 영원한 경쟁에 빠질 수밖에 없다… 이웃하고 있는 민족들은 서로 영원한 적대 상태에서 산다. 한 부족에서의 인구 증대라는 행위 그 자체는 그 이웃들에 대한 공격의 행위가 될 수밖에 없는데, 그것은 늘어난 인구수를 부양하기 위해 더 넓은 영토가 필요할 것이기 때문이다… 승자의 삶은 적의 죽음에 달려 있다.

토마스 맬서스, 〈인구의 원칙에 관한 에세이〉

만일 인구 성장에 대한 맬서스의 추산들이 정확한 것에 *가까운* 것이었다면, 맬서스(따라서 다윈)는 인간 사회들이 오랫동안 "어쩔 수 없이 방 안에 갇

---

4) Shaw (1987), p. 53.

혀" 있었고 그 결과 서로 "영원한 적대 상태"가 되었을 것이라고 가정할 수 있는 권리를 가졌을 것이다. 다윈은 〈인간의 유래Descent of Man〉에서 맬서스의 계산법을 다시 논의하면서 "문명화된 주민들은 미국에서처럼 유리한 조건 하에서 25년마다 그 인구수를 두 배로 늘린다고 알려져 왔다… (이런) 비율로 미국의 현재 인구(3,000만 명)는 657년 뒤에는 육지와 물로 된 지구를 너무도 빽빽하게 덮어서, 표면의 1평방 야드마다 네 사람이 설 수밖에 없게 될 것이다."라고 썼다.[5]

만일 맬서스가 선사시대의 인구가 25년마다 두 배가 된다는 계산에서 정확했다면, 진정 이러한 가정들은 타당한 것이 되었을 것이다. 그러나 그는 정확하지 않았고 따라서 가정들은 타당하지 않았다. 농업이 도래하기 전까지 우리의 조상들은 25년마다가 아니라 *25만* 년마다 전체 인구를 두 배로 늘렸다는 것을 이제 우리는 알고 있다. 맬서스(그리고 그를 따른 다윈)는 1만 배나 틀렸던 것이다.[6]

맬서스는 자신의 주변에서 목격한 고통이 인간과 동물의 삶의 영원하고 회피할 수 없는 조건이라고 가정했다. 그는 1800년경 런던의 북적거리고 절망적인 거리들이 선사시대 조건들의 반영이 *결코 아니라는* 점을 이해하지 못했다. 한 세기 반 전에 토머스 홉스는 자신의 개인적 경험에 대한 추정을 통해 선사시대의 인간 생활에 대한 잘못된 시각을 불러냄으로써 동일한 잘못을 저질렀다.

5) Darwin (1871/2007), p. 79. 맬서스와 다윈은 둘 다 r/K 재생산과 선택에 관한 맥아더와 윌슨(MacArthur and Wilson, 1967)의 착상을 잘 알았더라면 도움을 받았을 것이다. 간단히 말하면, 그들은 일부 종—다수의 곤충, 설치류 등과 같은—은 비어 있는 생태적 틈새를 채우기 위해 재빨리 생식을 한다고 가정한다. 그것들은 자신들의 새끼의 대부분이 성장할 때까지 생존할 것을 기대하지 않지만 환경을 재빨리 가득 채운다(r-선택). K-선택(K-selected)을 하는 종은 더 적은 자식을 갖고 그 각각에 진중하게 노력을 기울인다. 그런 종은 일반적으로 맬서스적인 평형 상태의 환경 속에 살면서 인구·식량공급의 균형 상태에 이미 도달해 있다. 따라서 이런 질문들이 나올 수 있다. 호모 사피엔스는 명백히 K-선택 종이기 때문에, 어떤 지점에서 우리의 환경적 틈새가 포화상태에 이를 것인가? 만일 그렇다면, 인간의 진화에 적용될 때 이것은 자연 선택의 저변을 이루는 메커니즘에 어떤 의미를 가질 것인가?
6) 예를 들면, "우리의 조상들이 수렵인이나 채집인으로 살았던 약 200만 년 동안에 인구는 10,000명의 원인(原人)으로부터 약 4백만의 현대 인류로 성장했다. 만일, 우리가 믿는 대로, 이 시기 동안의 성장 유형이 상당히 안정적이었다면, 인구는 평균적으로 대략 25만 년마다 두 배로 늘었음에 틀림없다." *Economics Of The Singularity*, Robin Hanson http://www.spectrum.ieee.org/jun08/6274.

세계 인구 추산[7]

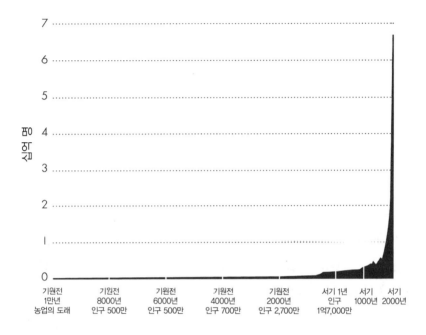

| | 기원전 1만년 농업의 도래 | 기원전 8000년 인구 500만 | 기원전 6000년 인구 500만 | 기원전 4000년 인구 700만 | 기원전 2000년 인구 2,700만 | 서기 1년 인구 1억7,000만 | 서기 1000년 | 서기 2000년 |

• • •

토머스 홉스는 죽을까 겁날 정도의 상태로 태어났다. 그의 어머니는 스페인의 무적함대가 영국을 막 공격하려고 한다는 얘기를 듣고는 조산을 하고 말았다. 여러 해 뒤에 홉스는 "나의 어머니는 쌍둥이 , 즉 나 자신과 공포를 낳았다."라고 썼다. 그가 선사시대의 삶은 "고독하고, 가난하고, 지저분하고, 야수적이고, 명이 짧은" 것이었다는 유명한 주장을 하는 자신의 책 〈리바이어던〉은 파리에서 쓰였다. 거기서 그는 영국 시민전쟁에서 왕당파를 지지함으로써 생긴 적대자들을 피해 숨어 지내고 있었다. 그 책은 그가 거의 치명적인 병에 걸려 6개월 동안 사경을 헤맸을 때 거의 포기 상태로 방치됐다. 파리에서 〈리바

---

7) 출처: 미국 국세 조사국(U. S. Census Bureau), http://www.census.gov/ipc/www/worldhis.html.

이어던〉이 출간되자, 이제 홉스의 생명은 그 책에서 표현된 반가톨릭주의에 분개한 동료 망명자들의 위험을 받게 됐다. 그는 해협을 건너 다시 영국으로 도망가, 11년 전에 그가 피해 도망간 바로 그 사람들에게 자비를 구걸했다. 그는 영국에 머물 수 있도록 허락을 받았지만 그의 책을 영국에서 출간하는 것은 금지됐다. 교회는 그의 책을 금지했다. 옥스퍼드 대학교는 그의 책을 금지하고 또한 불태웠다. 문화사학자인 마르크스 릴라Marx Lilla는 홉스의 세계에 관해 "계시록의 꿈들에 의해 혼란해진 기독교도들이 한때 이슬람교도와 유태교도, 이단자에 대해 품었던 미친 듯한 분노로 기독교도들을 사냥하고 죽였다. 그것은 광기였다"[8]라고 기술한다.

홉스는 자기 시대의 광기를 선택해 그것을 '정상적인' 것으로 여겼다. 자신이 거의 아무것도 아는 바가 없었던 선사시대에 그것을 투사했다. 홉스가 '인간 본성'이라고 불렀던 것은, 부드럽게 말해도 대부분의 사람들에게 삶이 거칠었던 17세기 유럽의 투사投射였다. 비록 수 세기에 걸쳐 지속되긴 했지만, 선사시대의 인간 생활에 대한 홉스의 어두운 환상은 티후아나Tijuana의 길 잃은 개들에 대한 관찰들에 기초해 시베리아 늑대들에 대해 내린 거창한 결론들만큼의 타당성을 지닐 뿐이다.

• • •

공정하게 말하면, 맬서스와 홉스와 다윈은 실제적인 자료의 결여라는 제한을 받았다. 엄청나게 훌륭한 일이지만, 다윈은 이 약점을 인식하고, 표본들을 모으고, 대량의 메모를 하고, 유용한 정보를 그에게 제공할 수 있을 법한 사람이면 누구와든 교신하는 데 성년 시절 전체를 쏟으면서 그것을 해결하려 노력했다. 그러나 그것으로는 충분하지 않았다. 필요한 사실들이 수십 년 동안 밝혀지질 않았다.

---

8) Lilla (2007).

그러나 현재 우리는 그 자료들을 가지고 있다. 과학자들은 고대의 유골과 치아를 읽고, 홍적세 시대의 불들로부터 나온 재의 탄소 연대 측정을 하고, 우리 조상들의 미토콘드리아의 DNA 추이를 추적하는 일에 대한 교육을 잘 받았다. 그리고 그들이 발견한 정보는 홉스와 맬서스가 불러내고 다윈이 몽땅 삼켜버린 선사시대에 대한 시각을 설득력 있게 반박한다.

가난하고 가련한 나

우리는 우리가 소유하고 있는 것이 아니라, 우리가 가지지 않고도 지낼 수 있는 것에 의해 부유해진다.

임마누엘 칸트Immanuel Kant

만일 "과거를 통제하는 사람이 미래를 통제한다."라는 오웰Orwell의 말이 옳다면, 먼 과거를 통제하는 사람들은 어떻게 되는 걸까?

농업과 연관되어 인구가 증가하기 전에 세계의 대부분은 인구 면에서 광대하며 비어 있는 장소였다. 그러나 홉스와 맬서스와 다윈이 상상한 절망적일 정도의 과밀 인구라는 모습은 여전히 진화론에 깊이 새겨져 있고 만트라mantra나 저주받은 사실들처럼 반복되고 있다. 예를 들면, 철학자 데이비드 리빙스턴 스미스David Livingstone Smith는 "왜 전쟁인가?Why War?"라는 제목의 최근 논문에서, 잘못된 최악의 절망 상태로 묘사된 맬서스의 전경을 투영한다. 그는 "제한된 자원에 대한 경쟁이 진화적 변동의 엔진이다."라고 썼다. "억제받지 않고 재생산을 하는 어떤 주민이라도 종국에는 그들이 의존하는 자원을 앞지르게 되고, 인구수가 늘어남에 따라 개인들은 감소되는 자원을 두고 더욱 필사적으로 경쟁하는 것 외에는 대안이 없게 될 것이다. 자원을 확보할 수 있는 사람들은 번성하고 그럴 수 없는 사람들은 죽을 것이다."[9]

어느 정도는 사실이다. 그러나 그것은 매우 설득력 있지는 않다. 왜냐하면 스미스는 우리 조상들이 원래 이동하며 사는 남성들(그리고 여성들), 즉 한 번에 며칠 이상 좀처럼 걷기를 멈추지 않는 유랑민이었다는 점을 잊고 있기 때문이다. 걸어서 떠나는 것은 그들이 가장 잘 했던 일이다. 셀 수 없는 세대 동안 해 왔던 것처럼 단지 해변까지 걸어갈 수 있는데에도, 자원이 고갈된 인구 과밀 지역에서 '필사적으로' 투쟁하면서 머물렀을 것이라고 가정하는 이유는 무엇인가? 게다가, 선사시대 인간들은 결코 쥐처럼 '억제 받지 않고' 번식하지 않았다. 결코 그렇지 않았다. 사실은 선사시대 세계 인구의 성장은 선사시대 전체에 걸쳐 1년에 0.001%를 훨씬 밑돌았던 것으로 추정된다.[10] 맬서스가 상정했던 인구 폭탄은 도저히 있을 수 없었다.

수렵채집 생활의 맥락에서 볼 때, 인간의 기본적인 재생산 생물학이 급속한 인구 성장을 가져오지는 않았을(비록 불가능하지는 않았겠지만) 것이다. 여성들은 아이에게 젖을 먹이는 동안에는 좀처럼 임신을 하지 않았으며, 가축으로부터 얻을 수 있는 우유도 없는 상태였다. 따라서 수렵채집인hunter-gatherer 여성들은 일반적으로 5년 또는 6년 동안 아이 하나씩을 젖 먹인다. 더구나 이동성을 지닌 수렵채집인 생활양식의 요구조건들 때문에 한 번에 작은 아이 한 명 이상을 업고 다니는 것은, 타인으로부터 많은 도움을 받는 경우라고 하더라도 엄마로서는 분별없는 짓이었다. 마지막으로, 낮은 체지방 수준 때문에 수렵채집인 여성들은 농업사회 이후의 여성들에 비해 초경이 훨씬 늦었다. 대부분의 수렵채집인들은 10대 후반이 될 때까지 배란을 시작하지 않았으며, 그로 인해 더 짧은 생식 기간을 갖게 된다.[11]

홉스, 맬서스, 다윈은 인구 포화의 절망적인 효과들-만연하는 전염병, 끊

---

9) 스미스의 논문은 온라인으로 읽을 수 있다. http://realhumannature.com/?page_id=26.
10) Hassan (1980).
11) 선사시대의 인구 수준이 어떻게 그리고 왜 그렇게 느리게 성장하는지에 대한 상이한 관점에 관해서는 Harris (1977), 특히 제2장을 보라. 또 다른 관점을 더 보려면, Hart and Sussman (2005)를 보라. 그들은 우리의 조상들이 사실상 홉스적인 공포 속에서 살았다고 주장하지만, 서로로부터 오는 공포보다는 부단한 약탈로부터 오는 공포 때문이라고 보고 있다. 맬서스는 아메리카 원주민들의 낮은 인구 성장을 인정했지만, 그는 그것을 식량 부족, '냉정한 기질', 또는 '그들의 신체 틀에서의 자연적인 결함'에 의해 야기된 성욕의 결여 탓으로 돌렸다.

임없는 전쟁, 권력을 쟁취하기 위한 마키아벨리적인 투쟁들—에 의해 둘러싸여 있었다. 그러나 선사시대의 세계는 여하튼 주민이 살고 있던 곳이라고 하더라도 인구가 희박했다. 사막에 둘러싸인 고립된 골짜기들 또는 파푸아 뉴기니와 같은 섬들과는 달리, 선사시대의 세계는 거의 모두가 개방된 경계를 갖고 있었다. 대부분의 학자들은 우리 조상들이 약 5만 년 전에 아프리카를 막 출발하고 있었고 그로부터 5,000년 또는 1만 년 뒤에 유럽으로 들어갔다고 믿고 있다.[12] 대략 1만2,000년 전까지는 인간의 최초의 발자국이 아마도 북아메리카의 흙 위에는 없었을 것이다.[13] 농업이 시작되기 전의 수천 년 동안, 지구상 호모 *사피엔스*의 전체 수는 아마도 100만 명을 결코 넘지 않았을 것이며, 확실히 시카고의 현재 인구에 결코 도달하지 못했다. 게다가 최근에 얻어진 DNA 분석결과는 환경 새앙에 의해 야기된 몇 번의 인구 병목현상으로 말미암아 우리 종은 7만 년 전까지만 해도 기껏해야 수백 명의 개인들로 감소했음을 시사한다.[14]

우리의 종種은 매우 젊은 종이다. 우리 조상들 중 홉스와 맬서스, 다윈이 상상한, 희소성이 발생시킨 가차 없는 선택적 압력들에 직면한 사람들은 거의 없었다. 대체로 조상 인류의 여행은 우리의 종에 의해 이미 가득 차 있는 세계

---

12) 이전에 아프리카로부터 아시아와 유럽으로 퍼져 나간 다른 종의 원인原人의 대부분은 현생 인류가 아프리카로부터 나와 배회할 무렵에는 이미 멸종했다. 여전히 버티고 있던 네안데르탈인과 (아마도) 호모 에렉투스Homo Erectus는, 분명하지는 않지만 종 사이의 경쟁이 있었다면 커다란 불리함을 겪었을 것이다. 유럽과 중앙아시아 일부에서의 네안데르탈인의 존재는 수렵 지역을 둘러싼 경쟁을 초래했을 것이지만, 우리 조상들과 네안데르탈인 사이의 접촉의 정도는 있다고 하더라도 아직 밝혀지지 않았다고 주장할 수도 있을 것이다. 또한 어떠한 중첩도 부분적이 없었을 텐데, 그것은 네안데르탈인들은 최고 수준의 육식성인 것으로 보이는 반면 호모 사피엔스Homo sapiens는 지금도 그렇지만 과거에도 열렬한 잡식성이었기 때문이다(예컨대 다음을 보라. Richards and Trinkaus, 2009).
13) 인간이 언제 아메리카 대륙에 처음 도착했는지 하는 문제는 아직 해결되지 않았다. 인간의 정착 시기가 약 3만 5,000년 전까지 거슬러 올라간다는 것을 암시하는 최근의 칠레에서의 고고학적 발견들은 첫 인간들이 어떻게 그리고 언제 서반부에 도착했는지 하는 문제를 열린 상태로 새롭게 던져 주었다. 예컨대 다음을 보라. Dillehay, et al. (2008).
14) 예를 들면 다음을 보라. Amos and Hoffman (2009). 고인류학자 존 호크스John Hawkes는 "다수의 인간 소집단들이 사실 집중적으로 경쟁하고 있었고, 그것들 중 다수는 장기간 존속하지 못했다. 바꾸어 말하면, 작고 효율적인 규모가 고대의 경쟁 또는 전쟁이 없었다는 증거가 되기는 어렵다. 다수의 지역적인 멸종은 집중적인 경쟁의 결과일지도 모른다."라고 제안하면서, 인구 병목현상들이 반드시 선사시대 인구의 전체적인 희박함을 암시하는 것이라는 확신을 갖고 있지 않다(그의 블로그를 보라. http://johnhawkes.net/node/1894). 세계에서 가장 거주하기 어려운 지역에서 수렵채집인들이 존속하고 있다는 점, 지구의 나머지 부분에서의 상대적인 풍부함, 7만 년 전의 토바산의 폭발 이후 단지 수백 쌍의 번식 가능한 짝만 있었다는 유전학적 증거(Ambrose, 1998.)를 감안하면, 우리는 지구적 재앙에 대립되는 것으로서의 경쟁에 기인한 '다수의 지역적 멸종'에 관한 호크스의 시나리오를 확신할 수 없다.

에서 음식조각을 두고 싸우면서 일어나지 않았다. 오히려 우리 조상들의 대부분이 택한 여정은 이미 거기에 우리와 같은 종이 존재하지 않는 수많은 일련의 생태계ecosystems를 거쳐 나가는 것이었다. 최근에 플로리다 남부의 소택지 Everglades에 도입된 버마 비단뱀, 오스트레일리아 전역에 아무런 제한 없이 확산되고 있는 케인토드cane toad 두꺼비, 또는 최근에 옐로우스톤에 다시 도입된 얼룩이리timber wolves 등을 생각해 보라. 홉스가 "인간 대 인간의 관계는 순전히 늑대와 같은 것이다."라고 썼을 때 그는 늑대들이 모두를 위한 충분한 식량이 존재할 때에는 얼마나 협동적이고 소통적일 수 있는지 그 실상을 알지 못했다. 풍요로운 새로운 생태계로 확산되는 종 내에서의 개체들은 서로에 대한 필사적인 투쟁 관계에 갇히지 않는다. 틈새가 포화상태에 이를 때까지는 종 내부에서 식량을 둘러싼 그러한 갈등은 역효과를 낳을 뿐 아니라 불필요한 것이다.[15]

우리는 광활하며 비어 있는 세계에서조차도 수렵채집인들의 사회적 삶은 결코 *고립적이지* 않았다는 것을 이미 보여주었다. 그러나 홉스는 선사시대의 삶은 *가난하다*는 주장도 했고, 맬서스는 가난이 영원하고 피할 수 없는 것이라고 믿었다. 그러나 대부분의 수렵채집인들은 자신들이 가난하다고 믿지 않으며, 어느 모로 보나 삶은 일반적으로 우리식의 권력 장악을 위한 투쟁과 같은 그런 것이 아니며, 우리의 총명한 조상들은 협동적인 무리로 결속했다. 확실히 가뭄이나 기후 변화, 화산 폭발과 같은 간간이 일어나는 재난들이 파괴적인 효과를 가지기도 했다. 그러나 우리 조상들 대부분은 대체로 사람이 별로 살지 않으면서 식량으로 가득찬 세계에서 살았다. 수십만 세대 동안 우리 조상들이 직면한 잡식성 종의 딜레마는 다수의 요리 선택지 중에서 무엇을 고를 것인가 하는 문제였다. 식물은 흙을 먹고, 사슴은 식물을 먹고, 쿠거는 사

---

15) 농업 자체는 점진적으로 증대하는 인구와 파멸적인 기후 변화의 결합된 효과들에 의해 발생한 생태학적 포화에 대한 반응으로 보는 것이 아마도 최상일 수 있을 것이다. 예를 들면, 이스트 앵글리아 대학교University of East Anglia 의 연구원인 닉 브룩스Nick Brooks는 "문명은 대체로 파멸적인 기후 변동에 대한 계획되지 않은 적응의 우연적 부산물이었다."라고 주장한다. 브룩스와 그의 동료들은 농업으로의 변천이 악화되는 환경적 조건들에 대한 "최후의 수단과 같은" 반응이었다고 주장한다. 기후 변동이 어떻게 농업을 촉발했는지에 관한 포괄적인 논의는 다음을 참조하라. Fagan (2004).

습을 먹는다. 그러나 사람은 쿠거와 사슴과 식물은 물론이고 심지어 흙까지 포함해서 거의 아무 것이나 먹을 수 있고 실제로 먹는다.[16]

백만장자들의 절망

가난은… 문명의 발명품이다.

마셜 샐린즈Marshall Sahlins

최근 〈뉴욕 타임즈〉에 실린, "실리콘 밸리에서는 부자라고 느끼지 못하는 백만장자"라는 헤드라인으로 된 기사는 "거의 어떠한 징의定義-여기 실리콘 밸리에서의 그 자신의 정의와 아마도 그의 이웃들의 정의를 제외하고는-에 따르더라도 핼 스테거Hal Steger는 성공했다."라는 말로 시작된다. 그 기사에 따르면, 비록 스테거씨와 그의 부인의 실질 자산은 대략 350만 달러이지만 그는 늘 그렇듯이 여전히 평일에는 열두 시간씩 그리고 주말에 부가로 열 시간씩 일한다. 스테거는 "수백만 달러는 과거에 가지던 가치를 갖지 못한다."라고 설명한다.

온라인 데이트 서비스를 제공하는 매치닷컴Match.com의 설립자인 개리 크레멘Gary Kremen은 (실질 자산이 1,000만 달러에 이를 것으로 추산되는데) "여기에 있는 모든 사람은 자신보다 위에 있는 사람들을 바라본다."라고 설명한다. 그는 계속해서 일주일에 60시간에서 80시간을 일한다. 그것은 "당신은 여기서는 1,000만 달러 가지고는 아무것도 아니기" 때문이라고 말한다. 또 다른 중역은 핵심을 잘 짚고 있다. 그는 "여기에서는 상위 1%가 상위 0.1%를 추격하고, 상위 0.1%는 상위 0.01%를 추격하고 있다."라고 말한다.[17]

---

16) '토식土食'이라고 알려진, 흙을 먹는 일은 전 세계의 사회들에서 공통적으로 나타난다. 특히 임신을 하고 젖이 나오는 여성들 사이에서 그러하다. 게다가 흙은 유독한 알칼로이드와 타닌산을 포함하고 있어 독성을 지니고 있을 많은 음식들이 알칼로이드로 굳힌 진흙과 함께 요리된다. 진흙은 철, 구리, 마그네슘, 칼슘 등 모두 임신기간에 결정적으로 중요한 성분의 풍부한 원천이 될 수 있다.

17) 2007년 8월 5일자.

이런 종류의 사고는 실리콘 밸리에 한정되지 않는다. 2003년 9월의 BBC 뉴스는 "부자는 새로운 빈자貧者이다."라고 보도했다. 캠브리지 대학교의 객원교수 클라이브 해밀턴Clive Hamilton 박사는 '고통 받는 부자'에 대한 연구에 착수했다. 그는 5만 파운드(당시로는 대략 8만 달러)를 넘게 버는 사람 10명 중 4명이 '박탈감'을 갖는 것을 발견했다. 해밀턴은 "어제의 빈자들의 실제적인 근심이 오늘날의 부자들에게는 상상에 의해 만들어진 근심이 됐다."라고 결론지었다. 최근에 미국에서 수행된 또 다른 연구는 (집을 빼고) 100만 달러 이상의 실질 자산을 가진 사람들의 45%가 그들이 죽기 전에 돈이 바닥날까 걱정하고 있다는 것을 발견했다. 500만 달러 이상을 가진 사람들의 3분 1 이상이 동일한 근심을 가지고 있었다.[18]

'부자병affluenza(일명 사치열luxury fever)은 일부 사람들이 우리로 하여금 믿게 하려는 것과는 달리, 인간 동물의 영원한 고통이 아니다. 그것은 농업과 함께 발생한 부의 차이들에 의해 발생한 효과이다. 그럼에도 불구하고 현대 사회들에서도 우리는 종종 우리 조상들의 고대的 평등주의의 반향들을 발견한다.

1960년대 초반, 스튜어트 울프Stewart Wolf라는 이름의 한 내과의사가 심장병이 거의 발생한 적이 없는 북동 펜실베니아 주에 있는 이탈리아 이민자들과 그들의 후손들이 사는 마을에 관해 들었다. 울프는 로세토Roseto라는 그 마을을 좀 더 자세히 관찰하기로 결심했다. 그는 55세 이하의 사람 중에서 거의 아무도 심장병 증상을 나타내지 않는다는 것을 발견했다. 65세 이상 사람들은 평균적인 미국인에게 기대되는 심장 문제 가짓수의 약 절반 정도만 겪고 있었다. 로세토의 전체 사망률은 전국 평균보다 약 3분 1이 낮았다.

운동, 다이어트 그리고 오염 수준 등 지역적 변수들과 같은 요인들을 주의 깊게 배제한 채 연구를 수행한 뒤, 울프와 사회학자 존 브런John Bruhn은 로세토 주민들을 더 건강하고 더 오래 살게 하는 주요 요인은 *공동체 자체의 본성*

18) http://moneyfeatures.blogs.money.cnn.com/2009/04/30/millionaires-arent-sleeping-well-either/?section=money_topstories.

이라고 결론지었다. 그들은 대부분 3대가 한 가정에 함께 살고 있고, 나이든 사람들이 많은 존경을 받고 있었다. 공동체는 "말로치오maloccio(악마의 눈)에 연관된, 이탈리아 마을 주민들 사이에 고대 신념으로부터 유래된 과시에 대한 공포"를 보였다. 연구자들은 그럼으로써 그들이 부에 대한 어떠한 과시도 가치 없는 것으로 여긴다고 지적했다. 울프는 "아이들은 이웃에게 부나 우월성의 어떠한 과시를 하는 것도 나쁜 운을 가져다 줄 것이라고 배운다."라고 썼다.

로세토의 평등주의적인 사회적 연대는 1960년대 중반에는 이미 와해되고 있었다고 지적하면서, 울프와 브런은 한 세대 이내에 그 마을의 사망률이 상승하기 시작할 것이라고 예측했다. 25년 뒤 그들이 수행한 후속 연구들에서 그들은 "가장 충격적인 사회 변동은 오랫동안 지속되었던 과시에 대한 금기가 광범위하게 거부된 것이며, 한때 로세토의 전형적인 특징이었던 공유가 경쟁으로 대체됐다."라고 보고했다. 심장병 발병률과 심장 발작률 모두가 한 세대 만에 2배가 됐다.[19]

수렵채집인들은 자산을 공유하기 때문에 그들 사이에서 가난은 하찮은 문제가 되는 경향이 있다. 마셜 샐린즈는 그의 대표작인 〈석기시대의 경제학 Stone Age Economics〉에서 "세계에서 가장 원시적인 사람들은 소유물을 거의 갖고 있지 *않지만 그들은 가난하지 않다.* 가난은 어떤 적은 양의 재화가 아니며, 수단과 목적 사이의 관계 그 자체도 아니다. 무엇보다도 가난은 사람들 사이의 관계이다. 가난은 사회적 지위이다. 그러한 것으로서 가난은 문명의 발명품이다."라고 설명한다.[20] 소크라테스는 2,400년 전에 다음과 같이 동일한 지적을 했다. "최소한을 가지고 만족하는 사람이 가장 부자인데 그것은 만족이 본성의 부유함이기 때문이다."

그러나 문명의 부는 물질적이다. 저널리스트인 데이비드 플로츠David Plotz 는 〈구약성서〉를 꼼꼼히 다 읽고 난 후에 그 상업적인 어조에 놀라게 된다. 그

---

19) 다음을 보라. Wolf et al. (1989), Bruhn & Wolf (1979). Malcolm Gladwell (2008)도 로세토에 관해 논의한다.
20) Sahlins (1972), p. 37.

는 "성경, 특히 창세기의 최우선적인 주제는 부동산이다. 하나님은…끊임없이 땅 거래를 하고 있다(그리고는 상이한 조건으로 거래를 다시 하고 있다).…성경이 집착하는 것은 땅만이 아니라 동산動産, 즉 금과 은, 가축도 포함한다."라고 썼다.[21]

맬서스와 다윈은 둘 다 수렵채집인들의 특징적인 평등주의에 놀랐다. 맬서스는 "대부분의 아메리카 인디언 부족들 사이에서는…높은 수준의 평등이 통용되고 있어, 각 공동체의 모든 성원들은 미개한 생활의 일반적인 어려움과 가끔씩 찾아오는 기근의 압력 속에서 거의 똑같이 소유를 했다."라고 썼다.[22] 다윈은 자신이 알고 있는 자본에 기초한 문명과, 그가 원주민의 자멸적인 관대함이라고 보았던 것 사이의 본래적인 갈등을 인식하고서는, "광활한 평원에서든, 열대의 울창한 숲에서든, 해변을 따라서든, 유목민의 습관들은 모든 경우에 매우 해로웠다. … 모든 주민의 완벽한 평등은 다년간 그들의 문명을 방해할 것이다."라고 썼다.[23]

"인간의 최하 등급에서" 만족 발견하기

세계에서 가장 유린되고, 불쌍하고, 절망적으로 가난한 "미개인들"의 한 예를 찾다가, 맬서스는 유럽의 여행자들이 "인간의 최하 등급"에 있다고 판단한 "티에라 델 푸에고Tierra del Fuego의 비참한 주민들"을 인용했다. 정확히 30년 뒤에 찰스 다윈은 바로 그 사람들을 관찰하면서 티에라 델 푸에고에 머물고 있었다. 그는 푸에고 주민들에 관한 맬서스의 의견에 동의하면서 자신의 일기에 "나는 전 세계를 다 뒤져도 더 낮은 등급의 인간을 발견할 수 없을 것이라고 믿는다."라고 썼다.

21) http://www.newyorker.com/online/blogs/books/2009/04/the-exchange-david-plotz.html.
22) Malthus (1798), Book I, Chapter IV, paragraph 38.
23) Darwin (1871/2007), p. 208.

마침 다행스럽게도, 다윈이 타고 항해하던 배인 *비글*Beagle호의 선장 로버트 피츠로이Robert FitzRoy는 초기 항해에서 3명의 푸에고 젊은이들을 골라 영국으로 데리고 왔다. 영국 생활의 영광과 적절한 기독교적 교육을 그들에게 소개하기 위해서였다. 그들이 문명화된 삶의 우월성을 직접 경험한 다음에, 피츠로이는 그들을 선교사로 삼아 그들의 고향사람들에게로 데려갔다. 푸에고 주민들에게 그들의 '야만적인' 방식들이 얼마나 어리석은가를 보여주고 그들이 문명화된 세계에 동참하도록 돕게 할 계획이었다.

제미Jemmy와 요크York, 푸에기아Fuegia는 지금은 다윈산이라고 불리는 산의 기슭 근처에 있는 울리아Woollya만灣에서 그들의 부족에게 돌려보내졌다. 그러나 정확히 그로부터 1년 후 *비글*호와 승무원들이 다시 돌아왔을 때, 영국 선원들이 3명의 푸에고 젊은이를 위해 지어준 오두막과 뜰은 버려지고 잡초가 무성해져 있었다. 결국 제미가 나타나 그와 다른 기독교화된 푸에고인들은 이전 생활방식으로 되돌아갔다고 설명해 주었다. 다윈은 깊은 슬픔에 잠겨 자신의 일기에 "그렇게 완벽하고 슬픈 변화"를 결코 본 적이 없었으며 "그를 바라보는 것은 고통스러웠다."라고 적었다. 그들은 제미를 배에 태워 옷을 입힌 뒤 선장의 식탁에서 식사를 하게 했다. 많은 사람들은 그가 최소한 나이프와 포크를 적절히 사용하는 방법을 기억하는 것을 보고는 위안을 얻었다.

피츠로이 선장은 그에게 다시 영국으로 데리고 가 주겠다고 제안했다. 하지만 제미는 "많은 과일과 많은 물고기, 많은 새들"로 "행복하고 만족하기" 때문에 "영국으로 돌아가는 것을 전혀 원하지 않는다."라고 말하면서 사양했다.

유카탄 반도를 기억하라. 우리의 눈에는 지독한 가난처럼 보이는 것, 심지어 "인간의 최하 등급"으로 보이는 것도 우리가 인식할 수 없는 부富의 한 형식들을 함유하고 있을지 모른다. 역겨움을 느낀 영국인들이 자신들이 기아의 마지막 미친 발작을 목격하고 있음이 틀림없다고 생각할 때, 저지방 쥐들을 행복하게 굽고 즙이 많은 유충을 씹어 먹는 오스트레일리아의 "굶주린" 원주민들을 상기해 보라. 우리가 **탈종족화**detribalizing—우리의 시각을 왜곡하는 문화적 조건을 벗겨 내는 일—를 시작할 때, "부"와 "가난"은 우리가 가장 기대하지 않는 곳에서 그 모습을 드러낼지도 모른다.[24]

---

24) 국가 단계에 이르지 못한 사회들 사이에서 현대의 경제 이론이 어떻게 전개되는지(또는 전개되지 않는지)에 대한 보다 상세한 분석을 보려면 다음을 참조하라. Henrich, et al. (2005). Ingold et al. (1988) 중에서 리차드 리 Richard Lee가 쓴 다음 제목의 장, "Reflections on primitive communism".

제12장 이기적인 밈(지저분한?)

〈이기적인 유전자〉의 저자인 리처드 도킨스는, 선호된 유전자가 재생산을 통해 복제되는 방식을 배우거나 모방함으로써, 공동체 전체에 확산될 수 있는 정보의 단위를 지칭하기 위해, 밈meme이라는 용어를 만들어냈다. 평등주의 밈과 자원·위험의 공유 밈들이 선사시대 환경에서 선호된 것과 꼭 마찬가지로, 이기심 밈이 농경시대 이후 세계 대부분의 지역에서 번창했다. 그렇기는 하지만, 다름 아닌 아담 스미스와 같은 경제학의 권위자도 동정심과 연민은 이기심과 마찬가지로 자연스럽게 인간에게 찾아든다고 주장했다.[1]

희소성에 기초한 경제적 사고가 부의 공급, 수요, 분배의 문제들에 대한 실질적인 인간적 접근이라는 잘못된 가정은, 지나간 수 세기에 걸쳐 많은 인류학적, 철학적, 경제적 사상을 오도했다. 경제학자 존 가우디John Gowdy가 설명하듯이, "'합리적인 경제적 행동'은 시장 자본주의에 특유한 것으로, 각인된

---

1) 스미스는 〈도덕감정론A Theory of Moral Sentiments〉에서 "인간이 아무리 이기적인 존재로 상정되더라도 인간 본성에는 몇 가지 원칙들이 명백히 존재한다. 그 원칙들은 그가 타인의 행운에 관심을 갖게 하고, 타인의 행복이 그에게 필요한 것이 되게 만든다. 그것을 바라보는 기쁨 외에는 그것으로부터 아무것도 얻어내지 못하더라도 그러하다."라고 썼다.

신념들의 조합이지 자연의 객관적인 보편적 법칙이 아니다. 경제적 인간의 신화는 현대 자본주의의 조직 원리를 설명할 뿐, 그 이상도 이하도 아니다."[2]

호모 에코노미쿠스Homo economicus

우리는 탐욕을 가지고 있고(have a greed), 그것에 우리는 동의했다(have agreed)…

에디 베더Eddie Vedder의 노래 "Society"

많은 경제학자들은 그들의 중심적인 조직 원리인 호모 에코노미쿠스(일명 *경제적 인간*)가 인간 본성에 관한 가정들에 뿌리를 둔 신화이지, 항구적인 경제철학의 기초를 이루는 튼튼한 진리가 아니라는 사실을 망각했다(또는 결코 이해하지 못했다). 존 스튜어트 밀John Stuart Mill은 "최소량의 노동과 물질적 금욕으로, 최대량의 필수품·유용품·편의·사치품을 얻을 수 있는 행동을 불가피하게 하는 존재로서, 인간에 관한 자의적恣意的 정의"[3]라고 자신이 인정한 것을 제안했을 때, 그 '자의적 정의'가 수 세기 동안 경제사상의 한계를 만들 것이라고 예상했는지는 의심스럽다. "내가 나의 출생 장소를 선택해야만 했다면, 나는 모든 사람이 다른 모든 사람을 알고 있고, 따라서 악의 어두운 책략도 덕의 고상함도 대중의 정밀한 감시와 판단을 회피할 수 없는 나라를 선택했을 것이다."라는 루소의 말을 상기해 보자. 탐욕이 인간 본성의 일부 그 자체라고 선언하는 사람들은 너무나 자주 맥락은 언급하지 않은 채로 남겨둔다. 물론, 탐욕은 인간 본성의 일부이다. 그러나 수치심도 그러하다. 관대함도

---

2) Gowdy (1998), p. ⅹⅹⅳ.
3) Mill (1874).

그러하다(그리고 유전학적 친척들에게만 그런 것이 아니다). 경제학자들이 이기심에 의해서만 동기화되는, '경제적 인간'의 환상들을 토대로 자신들의 모델을 수립할 때 그들은 공동체, 즉 우리가 서로 그 둘레를 도는 지극히 중요한 의미意味의 망網, 진정으로 *인간적인* 모든 것이 발생하는 배경이 되는 맥락을 망각하고 있다.

게임이론과 경제학에서 가장 많이 인용되는 사고思考 실험들 중의 하나는 '수인囚人의 딜레마The Prisoner's Dilemma'라고 불리는 것이다. 그것은 고상하면서도 단순한 상호성의 모델을 제시하는데, 일부 과학자들은 그것을 '사회심리학의 대장균E. coli of social psychology'이라고 지칭한다. 그것이 작동하는 방식은 다음과 같다. 두 명의 용의자가 체포되었지만, 경찰은 유죄라는 충분한 증거를 가지고 있지 않다. 두 명의 죄수를 격리한 다음 각자에게 동일한 제안을 한다. 즉, 만일 당신이 당신의 동료에 불리한 증언을 하고 상대는 침묵을 지킨다면 당신은 석방되고 그는 10년형을 선고받을 것이다. 만일 그가 자백을 하고 당신은 하지 않는다면 그는 자유의 몸이 되고 당신이 10년형을 살 것이다. 만일 당신들 둘 다 얘기를 않는다면, 당신들 둘 다 6개월형을 받을 것이다. 만일 당신들 둘 다 얘기를 한다면, 당신들은 둘 다 5년형을 살 것이다. 각 죄수들은 고자질을 하거나 침묵을 지켜는 것 중 하나를 선택하지 않으면 안 된다. 각자는 상대가 자신의 결정에 대해 알지 못할 것이라는 얘기를 듣는다. 죄수들은 어떻게 대꾸를 할까?

게임의 고전적인 형태에서, 참여자들은 각자 빨리 배신하는 것의 이득을 알게 되면 거의 항상 서로 배신한다. 먼저 말하라, 그런 다음 자유롭게 걸어나가라. 그러나 세계 어느 곳의 감옥에서든 그 이론적 결론을 적용하고 '쥐들'에게 무슨 일이 일어나는지를 물어보라. 과학자들은 동일한 참여자들에게 그 게임을 경험하게 하고, 그들의 행동이 시간이 지남에 따라 변화하는지를 보기로 결정했다. 마침내 이론이 현실을 따라잡았다. 로버트 악설로드Robert Axelrod가 〈협동의 진화The Evolution of Cooperation〉에서 설명하는 것처럼, 참여자들은 자신이 침묵을 지키고 파트너도 똑같이 그렇게 한다면 더 나은 기회를 갖게 된다는 것을 금방 배웠다. 만일 파트너가 말을 한다면 그는 '보복'의 한 유형에 따라 나쁜 평판을 얻고 처벌될 것이다. 시간이 지남에 따라, 보다 이타적인 접근을 한 참여자들은 잘 된 반면에, 자신의 개인적인 단기적 이해관계만 쫓아 행위를 한 사람들은 이를테면 샤워실의 면도날처럼 심각한 문제들에 봉착했다.

심리학자 그레고리 번즈Gregory S. Berns와 그의 동료들이 여성 참여자들을 MRI 기계에 연결하기로 결정했을 때, 이 실험에 대한 고전적 해석은 또 다른 타격을 입었다. 번즈와 그의 동료들은 조사대상자들이 속임을 당할 때, 즉 한 사람은 협동하려고 노력하고 다른 한 사람은 '밀고를 했을' 때, 두뇌가 가장 강력하게 반응하는 것을 보게 될 것으로 예상했다. 그러나 그들이 발견한 것은 그것이 아니었다. 번즈는 〈뉴욕타임즈〉의 나탈리 앤지어Natalie Angier에게 "그 결과들은 정말 우리들을 놀라게 했다."라고 말했다. 두뇌는 협동의 행위들에서 가장 활발하게 반응했다. "가장 밝은 신호들이 협동적인 동맹에서 발생했다. 그리고 디저트, 예쁜 얼굴의 사진, 돈, 코카인 그리고 몇몇 합법적이고 불법적인 즐거움들에 반응하는 것으로 이미 알려진 뇌의 이웃 부위들에서도 발생했다."[4]

뇌의 단층촬영 결과를 분석한 다음, 번즈와 그의 팀은 여성들이 협동했을 때 도파민dopamine에 잘 반응하는 뇌의 두 부분이 활성화된 것을 발견했다. 전복부 선조체anteroventral striatum와 안와전두 피질orbitofrontal cortex이 그것이다. 두 영역은 모두 자극 통제, 강압적인 행동, 보상 절차와 연관되어 있다. 번즈는 자신의 팀이 발견한 것에 놀라기는 했지만 거기서 위안을 찾았다. 그는 "그것은 안심시키는 결과였다."라고 말했다. "어떤 점에서는, 그것은 우리가 서로 협동하도록 연결되어 있다는 것을 말해 준다."

---

4) NYT 2002년 7월 23일자, "Why We're so nice: We're wired to cooperate". 원래의 연구를 보려면 Rilling, et, al. (2002)를 참조하라.

공유지의 비극

1968년에 〈사이언스Science〉라는 유명한 저널에서 처음 출간된 생물학자 가렛 하딘Garrett Hardin의 논문 "공유지의 비극The Tragedy of the Commons"은 지금까지 과학 저널에 게재된 논문들 중 가장 많이 재인쇄된 논문이다. 최근의 세계은행 토론 논문World Bank Discussion Paper의 저자들은 그것을 "사회과학자들이 자연 자원에 관한 이슈들을 평가하는 지배적인 패러다임"이라고 불렀다. 반면 인류학자 아펠G. N. Appell은 그 논문이 "학자들과 전문가들에 의해 신성한 교과서로 받아들여졌다."라고 말한다.[5]

1800년대까지 줄곧, 영국 농촌의 많은 지역은 가시가 달린 철조망이 나타나기 전까지는 미국 서부의 개방된 방목지처럼 공유지, 즉 왕이 소유하지만 모든 사람이 활용 가능한 자산으로 간주됐다. 하딘은 영국 공유지를 자신의 모델로 활용해, 어떤 자원이 공동으로 소유될 때 어떤 일이 일어나는지를 보여주려고 했다. 그는 "모두에게 개방된 목초지에서는… 각 목동이 가능하면 많은 소를 치려고 할 것이다."라고 추론했다. 목초지에는 파괴적인 결과가 나타나겠지만, 목동의 이기심은 그의 개인적인 관점에서 보면 좋은 경제적 결과를 낳는다. 하딘은 "합리적인 목동은 그가 추구할 수 있는, 분별 있는 유일한 방도는 자신의 가축 떼에 또 한 마리의 동물을 추가하는 것이라고 (결론내릴 것)"이라고 썼다. 이것은 유일하게 합리적인 선택이다. 왜냐하면, 지나친 방목에 의한 토지 퇴화라는 대가는 모두가 공유하지만, 동물을 추가함으로써 얻는 이득은 그 혼자만의 것이 될 것이기 때문이다. 각 개별 목동은 동일한 결론에 이를 것이기 때문에, 공동의 토지는 불가피하게 과잉 방목될 것이다. 하딘은 "공유지에서의 자유는 우리 모두에게 파멸을 가져온다."라고 결론지었다.

농업 생산력과 관련된 인구 성장에 관한 맬서스의 생각과 마찬가지로, 하

---

5) 이것은 하딘의 논문에 대한 이언 앵거스Ian Angus의 탁월한 분석으로부터 인용했다. 그것은 다음에서 볼 수 있다. http://links.org.au/node/595.

딘의 논증은 큰 인기를 얻었다. 그 이유는 (1) 논쟁의 여지가 없이 정확한 것처럼 보이는 A+B=C라는 단순한 등식을 특징으로 하고 있고, (2) 확립된 권력들이 내리는, 비정한 것 같은 결정들을 정당화하는 데 유용하기 때문이다. 예를 들면, 맬서스의 에세이는, 수백만 명의 아일랜드 사람들이 굶어 죽은 (그리고 수백만 명 이상이 미국으로 피난한) 1840년대의 기근을 포함해 영국이 광범위한 가난에 직면하자, 영국 재계와 정치 지도자들이 자신들의 무대책을 설명하기 위해 종종 인용했다. 공동 소유의 어리석음에 대한 하딘의 단순한 설명은 정부 서비스의 민영화와 야생지 정복을 주장하는 사람들에게 반복해서 핑계를 제공했다.

하딘의 멋들어진 주장이 맬서스의 주장과 공통적으로 갖고 있는 또 다른 특징은 그것이 현실과 접촉을 하면 붕괴된다는 것이다.

캐나다 작가 이언 앵거스Ian Angus가 설명하듯이, "하딘은 실제의 공유지에서 실질적으로 일어나는 것, 즉 관련 공동체들의 자율 규제를 무시했을 따름이다." 하딘은 인구밀도가 충분히 낮아 각 목동이 다른 목동들을 알고 있는 소규모 농촌 공동체들–영국 역사상 공유지와 고대의 수렵채집사회에서 실제 있었던 경우–에서는, 그 체계를 가지고 도박을 하려는 어떤 목동도 재빨리 적발되고 처벌받았을 것이라는 사실을 놓쳤다. 노벨상을 수상한 경제학자인 엘리노어 오스트롬Elinore Ostrom은 소규모 공동체들에서의 공유지 관리에 대한 연구들을 통해 "모든 공동체들은, 속임수를 쓰거나 자원의 공평한 몫 이상을 사용하는 것에 대비하는 어떤 형태의 감시 체계를 갖고 있다."[6]라고 결론지었다.

지역 자원의 관리에 반대론을 펴는 경제학자들과 여타 사람들이 얼마나 그것을 제시했었는지에 상관없이, 실제적인 *공유지의 비극*은 상호의존적인 개인들로 구성된 소규모 집단들에 의해 통제되는 자원들을 위협하지 않는다. 공유지는 잊으라. 우리는 *개방된 바다, 하늘, 강, 숲의 비극*에 대처할 필요가 있다. 전 세계의 어장이 붕괴되고 있다. 그 이유는 국제적인 함대들이 모든 사람

---

6) 예를 들면 다음을 보라. Ostrom (2009).

이 소유하고 있는 (따라서 아무도 소유하고 있지 않은) 바닷물을 노천 채굴하듯이 휩쓰는 것을 중지시킬 수 있는 권위와 권력과 동기를 어느 누구도 갖고 있지 않기 때문이다. 불법적으로 채굴된 러시아의 석탄을 태우는 중국 굴뚝에서 나온 독소들이 한국인의 폐에 박히는 한편, 베네수엘라의 석유를 태우는 미국의 차들이 그린란드의 빙하들을 녹이고 있다.

이러한 연쇄적 비극들이 일어나는 것은 지역과 개인의 수치심 결여 때문이다. 맬서스 경제학, *수인의 딜레마*, 그리고 *공유지의 비극*을 농업 이전의 사회들에 적용하는 것으로부터 나오는 허위의 확실성은, 루소의 표현을 빌리면 어느 누구도 "공적인 감시와 판단을 피할 수 없는" 소규모 공동체에서의 삶의 아주 세밀한 윤곽들을 우리가 무시할 것을 요구한다. 이러한 비극들은 집단의 규모가 서로의 흔적을 계속 파악할 수 있는 우리 종의 능력 , 즉 던바의 수Dunbar's number로 알려진 지점을 넘어설 때에만 불가피한 것이 된다. 영장류 공동체들에서는 규모가 단연코 중요하다.

영국 인류학자 로빈 던바Robin Dunbar는 사회적 영장류들에게서 상대의 몸을 다듬어주는 행동의 중요성에 주목한 뒤, 뇌 신피질의 발전에 대비한 전반적인 집단 규모를 획정했다. 던바는 이 상관관계를 활용하여 집단 규모가 대략 150명에 이르면, 인간은 누가 누구에게 무엇을 하고 있는지 그 흔적을 놓치기 시작한다고 예측했다. 던바의 표현으로 말하면, "신피질의 처리 능력에 의해 부과된 한계는, 안정적인 개인 간의 관계가 유지될 수 있는 개인들의 수에 대한 것일 뿐이다."[7] 다른 인류학자들은 집단 규모가 그것을 훨씬 넘어서 성장할 경우 2개의 보다 작은 집단으로 분리된다는 것을 관찰하고 동일한 수에 도달했다. 1992년 던바의 논문이 출간되기 몇 해 전에 쓴 글에서, 마빈 해리스Marvin Harris는 "집단당 50명 또는 마을당 150명 선에서 모든 사람이 다른 모든 사람을 친밀하게 알고 그리하여 상호 교환을 통한 유대가 사람들을 서로 결속시킬 수 있었다. 사람들은 받을 수 있다는 기대를 가지고 주고, 줄 수 있

---

7) Dunbar (1992, 1993).

다는 기대를 가지고 받았다."[8]라고 지적했다. 베스트셀러 〈티핑 포인트The Tipping Point〉를 쓴 말콤 글래드웰Malcolm Gladwell을 포함한 최근 저자들은 150명이라는 수가 유기적으로 기능하는 집단들에 한계로 작용한다는 아이디어를 대중화시켰다.

인간은 모든 사람이 우리의 이름을 아는, 작고 친밀한 집단들 속에서 진화해 왔기 때문에 익명의 누군가에 의해 부여된 수상쩍은 자유들을 다루는 데 별로 능숙하지 못하다. 모든 개인이 다른 모든 사람에게 적어도 약간의 면식이라도 있는 단계를 넘어설 정도로, 공동체들이 성장하게 되면, 우리의 행동이 변화하고, 우리의 선택들이 바뀌며, 가능한 것과 수용 가능한 것에 대한 우리의 감각이 훨씬 더 추상적으로 변한다.

공산주의의 저변을 이루는 인간 본성에 대한 비극적인 오해에 대해서도 동일한 주장을 할 수 있다. 집단 소유community ownership는 사람들이 익명성 속에서 움직이는 대규모 사회들에서는 통하지 않는다. 인류학자 존 보들리John Bodley는 〈척도의 권력The Power of Scale〉에서 "인간 사회와 문화의 규모가 중요하다. 그것은 왜냐하면 보다 큰 사회들은 자연적으로 보다 집중된 사회적 권력을 가지게 될 것이기 때문이다. 보다 큰 사회들은 보다 작은 사회들보다 덜 민주적인 경향이 있고, 위험과 보상의 불평등한 배분 구조를 갖는 경향이 있다."[9]라고 썼다. 맞는 말인 것이, 사회가 크면 클수록 수치심은 덜 기능적인 것으로 되기 때문이다. 베를린 장벽이 무너졌을 때, 의기양양해진 자본가들은 공산주의의 본질적 결점은 공산주의가 인간 본성에 대해 설명하지 못한 데에 있다고 공언했다. 글쎄, 맞기도 하고 틀리기도 하다. 마르크스의 치명적인 오류는 맥락의 중요성을 제대로 인식하지 못한 것인 것처럼 보인다. 인간 본성은 친밀하고 상호의존적인 사회들의 맥락에서는 한 방향으로 기능하지만, 익명성 속에 풀어놓으면 우리는 상이한 동물이 된다. 짐승과 인간이 더할 것도

8) Harris (1989), pp. 344-345.
9) Bodley (2002), p. 54.

덜할 것도 없이 절대적으로 똑같은 그런 존재가 된다.

영원한 진보의 꿈들

그는 야만인이고, 그의 종족과 섬의 관습들이 자연의 법칙들이라고 생각한다.

조지 버나드 쇼, 〈시저와 클레오파트라〉 제2막에서 시저.

우리는 진정으로 가능한 최상의 시간과 공간에서 태어난 것일까? 아니면 우리의 것은 무한대 속의 임의의 순간-각기 보상하는 쾌락과 실망을 가진, 셀 수 없는 순간들 중의 다른 순간과 똑같은-일까? 아마도 당신은 그 문제에 어떤 선택의 여지가 있다고 가정하면서 그러한 질문을 마음에 품는 것조차도 어리석다는 것을 알게 될 것이다. 그러나 그런 여지가 존재한다. 우리 모두는 우리 자신의 경험을 표준으로 간주하고, 우리의 공동체를 *인민*The People으로 보며, 우리는 선택된 자들이고 신은 우리 편이며 우리 팀은 승리할 자격이 있다고 (아마도 잠재의식적으로) 믿는 심리적 성향을 가지고 있다. 가장 돋보이는 빛 속에서 현재를 바라보기 위해 우리는 과거를 고통과 공포의 핏빛 색채로 칠한다. 홉스는 현재까지 수 세기 동안 지속되고 있는 이 심리적 가려움을 계속 긁고 있다.

진화는 개선의 과정이며, 진화하는 유기체들은 어떤 최종적이고 완성된 상태로 나아가고 있다고 가정하는 것은 일반적으로 저지르는 오류이다. 그러나 그것들은, 그리고 우리는, 그렇지 않다. 진화하는 사회나 유기체는 여러 세대에 걸쳐, 변화하는 조건들에 적응하고 있을 뿐이다. 이러한 수정들이 즉각적으로는 이로운 것일지도 모르지만, 외적 조건들은 결코 변화를 멈추지 않기 때문에 그것들은 실제로는 *개선*이 아니다.

이 오류는 여기 *현재*here and now가 거기 *그때*there and then보다 명백히 더 낫다는 가정의 기초를 이루고 있다. 3세기 반 후에도 과학자들은 여전히 홉스를 인용하면서 우리가 국가의 발생 이후에 살고 있으며, 우리의 야만적인 과거의 보편적 고통을 피할 수 있게 된 것이 얼마나 행복하냐고 우리에게 말한다. 우리가 운 좋은 사람이라고 생각하는 것은 깊은 위안을 줄 것이다. 하지만 금지된 질문, 즉 우리는 실제로 얼마나 행복한가라는 질문을 던져 보자.

고대의 가난 또는 가정된 풍요?

선사시대 인간들은 습관적으로 식량을 비축하지는 않았다. 하지만 이 사실이 그들은 만성적인 배고픔 속에 살았다는 것을 의미하지는 않는다. 선사시대 인간의 유골과 치아에 대한 연구들을 보면, 고대의 인간 생활은 가끔씩 발생하는 단식과 축제가 특징이다. 하지만 장기적으로 기아에 허덕이는 시기는 드물었다. 우리는 우리 조상들이 기아 직전 상태에서 살지 않았다는 것을 어떻게 아는가?

아동들과 청소년들이 적어도 일주일 동안 적절한 영양을 섭취하지 못하면 팔·다리의 긴 뼈의 성장이 느려진다. 그들의 영양 섭취량이 회복되고 뼈가 다시 자라기 시작하면 새로운 뼈의 성장 밀도는 성장이 중단되기 전과는 상이하다. 엑스레이는 고대의 뼈들에 있는 이러한 숨길 수 없는 선들, *해리스선* Harris lines으로 알려진 것들을 드러내준다.[10]

보다 장기적인 영양실조 기간들은 에나멜로 된 표면에 변색된 띠와 작은 구멍과 같이 발육부전hypoplasias으로 알려진 흔적들을 치아 위에 남긴다. 그 흔적들은 화석화된 유골 속에서 여러 세기가 지난 뒤에도 여전히 살펴볼 수 있다. 고고학자들은, 마을을 이루고 살면서 식량 공급을 경작에 의존하던 정착민들의 유골에서보다 선사시대 수렵채집인들의 유골에서 더 적은 해리스선들과 더 적은 치아 발육부전을 발견하고 있다. 수렵채집인들은 이동성이 강하

---

10) Harris (1989), p. 147.

기 때문에 장기간의 기아에 시달릴 가능성이 낮았다. 그것은 대부분의 경우에 그들이 조건들이 더 나은 지역으로 간단히 이동할 수 있었기 때문이다.

남부 일리노이 계곡의 딕슨 언덕Dickson Mounds에서 발견된 약 800개의 유골들이 분석됐다. 그 유골들은 서기 1200년경에 수렵채집경제에서 옥수수 재배로 변천하면서 수반된 건강상의 변동들에 대한 선명한 그림을 드러내 주었다. 고고학자 조지 아멜라고스George Armelagos와 그의 동료들은, 농경민의 유골은 그들보다 앞서 존재했던 수렵채집인들에 비해 만성적인 영양실조에서 50%의 증가치를 보이며, (뼈의 병변에 의해 나타난) 전염병의 발병이 3배였다고 보고했다. 게다가 그들은 유아 사망률의 증가, 성인의 골격 성장 지체, 귀의 골비대증 4배 증가 등의 증거를 발견했다. 이것은 인구의 절반 이상이 철분 부족으로 인한 빈혈을 겪었음을 보여준다.[11]

냉동고에 아무것도 가진 것이 없는 수렵채집인들 사이의, 식량에 대한 이상하리만큼 무신경한 접근에 대해 많은 사람들이 지적했다. 오늘날의 퀘벡에서 살던 몽타녜Montagnais족 사이에서 6개월 정도를 보낸 적이 있는 프랑스의 예수회 선교사 폴 르 전느Paul Le Jeune는 원주민의 관대함에 몹시 화가 났다. 르 전느는 "만일 나의 집주인이 둘, 셋, 또는 네 마리의 비버를 잡으면 낮이든 밤이든 그들은 모든 이웃 야만인들을 위한 축제를 열었다. 그리고 만일 그 사람들이 무언가를 잡으면, 그들 역시 동시에 축제를 열었다. 그리하여 하나의 축제로부터 시작하여 다음 축제로, 그리고 때때로 셋째, 넷째 축제로 계속 연결됐다."라고 썼다. 르 전느가 그들에게 식량 일부를 남겨두는 것이 갖는 이점들을 설명하려고 했을 때, "그들은 나를 보고 웃었다. 그들은 '내일은 우리가 잡게 될 것으로 또 다른 축제를 열 것이다'(라고 그들은 말했다)."[12] 이스라엘 인류학자 누리트 버드-데이비드Nurit Bird-David는 "서구인들의 행동이 부

---

11) van der Merwe (1992) p. 372. 자레드 다이아몬드Jared Diamond의 다음 논문도 참조하라. "The Worst Mistake in the History of the Human Race"(이 논문은 온라인에서 광범위하게 활용할 수 있다. 예컨대 다음을 보라. http://www.awok.org/worst-mistake/).
12) Le Jeune (1897), pp. 281-83.

족함shortage에 대한 그들의 가정과 관련해 이해 가능한 것과 꼭 마찬가지로, 수렵채집인들의 행동은 그들의 풍요로움에 대한 가정assumption of affluence과 관련해서 이해 가능하다. 게다가, 우리가 서구인들은 충분히 가지지 못한 것처럼 행동한다고 가정함으로써 서구인들의 행동을 분석하고 예측까지 하는 것과 마찬가지로, 우리는 수렵채집인들이 성공한 것처럼 행동한다고 가정함으로써 그들의 행동을 분석하고 예측까지 할 수 있다."[13](강조는 필자)라고 설명한다.

농경민들은 쌀, 감자, 밀, 옥수수를 키우기 위해 힘써 일하는 반면, 수렵채집인의 식사는 영양가 높은 다양한 식물과 동물이 특징이다. 그러나 수렵채집에는 얼마나 많은 노동이 들까? 그것은 식사를 얻기 위한 효율적인 방식인가?

고고학자 데이비드 매드센David Madsen은 오늘날의 유타 주에 살던 지역 원주민의 메뉴였던 모르몬 귀뚜라미Mormon crickets(*Anabrus simplex*)를 채집하는 것의 에너지 효율성을 조사했다. 그가 조사한 집단은 한 시간에 약 18파운드의 비율로 귀뚜라미를 모았다. 그런 비율로 매드센은, *정확히 한 시간의 노동으로* 수렵채집인은 87개의 칠리 도그, 49조각의 피자, 또는 43개의 빅 맥–심장을 막는 지방과 첨가물을 모두 빼고–에 해당되는 칼로리를 수집할 수 있을 것으로 계산했다.[14] 당신이 모르몬 귀뚜라미라는 음식이 주는 매력을 비웃기 전에, 전형적인 칠리 도그 안에 도사리고 있는 무서운 현실에 대해 잠시 생각해 보라. 또 다른 연구는 꽁산!Kung San족–그러니까, 칼라하리 사막에 사는 종족–이 (형편이 좋은 달에는) 매일 평균 2,140칼로리와 93g의 단백질을 섭취한다는 것을 발견했다. 마빈 해리스는 그것을 "석기시대 주민들은 그들 이후에 즉각 나타난 사람들 대부분보다 더 건강한 삶을 영위했다."라고 간단히 말한다.[15]

그리고 아마도 그들보다 한참 뒤에 나타난 사람들보다도 더 건강했을 것이

---

13) Gowdy (1998), p. 130.
14) 다음에서 인용. Menzel & D'Aluisio, p. 178.
15) Harris (1977), p. x. 다음도 보라. Eaton, Shostak, and Konner (1988).

206 왜 결혼과 섹스는 충돌할까

다. 유럽의 성城과 박물관은, 너무나 작아 현대인 중에서 가장 작은 사람이 아니라면 어느 누구에게도 맞지 않을 갑옷들로 가득 차 있다. 우리의 중세 조상들은 현대의 기준으로 보면 작다. 반면, 고고학자 티모시 테일러Timothy Taylor는 약 140만 년 전에 처음으로 불을 통제한 인간의 조상들은 오늘날의 평균적인 사람보다 더 컸다고 믿는다. 그리스와 터키에서 발굴된 유골들은, 농경사회 이전에 그 지역에 살던 남성들은 평균 약 5피트 9인치, 여성들은 대략 5피트 5인치였다는 것을 보여주고 있다. 그러나 농업을 채택함으로써 평균 신장이 급격히 작아졌다. 현대의 그리스인과 터키인은 평균으로 볼 때 여전히 그들의 고대 조상들만큼 크지 않다.

전 세계에 걸쳐 농업으로의 이동은 대부분의 사람들의 식단과 전체적인 건상의 질에서 극적인 하락을 동반했다. 자레드 나이아몬드Jared Diamond는 자신이 "인간 역사에서 최악의 실수"라고 부르는 것을 묘사하면서, "수렵채집인들은 인간 역사에서 가장 성공적이고 가장 오래 지속된 생활양식을 실천했다."라고 썼다. 그는 "대조적으로, 우리는 농업이 우리를 굴러 떨어지게 한 엉망의 상태와 여전히 싸우고 있으며, 우리가 그것을 해결할 수 있을지는 불분명하다."라고 결론지었다.

구석기 시대의 정치학에 관해

선사시대의 삶은 많은 낮잠을 포함했다. 샐린스Sahlins는 고전적이면서 도발적인 논문 "최초의 풍요로운 사회The Original Affluent Society"에서, 수렵채집인들은 "식량 탐색이 너무 성공적이어서 대개 사람들은 무엇을 하면서 시간을 보내야 할지 모르는 것처럼 보인다."[16]라고 지적한다. 겉보기에 힘들고 비어 있는 나라에 살고 있는 오스트레일리아 원주민들조차도 먹기에 충분한 식

---

16) Gowdy (1998), p. 13.

량을 구하는 데 아무런 어려움을 겪지 않았다(게다가, 온 밤을 쉬는 것 외에도 오후마다 약 3시간 동안 잠잘 정도로). 인류학자 리처드 리Richard Lee는 보츠와나의 칼라하리 사막에 사는 꿍산 부시맨!Kung San Bushman에 대한 연구를 통해, 그들이 식량을 구하는 데 일주일에 약 15시간만 쓴다는 것을 보여준다. 그에 따르면, "한 여성은 자기 가족이 사흘 동안 먹기에 충분한 식량을 하루에 모은다. 나머지 시간은 자수를 하면서 자신의 초막에서 쉬거나, 다른 초막들을 방문하거나, 다른 초막에서 온 방문자들을 접대하면서 보낸다. 집에 있는 하루 중 요리를 하거나 견과류를 까거나 장작을 모으거나 물을 긷거나 하는 등의 주방 일과는, 그녀의 시간 중에서 1~3시간을 차지한다. 이러한 안정된 노동과 안정된 여가의 리듬이 1년 내내 유지된다."[17]

하루나 이틀 가볍게 일하면, 하루나 이틀은 쉰다. 당신에게는 그것이 어떻게 들리는가?

식량이 주변 환경에서 발견되기 때문에, 수렵채집인 사회에서는 어느 누구도 생활필수품에 대한 타인의 접근을 통제할 수 없다. 해리스는, 이런 맥락에서 "자원의 개방성, 생산 도구의 단순성, 부동산의 결여, 그리고 집단의 불안정한 구조 속에서 평등주의가… 확고하게 뿌리내리고 있었다."[18]라고 설명한다.

당신이 식량과 주거지에 대한 누군가의 접근을 막을 수 없다면, 당신은 그들이 떠나는 것을 막을 수도 없다. 그런데 어떻게 그들을 통제할 수 있겠는가? 수렵채집인들에게 편재遍在하는 정치적 평등주의는 이러한 단순한 현실 속에 뿌리내리고 있다. 강압적인 권력을 갖고 있지 않기 때문에 지도자들은 추종 받는 사람들 , 즉 자신의 동료들의 존경을 얻은 개인들이다. 그런 '지도자들' 은 어느 누구의 복종도 요구하지 않으며 요구할 수도 없다. 이러한 통찰력은 새로운 소식이 아니다. 애덤 스미스는 1896년 유작으로 출간된 자신의 〈법학 강의

---

17) Gowdy (1998), p. 23.
18) Harris (1980), p. 81.

Lectures on Jurisprudence〉에서 "수렵인들의 부족에서는 사실 아무런 정부도 존재하지 않는다… (그들은) 자신들의 상호 안전을 위해 단결하기로 서로 합의했지만, 그들은 서로에 대해 아무런 권위도 갖지 않는다."라고 썼다.

보수적인 진화심리학자들이, 수렵채집인들의 공유共有 고수가 가장 깨기 어려운 껍질 중의 하나라는 것을 발견한 것은 놀라운 일이 아니다. 도킨스의 책 〈이기적인 유전자The Selfish Gene〉가 갖는 상징적 위상과, 만인의 만인에 대한 생존 투쟁이라는 대중화되고 현상유지적인 개념을 고려할 때, 왜 수렵채집인들이 서로에 대해 그렇게 미칠 듯이 관대한가를 설명하기 위한 탐구는 여러 저자들의 관심을 끌어 왔다. 과학 작가 매트 리들리Matt Ridley는 〈덕성의 기원 The Origins of Virtue〉에서 그들이 직면한 내재적 모순을 다음과 같이 요약한다. "우리의 마음은 이기적인 유전자들에 의해 구성되었지만, 그 유전자들은 사회적이며 신뢰로 가득하고 협동적이게끔 구성됐다."[19] 인간의 사회 조직이 수천 년 동안의 공유 충동에 기초했다는 것을 입증하는 방대한 자료가 있음에도 불구하고, 이기심이 인간 진화의 주된 엔진이라고 (그리고 항상 그래 왔다고) 주장하기 위해서는 줄타기 하듯 신중하지 않으면 안 된다.

물론, 인간 본성은 언제나 이기적이라고 보는 이론의 지지자들이 자신들의 논증에서 맥락이 주는 한계들을 수용한다면, 이 갈등은 사라질 것이다. 바꾸어 말하면, (우리가 낯선 사람들 사이에서 살고 있는 현대 자본주의 사회의 맥락처럼) 제로섬 맥락에서는 자기 이익만을 돌보는 개인들에 대해서는 일정 수준에서 그것은 말이 된다. 그러나 다른 맥락들에서는 인간 행동은 관대함과 정의를 향한 동등한 본능이 특징이다.[20]

도킨스는 자신의 많은 추종자들이 자신의 논증들의 세부사항들을 무시하기를 좋아한다고 해도 그들에게 온전히 감사한다. 동시에 그는 "동물의 본성 중 많은 부분은 진정 이타적이고 협동적이며 심지어 자애로운 주관적 감정들을 수

---

19) Ridley (1996), p. 249.
20) 감정이입과 본능적 정의의 생물학적 기원들에 관해 더 많은 것을 알려면 다음을 보라. de Waal (2009).

반하기도 한다… 개별적인 유기체 수준에서의 이타심은 기저에 있는 유전자들이 자신들의 이기심을 극대화하는 수단이 될 수 있다."[21]라고 썼다. '이기적인 유전자' 라는 개념을 발명해서 유명해졌음에도 불구하고, 도킨스는 집단 협동을 개인의 현안을 진전시키기 위한 (그리하여 각 개인의 유전적 이해관계를 진전시키기 위한) 한 방식으로 보고 있다. 그렇다면 왜 그렇게 많은 그의 찬미자들이 인간들 사이의 협동과 여타 동물들 사이의 협동은 모두 근시안적인 이기심 못지않게 *자연적이고 효과적*일 수도 있다는 관념을 받아들이는 걸 주저하는가?

성적 매력이 있는 보노보뿐 아니라, 인간이 아닌 영장류들은 '평화의 부드러운 권력' 이라는 흥미로운 증거를 제공한다. 프란스 드 발Frans de Waal과 데니스 요하노비츠Denise Johanowicz는 서로 다른 두 종의 짧은꼬리원숭이macaque가 다섯 달 동안 함께 지낼 때 무슨 일이 일어날 것인가를 볼 수 있는 실험을 고안했다. 붉은털원숭이rhesus monkeys(Macacamulatta)는 공격적이고 폭력적인 반면, 몽당꼬리원숭이stump-tails(Macacaarctoides)는 삶에 대해 더욱 느긋하게 접근하는 것으로 알려져 있다. 예를 들면, 몽당꼬리원숭이들은 갈등을 겪고 난 뒤에 서로의 엉덩이를 움켜쥠으로써 화해하는 반면, 붉은털원숭이들은 좀처럼 화해를 목격할 수 없다. 그러나 일단 두 종이 함께 지내게 되면, 과학자들은 몽당꼬리원숭이들의 더 평화롭고 화해적인 행동이 붉은털원숭이의 더 공격적인 태도들을 지배하다는 것을 보게 됐다. 점차적으로 붉은털원숭이들이 진정하게 됐다. 드 발이 설명하듯이, "두 종의 어린 새끼들은 같이 놀고, 털을 손질해 주며, 대규모의 혼합된 무리 속에서 잠을 잤다. 더욱 중요한 것은, 붉은털원숭이들이 그들의 더 관용적인 집단 동료들과 똑같이 평화를 가져오는 기술들을 개발했다." 실험이 종료되고 두 종이 다시 한 번 자신들의 종끼리만 살게 되었을 때에도, 붉은털원숭이들은 여전히 갈등을 겪은 뒤에 화해하고 경쟁자들의 털을 손질해 주는 경향이 3배 정도 더 많았다.[22]

21) Dawkins (1998), p. 212.
22) de Waal and Johanowicz (1993).

우연일까? 신경과학자이자 영장류학자인 로버트 사폴스키Robert Sapolsky는 자신이 학생이던 1978년에 시작해 수십 년 동안 케냐에서 한 개코원숭이 집 단을 관찰했다. 1980년대 중반, 그 집단의 어른 수컷 중 상당 비율이 폐결핵 으로 갑자기 죽었는데 그들은 관광호텔 외부 쓰레기장에서 감염된 음식을 주 워 먹었다. 그러나 (비록 오염되었지만) 소중한 쓰레기장의 음식은 덜 공격적 인 수컷들, 암컷들 또는 새끼들을 몰아내고 가장 공격적인 개코원숭이들만 먹 었다. 정의롭게도! 냉혹한 수컷들이 모두 죽자 느긋한 생존자들이 책임을 맡 게 됐다. 침입자들에게 무방비 상태의 무리는 손쉽게 얻을 수 있는 보물이었 다. 암컷들, 거의 다 자란 새끼들, 쉽게 주눅이 드는 수컷들로 이루어진 전체 무리는 이웃의 어떤 무법자들이 마음대로 들어와 강간과 약탈을 시작하는 것 을 기다리고 있을 뿐이었다.

수컷 개코원숭이들은 청소년기에 자신들이 출생한 집단을 떠나기 때문에, 쓰레기장의 대재앙 이후 10년 이내에 이례적으로 비공격적이던 원래 수컷들 중 여전히 주변에 남아 있는 놈은 하나도 없었다. 그러나 사폴스키가 보고하 듯이 "그 무리의 독특한 문화는 그 무리에 참여한 새로운 수컷들에 의해 채택 되고 있었다." 2004년에 사폴스키는 폐결핵 '비극' 이후 20년 동안에 여전히 그 무리는 암컷들의 털을 손질하고 암컷들과 사귀는 수컷들이 정상적인 경우 보다 더 높은 비율을 보였다고 보고했다. 또 대단히 완화된 지배 서열을 보였 으며, 보통의 경우에는 스트레스에 지칠 낮은 서열의 수컷들이 정상적인 수준 보다 더 낮은 근심을 하는 생리학적 증거를 보였다고 보고했다. 훨씬 최근에 도 사폴스키는 우리에게 2007년 여름에 있었던 그의 가장 최근 방문에서도 그 무리의 독특한 문화는 온전히 지켜지고 있는 것처럼 보였다고 말했다.[23]

영장류학자인 크리스토퍼 보엠Christopher Boehm은 〈숲속의 위계서열 Hierarchy in the Forest〉에서 평등주의는 대단히 합리적이며 오히려 위계적인

---

23) Sapolsky and Share (2004). 나탈리 앤지어Natalie Angier의 다음 기사도 보라. "No Time for Bullies: Baboons Retool Their Culture", New York Times, 2004년 4월 13일자.

hierarchical 정치 체계라고 주장했다. 그는 "그렇지 않았으면 종속되었을 개인들이 대규모의 단결된 정치적 연합을 형성하기에 충분할 만큼 현명하며, 그들은 강자들이 약자를 지배하지 못하게 하기 위한 분명한 목적을 가지고 그렇게 한다."라고 썼다. 보엠에 따르면, 수렵채집인들은 명령에 따르기를 거부하는 데 철저히 영민하다. 그는 "이동하는 수렵채집인들은 보편적으로(그리고 거의 강박적으로) 타인의 권위로부터 자유로워지는 것에 관심을 갖고 있다."[24]라고 썼다.

선사시대는 과대망상증 환자들에게는 어려운 시기였음이 틀림없다. 심리학자 에리히 프롬Erich Fromm은 "통제에 대한 열정을 부여받은 개인은 사회적 실패를 겪고 아무런 영향력도 행사하지 못했을 것이다."[25]라고 썼다.

• • •

만일 인간의 선사시대가 매우 낮은 인구 밀도, 고도의 잡식성 소화 체계, 독특하게 고양된 사회적 지성, 식량의 제도화된 공유, 일반화된 아동 양육으로 이어지는 그때그때 상대를 가리지 않는 성생활, 그리고 집단 방어에 힘입어 실제로는 상대적인 평화와 번영의 시대였다면 어떻게 될까? '황금시대'가 아니라면, 적어도 '은시대Silver Age' 일까('청동시대Bronze Age'가 되든지)? 낙원에 대한 환상적인 상상에 빠지지 않고, 대부분의 날들마다 대부분의 사람들에게 골고루 돌아갈 수 있을 만큼 식량이 충분한 세계에서 우리 조상들이 살았다는 가능성을 우리는 고려할 수 있을까–감히 그럴 수 있을까? 지금은 모든 사람이 "세상에 공짜 점심이란 없다."라는 것을 알고 있다. 그러나 만일 우리 종種이 모든 점심이 공짜인 세계에서 진화했다면, 그것은 무엇을 의미할까? 만일 우리가 우리의 여행이 여가와 풍요 속에서 시작되어 100세기 전에

24) Boehm (1999), p. 3, 68.
25) Fromm (1973), p. 60.

비참과 결핍과 무자비한 경쟁으로 방향을 선회했을 뿐이라는 것을 알게 된다면, 선사시대에 대한(그리고 그 결과 우리 자신에 대한) 우리의 시각이 어떻게 달라질까?

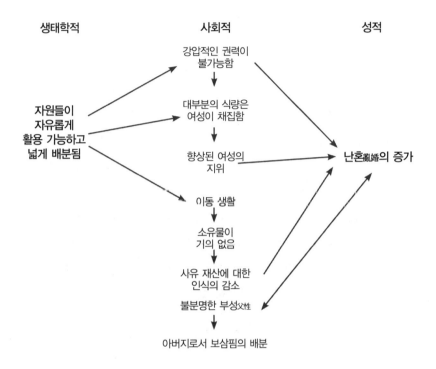

일부 사람들은 받아들이기 어려울지 모르지만, 유골의 증거는 우리의 조상들이 농업 출현 전까지는 광범위하고 만성적인 결핍을 경험하지 않았다는 것을 명백하게 보여준다. 만성적인 식량 부족과 희소성에 기초한 경제는 농업과 함께 발생한 사회체계들의 인위적 결과들이다. 가우디Gowdy는 자신의 저서 〈제한된 욕구, 무제한의 수단Limited Wants, Unlimited Means〉의 서문에서 다음과 같은 핵심적인 아이러니를 지적한다. "수렵채집인들은…먹고, 마시고, 놀고, 사회화하면서(간단히 말하면, 우리가 풍요에 대해 연상하는 바로 그것들을 하면서) 자신들의 풍부한 여가 시간을 보냈다."

그것을 지지하는 확고한 증거가 없음에도 불구하고, 대중은 선사시대에 대한 이러한 종말론적인 시각을 반박하는 이야기는 거의 듣지 못한다. 서구 경제이론이 고유하게 갖고 있는 인간 본성에 대한 감각은 잘못된 것이다. 인간은 이기심에 의해서만 추동된다는 관념은, 가우디의 말을 빌리면, "호모 사피엔스가 대략 20만 년 전에 출현한 이래 존재했던 수만 개의 문화들 중에서 현미경으로 봐야 할 정도로 작은 소수 의견"이다. 지금까지 살았던 인간 세대들 대부분에게는, 당신 주변에 있는 사람들이 굶주리고 있을 때 식량을 비축한다는 것은 생각할 수 없는 일이었을 것이다. 가우디는 "수렵채집인들은 *비경제적 인간*을 대표한다."[26]라고 썼다.

"인간 존재의 최하 등급"에 처해지는 저주를 받은 티에라 델 푸에고의 그 '가련한' 주민들조차 일단 HMS *비글호*가 항해해 눈에 보이지 않게 되자마자, 자신들의 호미를 내려놓고 자신들의 뜰을 떠나 걸어가 버렸다. 그들은 '문명화된' 사람들이 어떻게 사는지를 직접 알았지만, "영국으로 다시 돌아가고 싶은 희망을 조금도 갖지 않았다." 왜 그랬을까? 그들은 "풍부한 과일", "풍부한 물고기", "풍부한 새"로 "행복하고 만족스러웠던" 것이다.

---

26) Gowdy (1998), p. xvii.

제13장 선사시대의 전쟁을 둘러싼 끊임없는 전투(야수 같은?)

진화론자들은, 삶의 여명기로 되돌아가면 이름과 본성이 알려지지 않은 야수가 살인의 씨앗을 심었으며, 그리하여 그 씨앗에서 비롯된 충동이 그 짐승의 후손들의 피속에서 영원히 고동치고 있다고 말한다.

윌리엄 제닝스 브라이언William Jennings Bryan[1]

신홉스주의neo-Hobbesian 근본주의자들은, 가난은 영원한 인간의 조건에 고유한 것이라고 주장하는 것과 꼭 마찬가지로, 가난과 함께 전쟁이 우리 본성에 근본적인 것이라고 주장한다. 예를 들면 작가 니콜라스 웨이드Nicolas Wade는 "국가 이전 단계의 사회들 간의 전쟁은 끊임없고 무자비했으며 가끔 실현되기도 했다. 그것은 적을 전멸시킨다는 일반적인 목적을 가지고 수행됐다."[2]라고 주장한다. 이 견해에 따르면, 조직화된 갈등에 대한 우리의 성향은 수렵채집경제 활동을 한 우리 선조들을 거쳐 먼 영장류 조상들에게까지 연결되는, 우리의 생물학적 과거에 깊이 닿아 있는 뿌리들을 가지고 있다. 아마도 그것은 항상 사랑을 하는 것에 관한 것이 아니라, 전쟁을 하는 것에 관한 것이었을 것이다.

그러나 이런 끊임없는 전쟁이 끝났는지에 대해서는 어느 누구도 분명히 하지 않았다. 수렵채집인들의 삶은 "부단한 전쟁"의 괴롭힘을 당했다는 확신에

---

1) 스코프스Scopes 재판에서 그의 마무리 변론으로부터.
2) Wade (2006), p. 151.

도 불구하고, 웨이드는 "고대 사람들은 소규모의 평등한 사회에서 가난이나 지도자나 계급차별 없이 살았다…"라는 것을 인정한다. 그리하여 우리는 자산을 소유하지 않으면서 평등하고, 위계적이지 않으며, 이동하는 집단들이… 왜 끊임없이 전쟁 상태에 있었는지를 이해하지 않으면 안 된다. 가진 것도 거의 없고 따라서 (자신들의 목숨 말고는) 잃을 것도 거의 없으며, 넓게 열린 세상 위에서 살았던 수렵채집인 사회는, 감소하거나 축적된 자원을 둘러싸고 투쟁했던, 인구밀도가 높고 정착 생활을 한, 보다 최근의 역사시대 사회들과는 전혀 달랐다.[3] 왜 그랬을까?

우리는 표준적인 홉스적 담화의 이러한 측면에 대한 포괄적인 답변을 할 공간이 없지만, 그들의 논증과 자료를 보다 정밀하게 바라보기 위해, 그것과 연관돼 가장 잘 알려진 인물 3명을 골라보았다. 진화심리학자 스티븐 핑커 Stephen Pinker, 경애하는 영장류학자 제인 구달Jane Gooall, 그리고 현존하는 인류학자 중 세계에서 가장 유명한 나폴레옹 샤뇽Napoleon Chagnon.[4]

인정사정 봐주지 않는 핑커 교수

세간의 이목을 끄는 전문가가 기품 있는 청중들 앞에 서서 아시아인들은 전쟁을 좋아하는 사람들이라고 주장하고 있다고 상상해 보라. 자신의 주장을 뒷받침하기 위해 그는 아르헨티나, 폴란드, 아일랜드, 나이지리아, 캐나다, 이태리, 러시아 등 일곱 나라의 통계를 제시한다. 당신은 "잠깐만, 혹시 러시아는 별도로 치더라도 거기에는 정확히 아시아 국가는 없지 않느냐"라고 말할지도

---

3) 미토콘드리아 DNA에 대한 최근 연구들에 따르면, 대략 6만 년 전 인간이 아프리카로부터 이동을 시작하기 전에도 인간은 동아프리카와 남아프리카에 국지화돼 10만 년 정도쯤 서로 대체로 고립되어 있었다. 약 4만 년 전에 이르러서야 비로소 이 두 계열은 재결합해 하나의 범아프리카 인구가 됐다. 다음을 보라. Behar, et al. (2008). 전문은 온라인으로 다음에서 찾아볼 수 있다. http://www.cell.com/AJHG/fulltext/S0002-9297%2808%2900255-3#.
4) 선사시대의 전쟁과 관련, 홉스적인 가정假定들에 대한 비판을 더 깊이 탐구하는 데 관심을 가진 독자들은 다음 문헌으로부터 시작할 수 있을 것이다. Fry (2009), Ferguson (2000).

모른다. 그 전문가는 무대에서 웃음거리가 될 것이고 그렇게 되어야 마땅하다.

2007년에 세계적으로 유명한 하버드대 교수이자 베스트셀러 작가인 스티븐 핑커는 캘리포니아 롱비치에서 열린 명망 있는 TED(테크놀로지, 오락, 디자인: Technology, Entertainment, Design) 학회에서 그와 유사한 결함이 있는 논리에 기초한 발표를 했다.[5] 핑커의 발표는 전쟁의 기원들에 관한 신홉스주의적 견해를 간결하게 진술한다. 동시에 선사시대에 관한 이 피투성이 시각을 촉진하기 위해 종종 사용되는, 수상쩍은 수사학적 전술들을 이해하는 데 도움이 되는 내용을 제공한다. TED 웹사이트에서는 20분의 강연을 들을 수 있다.[6] 우리는 당신이 다음 논의를 읽기 전에 적어도 (선사시대를 다루고 있는) 처음 5분의 강연을 보기를 권한다. 한 번 보도록 하라. 우리는 여기서 기다리고 있겠다.

비록 핑커는 (당신도 기억하겠지만, 지구상에서 우리 시간의 95% 이상을 차지한 사회적 구성인) 수렵채집인들을 논의하는 데 자기 시간의 10%도 쓰지 않는다. 하지만, 그는 여하튼 사태를 엉망으로 만들고 있다.

핑커는 그 강연에서 3분 반 동안 로렌스 킬리Lawrence Keeley의 〈문명 이전의 전쟁: 평화로운 미개인의 신화War Before Civilization: The Myth of the Peaceful Savage〉에 기초한 도표를 제시한다. 그 도표는 "몇몇의 약탈경제 또는 수렵채집 사회들에서의 전쟁에 의한 남성의 사망률"을 보여준다. 그는 수렵채집인 남성들이 오늘날 살고 있는 남성들보다 전쟁에서 죽을 가능성이 훨씬 더 컸다는 것을 그 도표가 보여준다고 설명한다.

그러나 기다려 보라. 그 도표를 좀 더 면밀히 살펴보라. 도표는 선사시대의 전쟁과 연관된 남성 죽음의 대표로, 7개 '수렵채집인' 문화의 목록을 제시한

---

5) 핑커의 강연은 그의 베스트셀러 〈빈 서판The Blank Slate〉(2002), 특히 제3장의 마지막 수 쪽에서 제시하는 논증에 기초한다.

6) 핑커의 강연에 대한 링크는 다음과 같다. http://www.ted.com/index.php/talks/steven_pinker_on_the_myth_of_violence.html. 당신은 이 사이트에서 다른 많은 재미있는 강연들을 발견할 수 있다. 예를 들면 당신은 수 새비지-럼보우Sue Savage-Rumbaugh의 보노보에 대한 강연을 찾기를 원할 수도 있을 것이다. 만일 당신이 핑커의 논평을 읽기를 선호한다면 그 강연에 기초한 논문은 다음에서 볼 수 있다. www.edge.org/3rd_culture/pinker07/pinker07_index.html.

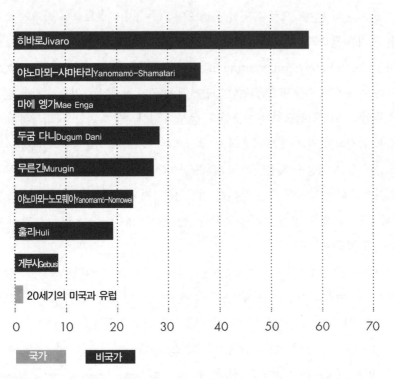

핑커의 도표(전쟁에 의한 남성 사망률)

히바로Jivaro

야노마뫼-샤마타리Yanomamö-Shamatari

마에 엥가Mae Enga

두굼 다니Dugum Dani

무른긴Murugin

야노마뫼-노모뭬이Yanomamö-Nomowei

훌리Huli

게부시Gebusi

20세기의 미국과 유럽

0   10   20   30   40   50   60   70

국가   비국가

다. 목록에 오른 일곱 문화는 히바로, 두 갈래의 야노마미, 마에 엥가, 두굼 다
니, 무른긴, 훌리, 그리고 게부시이다. 히바로와 두 야노마미 집단은 아마존
지역 출신이고, 무른긴은 오스트레일리아의 북부 해안 출신이며, 다른 네 집
단은 모두 특이하게 갈등이 들끓고 인구 밀도가 높은 파푸아 뉴기니의 산악지
대 출신들이다.

이 집단들이 우리의 수렵채집인 조상들을 대표하는가? 완전히 헛짚었다.[7]

핑커가 인용한 일곱 사회 가운데 단 *하나*(무른긴)만이 즉각 보상immediate-
return 수렵채집인 사회에 엇비슷하게 접근한다(만일 당신이 러시아 인구와 역사

---

7) 핑커의 도표는 킬리(Keeley, 1996)의 책에 나오는 도표의 일부를 제시한다. 킬리는 이러한 사회들을 그의 도표
(pp. 89~90)에서 '원시적', '국가이전의', '선사시대의' 등으로 지칭한다는 점을 주목하라. 사실 킬리는 그가 '정
주定住하는 수렵채집인들'이라고 부르는 것을 진정한 '이동성 수렵채집인'과 구별하면서, "인구밀도가 낮고, 이동

의 대부분을 무시한다면 러시아가 어느 정도는 아시아이듯이). 핑커가 인용한 자료들이 수집된 무렵인 1975년에 무른긴족은 이미 수십 년 동안 선교사, 총, 알루미늄으로 된 동력선과 함께 살고 있었다. 그러니 정확히 선사시대의 조건들 속에서 산 것은 아니다.

핑커가 인용한 다른 사회들은 어느 것도 실제로는, 우리 조상들이 살았던 즉각 보상 수렵채집인 사회가 아니다. 그들은 마을의 밭에서 얌, 바나나, 사탕수수를 재배하고 길들인 돼지, 라마 또는 닭을 기르고 있다.[8] 이 사회들은 선사시대의 이동성 즉각 보상 수렵채집인인 우리 조상들을 거의 대표하지 못한다. 이

적인 수렵채집인들은 (소지 가능한) 소유물이 많지 않고, 커다란 영역을 갖고 있고, 고정된 자원들이나 건축된 시설물들이 거의 없으면서, 갈등을 피해 달아나거나 파티를 급파하거나 하는 선택권을 갖고 있었다. 기껏해야, 그렇게 도망함으로써 그들이 잃는 유일한 것은 그들의 평정뿐이었다."라고 썼다.
우리가 확인한 바와 같이, 이러한 이동적인 (즉각 보상) 수렵채집인들은 인간의 선사시대─정의상 정착된 공동체들, 재배된 곡식, 길들인 동물들 등이 도래 이전을─를 가장 잘 대표한다. 킬리의 혼돈(따라서 핑커의 혼돈)은 뜰과 길들인 동물, 정착 마을을 갖고 있는 원예생활민들horticulturalists을 "정주하는 수렵채집인들"로 지칭한 것에 대체로 기인한다. 정말로, 그들은 실제로 가끔 사냥을 하고 때때로 채집을 하지만, 이러한 활동들은 식량을 얻는 유일한 원천이 아니기 때문에 그들의 삶은 즉각 보상 수렵채집인들의 삶과 상이하다. 그들의 뜰과 정착 마을 등은 영역 방어를 필수적인 것으로 만들며, 잠재적인 갈등을 피해 달아나는 것을 우리 조상들에게서보다 훨씬 더 문제 있는 것으로 만든다. 즉각 보상을 받는 진정한 수렵채집인들과는 달리 그들은 단순히 공격을 피해 달아남으로써 잃게 될 것을 많이 가지고 있다. 킬리는 이 결정적인 차이를 인식하고 "농부들과 정주하는 수렵채집인들은 힘으로 힘에 맞서는 것, 또는 피해를 당하고 난 뒤에는 복수를 함으로써 더 이상의 약탈을 하지 못하도록 하는 것 외에는 대안이 거의 없었다."(31쪽)라고 썼다. 요점은 반복해서 말할 필요가 있다. 만일 당신이 안정된 마을에서 정착 생활을 하고, 노동이 많이 드는 집과 경작된 들판, 그리고 쉽게 가져가기에는 너무나 많은 소유물들을 갖고 있다면, 당신은 수렵채집인이 아니다. 선사시대의 인간은 이것들 중 어느 것도 가지고 있지 않았다. 결국 그들을 '선사시대적'으로 만든 것은 바로 이 점이다. 핑커는 이 본질적인 사실을 인식하는 데 실패하거나 단순히 그것을 무시하고 있는 것이다.
8) 핑커의 도표에 나오는 사회들

히바로	히바로는 얌, 땅콩, 단 카사바, 옥수수, 고구마, 덩이줄기 콩, 호박, 플랜테인, 담배, 목화, 바나나, 사탕수수, 타로토란 등을 재배한다. 그들은 또한 전통적으로 라마와 기니피그를 길렀고 나중에는 개, 닭, 돼지 등을 도입했다.
야노마미	인, 담배, 목화, 바나나, 사탕수수, 타로토란 등을 야노마미는 수렵채취를 하면서 "화전을 통한" 원예생활자이다. 그들은 플랜테인과 카사바와 바나나를 재배한다.
마에 엥가	마에 엥가는 감자, 옥수수, 땅콩뿐 아니라 고구마, 타로토란, 바나나, 사탕수수, 판다누스 열매, 콩, 다양한 푸른잎 채소를 키운다. 그는 돼지를 기르는데 돼지는 고기를 얻기 위해서뿐만 아니라 중요한 의식적 축제를 위해서도 사용된다.
두굼 다니	다니 식단의 거의 90%는 고구마이다. 그들은 또한 바나나와 카사바도 재배한다. 집돼지는 교환을 위한 통화수단으로서뿐만 아니라 중요한 이벤트 축제를 위해서도 중요하다. 돼지 절도는 갈등의 주요 원인이다.
무른긴	무른긴 경제는 1930년대와 1940년대에 선교시설의 설립과 시장 상품의 점진적 도입이 있기 전까지는 기본적으로 어로, 조개 채취, 수렵과 채집에 기초하고 있었다. 일부 집단들에게는 수렵과 채집이 중요한 활동으로 남아 있지만, 자동차, 선외 엔진을 단 알루미늄 배, 총, 그리고 여타의 도입된 도구들이 원래의 기술들을 대체했다.
훌리	훌리의 주요 식량은 고구마이다. 파푸아 뉴기니의 다른 집단들과 마찬가지로, 집돼지는 고기와 지위를 위해 소중하게 여겨진다.

런 사실을 훨씬 뛰어넘어, 핑커가 인용한 자료들에는 *더 많은* 문제들이 존재한다. 야노마미 가운데서 진정한 수준의 전쟁은, 우리가 간단하게 논의하겠지만 인류학자들 사이에서 격렬한 논쟁거리가 되고 있다. 무른긴족은 집단 간 갈등이 거의 없거나 전혀 없는 전형적인 오스트레일리아 원주민의 유형과 거의 관계가 없는 피비린내 나는 예외이며, 오스트레일리아 토착 문화의 전형이 아니다.[9] 핑커는 계부시족도 올바르게 다루고 있지 않다. 핑커가 표에서 연구결과를 인용한 인류학자인 브루스 노프트Bruce Knauft는 계부시족의 높은 사망률은 *전쟁과 아무 관계가 없었다고* 말한다. 사실 노프트는 "영역이나 자원을 둘러싼 분쟁은 극히 드물고, 생기더라도 쉽게 해결되는 경향이 있다."라고 씀으로써 계부시족 사이에서 전쟁은 "드문" 일이라고 보고했다.[10]

이런 모든 것에도 불구하고 핑커는 청중 앞에 서서 진지한 표정으로 그의 도표는 선사시대의 전쟁에서 전형적인 수렵채집인의 사망률을 공정하게 평가한다고 주장했다. 이것은 그야말로 믿을 수 없는 말이다.[11]

그러나 인간의 선사시대에 대한 홉스의 어두운 시각을 옹호하기 위해 그런 속임수를 쓰는 사람은 핑커 혼자가 아니다. 사실 수상쩍은 자료의 이러한 선택적 제시는 인간의 피의 욕망blood-lust에 관한 문헌에서 공통적으로 나타난다.

리처드 랭엄Richard Wrangham과 데일 피터슨Dale Peterson은 자신들의 책 〈악

---

9) 다음을 참조한 것이다. Fry (2009).
10) Knauft (1987, 2009).
11) 사태를 더욱 악화시키는 것은, 핑커가 이러한 가짜 '수렵채집인' 사망률을 20세기 미국과 유럽에서의 전쟁과 관련된, 상대적으로 적은 남성의 죽음을 보여주는 작은 막대그래프와 병치시키고 있다는 점이다. 이것은 여러 측면에서 오도된 것이다. 아마도 가장 중요한 것은, 20세기는 국가들 사이의 '전면전total war'을 낳았고, 거기에서는 (남성 전사들뿐만 아니라) 시민들이 심리적 이점을 얻기 위한 과녁이 되었으며(드레스텐, 히로시마, 나가사키…), 따라서 남성의 죽음만을 세는 것은 의미가 없다는 점이다.
게다가, 핑커는 20세기 전쟁의 가장 사악하고 치명적인 몇몇 예들에서 죽은 수천만 명은 왜 포함하지 않았는가? '우리의 가장 평화로운 시기'에 대한 그의 논의에서 그는 남경 대학살, (일본에 대한 핵폭탄 2개의 폭발을 포함한) 2차 세계대전에서의 전체 태평양 무대, 캄보디아에서의 크메르 루즈와 폴 포트 정권의 킬링 필드, (일본군, 프랑스군, 미군에 대항하는) 베트남에서 수차례에 걸쳐 연속된 수십 년 동안의 전쟁들, 중국 혁명과 내전, 인도 · 파키스탄 분리와 후속 전쟁들, 한국 전쟁 등은 전혀 언급하지 않는다. 이러한 수백만 명의 죽음 중 어느 것도 20세기의 전쟁으로 인한 (남성의) 죽음에 포함되지 않았다.
핑커는 또한 끊임없는 갈등, 소년병, 되는 대로의 학살이 일어나는 아프리카도 포함하지 않았다. 르완다도 언급하지 않는다. 투치Tutsi족과 후투Hutu족도 나오지 않는다. 그는 남아메리카의 20세기의 다양한 전쟁들 그리고 고문과 수만 명의 시민들의 실종으로 악명이 높은 독재자 모두를 생략한다. 엘살바도르는? 니카라구아는? 과테말라에서 마을 주민이 10만 명 이상 죽은 것은? 없다. *없다. 절대 없다.*

마 같은 남성Demonic Males〉에서 자연에서는 전쟁이 특이한 일이며 "동물들의 정상적인 규칙에 대한 아주 놀라운 예외"라고 인정한다. 그러나 집단 간 폭력은 인간과 침팬지 모두에서 입증되기 때문에, 전쟁 성향이 아마도 우리 최후의 공동 조상에게까지 거슬러 올라가는 고대 인간의 특질일 것이라고 그들은 주장한다. 그들은 우리가 "500만 년 간 지속된 치명적인 공격 습관의 멍한 생존자들"이라고 주장한다. 아이쿠!

그러나 보노보는 어디에 있는가? 250쪽이 넘는 책에서 '보노보'라는 단어는 단 11번만 나타난다. 그 종은 우리의 마지막 공동 조상에 대해 보통 침팬지보다 덜 적절한 감각을 제공한다고 하여 묵살됐다(비록 다수의 영장류학자들이 그 반대를 주장하고 있음에도 불구하고).[12] 그러나 적어도 그들은 보노보를 *언급했다*.

〈가장 위험한 동물: 인간 본성과 전쟁의 기원들The Most Dangerous Animal: Human Nature and Origins of War〉의 저자인 데이비드 리빙스턴 스미스David Livingston Smith는 전쟁이 우리의 영장류 과거에 뿌리를 두고 있다는 진화론적 주장을 탐구하는 논문을 출간했다. 스미스는 서로 피투성이가 되도록 마구 때린 뒤 살아 있는 서로를 먹는 침팬지들에 대한 소름끼치는 설명들 속에서, 반복해서 그 침팬지들을 "인간이 아닌 것 중에서 우리와 가장 가까운 친척"이라고 언급한다. 당신은 그의 논문을 읽은 뒤 우리가 똑같이 가까운, 인간이 아닌 또 다른 친척을 갖고 있다는 사실을 결코 알지 못할 것이다. 보노보는 늘 그렇지만 이상하게도 언급되지 않은 상태로 남겨졌다.[13]

침팬지의 폭력이 갖는 음울한 함의들에 대해서는 과단성 있게 대처하면서

---

12) 예를 들면 다음을 보라. Zihlman et al. (1978, 1984).

13) *Why War?* 다음에서 활용가능하다. http://realhumannature.com/?page_id=26 우리가 그를 접촉해서 그가 어떻게 그 생략을 정당화할 수 있는지를 묻자, 스미스는 처음에는 우리의 최후의 공동 조상으로는 침팬지보다 덜 대표성을 갖는 보노보를 랭엄과 피터슨이 기각한 것을 인용했다. 우리는 다수의 영장류학자들이 보노보가 아마도 *더 대표성이 있다고 주장한다는 것, 그리고 랭엄조차도 그 문제에 대한 자신의 견해를 수정했으며, 여하튼 보노보를 언급하지 않고서 침팬지가 우리의 '가장 가까운, 인간이 아닌 친척'이라고 말하는 것은 사실상 틀린 것이다*라고 지적했다. 그러자 그는 마침내 누그러져서 침팬지의 '피투성이의 소모전'에 관한 그의 섬뜩한 묘사들에 보노보에 대한 두 가지의 간단한 언급을 첨가했다. 온라인 논문은 그의 책에서 발췌한 것으로, 그 책은 이미 인쇄되었기 때문에 그가 주저하면서 바꾼 이것들이 그 책에 반영되지는 않았을 것 같다.

도, 똑같이 관련이 있는, 전쟁을 하지 않는 보노보는 왜 언급하지 않는가? 왜 양陽에 대해서는 온통 고함치면서 음陰에 대해서는 아무 속삭임도 없는가? 온통 어둡고 아무런 빛이 없는 상태는 청중들을 흥분시킬지 모르지만, 그들을 밝혀주진 못한다. 보노보를 언급하기를 잊어버리는 이러한 기법은 전쟁에 대한 고대의 기원들에 관한 문헌에 공통적으로 나타난다.

그러나 보노보의 뚜렷한 부재는 전쟁에 관한 논의들에서만 눈에 띄는 것이 아니다. 어떤 종류의 인간 남성의 폭력이든, 누군가가 그 고대의 계보에 관해 주장하는 곳이라면 어디서나 보노보가 실종되어 있을 것으로 기대하라. 〈인간의 어두운 면The Dark Side of Man〉에 나오는, 다음과 같은 강간의 기원들에 대한 설명에서 보노보를 발견할 수 있는지를 보라. "남성들은 강간을 발명하지 않았다. 대신에 남성들은 우리의 유인원 조상 혈통으로부터 강간 행동을 물려받았을 가능성이 매우 크다. 강간은 남성의 *표준적인* 재생산 전략이다. 그것은 아마도 수백만 년 동안 그랬을 것이다. 인간 남성, 침팬지와 오랑우탄 수컷은 *일상적으로* 여성과 암컷을 강간한다. 야생 고릴라들은 짝짓기를 하기 위해 암컷들을 납치한다. 우리에 갇힌 고릴라들도 암컷들을 강간한다."[14](강조는 원문)

자신들의 경험과 동기를 전달할 수 없는 비인간 종에서의 *강간*에 대한 정의를 내리는 것이 갖는 함의들을 차치하더라도, 수십 년 동안의 관찰에서도 보노보들 사이에서 강간―유아살해, 전쟁, 살인과 함께―은 결코 목격되지 않았다. 야생의 보노보에서도 발견되지 않았고, 동물원의 보노보에서도 발견되지 않았다. 결코.

그것은 각주로 달 가치조차 없는 것인가?

---

14) Ghiglieri (1999), pp. 104-105.

마가렛 파워의 기이한 실종

보노보에 의해 제기된 의문들은 별도로 치더라도 침팬지의 '전쟁'에는 질문할 가치가 있는 심각한 의문들이 존재한다. 1970년에 리처드 랭엄은 탄자니아의 곰베Gombe에 있는 제인 구달의 연구센터에서 식량 공급과 침팬지의 행동 사이의 관계를 연구하는 대학원생이었다. 랭엄과 피터슨의 〈악마 같은 남성들〉이 출간되기 5년 전인 1991년에 마가렛 파워Margaret Power는 침팬지에 대한 구달의 연구 일부에 관해 중요한 의문들을 제기한, 신중하게 연구된 책 〈평등주의자들: 인간과 침팬지The Egalitarians: Human and Chimpanzee〉를 출간했다(이 책이 구달의 과학적 진실성과 의도들에 대한 존경 외에는 결코 아무것도 표현하지 않았다는 점을 말하지 않으면 안 된다). 그러나 파워의 이름과 그녀의 의문들은 〈악마 같은 남성들〉의 어디에서도 찾을 수 없다.

곰베에서 보낸 첫 몇 해 동안(1961년부터 1965년까지) 구달이 수집한 자료가, 그녀와 그녀의 동료들이 몇 해 뒤에 세계적인 찬사 속에 출간한 책에 나오는 침팬지의 전쟁에 관한 설명들과는 상이한, 침팬지의 사회적 상호작용 모습을 묘사했다는 점에 파워는 주목했다. 곰베에서 보낸 처음 4년 동안 이루어진 관찰들에서, 구달은 침팬지들이 "인간보다 훨씬 더 평화롭다."라는 인상을 받았다. 그녀는 집단들 사이의 '전쟁'에 관한 아무런 증거도 보지 못했고, 개체들 사이의 산발적인 폭력 발생만을 보았을 뿐이다.

전체 영장류의 평화에 대한 이러한 초기의 인상은 영장류학자들인 로버트 서스맨Robert Sussman과 폴 가버Paul Garber가 40년 뒤인 2002년에 출간한 연구와 딱 맞아떨어진다. 그들은 영장류들의 사회적 행동에 관한 과학적 문헌을 포괄적으로 검토했다. 다양한 영장류들이 깨어 있는 시간을 어떻게 보내는지에 관한 80개가 넘는 연구들을 검토한 다음에, 그들은 "가장 원시적인 영장류인 주행성晝行性 여우원숭이에서 유인원에 이르기까지 거의 모든 종 전반에 걸쳐서… 통상적으로 그들의 하루 시간 중 5% 미만은 뭐가 되었든 어떤 능동적인 사회적 행동에 쓰인다."라는 것을 발견했다. 서스맨과 가버는 "통상적으로 하루 시간 중 1% 미만이 싸우고 경쟁하는 데 쓰이며, 특이한 경우에는 1%에 훨씬 못 미친다."라는 것을 발견했다. 그들은 모든 영장류 종에서, 같이 놀거나 털을 손질해 주는 것과 같은, 협동적이고 친화적인 행동이 갈등보다 10배에서 20배 더 일반적이라는 점을 발견했다.[15]

그러나 상대적인 조화에 대한 구달의 인상은, 그녀와 그녀의 학생들이 침팬지들을 보다 쉽게 관찰할 수 있게 침팬지들이 캠프 주변을 서성거리도록 유인하기 위해, 매일 수백 개의 바나나를 공급하기 시작한 바로 그때, 변화하기 시작했다(파워는 우연히 그런 것이 아니라고 주장한다).

야생에서 침팬지들은 개별적으로 또는 소집단으로 식량을 찾기 위해 널리 흩어져 있다. 식량은 정글 전체에 걸쳐 분산되어 있기 때문에 경쟁은 흔치 않은 일이다. 그러나 프란스 드 발Frans de Waal이 설명하듯이, "인간이 식량을 제공하기 시작하자마자 심지어 정글 속에서조차도 평화는 재빨리 교란된다."[16]

일정한 시간에 정규적으로 먹이를 주기 위해서만 열리는 잠긴 철근 콘크리트 박스 안에 들어 있는, 맛있는 냄새가 나는 과일 더미는 침팬지들의 행동을 극적으로 변화시켰다. 구달의 조수들은 좌절한 유인원들이 박스를 비틀거나 때려 부수어 여는 방법을 끊임없이 발견하면 박스들을 계속해서 다시 만들어야 했다. (박스 안에 들어 있어) 즉시 먹을 수 없는 익은 과일은 그들에게는 새로운 경험이었고, 그들을 혼란스럽게 하고 격분하게 하는 경험이었다. 크리스마스 아침에 바로 눈에 보이는 선물 더미를 열기 위해, 크리스마스트리 밑에서 얼마인지 알 수 없는 시간 동안 기다리지 않으면 안 되는 (각기 성인 남성 4명의 힘을 가진) 제멋대로인 3살짜리들이 있는 방을 상상해 보라.

수년 뒤에 이 시기를 회상하면서 구달은 "거듭된 먹이주기는 침팬지들의 행동에 뚜렷한 효과를 나타냈다. 그들은 과거에 했던 것보다 더욱 자주 큰 집

---

15) 검토를 위해서는 다음을 보라. Chapman & Sussman (2004)의 Sussman과 Garber의 장章.
16) 다음에서 인용. de Waal (1998), p. 10.

단으로 모여 돌아다니기 시작했다. 그들은 캠프 주변에서 잠자고, 아침 일찍 시끄러운 무리를 이루어 도착했다. 무엇보다도 나쁜 것은, *어른 수컷들이 점점 공격적으로 변해가고 있었다… 이전보다 훨씬 더 많은 싸움이 있었을 뿐 아니라 많은 침팬지들이 매일 여러 시간 동안 캠프 주변을 서성이고 있었다."* [17](강조는 필자)

구달이 침팬지들에게 먹이를 제공한 것에 관련해 마가렛 파워가 제기한 의문들은 랭엄뿐 아니라 대부분의 영장류학자들이 무시해 왔다.[18] 예를 들면 마이클 길리에리Michael Ghiglieri는, 구달의 팀이 목격했던 집단 간 갈등은 그 바나나 박스들의 왜곡 효과들에서 기인한 것일지도 모른다는 관념에 특별히 대응해, 우간다 인근에 있는 키발레Kibale 숲에 사는 침팬지들을 연구하러 갔다. 길리에리는 *"나의 임무는… 이런 전쟁 같은 상상들이 정상적인 것인지 아니면 침팬지들을 관찰하기 위해 음식물을 제공한 연구자들의 인위적 결과인지를 알아내는 것(이었다)"*[19]라고 썼다. 그러나 왜 그런지 모르겠지만, 마가렛 파워의 이름은 그녀의 책보다 8년 뒤에 출간된 길리에리의 책의 색인에서도 나타나지 않는다.

우리는 파워가 제기한 의문들을 적절하게 탐구하거나, 다른 연구 영역들에서 이루어진 (전체는 아니더라도) 일부 식량을 제공받지 않은 침팬지들 사이에서의 집단 간 갈등에 대한 후속 보고서들을 다룰 공간이 없다.[20] 우리는 마

---

17) Goodall (1971). 다음에서 인용. Power (1991), pp. 28-29.
18) 이상하게도, 드 발은 파워가 제기한 이 점에 동의하고 있지만 그녀의 작업에 관해 거의 언급하지 않는다. 게다가 그녀를 묵살할 뿐이다. 그는 1996년에 출간한 책 〈좋은 본성: 인간과 다른 동물들에서의 선과 악의 기원들Good natured: The origins of right and wrong in humans and other animals〉의 권말 주#에서 "문헌에 대한 독해에 기초해 파워(1991)는 (곰베의 바나나 캠프처럼) 일부 현장에서 식량을 제공하는 것은 침팬지들을 더욱 폭력적이고 덜 평등주의적으로 바꾸고 따라서 공동체 내에서도 공동체 사이에서도 관계의 '분위기'를 변화시켰다고 주장했다. 파워의 분석-활용 가능한 자료의 진지한 재검토와, 유인원을 고귀한 야만인이라고 보았던 1960년대의 이미지에 대한 향수를 섞은-은 식량을 제공받지 않은 침팬지에 대한 계속 진행 중인 연구에 의해 의심의 여지없이 해결될 문제들을 제기하고 있다."라고 썼다. 파워의 분석을 이렇게 무시한 것은 정당화될 수 없으며, 전례 없이 옹졸한 것이라는 인상을 우리에게 준다. 그녀가 "1960년대에 대한 향수"(그녀의 책에서 감지할 수 없는 감정)를 느꼈는지 여부와 무관하게, 드 발은 그녀의 분석이 탐구할 가치가 있는 "문제들을 제기하고 있다."라는 것을 인정한다. 이 문제들은 침팬지의 사회적 상호작용들에 관한 많은 자료들을 재구성하게 할 위험이 있다. 이는 침팬지의 행동에 대한 연구에서 세계의 선도적인 인물들 중 한 사람이며, 학식으로 보아 비판적 분석에 대한 깊은 존경을 틀림없이 보여줄 드 발에게 커다란 관심이 될 것이다.
19) Ghiglieri (1999), p. 173.
20) 이러한 보고서들에 대한 개괄과 파워의 주장에 대한 반박에 관해서는 다음을 보라. Wilson & Wrangham (2003). 이 논문은 온라인으로 다음에서 볼 수 있다. http://anthro.annualreviews.org.

가렛 파워와 마찬가지로, 핑커와 샤뇽(다음을 보라)의 동기動機들에 관해 의문들을 갖고 있다. 하지만 제인 구달의 의도나 과학적 진실성에 관한 의문은 전혀 없다. 파워의 의문들은, 구달에 대한 매우 적절한 존경심을 가진 채, 가능성 있는 영장류의 전쟁 기원들에 관한 논쟁에 진지한 관심을 갖고 있는 사람이라면 누구든 고찰해 볼 가치가 있다.

전리품들

마가렛 파워의 의문들은 문제의 핵심을 찌르고 있다. 서로 싸워 얻을 만한 대상이 아무것도 없다면 왜 싸우는가? 과학자들이 유인원들에게 식량을 제공하기 전에는 식량이 정글 도처에서 나타났기 때문에, 침팬지들은 매일 무언가 먹을 것을 찾아서 널리 흩어져 살았다. 침팬지들은 열매가 달려있는 나무를 발견하면 종종 다른 침팬지들을 부른다. 상호 부조는 모두를 도우며, 숲에서 식량 구하기는 제로섬의 노력이 아니다. 그러나 일단 매일 같은 장소에 *제한된* 양의 쉽게 먹을 수 있는 음식이 존재할 것이라는 걸 알고 나면, 침팬지들은 점점 더 공격적이고 '시끄러운 무리들'이 되어 도착해 '서성거리기' 시작했다. 바로 그 뒤에 구달과 그녀의 학생들은 침팬지 집단들 사이에서 이제는 유명해진 '전쟁'을 목격하기 시작했다.

침팬지들은 아마도 난생 처음으로 싸움의 대상이 될 만한 무언가를 갖게 됐다. 집중되어 있고 신뢰할 수 있지만 제한된 식량이 그것이다. 갑자기 그들은 제로섬의 세계에 살게 됐다.

이것과 똑같은 추론을 인간 사회에 적용하면, 우리는 왜 즉각 보상 수렵채집인들이 전쟁을 하기 위해 자신들의 목숨을 걸겠는가에 대해 궁금해지게 될 것이다. 정확히 무엇을 얻기 위한 것인가? 식량일까? 식량은 환경 안에 널려 있다. 미국과 캐나다의 태평양 연안 북서부에서 연어들의 주기적 이동처럼,

자연 조건들에 의해 식량이 집중되어 있는 지역의 토착 사회들은 즉각 보상 수렵채집인이 되지 않는 경향이 있다. 우리는 그런 장소들에서는 (나중에 논의할) 크와키우틀Kwakiutle족과 같은 복합적이고 위계적인 사회들을 발견할 가능성이 훨씬 높다. 소유물 때문인가? 수렵채집인들은 정서적이지 않은 어떤 가치를 가질 만한 소유물을 거의 갖고 있지 않다. 땅 때문인가? 우리 조상들은 종으로서 존재한 기간 대부분을 인간이 별로 없는, 거의 비어 있는 세계에서 진화했다. 여자 때문인가? 아마 그럴 수도 있겠다. 하지만 이 주장은 인구 성장이 수렵채집인들에게 중요했다는 것, 그리고 여자들이 목축민들의 가축처럼 쟁탈 대상이 되고 거래되는 상품이었다는 것을 전제로 한다. 인구를 안정되게 유지하는 것이 인구를 팽창시키는 것보다 수렵채집인들에게는 더 중요했을 것이다. 우리가 이미 보았듯이, 한 집단이 일정 수의 인구에 도달하면 그것은 여하튼 더 작은 집단들로 분리되는 경향이 있다. 또 무리 수준의 사회들에서 먹여 살릴 사람을 *더 많이* 갖는 것은 아무런 고유한 이득이 없다. 우리는 또한 수렵채집인, 침팬지, 보노보에게 전형적으로 나타나는 분열·융합 사회 체계에서는, 여성들과 남성들이 상이한 무리들 사이에서 자유롭게 옮겨 다닐 수 있었다는 것도 보았다.

사회 구조-수렵채집경제, 원예경제, 농업, 산업-와 인구 밀도 그리고 전쟁 가능성 사이의 우연적인 반향들은 사회학자 패트릭 놀란Patrick Nolan이 수행한 연구 결과의 지지를 받았다. 그는 "수렵채집 사회나 단순한 원예경제 사회에서보다는 발전된 원예경제 사회와 농업 사회에서 전쟁이 일어날 가능성이 더 크다."라는 것을 발견했다. 놀란이 그의 분석을 수렵채집 사회와 농업 사회에만 한정했을 때, 평균 이상의 인구 밀도가 전쟁에 대한 최상의 예측 변수라는 것을 발견했다.[21]

불과 수천 년 전 농업 사회 이후의 인구 폭발 때까지는 우리 조상들의 인구 밀도는 낮았다. 이 발견은 전쟁이 '500만 년의 습관'이라는 주장에 문제를 제

---

21) Nolan (2003).

기한다. 미토콘드리아 DNA 상의 변화들을 관찰한 최근 연구는 선사시대에 이미 낮았던 전 세계의 인구 밀도가 여러 지점에서 (아마도 화산의 폭발, 소행성의 충돌, 해류의 급작스런 변화 등에 의해 촉발된 기후변화에 따른 재앙들로 인해) 멸종 위기에 이를 정도로 하락했다는 것을 확인해 준다. 앞서 언급했듯이, 호모 *사피엔스*의 전 세계 인구는 토바 화산의 거대한 폭발이 세계 기후를 극심하게 교란시킨 것으로 보이는 7만4,000년 전만 해도, 불과 수천 명 수준으로 떨어졌을 것이다. 북반구의 많은 부분이 빙하에 덮여 있었음에도 불구하고 세계는 결코 우리의 먼 조상들로 넘쳐나지 않았다.[22]

인구통계학적 조건들이 보다 최근의 역사시대에 전쟁을 촉발했다. 생태학자 피터 터킨Peter Turchin과 인류학자 안드레이 코로타예프Andrey Korotayev는 영국, 중국, 로마 역사 자료들을 관찰한 뒤, 인구밀도 증가와 전쟁 사이의 강한 통계적 상관관계를 발견했다. 그들의 연구는, 인구성장이 전쟁과 평화의 역사적 시기들 사이의 변동의 90%까지를 설명할 수 있었음을 시사한다.[23]

초기 농업 시대의 수확된 곡식 저장고와 유순한 가축 무리는 정글 속의 바나나 박스와 같은 것이었다. 이제는 싸움의 대상이 될 만한 무언가가 존재한다. '더 많은 것'이 그것이다. 경작할 *더 많은* 땅. 땅에서 일하고 그 땅을 지킬 군대를 양성하고 수확을 돕도록 인구를 늘리기 위한 *더 많은* 여성. 곡식을 심고 수확하고 싸움을 하는 등의 힘든 노동을 하는 데 필요한 *더 많은* 노예. 한 지역에서 농작의 실패로 인해 자포자기한 농민들은 이웃들을 습격하고 이웃들은 보복을 하는 등, 그런 일이 반복되어 일어났을 것이다.[24]

(전쟁으로부터의) 자유는, 잃을 것이 없다는, 또는 얻을 것이 없다는 말의 다른 말 바로 그 자체이다.

---

22) Behar et al. (2008). 또한 이 소재에 대한 탁월한 개관을 위해서는 다음을 보라. Fagan (2004).
23) Turchin (2003, 2006).
24) 바람에 찰랑찰랑 흔들리는 독수리 깃털로 된 전쟁용 머리장식을 단 수Sioux족(라코타Lacota족) 추장들의 이미지를 갖고 있는 독자들은, 백인들과의 최초 접촉이 있기 이전 세대들에서는 질병이 다수의 부족들에 걸쳐 확산되었으며 말horse의 도래가 극심한 문화적 파괴를 가져와, 그것이 이전에는 평화롭게 살던 집단들 사이의 갈등을 초래했다는 사실을 명심해야 한다. 다음을 보라. Brown (1970/2001).

그러나 신홉스주의자들은 상당히 간단한 이 분석과 이것을 지지하는 자료를 무시하고, 전쟁이 인간의 영원한 충동임에 틀림없다고 주장하면서, 모두가 자신들의 견해를 옹호하기 위해 핑커의 잘못된 도표와 같은 필사적인 수사적 修辭的 전술들에 너무 자주 의존한다.

예를 들면 로버트 에저튼Robert Edgerton은 자신의 책 〈병든 사회들: 원시사회의 조화라는 신화에 대한 도전Sick Societies: Challenging the Myth of Primitive Harmony〉 제4장에서 "관료제와 사제司祭뿐 아니라 경작까지 결여된 일부 소규모 사회들에서 사회계층이 발전됐다."라고 썼다. 좋다. 그러나 "소규모 사회들"에서 사회계층과 엘리트들에 의한 야만적 지배에 관한 이 주장을 뒷받침하기 위해, 그는 다음과 같은 순서로 (하나도 빼지 않고) 15쪽에 걸친 생생한 묘사를 제시한다.

- 밴쿠버 섬의 크와키우틀 인디언(노예를 소유하고, 정착생활을 하며, 자산을 축적하고, 포틀래치potlatch 축제를 하는 복합적인 위계 사회)
- 아즈텍 제국(수백만의 인구, 정교한 종교 구조와 사제, 하수처리 체계를 가지며 밤에는 거리에 불을 밝히는 사회로, 처음 접촉하던 시기에는 유럽의 어떤 도시보다 큰 수도 주변에 노예가 경작하는 실로 엄청난 농토가 있었다)
- 줄루 제국(노예제, 집약 농업, 동물 사육, 대륙 전체에 걸친 교역망을 갖추고 있으면서 인구가 다시 수백만이 넘는 사회)
- 에저튼의 말을 빌리면, "서부 아프리카에서 비교할 수 없을 정도로, 최대의 군사력을 갖추었던" 오늘날의 가나에 존재했던 아산테Asante 제국[25]

이 제국들 중 과연 어느 것이 "관료제와 사제와 경작이 없는 소규모 사회들"과 관계가 있는지 에저튼은 말하지 않는다. 사실 그는 그 장의 나머지 부

---

25) Edgerton (1992), pp. 90–104.

분에서 단일한 수렵채집경제 사회에 대해 언급하지 않는다. 이것은 고양이는 길들이기 어렵다고 선언한 뒤 독일산 셰퍼드, 비글beagle, 그레이하운드, 골든 리트리버와 같은 개들을 증거로 제시하는 것과 마찬가지이다.

인류학자 더그 프라이Doug Fry는 〈전쟁을 넘어서Beyond War〉에서 보편적인 전쟁에 관한 신홉스주의적인 견해를 논박한다. 프라이는 "'항상 전쟁이 존재해 왔다'는 믿음은 그 문제에 대한 고고학적 사실들에 조응하지 않는다."라고 썼다. 인류학자 레슬리 스폰셀Leslie Sponsel은 "전쟁에 대한 고고학적 증거가 없다는 것은 전쟁이 인간의 선사시대의 대부분 기간 동안 드물거나 없었다는 것을 시사한다."라고 쓰면서 이에 동의한다. 인류학자 브라이언 퍼거슨Brian Ferguson은 선사시대의 유골에 나타난 증거에 대한 포괄적인 검토 후, 오늘날의 수단에 있는 한 특정 장소를 제외하면 "1만 년 또는 그 이상 된 것으로 검증된 수백 개의 유골들 가운데 약 12개의 호모 *사피엔스* 유골들만이 개인 간폭력의 명백한 징후들을 보여준다."라고 결론지었다. 퍼거슨은 계속해서 "만일 초기 선사시대에 전쟁이 널리 퍼져 있었다면 고고학적 기록의 풍부한 소재들이 전쟁의 증거로 가득할 것이다. 그러나 그런 흔적들이 존재하지 않는다."라고 말한다.[26]

학자들이 폭력적인 침팬지들, 그리고 수렵채집인들로 잘못 명명된 원예농업을 한 몇몇 선별된 인간 사회의 조직화된 폭력을 지적하고, 이것이 전쟁에 대한 고대적 성향들의 증거라고 주장할 때, 우리의 헛소리 탐지기들이 울린다. 훨씬 더 난처하게도, 이 학자들은 식량을 제공하는 일, 배고픈 병사들과 밀렵꾼들로 이루어진 군대들로부터 포위 공격을 당해 계속 줄어드는 서식지, 그리고 생활공간과 식량과 유전적 활력의 감소 등이 침팬지들에게 미치는 왜곡 효과들에 대해 계속 침묵한다. 마찬가지로 우리를 교란시키는 것은, 인구통계학적 조건들과 농업 국가의 발흥이 인간의 갈등 가능성에 미치는 결정적인 영향들에 대해 그들이 침묵한다는 점이다.

---

26) Ferguson (2003).

나폴레옹의 침입(야노마미 논쟁)

사랑의 여름이 서서히 식어가고 침팬지의 전쟁에 대한 제인 구달의 첫 번째 보고들이 대중 의식 속으로 폭발해 들어갈 때, 나폴레옹 샤뇽은 〈야노마뫼: 사나운 사람들Yanomamö: The Fierce People〉의 출간으로 갑자기 살아 있는 인류학자 중 세계에서 가장 유명한 사람이 됐다. 1968년은 전쟁이 인간 본성에 필수적이면서 고대적인 부분이라고 주장하는 근사한 고고학적 모험담을 늘어놓기에 좋은 해였다.

그 해는 프라하에서의 '벨벳 혁명velvet revolution', 베트남에서의 신년제新年祭 공격과 함께 시작됐다. 마틴 루터 킹의 최악의 꿈이 멤피스에서 실현됐고, 로버트 케네디는 로스앤젤레스의 무대 위에서 쓰러졌으며, 그리고 피아 혼돈이 시카고의 거리들을 휩쓸었다. 닉슨이 슬그머니 백악관으로 들어갔고, 찰스 맨슨Charles Manson(역주 : 미국의 중범죄자)과 그의 실종된 추종자들이 말리부 위 메마른 언덕들에서의 대혼란을 모의했고, 비틀즈가 〈화이트 앨범The White Album〉을 마무리했다. 그 해는 3명의 미국 우주비행사들이 사상 최초로 영원한 침묵 속에 떠있는 이 연약한 푸른 별을 뚫어지게 되돌아 응시하면서 헛되이 우주의 평화를 기원하는 가운데 끝났다.[27]

그 모든 것을 고려해 볼 때, 아마도 "선천적으로 폭력적인" 야노마미족의 "만성적인 전쟁"에 대한 샤뇽의 설명이 대중의 아픈 곳을 찌른 것은 아마도 놀라운 일이 아닐 것이다. 인간의 살인본능을 이해하기를 간절히 원하는 대중은, 그가 우리의 "현대적 조상들"이라고 묘사한 사람들의 일상적인 야수성에 대한 그의 설명들을 선뜻 받아들였다. 이제는 5판까지 나온 〈야노마뫼: 사나운 사람들〉은 여전히 인류학 분야에서 공전의 베스트셀러이며 대학생들에게

---

27) 1968년 크리스마스에 아폴로 8호의 우주비행사 프랭크 보먼Frank Borman은 전 세계의 청중들에게 다음과 같은 기도문을 읽었다. "하나님, 인간의 실패에도 불구하고 세계 속에서 당신의 사랑을 볼 수 있는 비전을 우리에게 주소서. 우리의 무지와 악함에도 불구하고 선을 믿을 수 있는 믿음을 우리에게 주소서. 이해하는 마음을 지니고 계속해서 기도할 수 있는 앎을 우리에게 주시고, 우리들 각자가 우주의 평화의 날의 도래를 가져오기 위해 할 수 있는 바를 보여주소서. 아멘."

만 수백만 권이 팔렸다. 샤농의 책들과 필름들은 여러 세대 인류학자들의 교육에서 탁월한 역할을 수행했다. 그들 대부분은 샤농의 주장들이 우리 종의 고유한 흉포성을 실증했다고 받아들였다.

그러나 샤농의 연구는 신중하게 접근하지 않으면 안 된다. 왜냐하면 그가 많은 수상쩍은 기법들을 사용하고 있기 때문이다. 예를 들면 퍼거슨은, 핑커가 계부시족에 관한 논의에서 그랬던 것처럼, 샤농이 통계에서 일반 살인을 전쟁과 합산한다는 것을 발견했다. 그러나 더 중요한 것은, 샤농이 연구한 사람들 사이에서, 파괴적이며 다소 헤밍웨이스러운 자신의 존재 효과들을 샤농이 설명하지 못한다는 것이다. 〈엘도라도의 어둠Darkness in El Dorado〉의 저자인 패트릭 티에르니Patrick Tierney에 따르면, "샤농과 야노마미를 유명하게 만든 전쟁들–샤농이 〈사나운 사람들〉에서 그렇게 즐겨 묘사했던 전쟁들–은 그 인류학자가 자신의 엽총, 선외船外 모터, 선물로 주기 위한 강철 제품으로 가득찬 카누와 함께 도착한 바로 그 날인 1964년 11월 14일에 시작됐다."[28] 티에르니는 샤농의 박사 논문을 인용해서 그가 도착하기 13년 전에는 어떤 나모웨이Namowei(야노마미의 큰 줄기 부족)도 전쟁에서 죽지 않았다는 것을 보여준다. 그러나 샤농이 그들 사이에 거주한 13개월 동안에 나모웨이와 파타노와–테리Patanowa-teri(또 다른 줄기 부족) 사이의 갈등에서 10명의 야노마미가 죽었다.

인류학자 케네스 굿Kenneth Good은 처음에는 샤농의 대학원생들 중 한 명으로 야노마미와 같이 살기 위해 가서 12년 간 머물렀다. 그는 샤농을 "자신의 연구에 대한 협조를 얻기 위해 여러 아름의 칼을 갖고 마을로 들어간 '치고 달리기 식의hit-and-run' 인류학자"로 묘사했다. 굿은 "불행하게도, 그는 가는 곳마다 갈등과 분리를 불러일으켰다."라고 썼다.[29]

28) Tierney (2000), p. 18. 티에르니의 책은 어떠한 침팬지 공동체도 다른 공동체와 비교해 보면 완전히 평화적인 것으로 보이게 만드는 큰 불을 점화시켰다. 대부분의 논쟁은 샤농과 그의 동료 제임스 닐James Neel이 야노마미 사이에 치명적인 전염병을 불러일으켰을지도 모른다는 티에르니의 비난들과 관련된다. 우리는 이 비난들을 상세히 검토하지 않아 그 논의에 아무것도 보탤 것이 없다. 따라서 샤농의 방법론과, 그것이 야노마미의 전쟁에 적용될 때의 지식에 우리 비판을 한정하기로 한다.

샤농이 일으킨 교란의 일부는 의심의 여지없이 그의 난폭하고 남자다움을 으스대는 자아상으로부터 왔다. 하지만 그의 연구 목적들이 문제들의 더욱 큰 근원이었을 것이다. 그는 야노마미족으로부터 계보학적 정보를 수집하기를 원했다. 야노마미는 이름을 크게 말하는 것을 무례한 것으로 간주한다는 점을 고려하면, 이것은 조금도 과장하지 않아도 까다로운 과제이다. 죽은 자의 이름을 밝히는 것은 그들의 문화에서 가장 강력한 터부 중의 하나를 깨뜨릴 것을 요구한다. 그들 사이에서 25년 동안 살았던 주안 핑커스Juan Finkers는 "야노마미족 사이에서 죽은 자의 이름을 밝히는 것은 중대한 모욕이며, 분리와 싸움과 전쟁의 동기이다."[30]라고 말한다. 인류학자 마셜 샐린스Marshall Sahlins는 샤농의 연구를 "터부 때문에 자신들의 조상들을 알 수 없고 추적할 수 없으며 이름을 밝힐 수도 없는(또는 그것 때문에 자기 자신들이 이름을 듣는 것을 견딜 수 없는) 사람들 사이에서" 조상에 기초한 계보들을 알아내려고 시도하는 "가장 어리석은 인류학적 프로젝트"라고 묘사했다.[31]

샤농은 한 마을을 다른 마을과 대립시킴으로써 그의 조사 대상 주민들의 터부를 다루었다. 그는 다음과 같이 설명한다.

나의 정보원들을 고를 때 지역의 논쟁과 적대감을 이용하기 시작했다… 계보를 검토하기 위해 다른 마을을 여행할 때 내가 정보를 원하는 사람들과 껄끄러운 관계에 있는 마을들을 골랐다. 그리고는 나의 베이스캠프로 돌아와 지역의 정보원들과 함께 새로운 정보의 정확성을 검토했다. 만일 내가

---

29) 그에 비해 샤농이 야노마미족 사이에서 보낸 전체 시간은 모두 합쳐 약 5년이었다. 야노마미에 관해 더 많이 알고자 하는 독자들은 굿(Good, 1991)으로부터 시작할 수 있을 것이다. 이것은 그들과 함께 산(그리고 마침내 거기서 아내를 얻은) 굿의 시간을 매우 개인적이고 이해하기 쉽게 설명한다. 티에르니(Tierney, 2000)는 비록 우리가 여기서 개관한 비판을 훨씬 넘어서 나아가지만 샤농에 반대되는 사례들을 개관하고 있다. 퍼거슨(Ferguson, 1995)은 샤농의 계산과 결론에 대한 심층 분석을 제공한다. 전쟁의 기원들에 대한 퍼거슨의 견해를 더 보려면, 그의 학과 웹페이지에서 다음 두 논문을 다운받을 수 있다(http://andromeda.rutgers.edu/socant/brian.htm). "Tribal, 'Ethnic', and Global Wars", 그리고 생물학, 고고학, 야노마미 논쟁에 대한 광범위한 논의를 포함하고 있는 "Ten Points on War". 보로프스키(Borofsky, 2005)는 그 논쟁과 논쟁이 발생한 맥락에 대한 균형 잡힌 설명을 제공한다. 물론, 샤농의 저작도 쉽게 활용 가능하다.
30) 다음에서 인용. Tierney (2000), p. 32.
31) 《워싱턴 포스트》지 2000년 12월 10일, 일요일판 X01쪽에 실린, 〈엘도라도의 어둠: 정글 피버〉에 대한 마셜 샐린즈의 비평.

적의가 있는 집단으로부터 얻은 새로운 이름들을 언급할 때 정보원들이 화를 내면, 나는 그 정보가 정확하다는 것을 거의 확신했다…나는 가끔 다른 정보원들이 보고하지 않은 죽은 형제나 자매의 이름과 같이 정보원을 격노에 휩싸이게 하는 이름을 발견했다.[32]

개괄해 보면,

1. 우리의 영웅은 몇몇 선택된 집단들에 선물할 칼, 도끼, 엽총 등을 가지고 허세를 부리면서 야노마미의 땅에 들어가, 집단들 사이에 교란적인 힘의 불균형을 불러일으킨다.

2. 그는 각자의 존경하는 조상과 사랑하는 고인들에게 무례하게 굴도록 달달 볶음으로써 공동체들 사이에 이미 존재하고 있던 긴장들을 탐지하고 악화시킨다.

3. 상황을 더 악화시키면서 샤뇽은 그가 불러일으킨 공격들을 보고한다. 그는 자신의 계보 자료의 타당성을 확인하기 위해 자신에게서 기인한 격노를 이용한다.

4 그렇게 야노마미족에게 상처를 내고 그 상처에 소금을 친 샤뇽은 잔인하고 폭력적인 "야만인들" 사이의 대담한 행동에 관한 이야기들로 미국 대중을 유혹해 나간다.

*anthro*라는 단어가 야노마미의 어휘 속에 들어갔다. 그것은 "깊이 혼란된 성향들과 거친 기이함들을 가진 강력한 비인간"[33]을 의미한다. 1995년 이래로 샤뇽은 야노마미 땅에 다시 돌아오는 것이 법적으로 금지됐다.

인류학자 레슬리 스폰셀은 1970년대 중반에 야노마미족 사이에서 살았다.

32) Chagnon (1968), p. 12.
33) Tierney (2000), p. 14.

그는 전쟁을 전혀 보지 못했고 단 한 번의 몸싸움만 보았으며 몇몇 시끄러운 부부싸움을 보았을 뿐이다. 스폰셀은 "놀랍게도 (나의) 마을과 이웃의 세 마을에 살고 있는 사람들은 샤농이 묘사한 '사나운 사람들'이 결코 아니었다."라고 썼다. 스폰셀은 샤농의 책 한 권을 가져가 그 책에 실린, 싸우는 야노마미 전사들 사진을 자신이 하고 있는 작업의 종류를 설명하는 방편으로 삼았다. 그는 "비록 남자들 중 일부는 사진에 빨려들었지만, 그 사진들은 바람직하지 못한 행동의 예를 제공하기 때문에 아이들에게는 보여주지 말라는 요청을 받았다."라고 썼다. 스폰셀은 "이 야노마미족은 결코 사나움에 대해 긍정적인 가치를 두지 않았다."라고 결론지었다.[34]

10년 이상 그들과 함께 산 굿은 단 한 번 전쟁이 발발하는 것을 목격했다. 그는 결국 샤농과의 관계를 끊고, 야노마미족의 폭력을 강조하는 것은 "억지로 꾸민 듯하고 왜곡된" 것이라고 결론지었다. 나중에 굿은 "샤농이 한 일은 뉴욕 사람들이 강도이고 살인자라고 말하는 것과 마찬가지"라고 주장하면서 샤농의 책이 "주제에 대해 전혀 온당한 균형이 잡혀 있지 않았다."라고 썼다.

히피의 위선과 보노보의 잔인성에 대한 필사적인 탐색

특정 유형의 저널리스트(또는 진화심리학자)에게는 히피의 위선을 드러내는 것보다 더 만족스러운 것이 없다. 로이터통신의 최근 표제는 "연구에 따르면, 히피 유인원들은 사랑을 할 뿐 아니라 전쟁도 해"[35]이다. 그 기사는 "영장류 세계에서 투사鬪士가 아니라 사랑을 하는 존재로서의 명성에도 불구하고 보노보들은 실제로는 원숭이들을 사냥하고 죽인다…"라고 서술한다. 또 다른 기사는 "평화주의자라는 명성에도 불구하고 보노보들은 다른 영장류들을 사

34) Sponsel (1998), p. 104.
35) 2008년 10월 23일.

냥해서 먹는 일도 한다."라고 우리에게 확언한다. 세 번째 기사는 "섹스에 미친 유인원들 살해도 즐긴다."는 표제 하에 "히피들이 알타몬트-지옥의 천사들Hell's Angels이 음악회에 자주 가는 어떤 사람을 죽인 곳—를 갖고 있는 것처럼 보노보들도 살롱가Salonga 국립공원을 갖고 있다. 그곳에서 과학자들은 평화를 사랑하는 것으로 추정되는 영장류가 원숭이 아이들을 사냥해서 먹는 것을 목격했다."라는, 귀에 들릴 정도의 비웃음으로 시작된다. "섹스에 미친?" "평화를 사랑하는 것으로 *추정되는*?" "원숭이 아이들을 먹는?" 원숭이들이 "아이들"을 갖고 있는가?

만일 침팬지 *그리고* 보노보가 모두 전쟁을 한다면, 아마도 우리는 결국 "500만 년 동안의 치명적인 공격 습관"의 "멍한 생존자들"일 것이다. 그러나 좀 더 세밀히 살펴보면 다소 멍한 것은 기자들임을 알 수 있다. 연구자들은 문제의 보노보들을 관찰한 5년 동안 원숭이들을 사냥하려는 시도를 열 번 목격했다. 보노보들은 세 번은 성공해서 원숭이 고기를 수컷과 암컷이 혼합된 무리인 사냥꾼들끼리 나누었다.

과학 기자들을 위해 간략한 현실 확인을 해 보자.

- 연구자들은 보노보들이 다람쥐, 곤충, 유충뿐만 아니라 다이커duiker로 알려진 대체로 작은 정글 영양을 정기적으로 사냥하고 그 고기를 먹는다는 것을 오랫동안 알고 있었고 그렇게 보고해 왔다.
- 인간, 침팬지, 보노보로 귀결되는 진화 계통은 대략 3,000만 년 전에 원숭이로 귀결되는 계통과 분리됐다. 다른 말로 하면, 침팬지와 보노보는 우리와 똑같은 정도로 원숭이와 밀접하게 연관되어 있다.
- 어린 원숭이들은 "아이들"이 아니다.
- 원숭이 고기는 고급 중국 레스토랑과 세계의 많은 지역에서 정글 바비큐의 메뉴에 올라 있다.
- 매년 전 세계 연구 실험실에서 수만 마리의 어리거나 늙은 원숭이들이

희생된다.

그러면, 인간도 원숭이와 '교전 중'인가?

신문을 파는 데는 **전쟁!**이라는 표제만한 게 없고, **동족을 잡아먹는 히피들의 광란의 전쟁!**이란 표제는 신문을 훨씬 더 많이 팔리게 하겠지만, 한 종이 다른 종을 사냥해서 먹는 것은 '전쟁'이라고 하기 어렵다. 그것은 점심이다. 훈련받지 않은 눈에는 보노보와 원숭이가 비슷하게 보일 수도 있다는 생각은 부적절하다. 한 떼의 늑대 또는 코요테가 길 잃은 개를 공격할 때 그것이 '전쟁'인가? 우리는 매가 비둘기를 느닷없이 낚아채는 것을 보아 왔다. 그것이 '전쟁'인가?

우리의 종이 *본성적으로* 평화로운지 호전적인지, 관대한지 소유욕이 강한지, 자유연애를 하는지 질투심이 강한지를 묻는 것은 H_2O가 본성적으로 고체인지, 액체인지 또는 기체인지를 묻는 것과 마찬가지이다. 그런 질문에 대한 유일하게 의미 있는 답변은 '때와 장소에 따라 다르다'이다. 널리 분포된 식량과 주거지가 있는, 거의 비어 있는 세상에서 갈등을 피하는 것은 쉽고도 매력적인 선택이었을 것이다. 조상들이 살았던 환경의 전형적인 조건들에서 인간은 서로 전쟁을 함으로써 얻는 것보다 잃는 것이 훨씬 더 많았을 것이다. 물리적, 정황적 증거가 선사시대에 우리 조상들이 전쟁보다는 사랑을 훨씬 더 많이 했다는 것을 보여준다.

제14장 수명 거짓말(명이 짧은?)

> *우리의 연수年壽가 칠십이요, 강건하면 팔십이라도, 그 연수의 자랑은 수고와 슬픔*
> *뿐이요, 신속히 가니 우리가 날아가나이다.*
>
> 시편 90편 10절

이상하지만 진실인 것이다. 선사시대 인간의 평균 기대 신장은 약 3피트였고, 따라서 4피트 키의 인간은 거인으로 간주됐다.

그 사실이 선사시대에 대한 당신의 이미지를 바꾸는가? 당신은 작은 동굴에 살면서, 토끼를 좇아 구멍을 뒤지고, 여우가 두려워 웅크리고, 매가 낚아채가는 아주 작은 분재盆栽 인간을 그리고 있는가? 이 때문에 당신은 매머드 사냥이 우리의 아주 작은 조상들에게는 어떠한 도전이었을까를 다시 생각하게 되는가? 그것 때문에 당신은 우리의 우수한 식단과 공중위생이 평균 기대 신장을 거의 2배로 만든 오늘날에 살고 있는 것이 더 행운이라고 느끼게 되는가?

글쎄, 흥분하지 마시라. 선사시대의 인간의 평균 '기대 신장'이 약 3피트였다는 것은 기술적으로는 사실이다. 하지만 그것은 오도된 진실이다. 결혼, 가난, 그리고 전쟁의 보편성에 관한 지나친 확신에 찬 선언들처럼, 그것은 혼동의 씨앗을 뿌리고 오도된 자료들을 수확하게 될 그런 종류의 주장이다.

선사시대에 살던, 완전히 성장한 남자의 평균 신장을 (유골 유적들의 안내를 받아) 구해 보자. 약 6피트(72인치)이다. 그리고는 선사시대 유아 유골의 평균 크기를 구해보라(이를 테면 약 20인치라고 해 보자). 그리곤 알려진 고고학적 매장터에서 성인 유골에 대한 유아 유골의 비율로 추론해, 일반적으로 세 사람이 성인이 될 때까지 살았음에 비해 일곱 사람은 유아로 죽었다고 상정해 보라. 그리하여 높은 유아 사망률에 의해 선사시대의 인간의 평균 신장은 $(3 \times 72)+(7 \times 20) \div 10 = 35.6$인치가 된다. 대략 3피트이다.[1]

어리석은 짓인가? 그렇다. 오도하는 것인가? 그렇다. 통계적으로 정확한가? 글쎄, 어느 정도.

대부분의 사람들이 선사시대 인간의 기대 수명에 관해 믿도록 유도되는 것만큼이나, 이 기대 *신장* '진실'은 어리석거나 오도하는 것이다.

증거 A: NBC 〈나이틀리 뉴스Nightly News〉와의 인터뷰[2]에서 UCSF대학교의 생물물리학자 제프 로츠Jeff Lotz는 미국에서 만성적인 요통의 확신에 대해 논의하고 있었다. 그날 밤 수백 만 명의 시청자는, 그가 "*200~300년 전까지는 우리가 45세를 넘겨 살지 못했고, 따라서 우리의 척추는 우리의 삶이 지속되는 동안 이 커다란 중력 하중을 가진 이 꼿꼿한 자세를 유지할 수 있는 지점까지 실제로 진화하지 않았다.*(강조는 필자)"라고 설명하는 것을 들었다.

증거 B: 그렇지 않았으면 믿음직했을, 선사시대 여성에 관한 한 책(〈보이지 않는 성The Invisible Sex〉)에서, 고고학자, 인류학자, 그리고 세계를 선도하는 한 과학 잡지의 편집자가 한 팀이 되어서 4만5,000년 전에 유럽에서 살았던, 그들이 우르술라Ursula라고 부른 전형적인 여성의 삶을 상상했다. 그들은 "삶은 힘들고, 많은 사람들, 특히 젊은이와 늙은이가 겨울에 굶어 죽었고, 질병뿐만 아니라 이런저런 종류의 사고들로 죽었다… (15살에 자신의 첫 딸을 낳은) 우르술라는 그녀의 첫 손녀를 보기에 충분할 정도로 오래 살았고, *37세라는 지긋한 나이*에 죽었다.(강조는 필자)"[3]라고 썼다.

---

1) 이런 수치들은 단지 예증을 하기 위한 목적이라는 점을 주의하라. 간단하게 하기 위해서(그리고 그것은 아무런 의미가 없기 때문에) 우리는 남성과 여성의 키 차이, 유아 유골의 평균 크기의 지역적인 편차 등을 조정하지 않았다.
2) 2008년 10월 6일.
3) Adovasio et al. (2007). p. 129.

증거 C: 〈뉴욕타임스〉의 한 기사[4]에서, 막스플랑크 인구통계학 연구소의 생존과 수명 실험실 책임자인 제임스 바우펠James Vaupel은 "고정된 수명은 존재하지 않는다."라고 설명한다. 바우펠 박사는 수치가 가장 급속하게 상승하는 나라들에서 1840년부터 오늘날까지의 기대 수명의 증대를 지적하면서, 이 증대는 "직선, 절대적으로 직선이고, 어떠한 쇠퇴나 감소의 증거도 없다."라고 설명한다. 이 사실로부터 그는 "기대 수명이 계속해서 10년마다 2~3살씩 더 높아지지 못할 아무런 이유가 없다."라고 결론지었다.

분명히 그런 이유가 존재한다. 어떤 시점에서는 성인이 될 때까지 생존할 수 있는 모든 아기들이 그럴 것이다. 더 이상의 진전들은 경미할 것이다.

삶은 언제 시작되는가? 삶은 언제 끝나는가?

선행하는 수치들은 우리의 *평균 기대신장* 측정치에 근접하는 수치들만큼 환상적이다. 사실 그 수치들은 높은 유아 사망률에 의해 왜곡된, 바로 그 잘못된 계산에 기초하고 있다. 이 요인을 제거하고 나면 우리는 아동기를 넘어 생존했던 선사시대 인간들은 일반적으로, 우리가 오늘날 대부분의 서구사회에서 볼 수 있는 수준보다 더 높은 전반적인 건강과 기동성을 지닌 채, 일반적으로 66세에서 91세까지 살았다는 것을 알게 된다.

당신이 보다시피 그것은 평균 게임이다. 대부분의 매장터에서 나오는 보다 많은 수의 유아 해골들이 알려주듯이, 선사시대 인구들 중 많은 유아들과 작은 아이들이 죽었다는 것은 사실이다. 하지만 이 해골들은 '무르익은 늙은 나이'를 구성한 것이 무엇이었는지에 대해서는 우리에게 아무것도 말해 주지 않는다. 일반적으로 인용되는 척도인 출생 시 기대수명은 전형적인 수명에 대한 정확한 척도와는 거리가 멀다. "20세기 초에 출생 시 기대수명은 약 45세

---

4) Gina Kolata, "Could We Live Forever?", 2003년 11월 11일.

였다. 그것은 사람들이 생존하거나 전염병을 피할 수 있게 해 주는 항생제와 공중위생 처방들의 도래에 힘입어 약 75세까지 올라갔다."[5]라는 글을 당신이 읽을 때, 이 극적인 증대는 성인들이 오래 살아서 그런 것이라기보다, 유아 생존이 증대된 현상의 반영이라는 점을 기억하기 바란다.

우리(공저자) 둘 중 한 사람이 태어나고 자란 모잠비크에서 남성의 출생 시 평균 기대 수명은 현재 비극적이게도 약 42세이다. 그러나 카실다Cacilda의 아버지가 도로의 끝까지 자전거를 타고 가다가 죽었을 때 그는 93세였다. 그는 늙었다. 42세가 아니다. 모잠비크에서조차 아니다.

의심의 여지없이, 다른 영장류의 새끼들 그리고 수렵채집인과 현대 모잠비크인들의 아기들처럼, 선사시대의 많은 유아들은 질병이나 혹독한 조건 때문에 죽었다. 그러나 많은 인류학자들은 한때 기아와 질병 탓이라고 생각했던 유아 사망의 대부분이 아마도 유아살해의 결과일 가능성이 있다는 데 동의한다. 그들은 수렵채집인 사회에서는 유아들이 집단의 부담이 되거나 식량 공급에 무리를 주는 몹시 급속한 인구 성장을 유발하지 않도록 하기 위해 유아의 수를 제한했다고 주장한다.

그런 일을 생각하는 것은 끔찍한 일이겠지만, 유아살해는 결코 드문 일이 아니며, 심지어 오늘까지도 그러하다. 인류학자 낸시 쉐퍼-휴즈Nancy Scheper-Hughes는 브라질 북부에서 오늘날의 유아 사망에 관해 연구했다. 거기에서는 유아의 약 20%가 첫해에 죽었다. 그녀는 여성들이 어떤 아이들이 무기력하고 수동적이라면 그 아이들의 죽음을 '축복'으로 여긴다는 것을 발견했다. 아이의 엄마들은 쉐퍼-휴즈에게 그 아이들은 "죽기를 원하는 아이들이고 그 아이들의 살려는 의지는 충분히 강하거나 발달되어 있지 않았다."라고 말했다. 쉐퍼-휴즈는 이 아이들이 그들의 더 활기찬 형제자매들에 비해 더 적은 음식과 의료 조치를 받았다는 것을 발견했다.[6]

5) Scientific American, March 6, p. 57.
6) Harris (1989), pp. 211-212.

오스트레일리아 원주민 문화에 대해 세계에서 가장 위대한 학자들 중 한 사람인 조셉 버드셀Joseph Birdsell은 전체 유아의 무려 절반이 의도적으로 살해됐다고 추산했다. 현대의 전前산업사회에 대한 다양한 연구들은 그 지역의 2분의 1 내지 4분의 3까지 어디서든 일정 형태의 직접적인 유아살해를 행하고 있다고 결론지었다.

우리의 동정심과 우월감에 너무 의기양양함을 느끼지 않도록, 유럽의 기아棄兒 수용소를 상기해 보자. 프랑스에서 죽음이 거의 확실한 상태로 출산된 아이들의 수는 1784년 4만 명에서 1822년에는 거의 14만 명으로 증가했다. 1830년경에 프랑스 기아 수용소의 문에는 원하지 않는 아이들을 맡기는 사람들의 익명성을 보호하기 위해서 특별히 고안된 270개의 회전 상자가 있었다. 이 아이들의 80%에서 90%가 도착한 지 1년 이내에 죽은 것으로 추산된다.

일단 우리 조상들이 식량 생산을 위해 땅을 경작하기 시작하자, 그들은 원활하게 삶을 꾸려나갔지만 결코 충분히 빠른 것은 아니었다. 더 많은 땅은 더 많은 식량을 제공한다. 그리고 더 많은 식량은 더 많은 아이가 태어나 음식을 먹는다는 것을 의미한다. 더 많은 아이들은 농장에 더 많은 일손과 더 많은 병사를 제공한다. 그러나 이 인구 성장은 더 많은 땅에 대한 수요를 창출하고, 더 많은 땅은 정복과 전쟁을 통해서만 획득하고 보유할 수 있다. 다른 식으로 표현하면, 농업으로의 이행은 자신의 아이들이 굶어 죽게 내버려 두는 것보다는 이방인들의 땅을 뺏는(필요하다면 그들을 죽이고) 것이 더 낫다는, 겉보기엔 반박할 수 없는 신념에 의해 가속화됐다.

우리의 시대와 좀 더 가까운 때에서 찾아보면, 영국 BBC는 남인도 지역에서 *보고된* 여아들의 죽음의 무려 15%가 유아살해의 희생자라고 보도했다. 중국에서는 수백만 명 이상이 죽는데, 거기에서는 여아살해가 널리 퍼져 있고 수 세기 동안 그래왔다. 19세기 말 중국에서 살던 한 선교사는 전형적인 공동체에서 태어난 183명의 아들과 175명의 딸 중에서 126명의 아들이 10살까지 산 반면(69%), 53명의 딸만이 10살까지 살았다(30%)고 보고했다.[7] 중국의 한 자녀 정책은 아들에 대한 문화적 선호와 결합되어 이미 저조한 여아들의 생존 가능성을 더욱 악화시켰을 뿐이었다.[8]

인구학자들의 계산에는 문제 있는 문화적 가정들도 숨어 있다. 거기서 삶은 출생과 함께 시작된다고 가정된다. 이 관점은 결코 보편적인 것이 아니다. 유아살해를 실행하는 사회들은 새롭게 태어난 유아들을 완전한 인간으로 간주하지 않는다. 세례에서 명명식에 이르는 의식儀式들은 그 아이가 살도록 허락받을지 않을지가 결정될 때까지 연기된다. 만일 그렇지 않다면, 이 관점에서는, 그 아이는 여하튼 결코 완전히 *살아있는* 것이 아니다.[9]

80은 새로운 30인가?

> 〈뉴요커The New Yorker〉에 실린 만화: 두 혈거인穴居人이 잡담을 나누는데, 한 명이 다음과 같이 말한다. "뭔가가 분명 옳지 않아. 우리의 공기는 깨끗하고, 우리의 물은 순수하고, 우리 모두는 많은 운동을 하고, 우리가 먹는 모든 것은 유기농이고 놓아기른 것인데, 어느 누구도 서른을 넘겨 살지 못하잖아."

유아살해에 기인한 통계적 왜곡들이 선사시대의 수명에 관한 혼동의 유일한 원천은 아니다. 당신도 상상할 수 있듯이, 수천 년 동안 땅 속에 있던 유골의 죽음 당시의 나이를 결정하는 것은 쉬운 일이 아니다. 여러 가지 기술적 이유들 때문에 고고학자들은 종종 죽음 당시의 나이를 낮게 추정한다. 예를 들면, 일군의 고고학자들이 캘리포니아의 선교사 묘지에서 발굴한 유골들의 죽

---

7) http://www.gendercide.org/case_infanticide_html.
8) 이 수치들은 이러한 나라들에서 널리 퍼져 있는 여자 태아의 선별적 유산은 포함하지 않은 것이다. 예를 들면, AFP통신은 선별적 유산으로 인해 중국에서는 남성이 여성보다 3,200만 명 더 많게 됐고, 중국에서 단 1년(2005) 동안 여아보다 남아가 1,100만 명 더 많이 태어났다고 보도했다.
9) 철학자 피터 싱어Peter Singer는 인간이 아닌 삶에 대한 인간의 가치를 계산하는 방법의 문제에 관해 시사하는 바가 많은 책과 논문을 썼다. 예를 들면 다음을 보라. Singer (1990).

음 당시의 나이를 추산했다. 추산이 이루어지고 난 뒤 죽음 당시의 실제 나이에 대한 기록이 발견됐다. 고고학자들은 약 5%만이 45세나 그 이상을 살았다고 추산한 반면, 기록은 이 묘지에 매장된 사람들 중 *7배나 많은*(37%) 사람이 죽을 때 45세 이상이었다는 것을 입증해 주었다.[10] 불과 수백 년 된 유골에 대한 추정치가 그렇게 크게 벗어날 수 있다면, 수만 년 된 유골에 대해 생길 수 있는 부정확성들을 상상해 보라.

죽음 당시의 나이를 추산하기 위해 고고학자들이 사용하는 가장 믿을 만한 기법들 중의 하나는 치아 발생을 보는 방법이다. 그들은 어금니가 턱뼈로부터 얼마나 멀리 자라 나왔는지를 관찰하는데, 그것은 젊은 성인이 죽음 당시에 나이가 얼마였는지를 대략적으로 보여준다. 그러나 우리의 '사랑니'는 우리가 30대 중반일 때 일찍 '발생'을 멈춘다. 그것은 고고학자들이 이 시점을 넘은 유골들의 죽음 당시의 나이를 '35+'로 표기한다는 것을 의미한다. 이것은 35세가 죽음 당시의 나이라는 것을 의미하는 *것이 아니라* 그 사람이 *35세 이상*이라는 것을 의미한다. 그(혹은 그녀)는 35세에서 100세 사이의 어떤 나이였을 것이다. 아무도 모른다.

우리의 고대 조상들이 35세를 넘겨 사는 경우가 드물었다는 인상은 제쳐두고서라도, 어딘가 도중에서 이 표기 체계는 대중 언론에서 오역됐다. 큰 실수다. 광범위한 자료 출처들—심지어 구약 성경까지도 포함해서—이 전형적인 인간의 수명이 70세에서 90세 이상 사이의 어떤 나이라는 것을 지시해 준다.

어떤 연구에서 과학자들은 상이한 영장류들의 뇌와 체중 사이의 비율을 측정했다. 호모 *사피엔스*에 대해서는 66세에서 78세라는 측정치에 도달했다.[11] 이 수치들은 현대의 수렵채집인들을 관찰해 봐도 그대로 유지된다. 꿍산!Kung San, 하드자Hadza, 아체Aché(아프리카와 남아메리카에 있는 사회들)에서는 45세까지 산 여성은 각기 또 다른 20년, 21.3년, 22.1년을 더 생존할 것으로 기대될 수 있었다.[12]

---

10) 다음에서 인용. Blurton Jones et al. (2002).
11) Blurton Jones et al. (2002).
12) 다음을 보라. Blurton Jones et al. (2002).

꿍산에서는 60세에 도달한 대부분의 사람들이 또 다른 10년 정도-기동성을 갖고 사회적 공헌을 하는 능동적인 세월-를 더 살 것으로 충분히 기대할 수 있었다. 인류학자 리처드 리Richard Lee는 그가 보츠와나에 살던 기간에 만난 꿍산족 열 명 중의 한 명은 60세 이상이었다고 보고했다.[13]

앞의 장들에서 언급했듯이, 전반적인 인간의 건강-수명을 포함해서-이 농업으로부터 심각한 타격을 입었다는 것은 분명하다. 인간의 전형적인 식단이 극도의 다양성과 영양적 풍부함을 지닌 것으로부터 아마도 가끔 주어지는 고기와 낙농품에 의해 보충되는 몇몇 유형뿐인 곡물로 변화했다. 예를 들면 아체Aché의 식단은 광범위한 식물들뿐만 아니라 78종의 상이한 포유류, 21종의 파충류와 양서류, 150종이 넘는 새를 포함하고 있다.[14]

농업으로 주어지는 식단의 영양적 가치 감소에 덧붙여, 인간이 농업으로 전환했을 때, 우리 종에게 가장 치명적인 질병들이 지독한 광란을 시작했다. 조건들은 완벽했다. 자신들의 쓰레기 속에서 부글부글 끓고 있는 높은 인구밀도의 중심지들, 지극히 근접해 있는 가축들(가축들의 대변, 바이러스, 기생충이 섞여 있는 상태로), 전염성이 있는 병원균들이 (면역력을 가진 주민들로부터 취약한 공동체들로) 이동하는 것을 촉진하는 확장된 교역로들.[15]

제임스 래릭James Larrick과 그의 동료들이 지금도 상대적으로 고립되어 있는 에콰도르의 와오라니Waorani 인디언들을 연구했을 때, 그들은 고혈압, 심장병 또는 암의 증거를 전혀 발견하지 못했다. 빈혈증이나 일반 감기도 없었다. 인체 내부의 기생충도 없었다. 이전에 소아마비, 폐렴, 천연두, 수두, 발진티푸스, 장티푸스, 매독, 폐결핵, 말라리아 또는 혈청 간염 등에 노출된 징후도 전혀 없었다.[16]

---

13) 이런 주제들에 관심 있는 독자들에게 강력히 추천할 수 있는 탁월한 논문은 다음과 같다. Kaplan et al. (2000). 이 논문은 카플란의 학부 웹사이트에서 다운받을 수 있다. www.unm.edu/~hebs/pubs_kaplan.html.
14) 앞에서 인용된, Kaplan et al.의 논문, p. 171.
15) 바로 이러한 농업의 저주들이 현대 세계에서 어떻게 전개되는지를 보고자 하는 독자들은 다음을 읽기를 원할 수도 있을 것이다. Michael Pollan (2009), In Defense of Food: An Eater's Manifesto.
16) Larrick et al. (1979).

이런 질병들의 거의 모두가 가축에서 기원하거나 질병을 쉽게 전염시키는 높은 인구밀도에 의존하고 있다는 점을 감안한다면 이것은 겉보기만큼 놀라운 것이 아니다. 우리 종을 괴롭히는 가장 치명적인 전염병과 기생충은 농업으로 이행될 때까지는 확산될 수 없었다.

〈표 3〉 가축으로부터 온 치명적인 질병들[17]

인간의 질병	원천이 되는 동물
홍역	소(우역牛疫)
폐결핵	소
천연두	소(우두牛痘)
인플루엔자	돼지와 새
백일해	돼지와 새
열대열 말라리아	새

농업의 발전과 병행해서 일어난 세계 인구의 극적인 증가는 건강의 증대를 보여주지는 않지만, 생식력의 증대는 보여준다. 더 많은 사람들이 생식을 위해 살지만, 그 사람들의 삶의 질은 더 낮아진다. 수명에 관한 거짓말(수렵채집인들의 "수명은 짧다—출생 당시의 기대 수명은 20세에서 40세 사이에 분포한다…")을 반복하는 에저튼조차도 "농업인들은 전 세계에 걸쳐 항상 수렵채집인들보다 덜 건강했다."라고 말하면서 여하튼 수렵채집인들이 농업인들보다 그럭저럭 더 건강했다는 것에 동의하지 않을 수 없다고 했다. 그는, 유럽의 도시인들은 "19세기 중반 또는 심지어 20세기까지도 수렵채집인들의 수명에 필적하지 못했다."라고 썼다.[18]

그것은 유럽에서의 일이다. 아프리카, 아시아의 대부분 그리고 라틴 아메

---

17) 출처: Diamond (1997).
18) Edgerton (1992), p. 111.

246 왜 결혼과 섹스는 충돌할까

리카에 사는 사람들은 여전히 조상들의 전형적인 수명을 되찾지 못했다. 또 만성적인 세계적 빈곤과 지구 온난화, 에이즈 때문에 예측 가능한 미래에 그렇게 될 것 같지도 않다.

일단 병원균들이 가축으로부터 인간에게로 변형되어 들어오면, 그것들은 한 공동체에서 다른 공동체로 재빨리 이동한다. 이 병원체들에게는 세계 무역의 시작이 큰 선물이었다. 림프절 페스트bubonic plague가 유럽으로 가는 실크로드를 점령했다. 천연두와 홍역은 신세계로 가는 배들에 몰래 올라탄 반면, 매독은 아마도 콜럼버스의 첫 귀환 여행 때 대서양을 건너 되돌아왔을 것이다. 오늘날 서구 세계는 극동에서 발생한 조류독감에 대한 공포로 매년 흔들리고 있다. 에볼라, 사스SARS, 육식성 박테리아, H1N1바이러스(돼지 인플루엔사) 그리고 아직 이름 지어져야 할, 셀 수 없는 병원균들로 인해 우리는 억지로 손을 씻지 않을 수 없다.

신사시대에 전염병이 가끔 발병했다는 것은 의심의 여지가 없겠지만, 높은 수준의 혼음混淫에도 불구하고 멀리 확산되지는 않은 것으로 보인다. 집단들 사이의 접촉이 빈번하지 않은 수렵채집인들의, 널리 분산된 집단들 속에서 병원균들이 자리 잡는 것은 거의 불가능했을 것이다. 대단히 파괴적인 유행병이나 세계적인 전염병에 필요한 조건들은 농업 혁명 때까지는 결코 존재하지 않았다. 현대의 의학과 위생이 전前농업시대의 사람들을 유린했던 전염병들로부터 우리를 구원했다는 주장-우리가 종종 듣는 그런 얘기-은 안전벨트와 에어백이 선사시대의 우리의 조상들에게는 치명적이었던 자동차 충돌로부터 우리를 보호한다고 주장하는 것과 같은 것이다.

스트레스 받아 죽을 지경

만일 전염성 있는 바이러스가 당신을 덮치지 않는다면 아마도 스트레스에 지친 생활양식과 고지방 식단이 그렇게 할 것이다. 스트레스를 받을 때 당신의 신체가 방출하는 호르몬인 코티솔cortisol은 알려진 것 중에서 가장 강력한 면역억제제immunosupressant이다. 바꾸어 말하면, 스트레스만큼 질병에 대한 우리의 저항력을 약하게 하는 것은 없다.

충분한 수면을 취하지 못하는 것과 같은, 겉보기에 중요하지 않은 것처럼 보이는 것조차도 면역력에 극적인 효과를 미칠 수 있다. 쉘든 코헨Shelden Cohen과 그의 동료들은 건강한 남녀 153명을 격리시켜 감기에 걸리게 하는 코감기 바이러스에 노출시키기 전 2주 동안 그들의 수면 습관을 연구했다. 개인이 덜 자면 덜 잘수록 그들은 감기에 걸릴 가능성이 더 컸다. 하룻밤에 7시간 미만 잔 사람들은 감기에 걸릴 확률이 *3배*나 높았다.[19]

만일 당신이 오래 살기를 원한다면 더 많이 자고 덜 먹으라. 지금까지 포유류의 수명을 연장시키기 위해 입증 가능한, 효과적인 *유일한* 방법은 엄격한 칼로리 감량이다. 병리학자 로이 월포드Roy Walford가 먹기 원하는 것의 약 절반을 쥐들에게 먹였더니 쥐들이 약 2배 가량 오래 살았다. 이것은 인간으로 치면 160세에 해당한다. 쥐들은 더 오래 살았을 뿐만 아니라 몸도 더 적당하고 더 말끔한 상태를 유지했다(짐작했겠지만 미로를 달려 나가는 것에 의해 판단했다). 곤충, 개, 원숭이, 인간에 대한 후속 연구들은 배고픈 상태로 삶을 보내는 것의 이점들을 확인해 주었다. 간헐적인 단식은 심장병 위험을 40% 이상 감소시키는 것과 연관된다는 것이 〈미국 심장학 저널*American Journal of Cardiology*〉에 게재된, 448명에 대한 한 연구에서 밝혀졌다. 이 논문은 "암, 당뇨병 그리고 신경변성질환까지 포함하는 대부분의 질병들은 칼로리 감량에 의해 미연에 방지된다."라고 보고한다.[20]

이러한 연구들은, 우리 조상들이 근근이 먹고 살았던 고대 환경에서는 얼마간 식사량의 비일관성─순전한 게으름(정기적인 유산소 운동이 이를 방해했

---

19) Cohen et al. (2009).
20) Horne et al. (2008).

다)에 의해 아마도 악화되었을—은 적응 가능하고 건강에 도움을 주기도 했을 것이라는, 게으름뱅이에게 우호적인 결론을 내렸다. 다른 방식으로 표현하면, 만일 당신이 극심한 배고픔을 방지하기에 충분한 저지방 식량만 사냥하거나 채집할 수 있고, 불가에서 이야기를 하고, 해먹에 폭 싸여 낮잠을 더 자고, 아이들과 노는 것 같은 스트레스 적은 활동들을 하면서 당신의 남는 시간을 보낼 수 있다면, 당신은 인간으로서 장수를 위한 최적의 생활양식을 영위하게 될 것이다.[21]

그것은 우리를 영원한 질문—'문명화된' 세계에 합류하고 농업을 채택할 수 있는 기회를 제공받은 수렵채집인들이 물을 법한—으로 되돌린다. 왜? 세상에 이렇게 많은 몽공고 열매mongongo nut가 있는데 왜 그렇게 열심히 일하는가? "풍부한 물고기, 풍부한 과일, 풍부한 새"가 있는데 왜 그렇게 열심히 김을 매는가?

• • •

우리는 빈둥거리면서 살려고 여기 이 세상에 살고 있으니, 어느 누구도 당신에게 다른 말을 하지 않게 하라.

쿠르트 폰네구트 2세Kurt Vonnegut, Jr.

1902년에 〈뉴욕타임스〉는 "게으름균菌 발견되다"라는 표제의 기사를 내보냈다. 농무성의 동물학자인 스타일스Stiles 박사가 '남부의 주州'들에서 '가난뱅이 백인들로 알려진 타락한 사람들'의 원인이 되는 세균을 발견했다고 말하는 기사인 것처럼 보인다. 그러나 사실 우리의 게으름은 우리의 광분한 부지런함보다 설명할 필요성이 덜한 것처럼 보인다.

---

21) 우리가 해먹이라는 주제를 논하고 있지만, 우리는 이 기회에 해먹—창날이나 돌칼이 아니라—이 인간 테크놀로지의 최초의 예라는 것을 공식적으로 제안하고 싶다. 이 제안에 대한 명확한 증거가 발굴되지 않았다는 사실은 해먹이 잘 썩는 섬유조직으로 되어 있다는 사실에 기인한다. (누가 돌 해먹을 원하겠는가?) 침팬지와 보노보조차도 잠자는 받침으로 쓰기 위해 나뭇가지를 서로 엮어 원시적인 해먹을 만든다.

댐 건설 중 사고로 죽는 비버가 얼마나 되는가? 새들을 하늘로부터 추락시키는 현기증의 갑작스런 발작에 새들이 빠지는가? 물에 빠져 죽는 물고기가 얼마나 되는가? 그런 사건들은 모두 우리가 내기를 걸어도 좋을 정도로 무척 드문 일이다. 하지만 많은 사람들이 인간 생활의 정상적인 부분으로 간주하는 만성적인 스트레스가 인간에게 가하는 대가는 막대하다.

일본에는 그것에 해당하는 단어가 있다. 과로로 인한 죽음, 과로사過勞死가 그것이다. 일본 경찰 기록에 따르면 도저히 감당할 수 없는 노동 조건 때문에 자살한 일본 노동자가 무려 2,200명이며, 일본노동조합총연합회에 따르면, 스트레스가 유발한 발작과 심장마비로 죽은 사람의 수는 그 5배라고 한다.

그러나 우리의 언어가 그것에 대한 편리한 용어를 갖고 있든 아니든, 만성적인 스트레스의 파괴적 효과들은 일본에 한정된 것이 아니다. 심장병, 혈액순환 장애, 소화불량, 불면증, 우울증, 불감증, 비만, 그것들 모두의 뒤에는 만성적인 스트레스가 숨어 있다.

만일 우리가 실제로 부단한 공포와 불안이라는 홉스적인 시련 속에서 진화했다면, 만일 우리 조상들의 삶이 진정으로 고독하고, 가난하고, 지저분하고, 야수적이고, 명이 짧은 것이었다면, 왜 우리는 스트레스에 여전히 그렇게 취약한가?[22]

친구여, 자네는 누구를 꿈꾸는 눈을 한 몽상가라고 부르는가?

다른 경우에는 합리적인 많은 사람들이, 전쟁의 뿌리를 우리의 영장류 과거에 깊이 위치시켜두고 싶은, 자급자족하는 수렵채집인들을 *가난하다고* 보

---

22) 스트레스가 우리에게 어떻게 영향을 미치는지에 관한 탁월한 개관을 위해서는 다음을 보라. Sapolsky (1998). 스트레스에 관한 인간과 보노보 사이의 유사성들에 관련된 문제에 대해서는, 제2차 세계대전 때 폭탄이 가까이 떨어졌을 때 동물원에 있던 모든 보노보들이 폭발이 야기한 스트레스 때문에 죽은 반면, 침팬지는 한 마리도 죽지 않았다는 사실을 지적하는 것이 흥미롭다(de Waal and Lanting, 1998).

고 싶은, 농업 이전 시대에는 30년이나 40년이 인간에게 *무르익은 늙은 나이*라는 잘못된 신조를 확산시키고 싶은, 불타는 욕구를 가진 것처럼 보인다. 그러나 과거에 대한 이러한 시각은 명백히 잘못된 것이다. *도대체 무슨 일인가?*

만일 선사시대의 삶이 이른 죽음으로 끝나는 끊임없이 계속되는 투쟁*이었다면*, 만일 우리 종이 거의 전적으로 이기심에 의해 동기화되는 *종이라면*, 만일 전쟁이 생물학적으로 각인된 고대의 *성향이라면*, 누군가는 스티븐 핑커 Steven Pinker처럼 사태가 줄곧 호전되고 있다고 주장할 수 있을 것이다. 즉, 그의 한없이 낙천적인 견해에 따라, "우리는 아마도 지구상에서 우리 종의 시간 가운데 가장 평화로운 시기를 살고 있을 것이다."라고 달래듯이 주장할 수 있을 것이다. 그것은 진정 고무적인 뉴스일 것이며, 대부분의 청중들이 결국 듣기를 원하는 뉴스이기도 하다. 우리 모두는 사태가 호전되고 있다고 믿기를 원하며, 우리 종이 배우고 성장하고 번영하고 있다고 믿기를 원한다. 여기서 지금 살아 있기 위해 좋은 감각을 갖고 있다는 것을 축하하는 것을 누가 거절하겠는가?

그러나 "애국심은 당신의 나라가, 당신이 거기에서 태어났기 때문에, 다른 모든 나라보다 우월하다는 확신이다."(쇼G. B. Shaw)라는 관념과 마찬가지로, 우리가 우리 종의 "가장 평화로운 시기"에 살고 있다는 관념은 감정적으로 위안을 주는 만큼이나 지적으로 근거 없는 것이다. 저널리스트 루이 메낭 Louis Menand은 과학이 "현상現狀을 위협하지 않는 현상에 대한 설명"을 제공함으로써, 어떻게 보수적이면서 본질적으로 정치적인 기능을 수행할 수 있는가에 주목했다. 그는 "어떤 사람이 지구상에서 가장 자유롭고 가장 번영한 국가에 살고 있다면, 왜 그가 불행을 느끼거나 반사회적인 행동을 하겠는가? 그것은 체계system가 될 수 없다!"라고 수사학적으로 묻고 있다.[23] 당신의 문제는 무엇인가? 모든 것이 그저 좋기만 하다. 삶은 위대하고 더 좋아지고 있다! 줄어드는 전쟁! 길어지는 인생! 새롭고 개선된 인간의 존재!

---

23) *The New Yorker*, June 26, 2006, p. 76.

기막히게 좋은, 새롭고 개선된 현재라는 매디슨가街의 이러한 시각은 전적으로 허구적이며, 피로 범벅이 된 홉스적 과거관過去觀에 의해 조형됐다. 그러나 그것은 "명민한 현실주의자"로 대중에게 광고된다. 그것의 기초를 이루는 가정들을 의심하는 사람들은, 재니스 조플린Janis Joplin(역주 : 미국 여가수)의 죽음과 나팔바지의 종말에 대해 여전히 비통해 하는 망상적인 몽상가들로 취급돼 묵살당할 위험을 안고 있다. 그러나 그 '현실주의적' 주장은 잘못 이해된 자료, 잘못된 해석, 오도된 계산에 의해 구멍이 숭숭 뚫려 있다. 적절한 과학을 감정에 좌우되지 않고 검토해 보면, 농업이 도래하기 전의 수만 년은 방해받지 않는 이상향적 축복의 시대는 확실히 아니었다. 하지만 그 시기 대부분은 우리 조상들 대부분에게 튼튼한 건강, 개인과 집단 사이의 평화, 낮은 수준의 만성적인 스트레스, 높은 수준의 전반적인 만족으로 특징지어지는 시기였다는 것을 명백하게 보여준다.

이 주장을 하고 나면 우리는 몽상적인 유토피아 운동Delusional Utopian Movement(DUM)의 정식 동지임을 밝힌 것이 되는가? 선사시대는 끝나지 않는 악몽이 *아니었다*고 주장하는 것은 루소적인 환상인가? 인간의 본성은 평화, 관용, 협동으로 기울지 않는 것처럼 폭력, 이기심, 착취로도 기울지 않는다고 주장하는 것은? 아마도 우리의 고대 조상들 대부분이 오늘날 우리들 중 거의 아무도 상상할 수 없는 공동체적 소속감을 경험했을 것이라는 것은? 아마도 인간의 성생활은 사회적 연대를 위한 장치로, 그리고 갈등을 피하고 중화시키는 즐거운 방법으로 진화하고 기능했을 것이라는 것은? 고대 인간들은 자신들의 첫 수 년에서 살아남기만 하면, 종종 오늘날 우리들 중 가장 부유하고 가장 운이 좋은 사람들이 첨단기술의 관상동맥 스텐트, 당뇨병 약, 티탄 고관절 등을 갖고 사는 것만큼 오래 살았다고 지적하는 것은 어리석은 낭만주의인가?

아니다. 만일 당신이 그것에 관해 생각해 본다면, 신홉스주의적인 시각은 우리들의 시각보다 훨씬 더 낙관적이라는 것을 알게 될 것이다. 우리가 결론 내렸듯이, 우리 종은 적어도 파괴에 대한 우리의 취향과 동등한 사랑과 관용에 대한, 조직화된 공격 못지않은 평화로운 협동에 대한, 질투가 심하고 열정을 질식시키는 소유욕 못지않은 개방되고 이완된 성에 대한, 고유한 능력을 갖고 있다고 결론내리는 것… 이 두 세계가 모두 우리에게 열려있지만, 약 만 년 전에는 우리 조상들 중 일부가 자신들이 걸어왔던 길에서 벗어나 우리 종이 줄곧 빠져온 고생과 질병과 갈등의 틀로 영원히 들어섰다는 점을 아는 것… 글쎄, 이것은 인류의 전체 궤도에 대한 장밋빛 관점은 결코 아니다. 그래도, 누가 여기서 순진한 몽상가인가?

제4부

운동 중인 육체들

영혼들 속 사랑의 신비들은 성장하지만, 여전히 육체는 사람의 책이다.

존 던John Donne(1572-1631)

모든 사람은 할 이야기를 갖고 있다. 모든 육체도 그러하며, 인간의 육체에 의해 말해지는 이야기는 XXX 등급으로 분류된다.

선사시대의 어떤 담화narrative와도 마찬가지로 우리 담화는 두 가지 유형의 증거, 즉 환경적 증거와 물질적 증거에 의존하고 있다. 우리는 이미 상당히 많은 환경적 증거를 다루었다. 좀 더 유형적인 물질적 증거에 관한 한, "올라가는 것은 반드시 내려온다."라고 노래는 말하지만, 고고학자들 그리고 우리들 중 그들의 발견들에 의존하는 사람들에게는, 불행하게도 내려간 것은 좀처럼 다시 올라오지 않는다. 그리고 그렇게 될 때조차도 고대의 사회적 행동은 단편적인 뼈, 부싯돌, 도자기(즉, 한때 존재했던 것의 작은 부분을 나타낼 뿐인 단편들) 속에 반영되어 있는 것을 보기 어렵다.

그리 오래 되지 않은 학술회의에서 우리 연구의 주제가 아침 식탁에 올려졌다. 테이블 맞은편에 앉아 있던 교수는, 우리가 선사시대 인간의 성생활 행동에 대해 탐구하고 있다는 것을 듣고는 비웃으면서 (과장되게) "그래서 당신들은 무엇을 하는 겁니까, 눈을 감고 꿈을 꾸는 것입니까?"라고 물었다. 입 안 가득 빵을 물고 남을 비웃어서는 결코 안 되지만, 그는 한 가지 핵심을 짚고 있었다. 사회적 행동은 아마도 물리적 인공물들을 남기지 않기 때문에 어떠한 이론화도 '꿈꾸기' 외에는 거의 아무런 의미를 지니지 못할 수밖에 없다.

고생물학자인 스티븐 제이 굴드Stephen Jay Gould는 진화심리학이란 개념에 대해 일찌감치 비웃은 사람이었다. 그는 "우리는 수렵채집인의 작은 집단들

256 왜 결혼과 섹스는 충돌할까

이 200만 년 전에 아프리카에서 무엇을 했는지 도대체 어떻게 알 수 있는가?"
라고 물었다.[1] 스미소니언 박물관의 인간 기원에 관한 프로젝트 책임자인 리
처드 포츠Richard Potts는 "초기 인간의 행동의 많은 특성들은… 적절한 물질적
증거를 전혀 활용할 수 없기 때문에 재구성하기가 어렵다. 짝짓기 유형과 언
어가 명백한 예들이다… (그것들은) 화석 기록에 아무런 흔적을 남기지 않는
다."라고 경고하며 그 의견에 동조한다. 그러나 그러고 나서 그는 짐짓 낮은
목소리인 것처럼 꾸민 후 "사회적 삶에 대한 의문들은… 고대의 환경에 대한
연구들 또는 물질적 증거를 남긴 인체나 행동의 특정 측면들로부터 접근 가능
할 수도 있다."[2]라고 덧붙인다.

물질적 증거를 남긴 신체나 행동의 특정 측면들… 우리는 오늘날 인간의
신체로부터 고대의 사회적 삶의 윤곽─성 행동까지도─에 관한 신뢰할 만한 정
보를 얻을 수 있는가?

우리는 할 수 있다.

---

1) 이 질문은 굴드를 한 편으로 하고 스티븐 핑커와 다니엘 데넷Daniel Dennett을 다른 한 편으로 하여 벌어진 논쟁으
로부터 가져온 것이다. 만일 당신이 비열한 짓들로 가득찬 식자층의 논의를 좋아한다면 다음 글은 읽어볼 만한 충분
한 가치가 있을 것이다. "Evolution: The Pleasures of Pluralism," The New York Reiew of Books 44(11): pp.
47─52.
2) Potts (1992), p. 327.

제15장 작은 거인

모든 생물의 신체는 그 조상들이 진화한 환경에 관한 상세한 이야기를 전해준다. 그것의 모피, 지방, 깃털은 고대 환경의 온도들을 암시해준다. 그것의 치아와 소화체계는 원시 식단에 관한 정보를 함유하고 있다. 그것의 눈, 다리, 발은 그 조상들이 어떻게 돌아다녔는지를 보여준다. 남성(수컷)과 여성(암컷)의 상대적 크기와 그것들의 생식기 세부사항들은 생식에 관해 많은 것을 말해준다. 사실 수컷의 성적 장식물들−공작의 꼬리나 사자의 갈기와 같은 것−과 생식기들은 밀접하게 관련된 종들을 차별화하는 최선의 방법을 제공한다. 진화심리학자 제프리 밀러Geoffrey F. Miller는 "진화적 혁신은 음경陰莖 모양의 세목細目들에 집중되는 것처럼 보인다."[1]라고 말하기까지 한다.

어머니 같은 대자연조차도 남근에 사로잡혀 있다는 충격적인 프로이트적인 관념은 잠시 제쳐두고라도, 우리의 신체는 수백만 년에 걸친 우리 종의 성행동에 관한 풍부한 정보를 포함하고 있음이 확실하다. 수백만 년 전의 유골에 암호화되어 있고 우리 자신의 살아있는 신체 속에 고동치는 단서들이 존재

---

1) Miller (2000), p. 169.

한다. 그것은 모두 바로 거기에 있다?그리고 여기에 있다. 당신의 눈을 감고 꿈을 꾸기보다는, 눈을 뜨고 성적 육체의 상형문자를 읽는 법을 배우라.

우리는 신체 크기의 이형성二形性으로부터 이야기를 시작하려고 한다. 기술적으로 들리는 이 용어는 주어진 종에서 다 자란 수컷과 암컷 사이의 평균 크기 차이를 지칭하는 말일 뿐이다. 예를 들면 유인원들 중에서 수컷 고릴라와 오랑우탄은 암컷보다 평균 2배가 큰 반면, 수컷 침팬지·보노보와 인간은 암컷보다 10%에서 20% 정도 더 크고 더 무겁다. 긴팔원숭이의 수컷과 암컷은 키가 같다.

포유류 일반, 그리고 특히 영장류 사이에서는 신체 크기의 이형성은 짝짓기를 둘러싼 수컷의 경쟁과 상관관계가 있다.[2] 드문 짝짓기 기회를 둘러싸고 수컷들이 서로 경쟁하는 승자독식의 짝짓기 체계들에서는 더 크고 더 힘센 수컷들이 이기고… 모든 것을 갖는 경향이 있다. 예를 들면 가장 크고 가장 멋진 고릴라들이 다음 세대에 큼과 멋짐의 유전자들을 전달하고, 그리하여 더 크고 더 멋진 수컷 고릴라들로 이어진다. 증대된 크기가 마침내 이 성장을 제한하는 다른 요인으로 전환될 때까지.

다른 한편으로, 암컷들을 둘러싼 투쟁이 거의 없는 종에서는 수컷들이 더 크고 더 힘센 몸으로 진화해야 할 생물학적 필요성이 덜하다. 따라서 수컷들은 일반적으로 그렇게 진화하지 않는다. 성적으로 한 마리하고만 짝을 짓는 긴팔원숭이는 실질적으로 암수의 크기가 동일한 이유가 바로 그것이다.

우리 인간의 적당한 신체 크기 이형성을 보면, 과거 수백만 년 동안 남성이 여성을 둘러싸고 많이 싸우지 않았을 가능성이 크다. 앞에서 언급했듯이, 남성의 신체는 평균적으로 볼 때 여성의 신체보다 10%에서 20% 정도 더 크고 더 무겁다. 이것은 적어도 수백만 년 동안 변하지 않고 유지된 것처럼 보이는 비율이다.[3]

---

2) 수컷들 간의 짝짓기 갈등의 강도를 별도로 치면, 다른 요인들이 신체 크기의 이형성에 영향을 미칠 수도 있기 때문에 항상 그런 것은 아니지만. 예를 들면 다음을 보라. Lawler (2009).

오언 러브조이Owen Lovejoy는 이 비율이 일부일처제의 고대적 기원에 관한 증거라고 오랫동안 주장해 왔다. 러브조이가 1981년 〈사이언스Science〉지에 게재한 논문에 따르면, 우리 조상들의 가속화된 두뇌 발전과 도구의 사용은 모두 "이미 확립된 인류의 성격 체계"에서 귀결된 것이며, 그것은 "강화된 육아와 사회적 관계들, 일부일처제적인 한 쌍 결합, 특화된 성적 재생산 행동, 두 발 보행"을 특징으로 했다. 그리하여 러브조이는 "핵가족과 인간의 성행동은 홍적세洪積世의 여명 훨씬 이전에 그 궁극적 기원을 갖고 있을지도 모른다."라고 주장했다. 사실 그는 "인간의 독특한 성적性的, 재생산적 행동은 인간 기원의 필수요소sine qua non일지도 모른다."라고 화려하게 결론지었다. 거의 30년 뒤에도 러브조이는, 이 책이 눌러 버리려고 하는 그 주장을 여전히 밀어붙인다. 그는 다시 〈사이언스〉지에서 440만 년 전으로 거슬러 올라가는 아르디페티쿠스 라미두스Ardipethicus ramidus의 파편적인 유골과 치아 유적은 한 쌍 결합pair bonding이 인간 특성을 규정하는 요인-심지어 우리의 독특하게 큰 신피질보다도 앞서서-이라고 보는 이 견해를 강화한다고 주장한다.[4]

다수의 이론가들처럼, 매트 리들리Matt Ridley는 일부일처제의 이 고대적 기원에 동의하면서, "오래된 한 쌍 결합이 각 원인猿人으로 하여금 그 생식 생활의 많은 부분을 자신의 배우자에게로 향하도록 족쇄를 채웠다."라고 썼다.

400만 년은 끔찍하게 긴 일부일처제 기간이다. 이러한 '족쇄들'이 이제는 인간에게 더 편안하지 않겠는가?

---

3) 오스트랄로피테쿠스Australopithecus(300만 년에서 400만 년 전 사이) 남성은 여성보다 약 15% 정도 컸던 것으로 생각된다. 최근의 논문들은 또 다른 인간의 조상으로 상정되는 아르디페티쿠스 라미두스(오스트랄로피테쿠스보다 100만 년 정도 더 오래된 것으로 생각됨)는 우리의 15%에서 20% 사이 수준에 더 가까웠다고 시사한다. 그러나 아르디페티쿠스 라미두스의 매우 시끌벅적한 재구성은 다수의 상이한 개인들의 조각들에 의존하고 있다. 따라서 440만 년 전의 신체 크기 이형성에 대한 우리의 감각은 기껏해야 교육된 짐작에 기초하고 있다는 것을 명심하라 (White et al., 2009).
4) Lovejoy (2009).

오늘날 우리가 갖고 있는 신체 크기 이형성에 대한 유골 자료를 이용하지 않고서도, 다윈은 초기 인간들은 일부다처제 체계 속에서 살았을지도 모른다고 짐작했다. 그러나 만일 다윈의 추측이 정확하다면 오늘날의 남성은 평균적으로 여성의 크기보다 2배였을 것이라는 점을 우리는 이제 알고 있다. 그리고 다음 장에서 논의하겠지만 고릴라 같은, 인간의 과거에 관한 또 다른 확실한 징후는 생식기 위축이라는 난처한 예일 것이다.

그러나 일부 사람들은 자신들의 주장을 지지하는 증거가 부족함에도 불구하고 여전히 인간이 본성적으로 일부다처의 하렘harem 건설자라고 계속 주장한다. 예를 들면, 앨런 밀러Alan S. Miller와 사토시 카나자와Satoshi Kanazawa는 "우리는 남성이 여성보다 키가 더 크기 때문에 역사의 대부분에 걸쳐 인간들이 일부다처제를 영위해 왔다는 것을 알고 있다."라고 주장한다. 이 저자들은 계속해서 "남성이 여성보다 10% 더 크고 20% 더 무겁기 때문에 이것은 역사를 통틀어 인간들이 부드럽게 일부다처제를 영위해 왔다는 것을 시사한다."라고 결론짓고 있다.[5]

그들의 분석은 일부 남성들이 다수의 아내들과 아이들을 부양하기에 충분한 정치권력과 부를 축적하기 위해 필요한 문화적 조건들은 농업 이전에는 전혀 존재하지 않았다는 사실을 무시하고 있다. 그리고 남성들이 여성들에 비해 적당히 크고 무겁다는 사실은 남성들 간 경쟁의 감소를 알려준다. 하지만 '부드러운 일부다처제' mild polygyny를 반드시 알려주는 것은 아니다. 성적으로 난잡한 우리의 사촌들, 침팬지와 보노보는 불러 모을 수 있는 최대한의 짝과 셀 수 없는 성적 접촉을 아무런 부끄러움 없이 즐기면서도, 정확하게 동일한 암수 크기 차이의 범위를 반영하고 있다. 어느 누구도 침팬지와 보노보에서 보

---

5) http://www.psychologytoday.com/articles/200706/ten-politically-incorrect-truths-about-human-nature.

이는 10%에서 20%의 신체 크기 이형성이 '부드러운 일부다처제'의 증거라고 주장하지 않는다. 동일한 육체적 증거가 침팬지와 보노보에서는 성적 난잡함에 관계되면서 인간에서는 부드러운 일부다처제나 일부일처제를 나타내 준다는 주장은 표준 모델이 실제로 얼마나 불확실한가를 잘 보여준다.

다양한 이유로, 선사시대의 하렘이란 우리 종에게는 있었을 것 같지가 않다. 이스마일 더 블러드써스티Ismail the Bloodthirsty, 징기스칸, 브리엄 영Brigham Young, 월트 챔벌린Wilt Chamberlain 등의 유명한 성욕에도 불구하고 우리의 육체는 그것을 강하게 반대한다. 하렘은 성적 다양성에 대한 남성의 일반적인 굶주림과, (농업 사회에서 전형적인, 낮은 수준의 여성 자율성과 결합된) 농업 사회 이후 소수 남성의 수중으로의 권력 집중의 결과이다. 하렘은 급속한 인구 성장, 영토 확장, 부의 축적을 지향하는, 군국주의적이고 엄격하게 위계적인 농업 및 목축 문화의 특징이다. 감금하는 하렘은 어떠한 즉각 보상 수렵채집 사회에서도 결코 보고된 바가 없었다.

· · ·

우리 종이 적당한 신체 크기 이형성으로 변화한 것은 남성들이 짝짓기 기회를 두고 싸우는 것에 대한 대안代案을 수백만 년 전에 발견했다는 것을 강하게 시사한다. 반면 그것은 그 대안이 무엇이었는지는 우리에게 말해주지 않는다. 많은 이론가들은 그 변화를 일부다처제에서 일부일처제로의 이행의 확증으로 해석해 왔다. 하지만 그 결론에 따르면, 우리는 우리 조상들에게 다수 남성과 다수 여성의 짝짓기가 선택지로 주어졌다는 것을 무시하지 않으면 안 된다. 물론 '한 남성 - 한 여성' 체계는 활용 가능한 여성들의 풀pool이 단지 소수의 남성들에 의해 지배되지 않고, 보다 많은 여성들이 덜 매력적인 남성들에 의해 활용 가능하게 함으로써 남성들 사이의 경쟁을 감소시킨다. 그러나 남성들과 여성들이 일반적으로 복수의 성적 관계를 동시에 영위하는 짝짓기

체계도, 비록 더 많이는 아닐지라도 꼭 같이 효과적으로 남성의 짝짓기 경쟁을 감소시킨다. 그리고 우리와 가장 가까운 두 종이 모두 다수의 수컷과 다수의 암컷이 짝짓기를 한다는 것을 고려하면, 이것은 훨씬 더 가능성이 큰 시나리오인 것처럼 보인다.

왜 과학자들은, 우리의 가장 가까운 두 영장류 친척들이 우리와 동일한 수준의 신체 크기 이형성을 보여주는 것이 갖는 함축들을, 고찰하기를 그렇게 꺼리는가? 그것은 두 영장류 친척들 중 어느 것도 전혀 일자일웅一雌一雄이 아니기 때문에 그럴 수 있었던 것인가? 신체 크기 이형성에서 이 변천에 대한 단 두 가지 '수용 가능한' 해석은 다음과 같아 보인다.

1. 그것은 우리의 핵가족과, 성적으로 일부일처제적인 배우配偶 체계의 기원들을 나타내 준다.(그렇다면 왜 남성과 여성은 긴팔원숭이처럼 동일한 크기가 아닌가?)

2. 그것은 인간이 본성적으로 일부다처제적이지만 성공과 실패를 거듭하면서 그 충동을 통제하는 법을 배웠다는 것을 보여준다.(그렇다면 왜 남성들은 고릴라처럼 여성의 두 배 크기가 아닌가?)

이 두 가지 해석이 공유하는 가정에 주목해 보라. 여성의 성적 침묵이 그것이다. 두 가지 시나리오 모두에서 여성의 '정절'은 온전한 것으로 보고 있다. 두 번째 해석에서는, 남성의 타고난 정절만이 의심의 대상이 되고 있다.

가장 밀접하게 연관된 3종의 유인원은 동일한 정도의 신체 크기 이형성을 보인다. 적어도 우리는, 감정적으로는 안심 되지만 설득력 없는 결론에 도달하기 전에, 그것들의 신체가 동일한 적응 과정을 반영할 가능성을 고찰하지 않으면 안 되는 것 아닌가?

이제는 허리 아래의 이야기를 할 시간이다…

사랑과 정자 전쟁에서 모든 것은 공평하다

어떤 원숭이들의 밝게 채색된 엉덩이와 그 부근의 부위들만큼 나를 흥미롭게 하고 당혹하게 하는 경우는 없었다.

찰스 다윈[6]

남성은 과거 수백만 년 동안(농업이 도래하기 전까지) 데이트를 둘러싸고 많이 싸우지 않은 것처럼 보인다. 하지만 그것이 인간의 진화에서 결정적인 중요성을 갖는 남성의 성적 경쟁에 관한 다윈의 주장이 틀렸다는 것을 의미하지는 않는다. 심지어 섹스를 둘러싼 명시적인 갈등을 거의 겪지 않는 보노보들 사이에서도 다윈적인 선택은 일어난다. 하지만 그것은 다윈 자신이 아마도 결코 고려하지 않았을, 또는 여하튼 감히 공공연하게 논의하지 못했을 수준에서 일어난다. 수컷 보노보들은 누가 행운을 차지할지 정하기 위해 경쟁하기보다는 그들 모두가 행운을 차지하고, 그리고 나서 그들의 정자가 결판이 날 때까지 싸우게 만든다. 1930년대에 구피guppy(역주: 수족관에서 흔히 기르는 담수어)를 연구하던 오토 빙게Otto Winge는 '정자경쟁sperm competetion'이란 용어를 만들었다. 확실히 매력적이지 못한 노란 똥파리를 연구하던 제프리 파커 Geoffrey Parker가 나중에 이 개념을 다듬었다.

착상은 간단하다. 만일 한 마리 이상의 수컷의 정자가 배란 상태에 있는 암컷의 생식관 속에 있다면, 정자들 자체가 난자에 수정을 하려고 경쟁한다는 것이다. 정자경쟁에 참여하는 종의 암컷들은 일반적으로 자신들의 생식력을 광고해 더 많은 경쟁자들을 불러 모을 수 있는 다양한 비법들을 가지고 있다. 암컷들의 도발은 섹시한 목소리나 냄새로부터 생식 융기genital swelling에 이르기까지 다양하다. 이것은 립스틱 붉은 색의 모든 색조를 섹시

---

6) Supplemental Note. On sexual selection in relation to monkeys. Reprinted from Nature, November 2, 1876, p. 18. http://sacred-texts.com/aor/darwin/descent/dom25.htm.

한 베리색Berry Sexy으로부터 루즈 솔레이유Rouge Soleil에 이르기까지 변하게 한다.[7]

그 과정은 복권 추첨과 비슷한 무엇이다. 가장 많은 복권을 가진 수컷이 이길 수 있는 최고의 승산을 갖는다(이런 이유로, 침팬지와 보노보는 엄청난 정자생산 능력을 갖고 있다). 그것은 또한 장애물 코스이다. 암컷의 몸은 난자에 도달하기 위해 뛰어넘어야 할 다양한 유형의 고리와 헤엄쳐 건너야 할 해자垓字를 제공한다. 그리하여 쓸모없는 정자를 제거한다. (우리는 다음 장들에서 이러한 장애들 중 일부를 검토할 것이다.) 일부 연구자들은 그 경쟁이 럭비와 더 비슷해 다양한 정자가 전문화된 블로커, 러너 등으로 구성된 '팀'을 형성한다고 주장한다.[8] 정자경쟁은 여러 가지 형태를 띤다.

비록 다윈에게는 '당혹스러웠을지' 모르지만, 정자경쟁은 승자에게 난자에 대한 수정이라는 보상을 제공함으로써 그의 성적 선택 이론에서 수컷 간 경쟁의 핵심 목적을 보호한다. 그러나 투쟁은 세포 수준에서 정자 세포들이 암컷의 생식관을 전장戰場으로 해서 일어난다. (침팬지, 보노보, 인간과 마찬가지로) 다수의 수컷으로 이루어진 사회집단 속에 사는 수컷 유인원들은 외부 음낭 속에 자리 잡은, 보다 큰 고환을 갖고 있으며 암컷들보다 더 늦게 성숙한다. 또 (고릴라, 긴팔원숭이, 오랑우탄과 같이) 암컷들이 매 주기마다 하나의 수컷과만 정상적으로 짝짓기를 하는 영장류들보다 정자 세포들이 더 많이 집중되어 있는, 더 많은 양의 사정을 한다.

그리고 누가 알겠는가? 아마도 다윈은 여성의 성에 대한 빅토리아조朝의 관념들을 다소 덜 주입받았겠지만 이 과정을 인식했을지도 모른다. 사라 흐르디Sarah Hrdy는 "암컷들은 가장 유용한 수컷을 위해 자신을 준비하며, 성적 용기로 그 수컷을 매우 어리둥절해진 상태로 내버려 둔다는 것이 다윈의 추정이

---

7) 우리가 다음 장에서 논의하겠지만, 생식기 반향 이론genital echo theory은 여성들이 흔들거리는 가슴을 발전시켜 가슴 사이의 굴곡이 우리의 영장류 조상들을 그렇게 유혹했던 엉덩이 사이의 틈-이것에 대한 과학적인 용어가 있는가?-처럼 보이게 했다고 상정한다. 이러한 추론의 선을 따라가면, 상상력 풍부하게 이름 붙여진 립스틱은 가여운 다윈을 그렇게 당혹스럽게 했던, 밝고 붉은 '엉덩이'를 재현하는 데 기여한다고 누군가는 주장할 것이다.
8) 정자팀 이론sperm-team theory에 대해 더 알기 위해서는 다음을 보라. Baker and Bellis (1995), Baker (1996).

었다."라고 주장한다. 흐르디는 "'수줍어하는coy' 이란 호칭-연속되는 수백 년 동안 도전받지 않는 도그마로 남아 있었던-은 많은 동물들에게 적절하기는 하다. 하지만 그때도, 오늘날에도 생리주기 중에 있는 원숭이와 유인원 암컷들에게 적용되지 않는다."[9]라고 말함으로써, 다윈의 '수줍어하는 암컷coy female' 이라는 상투어를 결코 믿지 않는다.

다윈은 여성의 성에 관한 저작들에서 자신이 다소 수줍어했을 가능성이 있다. 그 불쌍한 사나이는, 애정 어리고 경건한 자신의 아내를 포함해 대부분의 사람들이 이해한 신의 개념에 따르면, 이미 신을 모독했다. 비록 정자경쟁과 같은 무언가가 인간의 진화에서 역할을 했다는 것을 의심했다고 하더라도, 그는 빅토리아조의 천사 같은 여성을 그 받침대로부터 끌어내릴 것이라고는 거의 기대할 수 없었을 것이다. 다윈의 이론은 여성을 고기와 남성의 부에 대한 접근 그리고 그 나머지 것들을 얻기 위해 스스로 창녀로 진화한 것으로 묘사하는 것으로도 충분히 나쁘다. 하물며 고대 여성들이 성애적인 쾌락에 의해 동기화된 수치심 없는 화냥년이었다고 주장하는 것은 너무 벅찬 일이었을 것이다.

그럼에도 불구하고, 그는 얼마나 많이 알지 못했고 알 수 없었는지에 대한 특유의 자각을 지녔다. 다윈은 "이런 부분들은 다른 성에서보다 한 성(여성)에서 더 밝게 채색되고 사랑의 절기 동안에는 더욱 눈부시게 되기 때문에 나는 색깔이 성적 매력으로 획득됐다고 결론지었다. 나는 그럼으로써 나 자신을 조롱거리로 만들었다는 것을 잘 알고 있었다…"[10]라고 인정했다.

아마 다윈은 일부 암컷 영장류들의 밝은 성적 융기들이 수컷의 성욕libido을 부추기는 데 기여한다는 것을 이해했을 것이다. 하지만 그의 성적 선택 이론에 따르면 그것이 반드시 필요한 것은 아니다. 다윈이 인간의 정자경쟁에 대

9) 흐르디의 책(Hrdy, 1996)은 다윈의 개인적인 성적 장애들 중 일부가 어떻게 여전히 진화론에 반영되고 있는지에 관한 놀랍도록 박식하고 매력적인 논의를 하고 있다.
10) Supplemental Note. On sexual selection in relation to monkeys. Reprinted from Nature, November 2, 1876, p. 18. http://sacred-texts.com/aor/darwin/descent/dom25.htm.

해 숙고해야 할 이유를 갖고 있었을지도 모른다는 증거까지도 존재한다. 다윈의 오랜 친구인 조셉 후커Joseph Hooker는 부탄에서 식물을 채집하다가 보낸 한 편지에서 자신이 만난 일처다부제 인간들에 관해 논의했다. 부탄에서는 "아내가 합법적으로 열 명의 남편을 둘 수 있다."

· · ·

적당한 신체 크기 이형성이 우리 종에서 난혼에 대한 유일한 해부학적 암시는 아니다. 전체 몸의 크기에 대한 고환 용적의 비율은, 어떤 종에서도 정자 경쟁의 정도를 해독하는 데 활용될 수 있다. 자레드 다이아몬드Jared Diamond는 고환 크기 이론을 "현대 신체인류학physical anthropology의 승리들 중의 하나"[11]로 간주한다. 대부분의 위대한 착상들과 마찬가지로, 고환 크기 이론은 간단하다. 더욱 자주 성교하는 종은 더 큰 고환을 필요로 하며, 몇몇 수컷들이 일상적으로 한 마리의 배란하는 암컷과 성교하는 종은 더욱 큰 고환을 필요로 한다.

만일 어떤 종의 고환이 크다면, 당신은 수컷들이, 여러 수컷들과 두루 관계를 갖는 암컷들에게 빈번한 사정을 하는 것이 틀림없다고 생각해도 좋다. 암컷들이 알맞은 남편감을 대비하며 기다리는 경우에는, 수컷들은 자신들의 전체적인 몸 크기에 비해 상대적으로 더 작은 고환을 갖고 있다. 큰 고환을 가진 수컷과 난잡한 암컷의 상관관계는 인간과 여타 영장류뿐 아니라 많은 포유류에도 적용할 수 있으며, 조류, 나비, 파충류, 어류에도 적용할 수 있을 것으로 보인다.

짝짓기에서 승자독식의 접근을 하는 고릴라의 경우에 수컷들은, 말하자면 모든 전리품을 누가 갖는가를 결정하기 위해 경쟁한다. 그래서 등에 은백색 털이 난, 다 자란 고릴라 수컷들은 비록 거의 400파운드 가까이 나가지만, 그

---

11) Diamond (1991), p. 62.

음경의 길이는 완전히 발기했을 때에도 기껏 1인치 약간 넘는 정도이다. 그 고환들은 몸 내부에 안전하게 집어넣어져 있어 당신이 그것을 발견하는 데 어려움을 겪겠지만 그 크기는 강낭콩만 하다. 100파운드 무게의 보노보는 고릴라보다 3배 더 긴 음경과 계란 크기의 고환들을 갖고 있다. 특대형의 AAA형이다(270쪽에 나오는 도표를 보라). 보노보의 경우에는 모두가 단맛을 어느 정도는 보기 때문에, 경쟁은 정자 세포 수준에서 발생하며 개별 수컷의 수준에서는 발생하지 않는다. 그렇지만 거의 모든 보노보가 교미를 함에도 불구하고, 생물학적 생식의 현실들을 고려하면, 각 보노보 새끼는 여전히 단 하나의 생물학적 애비를 갖는다.

따라서 게임은 여전히 동일해 한 마리의 유전자가 미래로 전해지지만, 게임이 이루어지는 장場은 상이하다. 고릴라와 같은 하렘에 기초한 일부다처제적인 체계들에서는, 개별 수컷들은 어떠한 섹스도 이루어지기 전에 결판이 날 때까지 싸운다. 정자경쟁에서는, 세포들이 *저기 안에서* 싸우기 때문에 수컷들이 *여기 밖에서* 싸울 필요가 없다. 그 대신에 수컷들은 서로 어울려 긴장을 풀고, 보다 큰 집단을 이루면서 협동심을 고취하며, 사회 역동성에 지장을 주는 일을 피하면서 지낼 수 있다. 이것은 수컷이 많은 사회집단 속에서 살고 있는 어떠한 영장류도 일부일처제적이지 않은 이유를 설명하는 데 도움을 준다. 일부일처제는 결코 작동하지 않을 것이다.

늘 그렇듯, 자연 선택은 적응에 적합한 기관과 체계를 목표로 한다. 여러 세대에 걸쳐 수컷 고릴라들은 그들의 생식 투쟁을 위해 인상적인 근육들을 진화시켰다. 반면 상대적으로 중요하지 않은 그들의 생식기들은 경쟁 없는 수정에 필요한 최소한의 크기로 줄어들었다. 역으로 수컷 침팬지와 보노보, 인간 남성은 싸움을 위한 너무 큰 근육들에 대한 필요는 덜하지만, 더 크고 더 강력한 고환들을 진화시켰다. 인간의 경우에는 훨씬 더 흥미로운 음경을 진화시켰다.

우리는 독자들 중 일부가 "그러나 내 고환들은 계란 크기가 아니야!"라고 마음속으로 말하는 소리를 거의 다 들을 수 있다. 그렇다, 그것들은 계란 크기가 아니다. 그러나 우리는 그것들이 당신의 복부 내부에 밀어 넣어진 작은 강낭콩 역시 아니라는 것도 짐작하고 있다. 인간은 '고환용적/신체크기' 척도에서 고릴라와 보노보의 중간 지대에 위치한다. 우리 종이 수백만 년 동안 성적으로 일부일처제였다고 주장하는 사람들은 인간의 고환이 침팬지나 보노보의 고환보다 더 작다는 점을 지적한다. (예를 들면, 우리처럼) 표준적인 담화에 도전하는 사람들은 인간의 고환 비율이 일부다처제적인 고릴라나 일부일처제적인 긴팔원숭이의 비율을 훨씬 뛰어넘는다는 것을 지적한다.

그렇다면 인간의 음낭은 반쯤 빈 것인가, 아니면 반쯤 찬 것인가?

유인원 해부학의 다종 비교

정보는 다음과 가리킨다.
- 남성/여성 신체 크기 이형성(평균 체중)
- 전형적으로 전위 또는 후배위의 성교
- 고환 용적 / 신체 크기
- 고환이 신체 내부 또는 외부 음낭에 있는지 여부
- 음경이 상대적인 길이(발기 시)
- 흔들거리는 가슴이 존재 여부
- 배란 시의 여성 성기의 융기

종:
체중(kg):
짝짓기 체계:

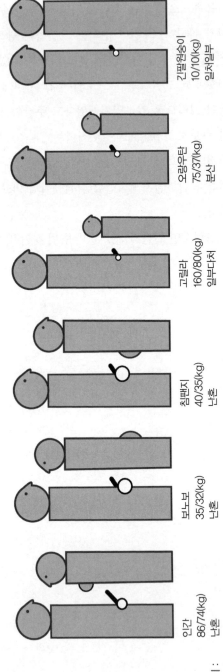

인간
86/74(kg)
난혼

보노보
35/32(kg)
난혼

침팬지
40/35(kg)
난혼

고릴라
160/80(kg)
일부다처

오랑우탄
75/37(kg)
분산

긴팔원숭이
10/10(kg)
일처일부

제16장 인간의 가장 진실한 척도

작다?
침팬지와 보노보는 우리들보다 훨씬 더 난혼적이다. 우리의 고환이 이것을 증명하는데, 우리의 유인원 친척들의 코코넛 크기에 비교하면 우리 것은 겨우 땅콩 크기이다.

프란스 드 발Frans de Waal[1]

중간이다?
암컷들이 일처다부제적으로 짝을 맺은 성적 선택 역사의 설득력 있는 흔적들이 인간 남성에서 발견될 수 있다. 아마도 가장 명백한 흔적은 고환 크기일 것이다. 인간 남성의 고환은 고릴라의 고환보다 신체 크기에 비해서 상당히 더 크다.

마고 윌슨Margo Wilson과 마틴 데일리Martin Daly[2]

크다?
인산은 영장류의 스펙트럼에서 확실히 큰 고환 쪽에 위치해, 고릴라보다는 침팬지와 더 비슷하다… 이것은 우리가 오랫동안 우리의 신체뿐 아니라 우리의 정자를 통해서도 경쟁하는 데 익숙해져 왔다는 것을 시사한다.

데이비드 버래쉬David Barash와 주디스 립턴Judith Lipton[3]

당신이 볼 수 있듯이, 남성의 꾸러미에 대한 근본적인 의견 불일치가 존재한다. 우리는 여기서 무엇에 관해 이야기하고 있는가? 땅콩인가 호두인가? 탁구인가 볼링인가? 현대 남성의 고환은 침팬지나 보노보의 고환보다 더 작지만, 일부다처제적인 고릴라와 일부일처제적인 긴팔원숭이의 고환들을 부끄럽게 한다. 저울에 달면 각기 대략 반 온스―만일 당신이 보석상이라면, 그것은 대략 9캐럿 정도이다―는 나간다. 따라서 이 핵심 논쟁의 양쪽 편은 모두 단순히 인간의 고환이 상대적으로 크다거나 상대적으로 작다고 선언함으로써 자신들의 견해에 대한 증거로 주장할 수 있다.

그러나 고환을 측정하는 것은 결코 신발 크기를 재는 것과 같지 않다. 만일

---

1) de Waal (2005), p. 113.
2) Barkow et al. (1992), p. 299.
3) Barash and Lipton (2001), p. 141.

우리가 난혼적인 집단들 속에서 진화했다면 현대 남성의 고환은 침팬지만큼 컸을 것이라는 주장은 인간의 고환이 만 년 동안 변화하지 않았다는, 결정적이고 잘못된 가정에 기초한다. 스티븐 제이 굴드Stephen Jay Gould가 "인간에게는 4만 년 또는 5만 년 동안 생물학적인 변화가 없었다."라고 썼을 때, 그가 의존한 자료들은, 2002년 그가 죽은 이후 다른 자료들로 대체됐다. 여전히 광범위하게 공유되고 있는 이 가정은 진화가 중요한 변화들을 일으키기 위해서는 수천 세대를 필요로 하며, 지극히 완만하게 작동한다는 오래된 신념으로부터 자라나온 것이다.

때로 진화는 그렇게 작동한다. 그러나 때로는 그렇게 작동하지 않는다. 그레고리 코크란Gregory Cochran과 헨리 하펜딩Henry Harpending은 〈1만 년의 폭발 The 10,000 Year Explosion〉에서 인간의 신체가 매우 급속한 진화적 변동을 할 수 있음을 보여준다. 그들은 농업의 도래 이래 가속화된 진화적 변동의 예들로 말라리아에 대한 저항, 푸른 색 눈, 젖당 저항력 등을 인용하면서, "인간은 기록된 역사 동안 육체와 정신에 주목할 만한 변동을 겪었다."라고 썼다.

그들이 자신들의 책에서는 논의하지 않지만 미래의 편집을 위해 고찰했을지도 모르는 한 사례가 고환의 크기이다. 고환은 거의 눈 깜빡할 사이에 크기를 변화시킬 수 있다. 파래지거나 다르게 된다. 여우원숭이-작고 야행성인 영장류-의 일부 종에서는 고환이 크기가 절기에 따라 변한다. 번식기에는 부풀어 올랐다가 비수기에는 천천히 바람이 새는 비치볼처럼 다시 오그라든다.[4]

인간과 침팬지와 보노보-그러나 흥미롭게도 고릴라는 제외-의 고환 조직은 환경 변화들에 대단히 급속하게 반응하는 DNA에 의해 통제된다. 〈네이처 Nature〉지에 쓴 글에서, 유전학자 제럴드 와이코프Gerald Wyckoff, 후룽이 왕 Hurng-Yi Wang, 충이 우Chung-I Wu는 "남성의 생식 유전자들의 급속한 진화는… 인간과 침팬지로 이어지는 계통에서 상당히 두드러진다."라고 보고한다. 그들은 이러한 유전자들의 급속한 반응은 짝짓기 체계들과 연관될 수도

---

4) Pochron and Wright (2002).

있을 것이라고 계속해서 지적한다. "그러한 대조는 아프리카 유인원들의 사회성애적인 행동들에 비추어 보면 흥미롭다. 현대의 침팬지와 보노보는 여러 번 수정할 수 있는 풍부한 기회를 갖고 있어 명백히 난혼적인 반면, 배란하는 고릴라 암컷은 여러 번 수정될 가능성이 훨씬 더 낮아 보인다."[5]

잠시 동안 그것을 살펴보자. 인간, 침팬지, 보노보–그러나 고릴라는 제외–는 "복수의 수정"과 연관된 "정자와 정액의 생산에 연루된 유전자들의 가속화된 진화"를 보여준다. 인간, 침팬지, 보노보의 고환의 발전과 연관된 유전자들은 적응 압력들에 고도로 반응한다. 암컷들이 일반적으로 단 하나의 수컷과만 짝을 짓는 고릴라의 동일한 유전자들보다 훨씬 더 그러하다.

고환은 전적으로 부드러운 조직들로 구성되어 있기 때문에 화석에 흔적을 남기지 않는다. 따라서 표준적인 담화의 옹호자들은 인간의 고환 용적이 수천 년 동안 고정된 채로 유지됐다고 가정한다. 하지만 이제는 이 가정이 틀릴 수도 있다는 것이 분명해졌다.

와이코프, 왕, 우 등은 1979년에 생물학자 로저 쇼트Roger Short가 내린 예측을 확증한다. 쇼트는 "고환 크기는 선택 압력들에 급속하게 반응할 것으로 예측될 수도 있다. 선택의 가장 강렬한 형태들 중 하나는 난혼적인 짝짓기 체계에서 발견될 것이다…"[6]라고 썼다. 제프리 밀러Geoffrey Miller는 "정자의 질과 정자 전달 장치에서 유전 가능한 차이들이 강한 선택 하에 놓일 것이다."라면서 이에 동의한다. 마지막으로 진화생물학자 린 마굴리스Lynn Margulis와 그녀의 공저자 도리언 세이건Dorion Sagan은 "많은 정자의 화력"에 의해 뒷받침되는 인간의 "고성능화된 생식기들은" "어떤 종류의 경주나 경쟁"이 있을 때에만 가치가 있을 것이라고 추론한다. 그들은 "그렇지 않다면 그것들은 과도한

---

5) Wyckoff et al. (2000). 영장류의 고환 유전학을 관찰한 다른 연구는 고대 인간의 짝짓기 행동이 한 번에 한 마리의 수컷과 짝짓기 하는 고릴라보다는 침팬지의 난혼성을 훨씬 더 닮았다는 인상을 강화했다. 예를 들면 다음을 보라. Kingan et al. (2003). 그들은 "고대 인간에서의 정자경쟁의 기대 강도를 예측하는 것은 논란이 많은 문제이지만… 우리는 인간의 뉴클레오티드 변이의 유형이 고릴라보다는 침팬지에서 보이는 유형을 훨씬 더 닮았다는 것을 발견한다."라고 결론지었다.
6) Short (1979).

것처럼 보인다.”[7]라고 썼다.

고성능화된 생식기들. 정자의 화력. 지금 우리가 이야기하고 있다!

정자가 갖고 있는 화력의 증거들은 한 남성의 첫 번째 분출과 마지막 분출 사이의 차이들에서 명백하게 나타난다. 인간의 사정射精은 일반적으로 세 번에서 아홉 번의 분출 사이 어느 지점에 위치한다. 여하튼 분석을 위해 '분리된 사정'을 그럭저럭 포착할 수 있었던 연구자들은 첫 번째 분출이 다양한 종류의 화학적 공격을 방어할 수 있는 화학물질들을 함유하고 있다는 것을 발견했다. 어떤 종류의 화학적 공격인가? 여성의 생식관 속에 존재하는 백혈구와 항원—나중에 그것에 대해 더 많이 논할 것이다—은 별개로 치더라도, 그 화학물질들은 다른 남성의 사정에 의한 나중 분출 속에 들어있는 화학물질들로부터 정자를 보호한다. 최후의 분출은 나중에 오는 어떤 정자의 전진도 느리게 하는 살정자성殺精子性 물질을 함유하고 있다. 다른 말로 하면, 다른 남성으로부터 온 경쟁 정자가 남성들의 정액 화학 속에서 예견되고 있는 것처럼 보이는데, 최초의 분출(방어적)과 나중의 분출(공격적) 모두에서 그러하다.[8]

정자경쟁의 중요성은 과거 수십 년 동안 마치 새로운 발견인 것처럼 과학 학술회의와 학술잡지에서 논쟁의 대상이 되고 있다. 하지만 기원전 수 세기에 아리스토텔레스와 그의 선배들은 한 마리의 암캐가 단일한 가임 기간 동안 두 마리의 개와 교미를 한다면, 그 암캐는 한 마리 또는 두 마리 모두가 애비가 되는 강아지들을 낳을 수 있다는 것을 지적했다. 그리고 헤라클레스Heracles와 이피클레스Iphicles의 이야기를 음미해 보라. 앰피트리온Amphitryon이 알크메네Alcmene와 결혼하기 전날 밤에, 제우스Zeus가 엠페트리온으로 위장해 예비신부와 동침을 했다. 다음날 밤, 앰피트리온은 그녀와 결혼하고 첫날밤을 치렀다. 알크메네는 쌍둥이를 가졌는데 이피클레스(앰피트리온이 아버지)와 헤라클레스(제우스가 아버지)가 바로 그들이다. 명백히 고대 그리스인들은 정자경

---

7) Margulis and Sagan (1991), p. 51.
8) Lindholmer (1973).

쟁을 어렴풋이 알고 있었다.

보다 최근에는, 한 남성의 정자 생산은 그가 며칠 동안 자신의 파트너를 보지 못했을 때 그의 사정 여부와 무관하게 상당히 증가한다는 것을 여러 연구자들이 실증했다. 이 발견은 정자경쟁이 인간의 진화에서 역할을 했으며 심지어 일부일처제에 대한 적응을 반영할 수도 있다는 관념에 부합된다. 이 시나리오에서는 매춘부 같은 아내가 올란도에서 열린 빌어먹을 학술대회에서 무엇을 하느라고 바빴는지 모른다는 사실 때문에, 남성의 육체는 최악의 두려움들—그리고 아마도 가장 뜨거운 공상들—이 사실이라고 하더라도, 아내가 집에 돌아왔을 때 그녀의 난자에 수정할 가능성을 증대시키기 위해 정자를 과다 생산하게 된다. 이와 동일한 선상에서, 결별을 선언한 후에나 부정不貞을 의심받을 때, 파트너들이 더 깊고 더 정력적인 찌르기를 하면서 침대에서 더 정력적인 경향이 있다고 여성들이 보고했다.[9] (남성들이 자기 배우자의 가능한 일탈들을 생각함으로써 실제로 *성적으로 흥분할* 가능성은 아직까지는 논의의 대상이 되지 않은 것처럼 보이지만, 포르노에 대한 다음의 논의를 보라.)

정자경쟁의 추잡스러운 영향은 신성불가침한 여성의 성이라는, 오랫동안 주장된 견해와 정면충돌한다. 그것은 자신이 가치 있는 남자라는 것을 증명한, 신중하게 선택된 배우자에게만 복종하는(그리고 그때에도 그녀는 영국을 위해 그것을 하고 있을 뿐이다), 수줍어하는 여성들을 특징으로 하는 것으로, 다윈이 대중의 의식 속에서 길러낸 시각이다. 겁에 질린 도널드 시먼즈Donald Symons는 "성적으로 만족할 줄 모르는 여성은 전적으로는 아닐지라도 기본적으로 페미니즘의 이데올로기 속에서 소년들의 희망이고 남성들의 공포이다."[10]라고 선언했다. 아마도 그럴지도 모르지만, 마빈 해리스Marvin Harris는 상이한 관점을 제공하면서, "모든 지배 집단과 마찬가지로, 남성들

---

9) 이것에 관해 더 알기 위해서는 토드 샤켈포드Todd Shackelford의 저작을 보라. 특히 다음을 보라. ,Shackelford et al. (2007). 샤켈포드는 관대하게도 자신의 출간된 저작 대부분을 다음 사이트에서 자유롭게 다운받아서 활용할 수 있게 해 놓고 있다. http://www.toddkshackelford.com/publications/index.html.
10) Symons (1979), p. 92. 우리는 아마도 그의 결론의 절반에는 동의하지 않을 것이고 과학의 많은 부분이 시대에 뒤떨어졌지만, 시먼즈의 책은 기지와 예술가적 기교만으로도 읽을 만한 가치가 충분히 있다.

은 현상現狀을 유지하는 데 기여하는, 자신들에게 종속된 존재의 본성에 대한 이미지를 증진하려고 시도한다. 수천 년 동안 남성들은 여성들을, 그녀들이 될 수 있는 존재로서가 아니라 남성들이 원하는 존재로서만 보아 왔다."[11]라고 썼다.

모든 논쟁에도 불구하고, 정자경쟁이 인간의 생식 과정에서 일어나는지에 대해서는 의심의 여지가 없다.[12] 정자경쟁은 언제든지 일어난다. 한 남자의 사정은, 유일하게 활용 가능한 일자리, 즉 최후의 수정자가 되기 위해 모두가 밀치고 나아가려 시도하는 500만에서 5억의 지원자들을 함유한다. 적절한 질문은 그 지원자들이 서로에 대해서만 경쟁하는지, 아니면 수십억의 더욱 열렬한 구직자들이 다른 남성들에 의해서도 보내지는지 하는 것이다.

인간의 정자보다 더 순수하게 경쟁적인 실체를 상상하기는 어렵다. 수백만 중의 하나를 생식에 적중시키기 위해 상류로 거슬러 올라가는 것에만 전체 존재의 의미가 있는 미세한 크기의 연어로 와글거리는 학교를 상상해 보라. 꽤 긴 역경이라고 당신은 말할지도 모른다. 그러나 모든 생물의 정자가 그런 극도로 희박한 기회를 갖고 있는 것은 아니다. 예를 들면 곤충의 일부 종에서는 100개보다 더 적은 정자가 난자를 향한 경주를 위해 줄을 선다. 모든 정자가 그들을 보낸 수컷에 비해 작은 것도 아니다. 초파리의 일부 종은 펼치면 거의 6cm가 되는 정자를 갖고 있다. 이것은 파리 수컷보다 여러 배 더 큰 것이다. 호모 *사피엔스*는 다른 극단에서 훨씬 아래에 있는데, 수백만의 작은 정자를 즉각 방출한다.

---

11) Harris (1989), p. 261.
12) 정자경쟁은 격정적인 논쟁의 영역이다. 공간의 제약(그리고 틀림없겠지만 독자의 관심) 때문에 우리는 더 이상의 철저한 논의를 할 수 없다. 특히 '블로커blockers', '카마카제kamakaze', '난자획득자egg-getters' 등으로 행위하는 전문화된 세포들로 구성된 정자팀sperm teams에 관한, 베이커와 벨리스의 고도로 논쟁적인 주장들에 관해서는 특히 그러하다. 그들의 발견들에 대한 과학적 개관을 위해서는 다음을 보라. Baker and Bellis (1995). 대중화된 개관을 위해서는 다음을 보라. Baker (1996). 논쟁에 대해 제3자가 쓴 균형 잡힌 논의를 위해서는 다음을 보라. Birkhead (2000), pp. 21-29.

〈표 4〉 커다란 유인원들 사이의 정자경쟁[13]

유인원	인간	침팬지/보노보+	오랑우탄	고릴라
신체 크기 이형성(%)	15-20	15-20	100	100
고환 덩어리 (전체 무게, g)	35-50	118-160	35	29
사정당 정액의 용량(ml)	4.25(2-6.5)	1.1	1.1	0.3
정자 집중도 (×10^6/ml)	1940:113 1990:66	548	61	171
전체 정자 수++ (백만 정자/사정)	1940:480 1990:280	603	67	51
정낭精囊	중간	대大	대大	소小
음경 누께(둘레)	24.5mm	12mm	n/a	n/a
음경 길이	13-18cm ↑	7.5cm	4cm	3cm
음경 길이(신체 크기 대비)	0.163	0.195	0.053	0.018
체중(수컷, kg)	77	46	45-100	136-204
출산당 성교 회수 (근사치)	>1,000	>1,000	<20	<20
평균 성교 지속시간 (초)	474	7/15	900	60

+ 이 영역에서는 둘 사이에 유의미한 차이가 없음.
++ 사정射精당.
↑ 귀두관과 귀두는 유인원들 중에서 인간에게 독특한 것임.

석기시대의 하드코어

여기 머리를 긁적이게 하는 것이 있다. 많은 이성애heterosexual 남성들이, 한 무리의 사내들이 단 한 명의 여성과 섹스를 하는 것을 보여주는 포르노그

---

13) 자료는 주로 Dixson (1998)에서.

래피에 왜 그렇게 흥분을 느끼는가? 당신이 그것에 관해 생각해 본다면 그건 말이 안 될 것이다. 그것은 아이스크림보다 콘이 더 많은 것이다. 그리고 외설적인 낯설음은 반反직관적인 남녀 비율로 끝나지 않는다. 포르노 *기계*money shot에 돈을 넣는 것은 바로 사정하는 남성이다.

연구자들은 포르노 제작자들이 이미 알고 있는 것이 무엇인지를 확인했다. 남성들은 정자경쟁이 명백히 작동하는(비록 거의 아무도 이런 용어로 그것을 생각하지 않을 것이라고 우리는 상상하지만) 환경을 묘사하는 이미지에 의해 흥분하는 경향이 있다. 복수의 남성들과 함께 하는 한 여성을 보여주는 이미지·비디오는 복수의 여성들과 함께 하는 한 명의 남성을 묘사하는 이미지·비디오보다 인터넷과 상업 포르노그래피에서 훨씬 더 인기가 있다.[14] '성인비디오세계Adult Video Universe'에서 온라인으로 제공하는 것을 재빨리 일별하면 *윤간*Gangbang 장르에 900개가 넘는 표제의 목록이 있다. 하지만 *남성 윤간* Reverse Gangbang 장르에는 단 27개의 목록이 있을 뿐이다. 계산을 해 보라. 왜 *190만 년 동안 일부일처제*의 족쇄를 차고 있던 종의 남성들이 1~2명의 여성에게 사정하는 남성 무리의 광경에 의해 성적으로 흥분하는 것일까?

회의론자들은 이 흥분이 상업적인 이해관계나 지나가는 유행에 불과한 것을 반영할 수도 있을 것이라고 주장할지 모른다. 충분히 타당한 말이다. 하지만 정자경쟁–한 여성과 함께 하는 두 남성–을 연상시키는 에로틱한 내용을 본 남성들이, 단지 여성 3명의 명시적인 이미지를 본 남성들보다 더 높은 비율의 운동성 정자를 함유한 사정을 하는 것에 대해서는 어떻게 생각을 해야 할까?[15] 그리고 알프레드 킨제이Alfred Kinsey에서 댄 새비지Dan Savage에 이르는 전문가들에 따르면, 바람난 아내를 두는 것이 결혼한 남성들의 성적 환상에 지속적으로 나타나거나 그 환상의 거의 꼭대기에 위치하는 것은 왜일까?

우리가 아는 한, 싼 문신과 보기 싫은 머리 스타일을 하고 검은 양말을 신

---

14) 예를 들면 다음을 보라. Pound (2002).
15) Kilgallon and Simmons (2005).

은 뚱뚱한 중년 여성들 여럿이 한 명의 뜨거운 사내와 섹스를 하는 것을 보여주는 성애물에 대한, 그에 상응하는 취향이 여성들 사이에는 존재하지 않는다. 이해가 안 된다.

다수의 남성이 나오는 장면에 대한 이러한 남성의 욕구가 홍적세洪積世 포르노의 반향일 수 있을까? 여성들이 자신들을 순차적인 섹스에 활용가능하게 함으로써, 노동자들이나 수렵꾼들 집단을 돕고 그들에게 영감을 불어넣었던, 앞에서 논의된 다양한 사회들을 기억해 두라. 흔들거리는 방울술들, 가장 짧은 반바지들, 그리고 섹시한 젊은 다리들이 인조잔디에서 아래로 쭉 벌려지는 것으로 끝나는 가장 높은 발차기들에 의해, 동일한 동학動學이 어느 일요일에 넌지시 떠오른다. 현대 생활의 그러한 특이함들에 대한 상상 가능한 다른 설명들이 있겠지만, 그것들은 확실히 정자경쟁에 의해 특징지어지는 선사시대와 잘 들어맞는다.[16] 가자, 트로이안스Trojans(역주: 미국의 풋볼팀)!

---

16) 어떤 독자들은 현대 포르노그래피에서의 이러한 관행들이 에로티시즘보다는 여성의 예속과 비하의 표현들이라고 주장할 것이다. 이것이 사실이든 아니든(이것은 이 시점에서는 우리가 피하려고 하는 논의이다), 어떤 사람에게 눈에 띄게 굴욕감을 줄 수 있는 매우 많은 방식들이 존재한다는 것을 고려하면, 왜 그것이 이런 방식으로, 이러한 이미지들에 의해서 표현되고 있는가를 우리는 여전히 묻지 않으면 안 된다. 일부 권위자들은 부카케bukkake 관행이 일본에서 불륜 여성을 벌주는 한 방식으로 발생했다고 믿고 있다. 말하자면, 덜 청교도적인 주홍글씨예를 들면 다음을 보라. "Bake a Cake? Exposing the Sexual Practice of Bukkake," poster presented at the 17th World Congress of Sexiology, by Jeff Hudson and Nicholas Doong: http://abstracts.co.allenpress.com/pweb/sexo2005/document/50214). 만일 당신이 부카케가 무엇인지 모르고 가볍게라도 불쾌해질 우려가 있다면, 우리가 그것에 관해 언급했다는 것조차 잊어 주기 바란다.

제17장 때때로 음경은 음경일 뿐이다

우리가 원하지 않을 때 매우 부적절하게 주제넘게 나서고, 우리가 가장 필요로 할 때는 매우 부적절하게 우리를 풀죽게 하는 이 음경member의 면허권과 불복종을 마땅히 지적할 수 있다. 그것은 거만하게 권위를 놓고 우리의 의지와 경쟁한다. 그것은 완고하고 위풍당당하게 우리의 마음과 손의 모든 자극들을 거부한다.

마이클 몽테뉴Michael Montaigne, (아마도 자신의) 음경에 관하여

낄낄거리고 웃느라고 주의를 흩뜨리지 마라. 남성은 자신의 성기를 매우 진지하게 다룬다. 고대 로마에서 부유한 소년들은 발기된 작은 모형을 담은 갑匣인 불라bulla를 달고 다녔다. 이 '갑 속의 로켓'은 파시눔fascinum(역주: 상아로 만든 남근상)으로 알려졌는데, 젊은 남자의 상류층 지위를 상징했다. 데이비드 프리드만David Friedman은 음경에 관한 재미있고 박식한 역사를 기록한 자신의 책 〈그것 자신의 마음A Mind of Its Own〉에서 "로마 제국의 멸망 이후 1,500년이 지난 오늘날, 발기만큼 강력하거나 매우 흥미로운 무엇인가에 대해서는 '매혹적이다fascinating'라고 말한다."라고 썼다. 좀 더 멀리 거슬러 올라가면, 우리는 창세기와 출애굽기에 야곱의 아이들이 그의 넓적다리thigh에서 태어난 것으로 되어 있음을 알 수 있다. 대부분의 역사가들은 '넓적다리'가 실제로는 남자의 넓적다리 사이에 달려 있는 것을 정중한 방식으로 말하는 것이라는 데 동의한다. 프리드만은 "이스라엘인들 사이의 신성한 맹세는 남성의 음경에 손을 올려놓음으로써 성립됐다."라고 썼다. 자신의 고환에 손을 얹고 맹세하는 행위는 증명하다testify라는 단어 속에 살아남아 있다.

역사적인 특이함들은 별도로 하고, 누군가는 적당한 크기의 인간 고환과 (침팬지와 보노보에 비해) 집중도가 낮은 인간 정자는 인간 진화에서 어떠한 유의미한 정자경쟁도 없었음을 입증한다고 주장한다. 사실 보고된 인간 정자의 집중도 범위는 ㎖당 (60~235)×10⁶인데 침팬지의 인상적인 집중도 548× 10⁶에 비하면 묽은 것이다. 그러나 모든 정자경쟁이 동일하게 발생하는 것은 아니다.

예를 들면, 일부 좋은 뒤에 오는 어떠한 정자도 자궁관으로 들어가지 못하도록 막는 데 기여하는 '성교 마개'를 형성하는 정액을 갖고 있다. 이런 유형의 정자경쟁에 관여하는 종(뱀, 설치류, 일부 곤충들, 캥거루)은 일반적으로 이전의 모든 수컷의 마개를 자궁 구멍으로부터 뽑아내는 기능을 하는 정교한 고리나 소용돌이를 끝에 달고 있는 음경을 휘두른다. 적어도 어느 한 팀의 연구자들이 자주 성교를 하는 남성들은 더 긴 시간에 걸쳐 응고되는 정액을 생산한다는 것을 시사하는 자료들을 보고한다고 해도, 성교 마개는 인간의 성적 무기고에는 없는 것으로 보인다.

소용돌이 모양이 없음에도 불구하고, 인간의 음경이 재미있는 고안상의 특징들을 갖추고 있지 않은 것은 아니다. 영장류의 성생활에 관한 전문가인 앨런 딕슨Alan Dixon은 "(긴팔원숭이처럼) 다 자란 암수 한 쌍과 새끼들로 구성된 가족 집단에서 살고 있는 영장류에서는 수컷이 통상 작고 상대적으로 특화되지 않은 음경을 갖고 있다."라고 썼다. 인간의 음경에 관해 어떤 얘기들을 하지만, 그것은 작거나 특화되어 있지 않은 것이 아니다. 생식 생물학자 로저 쇼트Roger Short(실명이 쇼트임)는 "발기한 인간의 커다란 음경은 유인원들의 음경과는 극적인 대조를 보이는데 거기에 어떤 특수한 진화적 힘들이 작용해 왔는지를 궁금하게 만든다."라고 썼다. 제프리 밀러가 막 나타나서는 "성인 남성은 생존해 있는 모든 영장류 중에서도 가장 길고, 가장 두꺼우며, 가장 탄력 있는 음경을 갖고 있다."라고 말한다.[1] 그러면 됐다.

호모 *사피엔스*, 위대한 음경을 가진 위대한 유인원!

관冠 모양의 산마루를 형성하고 있는 인간 음경의 독특한 나팔 모양 귀두는 인간의 성교에 특징적인 반복되는 삽입 행위–잠깐의 섹스당 10회에서 500회 사이–와 결합되어 여성의 생식관에 진공 상태를 만들어낸다. 이 진공 상태는 이전에 분출된 어떤 정액이라도 난자로부터 끌어당겨 떼어냄으로써, 행동에 들어가도록 새로 보내질 정자를 돕는다. 그러나 진공 상태를 만들어내는 이 행위가 그 남자 자신의 정자를 떼어 놓지는 않을까? 그렇지 않은 것이, 사정이 되면 자루의 팽창(단단함)이 조금이라도 줄어들기 전에 음경의 머리가 줄어들어서 자기 자신의 애기들을 도로 빨아들일 수도 있는 흡입력을 중화시킨다.[2] 매우 교묘하다.

아프리카 유인원들의 음경 길이(cm)

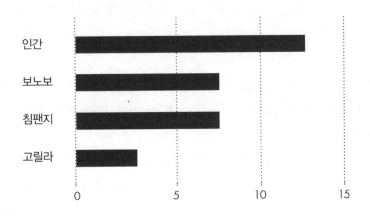

대담한 연구자들이 정액 교체로 알려진 이 과정을 입증했다. 그들은 적절한 설정을 한 대학교 실험실에서, 옥수수 녹말로 만들어진 인공 정액(많은 포

---

1) 프란스 드 발은 적어도 신체 크기에 대비해서는 보노보가 인간보다 더 긴 음경을 갖고 있다는 걸 의심하지만, 대부분의 다른 영장류학자들은 그의 평가에 동의하지 않는 것처럼 보인다. 여하튼, 인간의 음경이 다른 어떤 유인원의 음경보다 절대적 두께로든 신체 크기에 대비해서든 훨씬 두껍고, 극단적인 정자경쟁에 분명히 관여하고 있지 않는 어떤 영장류의 음경보다 더 길다는 것은 의심의 여지가 없다.
2) Sherfey (1972), p. 67.

르노그래퍼 영화에서 과장된 사정을 가장하기 위해서 이용되는 것과 동일한 비법), 라텍스로 만든 질膣, 인공 음경을 사용했다. 고든 갤럽Gordon G. Gallup 교수와 그의 팀은 실험용 음경의 *단 한 번의 피스톤 동작*에 의해서 옥수수 녹말 혼합물의 90% 이상이 교체됐다고 보고했다. 갤럽은 BBC 온라인 뉴스에서 "우리는 부성父性 경쟁의 결과로 인간 남성들이 다른 남성들에 의해 남겨진 질 속의 정액을 교체하는 기능을 하는, 독특하게 형성된 음경을 진화시켰다고 이론화하고 있다."라고 말했다.

인간의 음경이 다른 유인원에 비해, 절대적이고 상대적인 면에서, 가장 길고 가장 두껍다는 것은 반복해서 말할 만한 가치가 있다. 그리고 남성들이 받는 모든 나쁜 압력에도 불구하고 남성들은 평균 4분에서 7분 사이의 시간을 기록함으로씨 보노보(15초), 침팬지(7초), 또는 고릴라(6초)보다 훨씬 더 오래 성교를 지속한다.

평균 성교 시간(단위: 초)

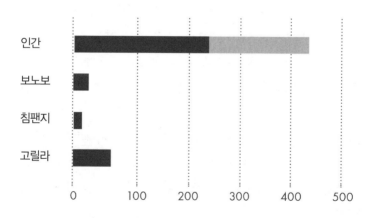

한편 침팬지의 음경은 인간 음경처럼 나팔 모양의 귀두가 없고 원뿔 모양의 가느다란 부속물처럼 생겼다. 침팬지와 보노보의 교미에는 지속적인 피스

톤 동작이 일반적이지도 않다. (그러나 정말로 7초 동안에 그 *무엇이든간에*, 얼마나 오래 지속될 수 있을 것이라고 당신은 기대하는가?) 그래서 우리의 가장 가까운 유인원 사촌들이 고환 부문에서 우리를 앞설지도 모르지만, 그것들은 크기, 지속시간, 구조상의 멋진 특징들에서는 인간의 음경에 뒤진다. 게다가 인간이 한 번 사정할 때 평균 정액량은 침팬지의 약 4배인데, 사정당 전체 정자 세포의 수는 침팬지의 사정 범위 내에 머문다.

인간의 음낭이 반쯤 빈 것인지 반쯤 찬 것인지 하는 문제로 되돌아가면, 인간의 외부 음낭의 존재 바로 그 자체가 인간 진화에서의 정자경쟁을 암시한다. 정자경쟁에 관여하지 않는 다른 대부분의 포유류와 마찬가지로, 고릴라와 긴팔원숭이는 일반적으로 외부 음낭을 갖고 있지 않다.[3]

음낭은 맥주만을 위한, 차고에 있는 여분의 냉장고와 같다. 만일 당신이 여분의 맥주 냉장고를 구입했다면, 당신은 아마도 어떤 순간에든 파티가 열리기를 기대하는 유형의 사람일 것이다. 당신은 준비되어 있기를 원하는 것이다. 음낭은 그것과 동일한 기능을 수행한다. 음낭은 고환이 신체 내부에 있을 때보다 고환을 몇 도 더 시원하게 유지해 줌으로써 냉장한 정자들을 비축하고는 더 오래 생존하게 해서 필요할 때 활용할 수 있게 해준다.

맥주 냉장고 값을 지불해 본 사람이라면 누구든 당신에게 이것은 비싼 설비일 가능성이 크다고 말할 수 있을 것이다. 고환을 신체 내부에 안전하게 보관하는 것보다 공격이나 사고를 불러올 수 있는 바깥에, 바람 속에 두는 것이 취약성을 증대시킨다는 것은 아무리 과장해서 말해도 지나치지 않다. 특히 당신이 숨을 쉴 수 없는 상태로 태아의 자리에 구겨져 있다면 말이다. 진화에 대한 비용/편익 분석의 가차 없는 논리를 고려한다면, 우리는 이것이 적절한 이유 없는 적응이 아니라는 것을 깊이 확신할 수 있을 것이다.[4] 만일 당신이 일

---

3) 긴팔원숭이의 한 종인 '검은 갈기 긴팔원숭이'(Hylobates concolor)는 사실 외부에 흔들거리는 음낭을 갖고 있다. 흥미롭게도, 이 유형의 긴팔원숭이는 엄격하게 일부일처제적이지 *않다*는 점에서 예외적일지도 모른다(다음을 보라. Jiang et al., 1999).
4) 다음 책이 이 주제에 대한 탁월한 요약을 제공해 준다. Gallup (2009).

거리를 갖고 있지 않다면, 왜 그 도구들을 갖고 다니겠는가?

인간의 정자 생산량과 고환의 용적이 최근에 극적으로 감소했음을 시사하는, 설득력 있는 증거가 존재한다. 연구자들은 생존하는 정자의 활성의 감소뿐 아니라 평균 정자 수의 우려스러운 감소를 입증했다. 한 연구자는 덴마크 남성의 평균 정자 수가 1940년의 113×10^6개에서 1990년에는 약 절반(66×10^6)으로 급락했다고 시사한다.[5] 폭락의 잠재적 원인들의 목록은 대두大豆와 임신한 젖소의 우유 속에 있는 에스트로겐 같은 화합물에서부터 살충제, 비료, 가축의 성장 호르몬, 그리고 플라스틱에 사용된 화학물질에 이르기까지 매우 많다. 최근의 연구는 광범위하게 처방되는 우울증 치료제 파록세틴paroxetine—세록새트Seroxat와 팍실Paxil이란 이름으로 팔린다—이 정자 세포 속의 DNA에 손상을 가할지도 모른다는 것을 시사한다.[6] 로체스터대학교의 인간 생식 연구는 임신 기간 중 1주일에 일곱 번 이상 소고기를 먹은 어머니가 낳은 남성들은 수정능력 부족subfertile—정액 1㎖당 정자 수 2,000만 개 미만—으로 분류될 가능성이 3배 이상 높다는 것을 발견했다. 이처럼 소고기를 먹은 사람들의 아들들 가운데 수정능력 부족으로 분류된 사람의 비율은 17.7%인 것에 비해, 소고기를 덜 먹은 어머니들의 아들들 가운데 수정능력 부족으로 분류된 사람의 비율은 5.7%였다.

인간은 일부일처제적인 또는 일부다처제적인 어떤 영장류가 필요로 하는 것보다 훨씬 더 많은 정자 생산 조직을 갖고 있는 것처럼 보인다. 인간 남성은 실험대상이 된 다른 8종의 포유류에 비해 정자형성 조직 1g당 생산하는 정자 수가 단지 약 3분의 1에서 8분의 1에 불과하다.[7] 연구자들은 인간의 정자와 정액 생산 생리학의 여타 측면들에서의 유사한 잉여 능력들에 주목했다.[8]

---

5) Dindyal (2004).
6) http://news.bbd.co.uk/go/pr/fr/-/2/hi/health/7633400.stm2008/09/24.
7) Harvey and May (1989), p. 508.
8) 〈인간 진화의 백과사전Encyclopedia of Human Evolution〉을 쓰면서 로버트 마틴Robert Martin은 다음과 같이 지적한다. "신체 크기에 비해 인간은 매우 낮은 최대 번식력rmax 값을 갖고 있다. 그것은 여타 영장류와 비교해도 마찬가지이다. 이것은 인간의 진화 기간 동안 선택 기제가 낮은 번식 잠재력을 선호했다는 것을 시사한다. 인간 진화의 어떤 모델도 이것을 고려하지 않으면 안 된다." 인간에게 전형적인 매우 높은 수준의 성적 활동과 함께 낮은 최대 번식

빈번하지 못한 사정과 다양한 건강상의 문제들 사이의 상관관계는, 오늘날의 남성들이 그들의 생식 기관을 그 완전한 잠재력에 이르기까지 사용하고 있지 않다는 추가적인 증거를 제공한다. 예를 들면 오스트레일리아의 연구팀은, 20세에서 50세 사이에 1주일에 5회 이상 사정을 한 남성들은 말년에 전립선암이 발생할 가능성이 3분의 1 낮다는 것을 발견했다.[9] 과당, 칼륨, 아연, 그리고 정액에 좋은 여타 성분들과 함께, 소량의 발암물질들이 종종 나타나 연구자들은 암 발생률 감소가 관을 자주 씻어 내리는 것에 기인할지도 모른다는 가설을 세우고 있다.

시드니대학교의 다른 팀은 2007년 말에 매일 사정이 남성의 정자 세포에 대한 DNA 훼손을 극적으로 감소시키고, 그럼으로써 남성의 생식력을 증대시킨다고 보고했다. 이것은 관습적인 지혜와는 정반대되는 이야기다. 손상된 정자를 가진 42명의 남성들에게 1주일 동안 매일 사정하도록 지시하였더니, 그들 거의 모두가 사흘 동안 사정을 절제한 통제집단보다 더 적은 염색체 손상을 보였다.[10]

빈번한 오르가슴은 심장 건강이 더 좋아지는 것과도 연관이 있다. 브리스톨대학교와 벨파스트의 퀸즈대학교에서 수행된 한 연구는, 1주일에 세 번 이상 오르가슴을 경험하는 남성들은 관상동맥 심장 질환으로 죽을 확률이 50% 더 낮다는 것을 발견했다.[11]

*사용하지 않으면 잃는다*use it or lose it는 격언은 자연 선택의 기본적인 교의敎義 중의 하나이다. 가차 없는 절약 원칙을 통해, 진화는 수행되지 않는 과업을 위해 유기체에게 어떤 기관을 좀처럼 갖추어 주지 않는다. 만일 오늘

률 값은 우리 종에서 섹스가 오랫동안 번식을 위한 것이 아닌 목적으로 기능해 왔다는 또 다른 증거이다.
마찬가지로, 딕슨Dixon(1998)은 일부일처제적인 영장류와 일부다처제적인 영장류(젤라다개코원숭이gelada baboon는 제외)의 정낭은 퇴화되었거나 작다고 특징짓고 있다. 하지만 그는 인간의 정낭을 중간 크기로 분류하면서 "성교가 상대적으로 드물어지고 많은 사정량과 응고물 형성의 필요성이 감소하는 조건들 하에서 정낭의 크기가 작아지는 것을 자연 선택이 선호했을지도 모른다."라고 지적했다. 그는 계속해서 "이것은 주로 일부일처제적인 (영장류들)의 정낭의 크기가 매우 작은 이유를 설명할 수 있을 것이다."라고 제안한다.

9) BBC News online, 2003년 7월 16일.
10) BBC News online, 2007년 10월 15일.
11) Psychology Today, March/April 2001.

날의 정자와 정액 생산 수준이 우리 조상들에게도 일반적인 것이었다면, 우리 종이 그렇게 많은 잉여 능력을 진화시켰을 것 같지는 않다. 오늘날의 남성들은 그들이 사용하는 것보다 훨씬 많은 잠재력을 갖고 있다. 그러나 만일 현대 인간의 고환이 이전 모습의 그림자에 불과한 것이 사실이라면, 무슨 일이 일어난 것인가?

생식력이 없는 사람은 후손을 남기지 않기 때문에 불임은 유전될 수 없다는 것은 진화론에서 진리이다. 그러나 낮은 생식력은 일정 조건들 하에서는 전승될 수 있다. 앞서 논의했듯이, 인간과 침팬지와 보노보의 정자 생산 조직과 연관된 염색체들은 적응 압력에 매우 신속하게 반응한다. 게놈의 다른 부분들 또는 예컨대 고릴라의 해당 염색체들보다 훨씬 더 빨리 반응한다.

우리가 성성하는, 빈번한 성적 상호작용으로 특징지어지는 생식 환경에서는, 여성들은 침팬지와 보노보의 암컷들이 그렇게 하듯이, 매 배란기마다 복수의 남성들과 관계를 맺었을 것이다. 그리하여 손상된 생식력을 가진 남성들은 아이들의 아버지가 될 가능성이 낮았을 것이다. 왜냐하면 그들의 정자 세포들은 다른 섹스 파트너들의 정자 세포들에 의해 압도되었을 것이기 때문이다. 그런 환경에서는 왕성한 정자 생산을 위한 유전자들이 강하게 선호된다. 반면 남성의 생식력 감소로 귀결되는 돌연변이들은, 침팬지와 보노보에서 여전히 그런 것처럼, 유전자 풀pool로부터 걸러졌을 것이다.

그러나 문화적으로 부과된 성적 일부일처제─최근에 이르기까지 종종 그랬던 것처럼 비록 여성들에게만 강요되었지만─의 영향들을 지금 고려해 보자. 여성이 단 한 명의 남자와 섹스 하는 일부일처제적인 배우 체계에서는, 다른 남성들과의 정자경쟁이 존재하지 않는다. 섹스는 독재체제에서의 선거와 같은 것이 된다. 즉, 표를 얼마나 적게 얻는가와 관계없이 단 한 명의 후보가 이길 수 있을 뿐이다. 그리하여 정자 생산이 손상된 남성조차도 결국에는 성공할 가능성이 크다. 따라서 약화된 생식력에 대한 잠재력을 증대시킨 채로 아들(그리고 아마도 딸)을 가지게 된다. 이 시나리오에서는, 감소된 생식력과 연관된 유전자들이 더 이상 유전자 풀에서 제거되지 않을 것이다. 그것들이 확산되어서는 전체 남성 생식력의 꾸준한 감소, 인간 정자생산 조직의 일반화된 위축을 가져온다.

자신들(그리고 그들의 유전자들)을 파멸시켰을 시각視覺 상의 무능력을 가진 사람들이 안경 덕분에 생존과 생식을 할 수 있는 것과 마찬가지로, 고대의 환경에서 성적 일부일처제는 생식력을 감소시키는 돌연변이들이 증식할 수 있게 해주었다. 이로써 일부일처제적이지 않았던 우리의 조상들에게 결코 지속되지 않았을 고환의 약화를 가져왔다. 가장 최근 측정에 따르면, 정자의 기능장애가 전 세계적으로 남성 20명 중 약 한 명에게 발생하며, 그것은 부부의 수정능력 부족—1년 동안 시도한 뒤에도 임신이 되지 않는 상태로 정의된다—의 가장 일반적인 단일 원인이다. 모든 징후는 문제가 점차 악화되고 있다는 것을 보여준다.[12] 어느 누구도 더 이상 여분의 냉장고를 유지하지 않는다. 그래서 그것이 고장 나고 있는 중이다.

만일 선사시대 인간의 성생활에 대한 우리의 패러다임이 옳다면, 환경으로 인한 독소들과 음식 첨가물들에 덧붙여 성적 일부일처제가 오늘날 불임 위기의 중요한 한 요인이 될 수 있을 것이다. 널리 확산된 일부일처제는, 우리의 난혼적인 과거에도 불구하고, 왜 오늘날 호모 사피엔스의 고환이 침팬지와 보노보보다 더 작은지를 설명하는 데 도움을 줄 수 있을 것이다. 또 일부일처제는, 우리의 과도한 정자생산 능력이 보여주는 것처럼, 왜 오늘날 호모 사피엔스의 고환이 조상들보다 더 작은지를 설명하는 데도 도움을 줄 수 있을 것이다.

성적 일부일처제 그 자체가 남성들의 고환을 오그라들게 하고 있을지도 모른다.

---

12) Barratt et al. (2009).

···

인간의 작은 고환이 "아마 우리 혈통의 시작 때까지 오랜 시간을 거슬러 올라가는 이성 간의 로맨스와 결속의 이야기"를 말해준다고 주장하는 사람들과, '정말 일부일처제적이었을 때보다는 약간 더 큰' 우리의 고환은 수천 년에 걸친 '부드러운 일부다처제'를 나타내준다고 주장하는 사람들. 아마도 우리는 이 둘 사이의 무승부에 종지부를 찍을 수 있을 것이다. 인간은 영장류 표준에 따르면 중간 크기의 고환—최근 축소되고 있다는 강력한 징후들이 있지만—을 갖고 있지만, 여전히 수억 개의 정자로 우글거리는 사정을 할 수 있다. 정자경쟁에 적응한 음경과 함께 인간의 고환은 고대 여성들이 생리주기 내에 복수의 연인들을 가졌다는 것을 강하게 시사한다. 인간의 고환은 11월의 나무에서 말라가는 사과와 맞먹는데, 이는 지나간 날들의 오그라드는 유물과도 같다.

이 가정을 검증하는 한 방식으로, 우리는 음경과 고환의 비교 자료들이 인종 집단과 문화 집단 사이에 상이하다는 것을 찾아내지 않으면 안 된다. 이러한 차이들—이론적으로는 최근의 역사시대에 있었던 정자경쟁의 강도에서 중요하고 지속적인 차이들에 기인한다—은 우리가 과감하게 들여다본다면 발견할 수 있는 것들이다.[13]

콘돔은 꼭 맞는 것이 효과를 나타나는 데 매우 중요하기 때문에, 세계보건기구의 가이드라인은 세계의 다양한 지역을 위해 상이한 콘돔 크기를 구체적으로 명시하고 있다. 즉, 아시아의 콘돔은 49mm 넓이, 북미와 유럽은 52mm 넓이, 아프리카는 53mm 넓이(모든 콘돔은 대부분의 남성들이 실제로 필요로

---

13) 가설적으로, 우리는 우리가 논의한 바 있는, 정자경쟁과 부성의 분배가 실제로 작동한 일부 사회들의 고환의 용적과 정자 생산량에 관한 자료를 이용해 이 가설의 변조를 시도할 수 있을 것이다. 이 목적을 위해 우리는 아마존(또는 수렵채집인이 있는 다른 어떤 곳이라도)에서 연구를 한 사람들 중 우리가 찾을 수 있는 모든 인류학자를 접촉했다. 하지만 어느 누구도 이러한 정교한 자료를 수집할 수 있었을 것으로 보이지 않는다. 그럼에도 불구하고, 우리 가설이 예측한 것처럼 이런 사회들에서 남성들이 더 높은 고환 용적과 정자 생산을 보인 것이 발견된다고 해도, 산업사회에서 고환의 위축에 적어도 부분적으로는 책임이 있는 것으로 추정이 되는 환경적 독소들의 상대적 부재 때문에 이 가설의 결정적인 확증은 불가능할 것이다.

하는 것보다 더 길다)이다. 중국에서 내수시장을 위해 생산된 콘돔은 49mm 넓이이다. 인도의학연구협의회가 수행한 한 연구에 따르면, 미끄러지거나 실패하는 일이 잦은 것은 다수의 인도 남성들과 콘돔 제조과정에서 이용된 국제표준이 잘 맞지 않아서 그런 것이라고 한다.[14]

〈네이처Nature〉지에 게재된 한 논문에 따르면, 중국과 일본의 남성들의 고환은 평균적으로 백인 남성들의 고환보다 더 작은 경향이 있다고 한다. 그 연구의 필자들은 "신체 크기의 차이들은 이러한 값들에 작은 영향밖에 미치지 못한다."라고 결론지었다.[15] 다른 연구자들은 아시아인들의 고환 전체의 평균 무게는 24g, 백인들은 29g에서 33g, 아프리카인들은 50g이라는 것을 발견하고는 이러한 일반적인 추세들을 확증했다.[16] 연구자들은 "인종 사이의 고환 크기의 두드러진 차이들"을 발견했다. "표본들 사이의 연령 차이를 통제하더라도, 예컨대 덴마크의 성인 남성들은 중국의 성인 남성들보다 2배 이상 큰 고환을 갖고 있다."[17] 이 범위는 인종에 따른 신체 크기의 평균적 차이들로 예측할 수 있을 법한 범위를 훨씬 넘어선다. 다양한 측정 결과, 백인들은 중국인들보다 하루에 약 2배에 가까운 수(84×10^6 대비 $185{\sim}235 \times 10^6$)의 정자를 생산한다는 결론이 나온다.

친애하는 독자여, 문화와 환경과 행동이 해부학에, 그것도 생식기 해부학에 반영될 수 있다는 것을 시사한다는 점에서, 이것들은 우리가 헤엄치고 있는 위험한 물이다. 그러나 어떤 진지한 생물학자나 의사도 인종적으로 표출된 해부학적 차이들이 존재한다는 것을 알고 있다. 이러한 쟁점들이 갖고 있는 일촉즉발의 민감성에도 불구하고, 병의 진단과 치료에 인종적인 배경을 고려하지 않는 것은 비윤리적일 것이다.

---

14) *BBC News* online, 2006년 12월 8일.
15) Diamond (1986).
16) W. A. Schonfield, "Primary and Secondary Sexual Characterics. Study of Their Development in Males from Birth through Maturity, with Biometric Study of Penis and Testes," *American Journal of Diseases in Children* 65, 535–549(다음에서 인용. Short, 1979).
17) Harvey and May (1989).

그럼에도 불구하고, 문화적으로 승인된 행동과 생식기 해부학을 연관시키는 것에 대한 일부 저항은 주제 그 자체가 갖는 감정적 격렬함에 기인하는 만큼이나 여성 난혼의 진정한 비율에 관한 신뢰할 만한 역사적 정보 발견의 어려움에도 기인한다. 게다가 성적 일부일처제와 생식기 해부학 사이의 관계에 관한 어떤 견고한 결론들에 도달하기 전에, 식단과 환경적 요인들이 반드시 고려되어야 할 것이다. 예를 들면, 다수의 아시아 식단은 많은 양의 콩 생산물을 포함하는 반면, 다수의 서양 식단은 많은 양의 소고기를 소비한다. 양자 모두 고환 용적과 정자 형성에서 급속한 세대 간 감소를 야기하는 것으로 나타났다. 그런 연구가 갖는 논쟁적 성격, 그리고 매우 많은 변수를 제거하는 것이 복잡함을 감안하면, 아마도 이 주제가 열성적으로 진입하려는 연구자들이 거의 없는 영역이라는 것은 놀라운 일이 아닐 것이다.

· · ·

인간의 성적 활동이 생식에 필요한 정도를 훨씬 넘어선다는, 매우 무수한 증거가 존재한다. 성의 사회적 기능이 이제는 핵가족을 유지하는 기능에 의해 주로 고찰됨에도 불구하고, 이것은 사회가 인간의 성 에너지를 사회적 안정을 촉진하는 데 쏟는 유일한 방식과는 거리가 멀다.

태어난 아기 한 명당 수백 번 또는 수천 번의 성교가 이루어기 때문에, 인간은 침팬지와 보노보보다도 더 많이, 그리고 고릴라와 긴팔원숭이보다 훨씬 더 많이 성교를 한다. 각 성교의 평균 지속시간을 고려하면, 인간이 성 활동에 소비한 시간의 순수한 양은 다른 어떤 영장류도 쉽게 능가한다. 심지어 우리의 모든 공상과 꿈과 자위自慰를 무시한다고 해도 말이다.

정자경쟁이 인간 진화에서 일정한 역할을 했다는 증거는 그야말로 압도적으로 많다. 한 연구자의 말로 표현하면, "인간 진화의 기간 동안 정자 전쟁이 없었다면 인간은 작은 생식기를 가졌을 것이며 적은 정자를 생산했을 것이다…성교 가운데 이루어지는 피스톤 운동, 성에 대한 꿈이나 공상, 자위가 없었을 것이며, 우리 각자는 평생 동안 십수 번의 성교만 하고 싶게 되었을 것이다…성과 사회, 예술과 문학—사실, 인간의 문화 전체—이 다르게 되었을 것이다."[18] 우리는 이 목록에다가 (만일 일부일처제가 아니었다면) 남성과 여성이 키와 몸무게가 같아졌을 것이라는 사실, 또는 (만일 일부다처제였다면) 남성들은 여성의 두 배 크기가 되었을 가능성이 있다는 사실 등을 덧붙일 수 있다.

갈라파고스에 사는 다윈의 유명한 되새류가 상이한 씨앗을 쪼면서 상이한 부리 구조를 진화시킨 것과 마찬가지로, 관련된 종들은 종종 정자경쟁을 위해 상이한 메커니즘을 진화시킨다. 침팬지와 보노보의 성적 진화는, 작지만 매우 집중된 정자 세포 비축물의 반복된 사정에 의존하는 전략을 따랐다. 하지만 인간은 다음과 같은 특징을 지닌 접근을 진화시켰다.

- 이미 존재하는 정자를 뒤로 빼내기 위해 고안된 음경과, 연장되고 반복적인 피스톤 운동
- (침팬지와 보노보에 비해) 덜 빈번하지만 양이 많은 사정
- 일부일처제적이거나 일부다처제적인 짝짓기에 필요한 것보다 훨씬 더 많은 고환 용적과 성욕
- 고환 조직의 발전을 통제하는 긴급 대응 DNA, 이 DNA는 일부일처제적이거나 일부다처제적인 영장류에서는 결여되어 있는 것으로 보임
- 사정당—오늘날까지도—전체 정자 함량이 침팬지와 보노보의 범위
- 난혼적인 짝짓기와 연관된, 취약한 외부 음낭 속에 불안정하게 위치한 고환

스페인어에서 esperar라는 단어는 맥락에 따라 '기대하다to expect' 또는 '희망하다to hope'라는 의미를 지닐 수 있다. 보구키Bogucki는 "고고학은 현대

---

18) Baker (1996), p. 316.

의 상상력이 인간 행동의 범위 안에서 허용하는 것에 의해 매우 많이 제약된다."라고 썼다.[19] 진화론도 그렇다. 여전히 모든 사람의 육체와 욕구에 새겨진 명백한 메시지들에도 불구하고, 성적 일부일처제는 우리 종의 진화의 과거에서 특징적인 것이라고 아마도 매우 많은 사람들이 결론내릴 것이다. 그것은 이것이 바로 그들이 거기에서 발견하기를 *기대하고* 또 *희망하는* 것이기 때문이다.

---

19) Bogucki (1999), p. 20.

제18장 오르가슴의 전사前史

지금 당신은 그가 말하는 인간 '추리력'의 표본을 갖고 있다. 그는 특정한 사실들을 관찰한다. 예를 들면, 평생 동안 그는 자신이 한 여성을 만족시킬 수 있는 날을 결코 보지 못한다는 것, 또한 어떤 여성도 과로해서 자신의 침대로 보내질 수 있는 열 개의 어떤 남성적인 식물들을 격퇴해 무력화할 수 없는 날을 결코 보지 못한다는 것 등. 그는 이 놀랍도록 암시적이고 선명한 사실들을 결합해, 그것들로부터 놀라운 결론을 이끌어낸다. 창조주는 여성이 한 남성에게 한정되도록 할 의도를 갖고 있었다.

마크 트웨인, 〈지구로부터의 편지들〉

우리는 최근 바르셀로나의 라스 람블라스Las Ramblas 거리를 걸어 내려오는 젊은 남자를 본 적이 있다. 그는 자신이 *성교하기 위해 태어났다*Born to F*ck고 선언하는 티셔츠를 자랑스럽게 입고 있었다. 혹자는 그가 이런 셔츠들의 전체 세트, 즉 *숨쉬기 위해 태어났다*Born to Bre*athe, *먹기 위해 태어났다*Born to E*t, *마시기 위해 태어났다*Born to Dr*nk, *싸기 위해 태어났다*Born to Sh*t, 그리고 당연히 우울하지만 불가피한 *죽기 위해 태어났다*Born to D*e 등을 집에 갖고 있는 건 아닌지 궁금해 할 것이다.

그러나 어쩌면 그는 더 깊은 것을 입증하고 있었는지도 모르겠다. 결국 이책에서 핵심이 되는 주장은, 성이 오랫동안 *호모 사피엔스*에게 많은 결정적기능들을 수행해 왔으며 생식은 그것들 중 가장 명백한 기능일 뿐이라는 것이다. 우리 인간은 지구상 다른 어떤 종보다 우리의 성적 행위에 대한 계획, 실행, 회상에 더 많은 시간과 에너지를 소비하기 때문에, 어쩌면 우리 모두는 그런 셔츠를 입어야 할지도 모르겠다.

아니면 아마도 여성만 그래야 할지도 모르겠다. 섹스에 관해서는 남성들은 욕설을 지껄이는 단거리 주자일지 모르지만, 모든 마라톤에서 이기는 것은 바로 여성들이다. 어떤 결혼 상담사도, 여성이 섹스와 관련해 남성에 관해 말하는 가장 일반적인 불평은 남성들이 너무 빠르고 너무 직접적이라는 점이라고 당신에게 말할 것이다. 한편 남성이 섹스와 관련해서 여성에 대해 갖는 가장 흔한 불만은 여성이 데워지는 데 지독하게 오래 걸린다는 것이다. 오르가슴 이후 여성은 더 많은 것을 기대할지도 모른다. 움직이고 있는 여성의 육체는 계속 움직이는 상태로 머물러 있는 경향이 있다. 그러나 남성은 와서 가버린다. 남성들에게는 커튼이 빨리 내려지고, 그리곤 섹스와 무관한 문제로 마음이 돌아선다.

이중적인 실망의 이런 대칭은 일부일처제적인 짝짓기에서 남성의 성적 반응과 여성의 성적 반응 사이의, 기의 코미디에 가까운 불일치를 예증해 준다. 만일 남성과 여성이 수백만 년 동안 성적으로 일부일처제적인 짝으로 서로 진화했다면, 어떻게 우리는 결국 그런 불일치 상태에 놓이게 되었을까를 당신은 궁금해 하지 않으면 안 될 것이다. 그것은 마치 우리가 수백만 년 동안 식탁에 같이 앉아 있지만 우리들 중 절반은 몇 분 동안 미친 듯 서둘면서 엉성하게 모든 것을 게걸스레 먹어치우는 반면, 다른 절반은 여전히 식탁을 차리고 양초를 켜고 있는 것과 마찬가지이다.

그래, 우리는 혼합된 전략들, 즉 하나의 바구니에 많은 값싼 정자 대對 적은 값비싼 난자를 담는 방법 등을 알고 있다. 그러나 눈꼴사납게 잘못 적응한 이러한 성적 반응들은 우리가 난혼적인 집단 속에서 진화한 것의 유물로 간주하면 훨씬 더 이해가 잘된다. 불안정한 패러다임—실수를 지닌 일부일처제, 부드러운 일부다처제, 혼합된 짝짓기 전략들, 순차적인 일부일처제—을 떠받치기 위해 이론들 내에서 이론들을 회전시키기보다는, 이러한 자기 모순적이고 일관성 없는 특수한 변명이 하나도 필요하지 않은 하나의 시나리오만을 대면할 수는 없을까?

물론 좋지만, 그것은 당혹스러운 것이다. 만일 당신이 그런 것에 쏠리는 경향이 있다면 그것은 심지어 굴욕적일지도 모른다. 그러나 〈종의 기원〉이 출간된 후 흘러간 150년은 우리 조상들이 매우 사회적이고 매우 총명하며, 우리와 밀접하게 연관된 영장류 사촌들과 유사한 성적 궤도를 따라 진화했다고 받아들일 시간으로 충분하지 않은가? 우리는 인간 행동의 기원들에 관해 우리가 갖고 있는 다른 모든 의문에 대해서는 중요한 단서를 찾기 위해 침팬지와 보노보를 고찰한다. 언어, 도구 사용, 정치적 연합, 전쟁, 화해, 이타주의 등이 그것이다. 그러나 섹스에 관해서는 우리는 얌전한 척하며 이러한 모델들을 외면한다. 동시에 우리와 관계도 멀고, 반사회적이며, 아이큐도 낮고, *그렇지만 일부일처제적인* 긴팔원숭이에 눈을 돌린다. 정말로?

농업 혁명이 우리가 여전히 어지러움을 느끼는 근본적인 사회적 재구성을 촉발했다는 것을 우리는 지적했다. 아마도 우리의 난혼적인 성적 선사시대를 억지스럽게 부인하는 것은 사회적 불안정에 대한 합당한 공포를 표현하고 있을 것이다. 하지만 안정적인 사회질서─우리가 종종 상기했듯이, 핵가족 단위에 기초하고 있는 것─를 위한 고집스런 요구들이, 안정적인 마을에 우리 종이 정착하기 이전 수십만 년 동안 끼친 영향들을 제거할 수는 없다.

만일 침팬지 · 보노보 암컷들이 말할 수 있다면, 더 이상 꽃을 가져오지 않으면서 빨리 사정을 해버리는 수컷들에 관해, 자신들의 털 많은 여자 친구들에게 불평을 해댈까? 아마도 그렇지 않을 것이다. 왜냐하면 우리가 이미 보았듯이 암컷 침팬지 · 보노보가 분위기에 젖어 있을 때에는 많은 열성적인 수컷들의 관심의 중심에 있을 공산이 크기 때문이다. 그리고 그 암컷이 더 많은 관심을 받으면 받을수록 더 매력이 넘칠 것이다. 그것은 왜냐하면 모두 알다시피 우리의 수컷 영장류 사촌들은 교미하고 있는 그들 종의 다른 수컷들의 모습과 소리에 성적으로 흥분하기 때문이다. 그것을 상상해 보라.

"마음의 지독한 낭비들!"

히스테리는 공적으로 기술된 최초의 질병들 중의 하나이다. 히포크라테스는 기원전 4세기에 그것에 관해 논의했다. 당신은 1952년-동성애가 목록에서 최종적으로 제거되기 21년 전-에 그것이 인정된 의학적 진단 목록에서 제거될 때까지, 중세부터 쓰인 여성 건강을 다룬 모든 의학 서적에서 그것을 찾을 수 있을 것이다. 히스테리는 21세기 초까지만 해도 미국과 영국에서 여전히 가장 많은 진단이 내려진 병들 중의 하나였다. 당신은 의사들이 수 세기에 걸쳐 이 만성적인 상태를 어떻게 다루었는지 궁금할 수도 있을 것이다.

당신에게 이야기해 주겠다. 의사들은 자신들의 여성 환자들이 오르가슴에 이르도록 수음手淫을 해주었다. 역사가 레이첼 메인스Rachel Maines에 따르면, 여성 환자들은 히포크라테스 시대부터 1920년대에 이르기까지 오르가슴에 이르도록 관례적으로 마사지를 받았다. 의자에 앉으시오, 의사가 당신에게 적절히 조치를 취해 줄 겁니다….

일부 의사는 그 일을 간호사들에게 넘겼지만, 대부분의 의사들은 약간의 어려움이 없는 것은 아닌 것처럼 보이지만 그 치료법을 몸소 행했다. 나다니엘 하이모어Nathaniel Highmore는 1660년에 쓴 저작에서, 그것은 "한 손으로는 배를 문지르고 다른 한 손으로는 머리를 쓰다듬으려 하는 소년들의 게임과 다르지 않아서" 배우기 쉬운 기법이 아니었다고 지적했다.

그 기법을 익히기 위해 의사들이 어떤 도전들에 직면했던 간에 그것은 노력할 가치가 있었던 것처럼 보인다. 1873년에 출간된 〈여성의 건강과 질병The Health and Diseases of Women〉은 미국 여성의 약 75%가 이러한 치료를 필요로 했다고 추산하고, 그들이 *치료 서비스의 최대 단일 시장*을 형성했다고 본다. "모든 사람들 사이에서 성교는 여성들이 남성들에게 제공하는 서비스나 호의로 이해되고 있다."라는 도널드 시몬즈Donald Symons의 항변에도 불구하고, 여러 세기 동안 오르가슴을 통한 해방감은 남성 의사들이 여성들에게… 돈을 받고 제공한 서비스였던 것으로 보인다.

이 정보의 많은 부분은 이 '질병'과 여러 세기에 걸친 치료법에 관한 메인스의 놀라운 책 〈오르가슴의 기술The Technology of Orgasm〉로부터 나온 것이다.[1] 그리고 이 '질병'의 증상들은 무엇이었는가? 놀라운 일은 아니지만, 그것들은 성적 욕구불만과 만성적인 흥분 증상들과 동일했다. 즉, "불안, 불면, 흥분성, 신경과민, 성적 환상, 복부 중압감, 하부골반 부종浮腫 그리고 질의 윤활 상태" 등이 그것이다.

흥분했지만 욕구불만인 여성들을 위한 이 소위 *의학적* 치료는 고대 역사에 한정된 고립된 일탈이 아니라 여성의 성욕—전문가들이 오랫동안 거의 존재하기 어렵다고 주장해 온 성욕—에 대한 수요들을 병리화하려는 고대의 개혁운동crusade의 한 요소일 뿐이다.

수익성 좋은 이 치료법을 제공한 남성들은 히스테리와 그 치료에 관해 자신들이 출간한 의학 논문들에서 '오르가슴'에 관해 쓰지 않았다. 오히려 그들은 환자에게 일시적인 기분전환을 가져다주는 '신경발작nervous paroxysm'에 이르는 '심장 마사지'에 관한 진지하고 냉철한 논의를 출간했다. 그들은 결국 이상적인ideal 환자들이었다. 그들은 자신들의 상태 때문에 죽지도 않았고 그

---

1) 메인스의 책은 은밀한 센세이션을 일으켰다. 그녀가 말하는 이야기는 진동기vibrator의 진지한 문화사로 쓰인 것이어서 놀랍고 강력한 것이다. 우리가 쓰고 있듯이, 사라 룰Sarah Ruhl이 쓴 책(〈옆방에서In the Next Room〉)을 토대로 한 연극이 브로드웨이에서 상연되고 있다. 상연되고 있는 내셔널 퍼블릭 라디오National Public Radio의 대본은 다음에 있다. http://www.npr.org/templates/story/story.php?storyId=120463597&ps=cprs.

상태로부터 회복되지도 않았다. 그들은 더 많은 치료 시간을 열망하면서 계속 되돌아올 뿐이었다.

이런 처리방식이 일부 독자들에게는 '그 정도 되면 나도 잘 할 수 있어' 라는 바로 그 정의定義처럼 느껴질지도 모르겠지만, 많은 의사들은 다르게 느낀 것 같다. 메인스는 "남성 의사들이 골반 마사지 치료를 제공하는 것을 즐겼다는 아무런 증거도" 발견하지 "못했다. 반대로 이 남성 엘리트층은 다른 장치들로 자신들의 손가락을 대체할 수 있는 온갖 기회를 찾았다."

메인스는 어떤 '다른 장치들' 을 염두에 두고 있을까? 당신이 다음 시리즈의 목록을 마무리할 수 있는지 보라.

1. 재봉틀
2. 선풍기
3. 찻주전자
4. 토스터
5. ?

힌트가 있는데, 위의 것들은 미국 소비자들에게 직접 팔린 최초의 5가지 전기 기기들이다. 포기하겠는가? 위스콘신에 있는 해밀턴 비치 컴퍼니 오브 라신the Hamilton Beach Company of Racine사가 1902년에 최초의 가정용 진동기 vibrator 특허를 받았다. 그리고 그것은 가정용으로 승인된 바로 다섯 번째 전기 기기가 됐다. 1917년경에는 미국 가정에 토스터보다 진동기가 더 많았다. 그러나 그것이 자가치료를 위한 도구가 되기 이전에(한 외설스런 광고가 약속했듯이, "젊음의 모든 쾌락들이… 당신 안에서 고동칠 것이다."), 진동기는 "그들의 배를 문지르면서 동시에 자신들의 머리를 쓰다듬는" 것에 지친 의사들의 진료실에서 수십 년 동안 이미 사용되어 왔다.

산업화의 기적들에 동기 부여가 된 많은 의사들은 그들의 치료 행위를 기계화할 수 있는 방법을 찾았다. 미국의 독창성이 '적절히 순결한', 성적으로 박탈된 삶 속에서 자신들을 거부당했던 여성들을 위한 오르가슴을 대량 생산했을 것이다. 이 최초의 진동기들은 이러한 진취적인 의사들에 의해 발명됐다.

19세기 말과 20세기 초 의학적 땜장이들은 자기 환자들에게 필요한 *신경발작*을 불러일으킬 수 있는 모든 종류의 장치들을 고안했다. 작은 기관차들이 그럴 수 있었던 것처럼 일부는 디젤 동력을 썼고, 다른 것들은 증기로 움직였다. 일부는 자동차 정비소의 엔진 블록처럼 사슬과 도르래로 서까래에 매달린 거대한 기계장치였다. 다른 것들은 탁자에 있는 구멍을 통해 인공남근을 찔러 넣는 피스톤을 자랑스럽게 갖추고 있거나, 여성 열정의 소모적인 불꽃들을 끄기 위해 불러온 소방대처럼 환자의 외음부를 겨냥한 높은 압력의 물을 함유하고 있었다. 그리고 줄곧, 좋은 의사들은 자신들이 하는 것이 의료라기보다는 섹스라는 것을 결코 공적으로 인정하지 않았다.

그러나 치펜데일Chippendale식의 장신구들처럼 그렇게 많은 *신경발작*을 일으키고서 치료비를 받았다는 것에 대해 그들이 침묵한 것보다 아마도 훨씬 더 말문이 막히는 것은, 이 동일한 의학 당국자들이 여성의 성욕은 약하고 거리끼는 성질이 있다는 확신을 어떻게 해서든 유지했다는 사실이다.

여성들에게 사회적으로 용인된 혼외 오르가슴을 제공하는 것에 대한 의료 독점은 여성들과 소녀들이 스스로 자위를 해서 오르가슴에 이르는 것을 엄격한 금지함으로써 보장됐다. 1850년에 〈뉴올리언즈 의학과 외과 저널*New Orleans Medical & Surgical Journal*〉은 자위를 제1의 공적公敵으로 선언하면서 "어떤 전염병, 어떤 전쟁, 어떤 천연두, 어떤 많은 유사한 해악들도 자위 습관보다 인간성에 더 비참한 결과를 가져오지 않는다. 그것은 문명화된 사회를 파괴하는 요소이다."라고 주의를 주었다. 어린이들과 성인들은 자위가 죄악일 뿐 아니라 *매우 위험한*—실명失明, 불임, 정신이상을 포함해서 건강상의 심각한 결과들을 가져옴에 틀림없는—것이라는 경고를 받았다. 그 외에도 이 당국자들은 '정상적인' 여성들은 여하튼 성적 욕망을 거의 갖고 있지 않다고 읊조렸다.

1886년에 출간된 자신의 저작 〈성적 정신병Psychopathia Sexualis〉에서 독일의 신경과 전문의 리하르트 폰 크라프트-에빙Richard von Krafft-Ebing은 모든 사람이 스스로 이미 알고 있다고 생각하는 것을 다음과 같이 선언했다. "만일 (한 여성이) 정신적으로 정상적으로 성장하고 교육을 잘 받는다면, 그녀의 성적 욕망은 작을 것이다. 만일 그렇지 않다면, 전 세계는 사창가가 되고 결혼과 가족은 불가능하게 될 것이다."[2] 여성들이 정기적인 오르가슴의 해방감을 즐기고 진정 *필요로 한다*는 것을 시사하는 것은 남성들에게는 충격적인 것이며 대부분의 여성에게는 모욕적인 것이었을 것이다. 아마도 그것은 여전히 그럴 것이다.

자위행위에 대한 광란적인 반대는 유대·기독교의 역사에 깊은 뿌리를 두고 있다. 하지만 1758년에 발간된 시몽 앙드레 티소Simon André Tissot의 〈자위에 의해 발생하는 병에 관한 논문A Treatise on the Disease Produced by Onanism〉은 이에 대한 유감스러운 의학적 지지를 제공한다. 티소는 당시에는 단일 질병으로 간주되던 매독과 임질의 증상들을 인식한 것으로 보인다. 그러나 그는 이 증상들을 난혼, 매춘, 자위에서 기인하는 정액 감소의 징후로 오해했다.[3]

1세기 뒤인 1858년에, 아이작 베이커 브라운Isaac Baker Brown이라는 이름의 영국 부인과 의사(당시 런던의학협회 회장)는, 여성 대부분의 질병들은 특히 비난받을 만한 음핵에 이르는 외음부 신경을 포함한 신경 체계의 지나친 흥분에서 기인한다고 제안했다. 그는 여성의 자위에 의해 촉발되는 진행성 질환의 8가지 단계를 다음과 같이 나열했다.

---

2) 다음에서 인용, Margolis (2004).
3) 다음을 보라. Money (2000). 흥미롭게도 정액 감소는 남성의 건강과 성에 대한 고대 도교주의자들을 이해하는 데서도 핵심적이다. 예를 들면 다음을 보라. Reid (1989).

1. 히스테리

2. 척추 통증

3. 히스테리성 간질

4. 강직증 발작cataleptic fits

5. 간질 발작

6. 정신박약

7. 조병躁病

8. 죽음

베이커 브라운은 음핵 제거수술이 쾌락으로부터 정신박약을 거쳐 죽음으로 이르는 이 치명적인 미끄러짐을 예방하는 최선의 방법이라고 주장했다. 베이커 브라운은 상당한 명성을 얻고 알려지지 않은 횟수의 음핵절제를 시술했다. 그런 다음에 그의 방법들은 인기가 시들해졌으며, 그는 런던산과학회the London Obstetrical Society로부터 불명예스럽게 제명당했다. 베이커 브라운은 나중에 미쳐 버렸고, 음핵절제술은 영국의 의학계에서 신임을 잃었다.[4]

불행하게도, 베이커 브라운의 저작은 대서양 건너의 의술에 이미 중요한 영향을 미쳤다. 음핵절제술은 20세기에 이르러서도 히스테리, 여성의 색광증色狂症, 여성의 자위에 대한 치료법으로 미국에서 계속 시행됐다. 존경받는 의학서인 〈홀트의 유아 및 아동의 질병들Holt's Diseases of Infancy and Childhood〉은 1936년까지도 소녀들의 자위에 대한 치료법으로 음핵의 제거수술이나 뜸질cauterization을 추천했다.

결국 그 수술에 대한 평판이 나빠지던 20세기 중반에, 그것은 새로운 근거를 갖고 다시 살아났다. 이제 커다란 음핵의 제거수술은 자위를 근절하기 위한 방법으로보다는 미용 목적으로 추천됐다.[5]

---

4) 베이커 브라운에 대해서는 다음을 보라. Fleming (1960), Moscucci (1996).
5) Coventry (2000).

수술의 표적이 되기 전 여러 세기 동안 음핵은 정교한 해부학 스케치북의 남성 저자들도 무시해 왔다. 이전에 미켈란젤로와 함께 해부학을 공부한 적이 있는 마테오 레알도 콜롬보Matteo Realdo Colombo라는 베네치아의 교수가 여성의 다리 사이에 있는 신비한 돌기protuberance를 우연히 발견한 것은 1500년대 중반에 이르러서였다. 페데리코 안다하지Federico Andahazi의 역사 소설 〈해부학자Anatomist〉에 묘사된 것처럼, 콜롬보는 이네스 드 토레몰리노스Inés de Torremolinos라는 환자를 진찰하면서 이것을 발견했다. 콜롬보는 자신이 이 작은 단추를 자극하자 이네스가 긴장을 했고, 그가 그것을 만지자 크기가 커지는 것 같았다고 언급했다. 분명히 이것은 더 많은 탐구를 필요로 하는 것이었을 것이다. 콜롬보는 다른 여성들의 것도 검토한 다음에, 그녀들 모두 지금까지는 '발견되지 않은' 이러한 동일한 돌기를 갖고 있으며, 모두 부드러운 자극에 동일하게 반응한다는 것을 발견했다.

1558년 3월에 안다하지는, 콜롬보가 자신이 근무하는 내학의 학장에게 음핵에 대한 자신의 '발견'을 자랑스럽게 보고했다고 우리에게 말한다.[6] 조나단 마골리스Jonathan Margolis가 〈O: 오르가슴의 은밀한 역사O: The Intimate History of the Orgasm〉에서 짐작하듯이, 반응은 아마도 콜롬보가 예상했던 것과는 달랐을 것이다. 그 교수는 "며칠 안에 이단, 신성모독, 마법, 악마 숭배 혐의로 고발돼 자신의 교실에서 체포됐으며 재판을 받고 투옥됐다. 그의 원고는 압수됐고, 그의 (발견은) 그가 죽은 지 수 세기가 흐를 때까지 더 이상의 언급이 결코 허용되지 않았다."[7]

---

6) 음핵이 "쾌락 제공을 유일한 기능으로 하는, 인간 신체의 유일한 기관"으로 종종 언급됨에도 불구하고, 이러한 관찰에는 두 가지 문제가 존재한다. 첫째, 만일 여성의 오르가슴(쾌락)이 우리가 개괄한 의미에서 기능적~수태 기회를 증대시키고, 발성發聲을 유도하고 그리하여 정자경쟁을 촉진하는 것-이라면, 명백히 쾌락을 향한 목적이 존재할 것이다. 둘째, 남성의 젖꼭지는 어떻게 되는 것일까? 모든 남성이 젖꼭지를 쾌락의 지점으로 여기는 것은 아니지만, 그것은 확실히 매우 무기력해져 아무런 기능적 목적에 기여하지 않는다.

7) Margolis (2004), pp. 242-243.

악마의 젖꼭지를 조심하라

1세기 전에 욕구불만 상태의 여성들을, 진동기를 휘두르는 의사들의 진료실로 인도했던 그 '병'은 종종 훨씬 더 나쁜, 중세 유럽의 어딘가로 이끌었다. 역사학자 레이 탄나힐Reay Tannahill이 설명하듯이, "마녀 재판관에게 최초의 위대한 편람인 〈마녀의 망치Malleus Maleficarum〉는, (특정) 유형의 여성이 자신은 악마—거대한 음경과 얼음물 같이 차가운 정액을 가지고 있는 크고 검고 괴물 같은 존재—와 성교했다고 선뜻 믿을 수도 있겠다는 이야기를 받아들임에 있어서, 현대의 정신분석학자만큼이나 아무런 어려움을 갖지 않았다."[8] 그러나 성 행위를 혐오하는 당국자들의 잔혹한 관심을 끈 것은 성적인 꿈들만이 아니었다. 만일 1600년대에 마녀사냥꾼이 특이하게 큰 음핵을 갖고 있는 여성이나 소녀를 발견했다면 이 '악마의 젖꼭지'는 그녀를 사형선고 받게 하기에 충분했을 것이다.[9]

중세 유럽은 살아 있는 사람들의 꿈, 침대, 몸속으로 침입해 들어오는 것으로 생각된 남자 악령incubi과 여자 악령succubi의 주기적인 창궐을 겪었다. 토마스 아퀴나스와 여타 사람들은 이러한 악령들이 처음에는 여자 악령—자고 있는 남자의 정자를 얻기 위해 그와 섹스를 하는 여자 유령—으로 나타난 뒤 남자 악령—자고 있는 여성을 강간하는 남자 유령—의 형상으로 나타나, 아무런 낌새를 채지 못하는 여성에게 정자를 방출함으로써, 그들이 방문하는 밤에 여성을 임신시킨다고 믿었다. 따라서 야행성 꿀벌처럼 훨훨 날아다니는 악의적 유령에 의해 임신됐다고 생각되는 여성들은, 마녀라는 폭로를 당했으며 그에 따라 처리되는 특별한 위험에 처했다. 이런 여성들이 임신의 진짜 원인에 관해 말했을지도 모르는 모든 이야기들도 그들과 함께 손쉽게 사라졌다.

---

8) 역설적으로, 고고학자 티모시 테일러(Timothy Taylor, 1996)에 따르면, 악마에 대한 이런 이미지는, 인도의 탄트라 수행의 켈트어 번역이다. 따라서 원래는 성행위를 통한 정신적 초월의 상징이었던, 뿔이 있는 신 케르눈노스 Cernunnos로부터 유래한 것으로 생각된다.
9) Coventry (2000).

• • •

　　현재 〈보바리 부인Madame Bovary〉은 지금까지 쓰인 가장 훌륭한 소설들 중 하나로 간주된다. 하지만 1856년 말 처음 출간되었을 때에는 부도덕한 소설로 고발당했다. 귀스타브 플로베르Gustave Flaubert가 정부情夫들을 둠으로써 기성 예의범절의 규칙들을 깔본 한 고집불통 시골 여성을 묘사한 것에 파리의 검사들은 마음이 상했다. 그들은 그녀의 캐릭터가 불충분한 처벌을 받았다고 느꼈다. 플로베르의 변론은 그 작품은 그런 조건들에서도 '대단히 도덕적'이라는 것이었다. 결국 엠마 보바리는 고통과 가난과 수치와 자포자기 속에서 자살한다. 불충분한 처벌? 그 책을 상대로 한 소송은 엠마 보바리의 처벌이 충분히 고통스럽고 끔찍한 것이었는가에 달려 있었다. 그녀가 그런 고통을 받을 만했는가, 또는 그녀가 성적 만족을 우선적으로 추구할 어떤 권리를 갖고 있었는가에 달려 있지 않았다.

　　그러나 플로베르와 여성을 혐오하는 그의 검사들조차도 중앙아메리카의 트조트질 마야Tzotzil Maya족이 정숙하지 못한 여성들에게 내려는 것으로 알려진 처벌들은 결코 생각하지 못했을 것이다. 사라 블래퍼 흐르디Sarah Blaffer Hrdy는 "발 여러 개 길이의 음경을 가진, 초절한 정력을 지닌 악령인 히칼h'ik'al"이 부정을 저지른 여성들을 붙잡아 "자신의 동굴로 채가서 강간한다."라고 설명한다. 작은 소녀들은, 히칼에 의해 임신 당할 정도로 불행한 여성이 "죽을 때까지 매일 밤 배가 부풀어 올라 출산한다."[10]라는 얘기를 듣는다.

　　여성의 성적 욕망을 사악하고 위험하고 병적인 무엇으로 보고 처벌하려는 이 분명한 욕구는 중세나 먼 마야의 마을들에 한정되지 않는다. 세계보건기구의 최근 조사에 따르면, 매년 거의 1억3,700만 명의 소녀들이 일정 형태의 성기 절제를 겪는 것으로 추산된다.

---

10) Hrdy (1999b), p. 259.

그것을 억압하는 데 필요한 힘

불은 많은 양의 통나무로도 결코 채워지지 않고, 대양도 거기로 흘러드는 강들에
의해 채워지지 않으며, 죽음은 세계 속의 모든 생물들에 의해서도 채워질 수 없고,
매력적인 눈을 가진 여인은 많은 양의 남성들로도 채워지지 않는다.

〈카마수트라The Kama Sutra〉

마약에 대한 전쟁, 테러에 대한 전쟁, 또는 암에 대한 전쟁 이전에 여성의
성적 욕망에 대한 전쟁이 있었다. 그것은 다른 어떤 것보다 훨씬 오랫동안 맹
위를 떨친 전쟁이었으며 그 희생자의 수는 지금쯤 수십억 명은 족히 될 것이
다. 다른 전쟁들과 마찬가지로, 그것은 결코 이길 수 없는 전쟁이다. 왜냐하면
적으로 선포된 것이 자연의 힘이기 때문이다. 그것은 마치 우리가 달의 순환
에 대해 전쟁을 선포하는 것과 마찬가지이다.

여성은 성욕의 계속적인 충동에는 무관심하다는 여러 세기에 걸친 고집스
런 주장-반대되는 증거가 압도적으로 많이 존재함에도 불구하고-에 생기를
불어넣는 애처로운 헛수고가 존재한다. 사슬을 끊으려고 시도하는 노예들은,
자유와 존엄을 지닐 자격이 있는 인간들이 아니라 좋은 채찍질로 가장 잘 치
료될 수 있는 질병인 드라페토매니아drapetomania에 시달리는 것이라고 농장주
들에게 확언했던, 남북전쟁 이전 남부의 의료 당국자들을 상기해 보라. 그리
고 갈릴레오에게는 명백한 진리들이 권력과 교리에 의해 석화된 마음들에
겐 불쾌한 것이었기 때문에, 그에게 그 진리들과 절연하도록 강요했던 '선의
의' 종교재판을 누가 잊을 수 있겠는가? 실제로 *그러한 것*과, 농업 이후 가부
장제 사회들이 *그렇게 되지 않으면 안 된다*고 주장한 것 사이에 계속 진행 중
인 이 투쟁에서, '수줍어하는 여성'의 신조를 과감히 버린 여성은 여전히 침
뱉음을 당하고, 모욕을 당하고, 이혼을 당하며, 아이들로부터 분리되고, 추방
되고, 마녀로 불태워지고, 히스테리 환자로 분류되고, 사막 모래에 목까지 파

묻히고, 돌로 맞아 죽고 있다. 그녀들과 그녀들의 아이들 - 그 "암캐들의 아들들과 딸들" - 은 여전히 무지와 수치와 공포라는 삐뚤어지고 갈등을 겪는 신들에게 희생되고 있다.

만일 정신과 의사 메리 제인 셔피Mary Jane Sherfey가 "충동의 강도가 그것을 억압하기 위해 요구되는 힘을 결정한다."(그 반박할 수 없는 단순성의 면에서 완전히 뉴턴적인 관찰)라고 쓴 것이 옳다면, 우리는 여성의 성욕에 대한 억압을 가하기 위해 가져올 힘을 무엇이라고 생각해야 하는가?[11]

---

11) Sherfey (1972), p. 113.

제19장 소녀들이 미쳐 날뛸 때

여성의 교성嬌聲

우리가 공개적인 발표를 할 때마다 청중들에게 물은 다음과 같은 질문이 있다. 만일 당신이 이성애적인 짝이 성교하는 소리를 들은 적이 있다면(그리고 누가 듣지 않았겠는가?), 어느 파트너의 소리가 더 크던가? 우리가 매번 모든 곳—남성, 여성, 이성애자, 동성애자, 미국인, 프랑스인, 일본인, 브라질인 등—에서 들은 대답은 항상 동일하다. 명백하다. 그것에 관한 어떠한 의문도 없다. 비슷한 정도도 아니다. 우리는 당신이 이미 알고 있기 때문에 당신에게 말할 필요가 없다. 그렇지 않은가? 그렇다. '온순하고' '얌전하고' '수줍어하는' 섹스가 하늘에 계신 선한 주主께 높은 데시벨로 신음하고 탄성을 지르고 소리치는 것의 근원이다. 빌어먹을 이웃들.

그러나 왜 그런가? 인간의 성생활에 관한 표준적 담화의 틀 내에서는 과학자들이 여성의 교성female copulatory vocalization(FCV)이라고 부른 것이 주요한 난제이다. 당신은 스티븐 핑커가 "모든 사회에서 섹스는 적어도 '더러운' 것이다. 그것은 다른 사람이 없는 데서 이루어진다…"[1]라고 주장한 것을 기억할 것이다. 왜 그런 종의 여성이 그 같은 주의注意를 모조리 끌지도 모르는 위험을 감수하겠는가? 왜 아마존의 동남부에서부터 상류에 이르는 지역에서는 남성보다 여성이 모두가 들을 수 있을 정도로 더 크게 자신들의 성적 쾌락을 알리는 경향이 강한가?

그리고 왜 오르가슴을 느끼는 여성의 소리는 이성애적인 남성들이 못 들은 척하기가 그렇게 어려운가?[2] 그들은 여성들이 아주 멀리서 울고 있는 아이의 소리를 들을 수 있다고 말한다. 하지만 신사들이여, 당신들에게 묻노니, 열정에 빠진 여성의 소리보다 아파트 건물의 불협화음 중에서 골라내기 더 쉬운 (무시하기 더 어려운) 소리로는 어떤 게 있는가?

만일 당신이 〈해리가 샐리를 만났을 때When Harry Met Sally〉에 나오는 멕 라이언Meg Ryan의 가짜 오르가슴 장면을 결코 보지 못한, 살아 있는 10명 또는 15명 중의 한 사람이라면, 지금 가서 그것을 보라(그것은 온라인에서 쉽게 접근할 수 있다). 그것은 현대 모든 영화 장면 중에서 가장 잘 알려진 장면들 중 하나이다. 하지만 만일 역할이 거꾸로 바뀐다면 그 장면은 우습지도 않았을 것이다. 그건 말도 안 되었을 것이다. 빌리 크리스탈Billy Crystal은 레스토랑의 테이블에 앉아, 더 거칠게 숨을 쉬기 시작하고, 아마도 눈이 조금 휘둥그레지고, 몇 번 툴툴거리다가 샌드위치 몇 조각을 깨물고는 잠에 빠질 것이다. 큰 웃음소리는 전혀 없을 것이다. 식당 안의 어느 누구도 주목조차 않을 것이다. 만일 남성의 오르가슴이 심벌즈의 소리죽인 쨍 소리라면, 여성의 오르가슴은 최고조에 이른 오페라이다. 창을 들고 둘러서서 비명을 지르고, 큰 소리를 내면서 노래 부르는 사람들과, 뉴욕의 가장 시끄러운 식당조차 확실히 조용하게 만들 테이블 두드리는 소리로 가득 차 있다.[3]

---

1) Pinker (2002), p. 253.
2) 여성들이나 동성애자 남성들은 배제하지 않지만, 이 특수한 각도에서의 자료가 부족하다. 흥미롭게도, 그럼에도 불구하고, 몇몇 사람들은 자신들의 이웃들—게이 남성과 레즈비언 커플 모두—이 섹스하는 것을 우연히 들었을 때, 그들이 여성 역할을 한다고 간주한 파트너가 더 많은 소음을 내는 사람이었다고 이야깃거리로 우리에게 말해 주었다.

황홀경에 젖은 여성의 울부짖음은 현대의 현상이 아니다. 〈카마수트라〉는 성애적 기법으로서 여성의 교성에 관한 고대의 충고를 포함하는데, 여성이 선택할 수 있는 황홀경의 표현을 위한 새장을 다음과 같이 범주화한다. "신음소리의 주요한 부분으로서, 그녀는 그녀의 상상에 따라 비둘기, 뻐꾸기, 녹색 비둘기, 앵무새, 벌, 나이팅게일, 거위, 오리와 자고새의 울음소리를 이용할 수도 있다." 거위? 만일 당신이 섹스를 정말 좋아한다면 끼루룩끼루룩 울어라.

그러나 농장 마당의 성애적 기법을 별도로 치면, 일부일처제적인(또는 '부드러운 일부다처제적인') 종의 여성이 짝짓기를 할 때, 그녀 자신에 대한 타인의 관심을 불러일으킨다는 것은 말이 되지 않는다. 다른 한편, 수천 세대에 걸친 다중적多重的 짝짓기가 현대 인간의 성생활에 전해졌다면, 모든 고함소리가 무엇을 말하는지는 지극히 명백하다.

밝혀진 대로, 여성이 열정의 심한 고통 속에서 많은 소음을 내는 유일한 암컷 영장류는 아니다. 영국의 영장류학자 스튜어트 셈플Stuart Semple은 "다양한 종에서 암컷들은 짝짓기를 하기 직전, 하는 동안, 또는 한 직후에 소리를 낸다."라는 것을 발견했다. 셈플은 "이러한 소리내기는 영장류들 사이에서 특히 공통되며, 큰 소리로 외침으로써 암컷들이 자신의 집단 속에 있는 수컷들을 선동한다는 증거가 지금 쌓이고 있다."[4]라고 말한다. 정확히 그러하다. 성교를 즐기고 있는 여성의 소리가 이성애적인 남성을 유혹하는 데는 충분한 이유가 존재한다. 그녀의 '성교 중의 외침'은 여기로 오라는 잠재적인 초대이며 그리하여 정자경쟁을 불러일으킨다.

셈플은 7마리의 암컷 개코원숭이로부터 550개 이상의 교미 중 외침을 기록해 그것들의 음향 구조를 분석했다. 그는 이러한 복합적인 발성들이 암컷의 생식 상태(암컷들이 배란이 가까워질수록 소리는 더 복합적이었다)와, 어떤

---

3) 감독인 롭 라이너Rob Reiner가 영화대본을 자신의 엄마에게 보여주었을 때, 그녀는 그 장면의 마지막에서 막 주문을 하려고 하는 레스토랑 안의 더 나이 많은 여자에게로 카메라를 돌려 그녀가 "나도 그녀가 먹고 있는 것을 먹겠다."라고 말하게 할 것을 제안했다. 그 대사가 너무 멋져 그는 자신의 엄마에게 그것을 삽입하겠다고 말했다. 하지만 *그녀가* 영화에 출연해 그 대사를 말할 때에만 그렇게 하겠다고 했고, 그의 엄마는 그렇게 했다.
4) Semple (2001).

주어진 발성을 '북돋우는' 수컷의 지위(보다 높은 서열의 수컷들과 짝짓기를 하는 동안에 외침은 더 길고 더 분명한 소리 단위를 포함하고 있었다) 양자 모두와 관련된 정보를 포함한다는 것을 발견했다. 그리하여 짐작컨대 적어도 이러한 개코원숭이들에게서는 듣는 수컷들이 부르는 암컷을 임신시킬 가능성에 관한 정보를 얻을 수 있으며, 또한 수컷들이 접근한다면 그 암컷에게서 발견하게 될 수컷의 서열에 대한 일부 감각도 얻을 수 있을 것이다.

메레디스 스몰Meredith Small은 영장류 암컷들의 성교 외침이 쉽게 인식 가능하다는 데 동의한다. 스몰은 "초보자조차 인간이 아닌 영장류 암컷의 오르가슴이나 성적 쾌락을 알아들을 수 있다. 암컷들은 짝짓기가 아닌 다른 맥락에서는 들을 수 없는 소음들을 낸다."[5]라고 우리에게 말한다. 사자꼬리 마카크 lion-tailed macaque 암컷은 배란하지 않을 때에도 수컷의 관심을 불러일으키는 성교 외침을 이용한다. 스몰은 이러한 영장류들 가운데 배란중인 암컷들이 가장 자주 자신들의 초대를 집단 외부에 있는 수컷들에게 보내고, 그리하여 짝짓기 혼합에 새로운 피를 가져온다고 보고한다.[6]

암컷의 교성은 난혼적인 짝짓기와 고도로 연관되어 있지만, 일부일처제와는 연관되어 있지 않다. 앨런 딕슨Alan Dixson은 난혼적인 영장류 종의 암컷들은 일부일처제적이거나 일부다처제적인 종의 암컷들보다 더 복합적인 짝짓기 외침들을 발산한다는 것을 지적했다.[7] 복합성은 별도로 치더라도, 가우리 프라드한Gauri Pradhan과 그의 동료들은 다양한 영장류들의 성교 외침에 대한 연구를 수행한 후, "암컷들의 난교의 차이가, 짝짓기와 결합되어 성교 외침을 이용하는 경향을 예측해 준다."라는 것을 발견했다. 그들의 자료는 난교의 수준이 높을수록 성교 외침을 더욱 자주 이용한다는 것을 예측해 준다.[8]

윌리엄 해밀턴William J. Hamilton과 패트리샤 애로우드Patricia C. Arrowood는 성

---

5) Small (1993), p. 142.
6) Small (1993), p. 170.
7) Dixson (1998), pp. 128-129.
8) Pradhan et al. (2006).

교를 하는 인간 3쌍을 포함해 다양한 영장류들의 교성을 분석했다.[9] 그들은 "암컷의 소리는 오르가슴에 접근할 때 점차 강해지고 오르가슴에 이르면 수컷들에는 없는 빠르고 규칙적인(동일한 음표 길이와 음표 간의 간격) 리듬을 띤다."라는 것에 주목했다. 그럼에도 불구하고, 저자들은 "(인간의) 섹스도… 개코원숭이의 교성에 특징적인 음표 구조의 복합성을 보여주지 못했다."라고 말할 때 다소 기가 죽는 느낌을 감출 수 없었다. 그러나 그것은 아마도 좋은 일일 것이다. 왜냐하면 그들 논문의 다른 곳에서 우리는 개코원숭이 암컷의 성교 외침들이 300m 떨어진 곳에 있는 인간의 귀에도 분명히 들릴 수 있다는 것을 알게 되기 때문이다.

암컷의 교성이 작은 흥분에 대한 장식적 어구語句일 뿐이라고 결론짓기 전에, 이 영장류의 열정에 의해 변화하는 육식동물들에 관해 생각해 보라. 침팬지와 보노보는 나뭇가지 위에 있어 닿지 않을지 모르지만, 개코원숭이는 (땅 위에 거주하던 우리 조상들과 마찬가지로) 신선한 영장류를 한 개 값에 두 개를 먹을 수 있는 특별 메뉴−특히 교미를 하고 있는 짝이 주의가 산만하고 취약한 상태에 있음을 고려하면−에 큰 관심을 갖고 있을 표범이나 여타 육식동물들 가운데 살고 있다.

해밀턴과 애로우드가 말하듯이, "육식동물들에게 개체나 무리가 노출될 수 있는 위험에도 불구하고, 이 개코원숭이들은 교미 중에 습관적으로 큰 소리를 낸다. 이 소리는 어떤 적응적 가치를 가지고 있음에 틀림없다." 그것은 무엇일 수 있을까? 저자들이 몇몇 가설들을 제시하는 가운데, 거기에는 외침들이 수컷의 사정 반사작용 활성화를 돕는 책략일지도 모른다는 견해도 포함되어 있다. 이것은 아마도 많은 매춘부들이 동의할 분석일 것이다. 아마도 이 착상에는 뭔가 일리가 있을 것이다.[10] 그렇다고 하더라도, 수컷 영장류들이 *사정*

9) 이하에 나오는 인용들의 출처는 다음과 같다. Hamilton and Arrowood (1978).
10) 암컷의 발성 강도는 예컨대 분별력 있는 수컷의 오르가슴 반응을 안내할 수 있었다. 그리하여 동시적인 또는 거의 동시적인 오르가슴의 기회들을 증대시켰다. 뒤에서 논의하겠지만, 그런 타이밍이 수컷에게 생식적으로 이득이 될 수 있다는 증거가 존재한다.

반사작용을 활성화하는 데 많은 도움을 필요로 하는지는 알려져 있지 않다. 어느 편인가 하면, 남성의 사정 반사작용은 너무 쉽게 활성화되는 경향이 있다. 적어도 가능한 한 빨리 활성화시키면 돈을 받게 되는 입장이 *아닌* 여성의 관점에서 보면 그렇다. 특히 여타의 수렴하는 증거들을 고려하면, 인간에게 있어서 여성의 교성은 배란하면서 성적으로 수용적인 여성에게 남성을 끌어들이는 데 기여하고, 그리하여 참여자 모두에게 생식적으로나 사회적으로도 이득이 되도록 정자경쟁을 촉진할 가능성이 훨씬 더 높을 것으로 보인다.

그러나 세계 모든 곳의 여성들에 의한 시끄러운 정사에도 불구하고, "수줍어하는 여성의 신조는 끈질기게 지속되고 있다."라고 나탈리 앤지어Natalie Angier는 썼다. "그것은 단서들로 장식되어 있고, 여성의 짝짓기 전략에 대한 불안전한 묘사로 인정되지만, 에티켓익 사소한 문제가 주목되어, 그 신조가 다시 한 번 언급된다."

젖꼭지가 없이는 낙원도 없다Sin Tetas, No Hay Paraiso[11]

좋든 싫든, 여성의 은밀한 부위는 정상 크기의 5배까지 부풀어 오르지도, 자신의 성적 이용 가능성을 알리기 위해 밝은 빨간 색으로 변하지도 않는다. 그러나 여성들이 고도로 성적으로 진화했다는 것을 시사하는 해부학적 증거가 존재하는가? 의심의 여지없이 존재한다. 남성의 신체와 꼭 마찬가지로 여성의 신체(그리고 전의식적前意識的 행동)는 수천 년에 걸친 난혼과 정자경쟁의 증거들로 가득하다.

근육 조직이 거의 전적으로 결여되어 있다는 것을 고려하면, 여성의 유방은 놀라운 힘을 발휘한다. 곡선미가 있는 여성들은, 누구라도 주목할 만큼 오

---

11) 이 제목은 남학생 사교클럽 회원의 선언("젖꼭지 없이는, 낙원이 없다.")처럼 보이지만 그것과는 거리가 멀다. 지역 마약왕의 주의를 끌어 가난에서 탈출하기를 희망하며 인공 유방확대술을 한 젊은 여자에 관한 콜롬비아의 TV 드라마 제목이다.

랫동안, 가장 훌륭하고 엄격한 남성들이라도 조종할 수 있는 이 힘을 행사해 왔다. 제국들이 무너지고, 의지들이 수정되고, 수백만의 잡지와 달력이 팔리고, 슈퍼볼 관중들이 분개하고… 모든 것은 결국 지방으로 이루어진 작은 봉지들로부터 나오는 신비스런 힘에 대한 반응으로 일어난 것이다.

알려진 것 중 가장 오래된, 인간의 이미지들 중의 하나인 소위 빌렌도르프의 비너스Venus of Wilendorf는 약 2만5,000년 전에 만들어졌는데, 돌리 파튼Dolly Parton(역주: 미국 여성 싱어송라이터) 같은 크기의 유방을 특징으로 한다. 250세기 뒤에도, 유방의 과장된 힘은 노화될 조짐을 거의 보이지 않고 있다. 미국 성형외과협회에 따르면, 2007년 미국에서는 34만7,254회의 유방확대 수술이 이루어졌는데 이는 미국에서 가장 흔히 행해진 외과 수술이었다. 무엇이 이성애적인 남성의 의식에 대한 그런 초월적인 영향력을 여성의 유방에 주는가?

우선, 순수하게 실용적인 해석들을 모두 제거해 보자. 여성의 유방 속에 들어 있는 유선乳腺들은 아이들을 먹이기 위해 존재하지만, 유방에 마술처럼 황홀한 곡선을 부여하는 지방 조직은 젖 생산과 아무런 관련이 없다. 흔들리는 유방을 갖고 있음으로써 초래되는 명백한 생리학적 비용들—허리의 중압감, 균형의 상실, 달리기의 어려움—을 고려할 때, 만일 유방이 아이들을 위한 젖을 광고하기 위한 것이 아니라면, 왜 여성들은 이 크고 무거운 부속물들을 진화시키고 유지했는가?

유방은 임신·수유授乳라는 고된 일을 견디기에 충분한 생식력과 축적 지방을 갖고 있다는 것을 알리는 신호 장치로 기능한다는 믿음[12]에서부터, 인류의 조상들이 직립하여 걷기 시작할 무렵 남성들이 이전에 궁둥이에 축적된 지방을 응시할 때 느꼈던 흥분을 불러일으키기 위해 여성들이 흔들리는 유방을 발달시켰다는 '생식기 반향 이론genital echo theory'에 이르기까지, 이론들은 다양하다.[13] 생식기 반향 이론을 지지하는 이론가들은 침팬지와 보노보의 것과

---

12) 예컨대 다음을 보라. Symons (1979), Wright (1994).
13) 다음을 보라. Morris (1967), Diamond (1991), Fisher (1992).

같은 융기들이 두 발로 걷는 영장류에서는 이동을 방해했을 것이고, 따라서 우리의 직접적인 조상들이 직립해서 걷기 시작했을 때, 여성의 생식력을 알리는 것 중의 일부가 뒤쪽의 사무실rear office에서 앞쪽의 전시실front showroom로 옮겼을 것으로 추론한다고 언급했다. 역사적인 부침 속에서, 유행의 요구들이 수 세기에 걸쳐서 하이 힐, 빅토리아여왕 시대의 버슬bustle, 그리고 여타 엉덩이를 치켜 올려주는 장치들과 함께 융기를 앞뒤로 움직였다.

여성 신체의 이 두 부위 사이의 시각적 유사성은, 엉덩이 사이의 오목한 부분을 도발적으로 드러내주는 깊게 파인 청바지가 최근에 유행하면서 더 쉽게 알 수 있게 됐다. 저널리스트 자넬 브라운Janelle Brown은 다음과 같이 썼다. "엉덩이 사이의 틈은 슈퍼모델과 일반 사람들의 팬츠 위로 똑같이 유혹적으로 살짝 보이도록 복구된 새로운 유방 굴곡이다…." 그녀는 계속해서 "그것은 은밀하고 다소 야하지만, 완벽한 한 쌍의 유방이 주는 부드러운 둥근 매혹을 지니고 있다."[14]라고 말한다. 만일 당신의 엉덩이가 차츰 작아지고 있다면, 당신은 버블스 바디웨어Bubbles Bodywear의 '엉덩이 브라butt bra'를 항상 착용할 수 있으며, 그것은 남성이 존재하기 이전부터 남성의 고개를 돌리게 해 온 효과를 창출할 것을 약속한다. 빅토리아여왕 시대의 버슬처럼, 엉덩이 브라는 배란하는 침팬지나 보노보의 완전한 곡선을 흉내낸 것이다. 차츰 작아지는 엉덩이에 관해 말했지만, 유방을 인공적으로 높이지 않으면 여성의 생식력이 나이가 들면서 시들해지듯이, 그녀의 유방 또한 그렇다는 것을 지적할 필요가 있다. 이것은 유방이 생식력을 알리기 위해 진화했다는 주장을 더욱 지지한다.

---

14) http://dir.salon.com/story/mwt/style/2002/05/28/booty_call/.

보노보 암컷. 출처 : www.friendsofbonobos
.org

빅토리아여왕 시대의 버슬. 출처 : Strawbridge
& Clothier's Quarterly(Winter 1885~86)

엉덩이 브라. 출처 : Sweet and
Vicious LLC 회사의 슬로건 : "당신의
엉덩이 근육을 최대한으로 올려라!"

인간 여성들만이 자신들의 가슴 위에 생식력의 신호를 나타내는 유일한 영장류는 아니다. 젤라다 개코원숭이Gelada baboon는 암컷의 가슴에 성적 융기가 있는 또 다른 직립 영장류이다. 우리가 기대하듯이, 젤라다의 융기들은 암컷의 성적 수용성sexual receptivity과 함께 나오고 들어간다. 인간 여성이 잠재적으로 항상 성적으로 수용적인 것과 마찬가지로, 젤라다의 가슴은 성적으로 성숙되고 나면 줄곧 다소간 융기되어 있다.[15]

그러나 모든 영장류 암컷이 자신들의 배란 상태를 시각적으로 알려주는 생식기 융기를 갖고 있는 것은 아니다. 메레디스 스몰은 조사된 78종 가운데 단 54종만이 "주기 동안에 쉽게 볼 수 있는 형태학적 변화를 경험하며" 그 중 절반은 "단지 가벼운 분홍색만을" 보였다고 보고한다. 다시 한 번, 우리의 가장 가까운 두 영장류 사촌들은 결정적으로 무분별한 성적 특징에 의해 무리들 가운데서 눈에 확 띄며, 그런 화려하고 밝게 채색된 성적 융기들을 갖고 있는 유일한 영장류들이다. 암컷 침팬지의 홍등가는 생식력의 흥함과 시듦을 반영하면서 오고간다. 하지만 스몰이 확인하듯이, 보노보의 "융기들은 결코 많이 변화하지 않으며, 따라서 암컷 보노보들은 인간이 그러는 것과 매우 유사하게 언제나 늘 생식력의 신호를 준다."[16]

많은 이론가들이 인간 여성은 "숨겨진 배란"을 갖고 있다고 주장한다. 하지만 만일 당신이 어떻게 어디에서 봐야 할지를 알고 있다면, 그것은 진정으로 숨겨진 것이 결코 아니다. 마티 하셀튼Martie Haselton과 그녀의 동료들은, 동일한 30명의 여성 - 일부는 배란 무렵이고 여타는 아닌 - 의 사진을 본 남성들이 여성들이 언제 "더욱 매력적으로 보이려고 노력하고 있는지"를 매우 잘 판단하며, 그것은 여성들의 월경 상태와 일치한다는 것을 발견했다. 이 저자들은 여성들이 임신 가능성이 더 높을 때에 더 매혹적으로 옷 입는 경향이 있다는 것을 발견했다. 하셀튼은 "게다가 여성들이 가임 시기에 사진을 찍었을 때, 배란기에 가까우면 가까울수록 그녀들의 가임 기간의 사진이 더욱 자주 선택됐다."[17]라고 썼다.

다른 연구자들은 남성들이 배란에 가까워졌을 때의 여성들의 체취를 선호하며, 여성들은 임신될 가능성이 있을 때 다양한 방식으로 더욱 도발적으로 행동하는 경향이 있다는 것을 발견했다(여성들은 더 많은 보석을 차고 더 많은 향수를 뿌리며, 외출을 더 많이 하고, 우연한 성적 접촉을 위해 사람들을 만날 가능성이 더 크며, 새로운 연인과는 콘돔을 덜 사용하는 편이다).

뭐라고요?

여성의 유방이 진화에 관심 많은 이론가들을 매혹시키긴 했지만, 여성의 오르가슴은 그들을 당혹하게 만들었다. 유방과 마찬가지로, 여성의 오르가슴

---

15) 비록 유방은 영원히 융기되어 있는 것으로 간주될 수 있지만, 이것은 유방이 여성의 생애(그리고 월경) 주기 전체에 걸쳐서 변화하지 않는다고 말하는 것은 아니다. 유방은 일반적으로 임신과 월경, 오르가슴에 이를 때 더 솟으며(셔피에 따르면 정상보다 25%까지 더 커진다), 나이가 들면서 그리고 수유를 하면서 크기와 풍만함이 줄어든다.
16) Small (1993), p. 128.
17) Haselton et al. (2007). 온라인으로는 다음에서 볼 수 있다. www.sciencedirect.com

은 인간의 성적 진화에 대한 주류主流 담화들에서 주요한 골칫거리이다. 임신에 필요하지 않는데 도대체 그것은 왜 존재해야 하는 것일까? 오랫동안 과학자들은 인간 여성들이 오르가슴을 경험하는 유일한 암컷 동물들이라고 주장했다. 그러나 일단 여성생물학자들과 영장류학자들이 등장하자마자, 많은 암컷 영장류들이 오르가슴을 갖는다는 것이 명백해졌다.

여성의 오르가슴이 인간에게만 독특한 것이라는 주장의 토대를 이루는 동기는, 아마도 그것이 표준적 담화에서 수행한 역할에 있을 것이다. 이 견해에 따르면, 여성의 오르가슴은 핵가족의 중심에서 장기간의 부부 결속을 촉진하고 유지하기 위해 진화됐다.[18] 일단 당신이 그 이야기를 받아들이면, 다른 영장류 종의 암컷들 역시 오르가슴을 느낀다는 것을 인정하는 것이 문제 있는 것으로 된다. 만일, 사실인 것처럼 보이지만 가장 오르가슴을 잘 느끼는 종이 가장 난교적이기도 하다면, 당신의 문제는 더욱 악화될 것이다.

앨런 딕슨이 썼듯이, 여성의 오르가슴이 일부일처제를 유지하기 위한 것이라는 이러한 설명은 "설득력이 없는 것으로 보인다." 그는 "결국 다른 영장류 종의 암컷들 그리고 특히 마카크와 침팬지처럼, 다수의 수컷과 다수의 암컷이 짝짓기를 하는(난교적인) 체계들을 가진 암컷들은, 그러한 결속이나 안정적인 가족 단위의 형성 없이 오르가슴의 반응들을 보인다."라고 썼다. 다른 한편, 딕슨은 계속해서 "주로 일부일처제적인 긴팔원숭이는 암컷의 오르가슴에 대한 명백한 신호들을 보이지 않는다."[19]라고 지적한다. 딕슨은 영장류의 성에 대한 자신의 연구에서 인간을 부드러운 일부다처제로 분류한다. 하지만 "우리는 여성의 오르가슴이 보상적인 성격의 것으로서 하나의 파트너보다는 다양한 남성들과 성교하려는 그녀의 자발성을 증대시키고 그럼으로써 정자경쟁을 촉진한다고… 주장할 수도 있을 것이다."라고 썼을 때, 그는 의구심을 갖고 있는 것으로 보인다.[20]

---

18) 인간의 성생활에 관한 많은 해석들이 이 설명을 포함하지만, 데스몬드 모리스Desmond Morris의 해석이 아마도 여전히 가장 널리 알려진 것일 것이다.
19) Dixson (1998), pp. 133-134.

도널드 시먼즈Donald Symons와 그의 동료들은 "오르가슴은 모든 포유류의 암컷들이 가지고 있는 잠재력이라는 것으로 가장 인색하게 해석된다."라고 주장했다. 시먼즈는 일부 인간 사회에서 이 "잠재력"을 실현하는 것을 돕는 것은 "여성이 오르가슴에 이르도록 충분히 강렬하고 중단되지 않는 자극을 제공하는 전희와 성교의 기술들"[21]이라고 주장한다. 바꾸어 말하면, 시먼즈는 여성이 암말보다 더 많은 오르가슴을 느끼는 것은 단순히 남성이 종마보다 더 좋은 연인이기 때문이라고 생각한다. 만일 당신이 이것을 믿는다면 발을 세 번 쿵쿵 굴려라.

그의 이론을 옹호하기 위해 시먼즈는 킨제이의 연구와 같은 연구들을 인용한다. 킨제이의 연구는 질문을 받은 여성들(1950년대의 미국인들)의 절반 미만이 성교를 할 때 10번 중 저어도 9번 오르가슴을 경험한 반면, 다른 사회들―그는 남태평양에 있는 망가이아Mangaia를 언급한다―에서는 정교하고 긴 전희가 여성에게 거의 보편적인 오르가슴으로 귀결된다는 것을 보여준다. 시먼즈는 "오르가슴은 남성에게 항상 그런 것처럼 여성에게도 저절로 일어나고 불가피하게 발생하는 것으로 간주되어서는 결코 안 된다."라고 결론짓는다. 시먼즈, 스티븐 제이 굴드, 엘리자베스 로이드Elisabeth Lloyd[22] 등에게는, 모든 남성이 항상 오르가슴을 경험하기 때문에 일부 여성이 *때때로* 오르가슴을 경험하는 것이 된다. 그들에게는, 여성의 오르가슴은 남성의 젖꼭지와 맞먹는 것이다. 즉, 한 성에서는 필수적인 특성이 다른 성에서는 기능 없는 구조적 반향으로 나타난 것이라는 얘기다.

---

20) 딕슨은 이 문장에서 특별히 마카크와 침팬지를 언급하고 있지만, 이 문장이 나오는 절에서 영장류 암컷 일반의 복합적인 오르가슴 능력을 이야기한다. 이와 같은 문장들 때문에 우리는 딕슨이, 자료가 매우 명백하게 인도하는 것처럼 보이는 결론을 위해 자료를 사용하지 않은 것이 아닌가 하는 의심을 갖게 된다. 우리는 그에게 우리의 주장을 개괄하고 그의 논평이나 비판을 요구하는 이메일을 보냈다. 하지만 만일 그가 우리 메시지를 받았다면 그는 답변을 쓰지 않는 편을 선택했을 것이다.

21) Symons (1979), p. 89.

22) 스티븐 제이 굴드의 학생이었던 로이드는 여성의 오르가슴에 대한 다양한 적응론적 주장을 개괄한 (그리고 다소 경멸하듯이 일축하는) 온전한 책 한 권을 최근에 출간했다(《여성 오르가슴의 경우: 진화과학의 편견The Case of the Female Orgasm: Bias in the Science of Evolution》). 왜 우리가 그녀의 책을 추천하지 않는가를 알려면 데이비드 바라쉬David Barash의 논평을 보라("Let a Thousand Orgasms Bloom"). 이것은 온라인에서 다운받을 수 있다. http://www.epjournal.net/filestore/ep03347354.pdf.

거기에 이르기 위해 요구되는 모든 에너지를 고려하면, 여성의 생식관이 정자세포를 특별히 반갑게 맞이하는 장소가 아니라는 점은 놀라운 일이다. 연구자인 로빈 베이커Robin Baker와 마크 벨리스Mark Bellis는 정자의 약 35%가 성교 후 30분 이내에 내쫓기게 되고 남아 있는 것들도 결코 성공할 가능성이 없다.[23] 여성의 신체는 정자를 항원(이물질)으로 인지하여 항抗정자 백혈구를 통해 즉각 공격하는데, 백혈구는 정자보다 100대1로 수가 많다. 사정된 1,400만 개의 정자 가운데 단 하나만이 난관卵管에 도달한다.[24] 여성 신체의 장애물들 외에도, 운 좋은 몇몇 정자조차 다른 남성들로부터 도래하는 경쟁에 뛰어들어야 한다(적어도 인간의 성생활에 관한 우리의 모델이 어떤 타당성을 갖고 있다면).

여성의 신체가 대부분의 정자들에 장애물을 제시하긴 하지만, 여타의 정자들을 도울 수도 있다. 여성의 생식 체계는 상이한 남성들의 정자 세포의 화학적 특징에 기초한 미묘한 판단들을 할 수 있다는 두드러진 증거가 존재한다. 이러한 평가들은 일반적인 건강 수준을 뛰어넘어 면역학적 양립 가능성의 미묘함에까지 이를지도 모른다. 특정한 한 여성과 상이한 남성들의 유전학적 양립 가능성은, 정자의 질이 *상대적* 특질이라는 것을 의미한다. 그리하여 앤 퍼시Anne Pusey가 설명하듯이, "여성들은 많은 남성들 중에서 상대를 선택함으로써 이득을 볼 수도 있지만, 서로 다른 여성들이 '높은 질'의 동일한 남성과 짝짓기를 함으로써 반드시 이득을 보는 것은 아닐 것이다."[25]

이것은 결정적으로 중요한 요점이다. 모든 '높은 질'의 남성이 어떠한 특정 여성에게도 좋은 짝이 되는 것은 아닐 것이다. 순수하게 생물학적인 수준

---

23) 앞서 지적한 대로, 베이커와 벨리스의 발견들 중 일부는 매우 논쟁적이다. 우리가 그것들을 언급하는 것은 그것들이 일반적인 대중 가운데 다수에게 알려져 있기 때문이지만, 그들의 발견들 중 어떤 것도 우리의 논증에 필요하지 않다.
24) Barrett et al. (2009). 온라인으로 다음에서 이용가능하다. http://jbiol.com/content/8/7/63.
25) Pusey (2001).

에서도 그렇다. 부모 DNA의 두 조합이 수정에서 상호작용하는 방식의 복합성들 때문에, 탁월한 짝으로서의 가치를 지닌 것처럼 *보이는* 남성─사각 턱, 대칭적인 신체, 좋은 직업, 센 악력握力, 아메리칸 익스프레스 플래티늄 카드─이 사실은 특정 여성에게는 빈약한 유전학적 짝일지도 모른다. 따라서 여성─그리고 궁극적으로 그녀의 아이─은 '많은 남성들 중에서 선택'하고 누구의 정자가 자신에게 수정하는지를 자신의 신체가 결정하게 둠으로써 이득을 볼 수도 있다. 바꾸어 말하면, 그녀의 신체는 그녀의 의식적 마음보다 더 많은 정보를 갖고 있을지도 모른다.

따라서 생식의 견지에서 보면, 우리의 선사시대 남성 조상들의 '적합함 fitness'은, 남성들이 지위와 물질적 부를 위한 투쟁에서 배우자를 두고 경쟁했다고 전통적인 이론들이 말하는 외부의 사회 세계에서 결정된 것이 아니었다. *오히려 부성은 모든 여성이 세포 수준에서 잠재적 아버지들 가운데서 하나를 선택하는 메커니즘을 갖추고 있는 여성의 생식관의 내부 세계에서 결정됐다.* 다음과 같은 글을 읽고 난 다음에 이것을 기억해 보라. "영향력과 부와 위신을 향한 성향은 모두 짝을 지을 여성들을 얻기 위해 남성들이 스스로를 위치 짓는 표현들에 불과하다." 또는 "짝짓기 경쟁은 (남성의) 아내가 아이들을 양육하기 위해 필요한 자원들을 둘러싼 경쟁을 포함할 것이다."[26] 이것은 아마도 오늘날 대부분의 사람들이 처한 상황이겠지만, 우리의 신체들은 우리의 조상들이 전적으로 상이한 시나리오를 대면했다는 것을 시사해 준다.

• • •

정자경쟁은 난자를 향한 전력질주가 아니라 허들경기로 보아야 가장 잘 이해된다. 앞서 언급한 항抗정자 백혈구는 별도로 치고, 해부학적이고 생리학적

---

26) 두 인용문은 다음에서 온 것이다. Potts and Short (1999). 첫 번째 인용문은 본문 38쪽에서 가져온 것이고, 두 번째 인용문은 로라 벳직Laura Betzig의 책 39쪽에서 인용한 것이다.

인 장애물들이 질, 자궁 경관, 그리고 난자 자체의 표면에 존재한다. 인간의 자궁 경관의 복잡성은 그것이 다양한 남성들의 정자를 여과하기 위해 진화했다는 것을 시사한다. 마카크(매우 난교적인 원숭이)와 인간과 관련해, 딕슨은 다음과 같이 썼다. "*마카크*/Macaca 속屬에 들어가는 종은 모두 다수의 수컷과 다수의 암컷이 짝짓기를 하는 체계를 가진 것으로 간주되는데, 그 자궁 경관이 구조상으로 특히 복잡하다… 인간과 마카크 암컷과 관련된 증거는, 자궁 경관이 여과 장치로서뿐 아니라 정자가 자궁으로 이동하는 동안에 정자를 위한 일시적인 저장소로도 기능한다는 것을 나타내 준다."[27] 남성에게 복잡한 음경과 외부 고환이 있는 것과 마찬가지로, 인간의 자궁 경관의 정교한 여과 장치는 우리 조상들이 난교를 했음을 암시한다.

여성의 선택-의식적이든 아니든-이 성교 이전의 정교한 구애 관행의 일부로서가 아니라 성교 이후 또는 성교 동안에 일어날 수 있다는 관념은 표준적 담화를 온통 다 뒤집어 놓는다. 만일 여성의 생식 체계가 일부 남성들의 정자 세포를 여과·배제하는 반면 여성이 전혀 알지 못할 수도 있는 기준에 맞는 한 남성의 정자 세포를 도와서 나아가게 하기 위한 복잡한 메커니즘을 진화시켰다면, 다윈의 '수줍어하는 여성'이 그녀의 본질인 것처럼 보이기 시작하겠지만, 그것은 시대착오적인 남성의 환상이다.

그러나 다윈은 성적 선택의, 성교 후 메커니즘에 관해 자신이 말한 것보다 더 많은 의구심을 품었는지도 모른다. 인간의 성적 행동이나 우리의 생식기 형태학의 함축들에 관한 어떠한 논의도 1871년에는, 부드럽게 말하면, 지극히 논쟁적이었다. 딕슨이 그러하듯이, "만일 〈인간의 유래〉가 음경과 고환의 진화에 대한 상세한 설명, 또는 동물과 인간이 이용한 다양한 성교의 자세와 유형에 대한 묘사들을 포함하고 있었다면, 무슨 일이 일어났을까"[28]를 상상해

---

27) Dixson (1998), pp. 269-271. 성교 후의 성적 선택이라는 개념의 발전에 대한 탁월한 개관은 다음 책에서 찾아볼 수 있다. Birkhead (2000). 이 여과 기능에 대한 방대한 증거는 다음에서 볼 수 있다. Eberhard (1996). 이 책에서 저자들은 여성들이 자신들의 난자에 어떤 정자가 수정을 할지에 대한 '성교 후 통제'를 행사하는 많은 예들을 제시한다.
28) Dixson (1998), p. 2.

보라.

다윈이 이미 폭발적인 그의 저작에서 음경과 질의 진화에 관한 장들을 두지 않기로 한 것을 두고 어느 누구도 그를 비난할 수 없다. 그러나 그 후의 한 세기 반은 신중함과 문화적 편견들이 과학적 사실을 계속 질식시키기에는 긴 시간이다. 메레디스 스몰에게 있어서, 임신에서 여성이 하는 역할에 관한 이야기는 전체 담화의 축소판이다. 그녀는 임신에 대한 대중적인 이해가 남성을 "공격자, 설득자, 정복자"로 특징짓는 "인간의 성생활에 대한 구식 풍자"라고 보고 있다. 인간의 수정에 관한 최근 연구는 뭔가 역할 전환을 시사한다. 스몰은 난자가 "자신이 꺼리는 정자에 손을 뻗어 감싸버린다."라고 시사한다. 그녀는 "여성의 생물학은 난자와 정자의 상호작용의 수준에서조차 반드시 유순한 대己를 지시하는 것은 아니다."[29]라고 결론짓는다.

난자를 감싸는 것, 정자를 여과하거나 도와주는 자궁 경관, 어떤 남자의 정자는 배출하는 반면 다른 남자의 정자는 북돋울 수도 있는 질의 수축 외에도, 오르가슴은 질의 산성酸性에서 변화를 불러일으킨다. 이러한 변화들은 오르가슴을 불러일으킨 운 좋은 사내의 정자 세포들을 돕는 것처럼 보인다. 자궁 경관 구멍의 환경은 높은 산성이고 따라서 정자 세포들에 적대적인 경향이 있다. 정액의 알칼리성은 잠시 동안 이 환경 속에서 정자들을 보호하지만, 그 보호는 오래가지 못한다. 대부분의 정자 세포들은 몇 시간 동안만 질 내에서 살아 있다. 따라서 산성에서의 이러한 변화들은 여성의 오르가슴 순간에 도착한 정자를 도와줄 수 있는 방식으로 질의 환경을 바꾼다.

이득은 두 가지 방향일 수도 있다. 최근 연구는 콘돔을 사용하지 않는 여성은 콘돔을 사용하는 여성이나 성적으로 적극적이지 않은 여성보다 우울증을 겪을 가능성이 덜 하다고 시사한다. 여성 293명에 대한 심리학자 고든 갤럽 Gordon Gallup의 최초 연구—700명의 여성을 대상으로 하며, 지금도 출간되고 있는 또 다른 연구의 자료와 일치하는 자료—는 여성이 정액 속에 포함된 테스

---

29) Small (1993), p. 122.

토스테론testosterone, 에스트로겐estrogen, 프로스타글란딘prostaglandin과 여타 호르몬으로부터 얻는 힘에 대한 "화학적 의존chemical dependency"을 발전시킬 수 있다는 것을 발견했다. 이러한 화학물들이 질벽膣壁을 통해 여성의 혈류 속으로 들어간다.[30]

· · ·

만일 다중적인 짝짓기가 인간의 진화에서 공통적이었다는 것이 사실이라면, 상대적으로 빠른 남성의 오르가슴 반응과 소위 '지연된delayed' 여성의 반응 사이의 외견상 부조화가 이해가 된다(남성의 반응이 '꼭 제 시간에' 이루어질 경우에 한해 여성의 반응이 어떻게 '지연되는지'에 주목하라). 남성의 빠른 오르가슴은 육식동물이나 다른 남성들에 의해 방해를 받을 가능성을 줄이는 반면(가장 빠른 자의 생존!), 여성과 그의 아이는 어떤 정자가 그녀의 난자에 수정될 가능성이 가장 클 것인가에 대해 어떤 전의식적前意識的 통제를 행사함으로써 이득을 얻을 것이다.

오르가슴 시에 분비되는 프로락틴prolactin과 여타 호르몬들은 남성과 여성의 매우 상이한 반응들을 촉발시키는 것으로 보인다. 남성은 오르가슴 직후에는 장기적인 불응기不應期(또는 회복기)를 (그리고 아마도 샌드위치 하나와 맥주 한 잔 또한) 필요로 하는 것처럼 보이고, 따라서 다른 남성들을 위해 물러나게 된다. 반면 많은 여성들은 '시동 오르가슴starter orgasm'을 훨씬 넘어 성적 활동을 지속할 의향도 있고 능력도 있다.

암컷들이 오르가슴을 느끼는 영장류 종은 난교적인 경향이 있다는 것을 반복해서 말할 필요가 있다. (유인원들 사이에서만 해도) 짝짓기 행동의 큰 가변성을 고려하면, 이것은 매우 유의미한 것이다. 일부일처제적인 긴팔원숭이들이 좀처럼 교미하는 장면을 보이지 않았다. 따라서 그것들의 교접은 매우 드

---

30) Gallup et al. (2002).

324 왜 결혼과 섹스는 충돌할까

물고 조용하다. 반면 침팬지·보노보의 암컷들은 정규적으로 부끄러움 없이 미쳐 날뛴다. 암컷들은 종종 자신들이 발견할 수 있는 모든 수컷과 짝짓기를 하고, 생식에 필요한 것보다 훨씬 더 많이 교미를 한다. 구달은 나이지리아의 곰베Gombe에서 한 암컷이 단 하루에 50번 짝짓기를 하는 것을 보았다고 보고했다.

카마수트라에 공감한 셔피는 남녀 사이의 오르가슴 능력의 부조화가 갖는 함축들에 대해 부끄러워하지 않고 다음과 같이 썼다. "여성의 성적 갈망 그리고 성교 능력은 어떤 남성도 완전히 뛰어넘는다. 사실상 거의 완전히, *인간의 여성은 성적으로 만족할 수 없다…*" 그럴 수도 있고 그렇지 않을 수도 있지만, 여성의 생식 체계의 구조가 표준적 담화가 예측하는 것과는 거리가 멀며, 따라서 여성의 성의 진화에 대한 근본적인 재검토가 요구된다.

제5부

아프리카에서 온 남자,
아프리카에서 온 여자

우리가 남성과 여성 사이의 기본적인 차이들을 빨리 받아들일수록, 그만큼 빨리 우리는 그것에 관해 언쟁하기를 그만두고 섹스를 시작할 수 있다.

스티븐 콜베어 박사Dr. Stephen T. Colbert, D.F.A.

남성과 여성이 항상 성적인 갈등에서 헤어나지 못했고, 앞으로도 그럴 것이라는 우울한 주장이 인간의 성적 진화에 관한 표준 담화에 스며들어 있다. 성 사이의 전쟁The War Between the Sexes이 우리의 진화된 성 속에 심어졌다고 말해진다. 남성은 아무런 조건이 없는 많은 연인들을 바라는 반면, 여성은 가능한 한 많은 조건들을 가진 채 소수의 짝만을 원한다. 만일 한 남성이 어쩔수 없이 관계를 맺는 데 동의한다면, 그는 자신의 짝이 다른 남성들로부터 *예치금*deposits을 받음으로써 그의 유전학적 투자를 위태롭게 하지 않을 것을 확인할 작정일 것이라고 그 담화는 우리에게 말한다.

극단적인 것처럼 들리지만, 이것은 과장이 아니다. 생물학자 로버트 트리버스Robert Trivers는 1972년에 쓴 '부모투자parental investment'에 대한 자신의 고전적인 논문에서 "사실 우리는 성별들을 마치 상이한 종인 것처럼 취급할 수 있다. 그 경우 반대되는 성은 생존하는 최대한의 자손을 생산하는 데 적합한 원천이 된다."라고 언급했다. 바꾸어 말하면, 남성과 여성은 생식의 문제에 다다르면, 본질적으로 서로의 이익에 대한 포식자들predators이 될 정도로 갈등하는 의제議題들을 갖는다. 로버트 라이트Robert Wright는 〈도덕적 동물The Moral Animal〉에서 "남녀 사이에서 기본적인 저변의 동학動學은 상호 착취이다. 때로 남녀는 서로를 비참하게 만들도록 고안된 것처럼 보인다."[1]라고 통탄한다.

그것을 믿지 마라. 우리는 서로를 비참하게 만들도록 고안되지 않았다. 이

---

1) Wright (1994), p. 58.

견해는 우리의 진화된 성향들과, 우리가 살고 있는 농업사회 이후의 사회경제적 세계 사이의 부조화에 대한 책임이 진화에 있다고 주장한다. 인간은 선천적으로 일부일처제적이라는 주장은 단순히 거짓말인 것이 아니라 우리가 계속해서 서로에게 이야기하고 있는, 대부분의 서구 사회가 고집하는 거짓말이다.

여성과 남성이 상이하다는 것은 부인할 수 없는 사실이다. 하지만 우리는 결코 상이한 종이 아닐 것이고 또는 상이한 행성으로부터 온 것도 아닐 것이며, 서로를 괴롭히도록 *고안된* 것도 아닐 것이다. 사실 우리 차이들의 상호 연결성은 우리의 깊은 상호성을 증명해 준다. 남녀의 성적 관심, 전망, 능력이 수렴하는 일부 방식들을 살펴보면, 어떻게 해서 우리들 각자가 보다 큰 통일체의 조각들인가를 알게 될 것이다.

제20장 모나리자의 마음

> 나는 스스로 모순되는가?
> 매우 그렇다면, 나는 스스로 모순된다.
> (나는 크고, 다수의 것을 포함하고 있다.)
>
> 월트 휘트먼Walt Whitman, 시 "나 자신의 노래Song of Myself"

다른 모든 것에 대해 답을 갖고 있는 것처럼 보였던 지그문트 프로이트는 여성의 신비에 직면해서, 아무런 답도 얻을 수 없었다. 그는 "여성의 정신에 대한 나의 30년 동안의 연구에도 불구하고, 여자는 무엇을 원하는가라는, 결코 응답된 적이 없는 중요한 질문에 대해… 답을 할 수 없었다."라고 썼다.

BBC가 "예술사에서 가장 유명한 이미지"라고 불렀던 것이, 동성애 남성 예술가에 의해 창작된 불가해한 여성의 그림이라는 것은 우연이 아니다. 수 세기 동안 남성들은 레오나르도 다 빈치의 *모나리자*가 무엇을 생각하고 있는지 궁금해 한다. 그녀는 웃고 있는가? 그녀는 화가 나 있는가? 실망해 있는가? 아픈가? 메스꺼운가? 슬픈가? 흥분해 있는가? 이상의 것 중 아무것도 아닌가?

아마도 *이상의 것 모두*에 한층 가까울 것이다. 그녀는 스스로 모순되는가? 그렇다면 좋다. *모나리자*는 크다large. 그녀는 모든 여성과 같이, 그러나 더(여성적인 모든 것과 마찬가지로), 달의 모든 상相을 반영한다. 그녀는 다수의 것을 포함하고 있다.

‘여성의 정신’을 더 깊이 이해하기 위한 우리의 여행은 영국 시골 지역에 있는 진흙투성이 들판에서 시작된다. 1990년대 초에 신경과학자인 키스 켄드릭Keith Kendrick과 그의 동료들은 그 계절에 새로 태어난 양과 염소를 맞바꾸었다(새끼 양은 어른 염소에 의해 길러지고, 새끼 염소는 어른 양에 의해 길러졌다). 수 년 후 성적인 성숙 단계에 이르렀을 때, 동물들을 원래의 종과 재결합시키고 그들의 짝짓기 행동을 관찰했다. 암컷들은 ‘당신과 함께 있는 자를 사랑하는love-the-one-you're-with’ 접근을 선택하면서 기꺼이 양쪽 종 모두의 수컷들과 짝짓기를 할 의향을 보였다. 그러나 수컷들은 *3년 후에 자기 자신들의 종으로 돌려보내진 후에도, 오로지 자신들을 길러준 종하고만 짝짓기를 하려고 했다.*[1]

이 같은 연구는 우리를 포함한 많은 종의 수컷과 암컷에서, ‘성적 유연성 erotic plasticity’ 정도의 강한 차이들을 시사한다.[2] 여성의 성 행동은 일반적으로 남성의 성 행동보다 훨씬 더 유연성이 있다. 더 큰 성적 유연성으로 인해 대부분의 여성은 남성들이 일반적으로 경험하는 것보다 더 많은 변화를 자신들의 성에서 경험한다. 여성의 성적 행동은 사회적 압력에 훨씬 더 민감하다. 더 큰 이러한 유연성은 여성이 누구를 원하는가, 여성이 그(그녀, 그들)를 얼마나 원하는가, 여성이 자신의 욕망을 어떻게 표현하는가에 있어서의 변화들을 통해 드러낼 수 있을 것이다. 젊은 남성들의 성은 각인을 기다리는 뜨거운 밀랍과 같은 짧은 시기를 통과한다. 하지만 그 밀랍은 곧 식고 굳어져 일생의 자국을 남긴다. 여성들에게는 밀랍이 평생을 통해 부드럽고 유연한 상태를 유지하는 것처럼 보인다.

더욱 큰 이런 성적 유연성은 성적 이미지와 생각에 대한, 보다 전체적인 여

---

1) Kendrick et al. (1998).
2) Baumeister (2000).

성의 반응들 속에서 드러나는 것처럼 보인다. 2006년에 심리학자 메레디스 치버스Meredith Chivers는 비非동성애자와 동성애자를 모두 포함한 남녀에게 다양한 섹스 비디오를 보여주는 실험을 했다. 비디오들은 넓은 범위의 가능한 성적 배열을 포함하고 있었다. 남자와 여자, 여자와 여자, 자위행위를 하는 남성 혼자, 자위행위를 하는 여성 혼자, 나체로 해변을 걷고 있는 근육질의 사내, 나체로 운동하고 있는 탄탄한 여자 등이 그것이다. 그것 모두를 보여준 다음에, 그녀는 보노보의 짝짓기에 관한 짧은 방송용 영화 또한 포함시켰다.[3]

그녀의 실험대상자들은 이 다양한 성적 표현의 맹습에 흔들렸지만, 자신들이 얼마나 흥분을 느꼈는지를 지적할 수 있는 키패드keypad를 갖고 있었다. 게다가 그들의 생식기는 체적변동 기록계에 연결되어 있었다. *그것은 불법적인 게 아닌가?* 아니다. 체적변동 기록계는 고문 기구(또는 그 문제에 관해서는, 공룡과 같은 무용지물)가 아니다. 그것은 생식기로 가는 혈류를 측정하고, 신체가 사랑을 나눌 준비가 됐다는 것을 알려주는 확실한 지표이다. 그것을 성에 관한 거짓말 탐지기로 생각하라.

치버스는 무엇을 발견했는가? 동성애자이든 이성애자이든, 남성은 예측 가능했다. 그들을 흥분시킨 것들은 당신이 예상한 그것이었다. 이성애자 남성들은 벗은 여성을 포함하는 것에는 무엇에든 반응을 했지만, 남자들만이 나올 때에는 냉담했다. 동성애자 남성들은 비록 180도 다른 방향에서지만 유사하게 일관성을 보였다. 그리고 이성애자 남성과 동성애자 남성 모두 자신들의 생식기 혈류가 말하는 것을 키패드로 보여주었다. 밝혀진 바와 같이, 남성들은 두 개의 머리가 동일한 것을 생각하는 한, 동시에 두 개의 머리로 생각할 수 있다.

다른 한편, 여성 실험대상자들은 불가사의 바로 그 자체였다. 성적 지향에 상관없이, 대부분의 여성은 자신들이 본 모든 것에 대해 체적변동 기록계의 바늘이 크게 움직이는 반응을 보였다. 그들이 남성들과 남성들의 관계, 여성들과 여성들의 관계, 해변의 사내, 체육관의 여자, 동물원의 보노보 등 무엇을

---

3) Chivers et al. (2007).

보고 있든 간에 생식기의 피는 솟구치고 있었다. 그러나 남성들과는 달리, 다수의 여성들은 자신들이 흥분하지 않았다는 것을 (키패드를 통해) 보고했다. 다니엘 버그너Daniel Bergner가 〈뉴욕타임스〉에서 자신의 연구에 관해 밝힌 것처럼, "여성들의 경우… 마음과 생식기가 좀처럼 동일한 한 사람에 속하지 않는 것처럼 보였다."[4] 레즈비언들과 남성 동성애자 커플의 장면을 본 이성애자 여성의 질 혈류는 그들이 키패드에 고백한 것보다 더 많은 흥분을 나타냈다. 구식의 평범한 모범적 이성애자 커플들을 보았을 때는 모든 것이 휙 젖혀졌으며, 그들은 그들의 신체가 나타낸 것보다 *더 많은* 흥분을 토로했다. 이성애자든 동성애자든 여성들은 보노보끼리의 뜨거운 행위에 대해서는 거의 아무런 반응을 보고하지 않았지만, 다시 한 번 그들의 신체의 반응은 그들이 그것을 좋아한다는 것을 시사했다.

이러한 여성들이 신체적 수준에서 경험한 것과 그들이 의식적으로 표시한 것 사이에 나타나는 단절은, 정확히 차별적인 성적 유연성 이론이 예측한 그대로이다. 여성의 성적 유연성 값이 더 크다는 것은, 그녀들이 느끼고 있는 것을 아는 것 – 그리고 문화적 제약들의 관여에 따라 그것을 받아들이는 것 – 이 더 어렵다는 것을 의미할 수도 있다. 왜 그리도 많은 여성들이 섹스에 대한 관심의 결핍이나, 오르가슴 도달의 어려움을 보고하는지를 숙고할 때 이것을 명심할 필요가 있다.[5]

만일 당신이 이미 혼동되지 않았다면, 정신과 의사인 앤드리 아노킨Andrey Anokhin과 그의 동료들이, 성애적인 내용이 없는 즐겁거나 무서운 이미지보다 성애적인 이미지들이 여성들의 뇌에서 유의미하게 더 빠르고 강력한 반응을 불러일으킨다는 것을 발견한 연구를 살펴보라. 그들은 여성 264명에게 으르렁거리는 개들에서부터 수상 스키 타는 사람들, 뜨거운 상태에 있는 반쯤 벗

---

4) 여기서 개관된 연구의 많은 부분은 버그너가 쓴 다음의 탁월한 논문에 언급되어 있다. 'What Do Women Want?-Discovering What Ignites Female Desire," January 22, 2009. Link: http://www.nytimes.com/2009 /01/25/magazine/25desire-t.html.
5) 이 단절은 우리가 제10장에서 논의한 질투에 관한 연구와도 관련된다.

은 커플들에 이르기까지 일부러 순서를 매기지 않은 이미지들을 보여주었다. 여성들의 뇌는 다른 것들보다 성애적 이미지들에 약 20% 가량 더 빨리 반응을 보였다. 이 열렬한 반응은 남성들에게도 예상되었다. 그러나 덜 시각적이고 덜 성욕적일 것으로 추정된 여성들 사이에서 나온 결과들은 연구자들을 놀라게 했다.[6]

여성의 성애적인 두뇌는 그런 놀라움들로 가득 차 있다. 네덜란드의 연구자들은 오르가슴의 절정에 있는 여성 13명과 남성 11명의 두뇌를 세밀하게 살피기 위해 양전자 방사 단층斷層 촬영법(PET)을 활용했다. 남성의 오르가슴은 짧아서 믿을 만한 측정값을 얻기 어려웠다. 하지만 연구자들이 2차적인 체성體性 감각 피질에서 발견한 고조된 활동—생식기의 감각과 연관된 것—은 기대했던 그대로였다. 그러나 여성들의 뇌는 연구자들을 당황스럽게 했다. 여성의 뇌는 오르가슴에서 대기待機 상태로 들어가는 것처럼 보였다. 여성의 뇌가 뇌 활동에서의 증가를 거의 보이지 않은 것은 체성 감각 피질에서였다. 그것은 감각의 존재는 기록하지만 감각에 관한 흥분은 별로 기록하지 않았다. 연구자들 중 한 사람은 "여성에게는 1차적인 감정들이 존재하지만, 이것이 대단한 것으로 보이는 표지標識는 존재하지 않는다. 남성들에게는 촉각이 지극히 중요하다. 여성들에게는 촉각이 그렇게 중요하지 않다."[7]라고 말했다.

자신의 생리주기를 알고 있는 여성은 모두 자신의 성적 표현에 대해 깊은 영향을 미칠 수 있다. 스페인의 연구자들은 여성이 배란기에 즈음해 매력과 욕망에 대해 더욱 큰 감정들을 경험한다고 확인한 반면, 다른 연구자들은 여성이 배란기에 즈음해서는 고전적으로 사내다운 얼굴에 매력을 느끼며 가임 기간이 아닐 때는 윤곽이 덜 뚜렷한 남성을 고른다고 보고했다.[8] 경구 피임약은 생리주기에 영향을 미치기 때문에 그것이 여성 매력의 유형들에도 영향을

6) Anokhin et al. (2006).
7) Georgiadis et al. (2006). 또는 개관을 위해서는 다음을 보라. Mark Henderson, "Women Fall into a 'Trance' During Orgasm," *Times Online*, June 20, 2005. http://www.timesonline.co.uk/tol/life_and_style/health/article535521.ece.
8) Tarin and Gómez-Piquer (2002).

미칠 수 있다는 것은 놀라운 일이 아니다. 스코틀랜드의 연구자 토니 리틀 Tony Little은 만일 여성이 피임약을 먹고 있으면 잠재적인 남편감으로 남성을 평가하는 방식이 바뀐다는 것을 발견했다. 리틀은 자신의 발견들이 가져올 수 있는 사회적 결과들이 다음과 같이 막대하다고 생각한다. "여성이 피임약을 먹고 있어 아이를 가질 염려가 없을 때 자신의 파트너를 선택하는 경우에는, 호르몬에 따른 그녀의 선호가 변화할 것이며 그녀는 잘못된 남자와 결혼했다는 것을 깨닫게 될지도 모른다."[9]

리틀의 우려는 부적절한 것이 아니다. 1995년에 스위스의 생물학 연구자 클라우스 베데킨트Claus Wedekind는 지금은 '땀에 젖은 티셔츠 실험Sweaty T-shirt Experiment'으로 알려진 실험의 결과들에 관한 책을 출간했다. 그는 남성들이 향수나 비누를 사용하지 않고 샤워도 하지 않은 채 며칠씩 입었던 티셔츠의 냄새를 여성들에게 맡게 했다. 베데킨트는 대부분의 여성들이 주요 조직적합성 복합체major histocompatibility complex(MHC)가 자신의 것과 싱이한 남성의 냄새에 끌린다는 것을 발견했고 후속 연구가 이를 확인했다.[10] 이러한 선호는 MHC가 다양한 병원균에 대한 면역력의 범위를 나타낸다는 점에서 유전학적 의미를 갖는다. 상이한 면역력을 가진 부모로부터 태어난 아이들은 보다 광범위하고 보다 튼튼한 면역 반응으로부터 이득을 얻을 공산이 클 것이다.

문제는 경구 피임약을 상용하는 여성들은 남성의 이러한 냄새 자극에 동일한 민감성을 나타내는 것으로 보이지 않는다는 것이다. 경구 피임약을 사용하고 있는 여성들은 남성들의 티셔츠를 마구잡이로 고르거나, 더 나쁘게도, 자신들의 면역력과 유사한 면역력을 지닌 남성에 대한 선호를 나타냈다.[11]

이것이 갖는 함의들에 대해 고찰해 보자. 많은 커플들이 여자가 피임약을 상용할 때 만난다. 그들은 잠시 외출을 같이 하고 서로를 많이 좋아하고, 그러

---

9) 리틀은 다음에서 인용했다. BBC News article: http://news.bbc.co.uk/2/hi/health/2677697.stm.
10) Wedekind et al. (1995). 이러한 결과들을 확인하는, 보다 최근의 후속 연구는 다음을 보라. Santos et al. (2005).
11) 경구 피임약은 남성의 MHC를 감지하는 여성의 능력에만 개입하는 것이 아니라 여타의 피드백 체계들에도 영향을 미치는 것으로 보인다. 예컨대, 다음을 보라. Laeng and Falkenberg (2007).

다가 결합해서 가정을 가질 것을 결심한다. 그녀는 피임약을 먹지 않고 임신해 아이를 갖는다. 그러나 그에 대한 그녀의 반응은 변한다. 그녀의 비위에 거슬리는 뭔가가 그에게 존재하게 된다. 그것은 이전에는 그녀가 주목하지 못한 것이다. 아마도 그녀는 그가 성적으로 매력적이지 못하다는 것을 알게 될 것이고, 그들 사이의 거리는 멀어질 것이다. 그러나 그녀의 성욕은 왕성하다. 그녀는 냄새를 맡기에 충분할 정도로, 자신의 테니스 코치에게 가까이 다가갈 때마다 흥분을 느낀다. 더 이상 피임약의 효과에 의해 침묵을 당하지 않는 그녀의 육체는 지금 그녀에게 그녀의 남편-그녀가 결혼한 여전히 대단한 사내-이 그녀에게 좋은 유전학적 상대가 아니라고 말할지도 모른다. 그러나 너무 늦었다. 그들은 서로 그것을 일이 주는 압박, 부모 역할이 주는 스트레스 등의 탓으로 돌린다.

이 커플은 생물학적 적합성에 대한 중요한 검증을 무심코 간단히 끝냈기 때문에, 그들의 아이들은 출생 시 체중 감소에서부터 면역 기능 손상에 이르기까지 심각한 건강상의 위험들에 직면할지도 모른다.[12] 얼마나 많은 커플들이 이런 상황에 처해 여하튼 '실패한' 것에 대해 자신들을 책망하고 있을까? 얼마나 많은 가정이 이러한 흔하고 비극적이며 예기치 못한 일련의 사건들에 의해 균열되고 있을까?

• • •

심리학자 리처드 리파Richard Lippa는 BBC와 협력해 전 세계 모든 연령층 20만 명을 대상으로 그들의 성충동 강도와 그것이 그들의 욕망에 영향을 미치는 방식에 관한 연구를 수행했다.[13] 그는 남성의 성과 여성의 성에서 동일한 전도顚倒를 발견했다. 남성의 경우 동성애자와 이성애자 모두 성충동이 높을

---

12) 이 연구에 대한 최근의 개관을 위해서는 다음을 보라. Alvergne and Lummaa (2009).
13) Lippa (2007). 온라인으로는 다음에서 활용할 수 있다. http://psych.fullerton.edu/rlippa/bbc_sexdrive.htm.

수록 그들의 성적 욕망의 특정성specificity이 증대된다. 바꾸어 말하면, 더 높은 성충동을 갖고 있는 이성애자 남성은 여성들에 더욱 집중하는 경향을 보이는 반면, 동성애자 남성에서 더 높은 성충동은 그가 남성들에게 더욱 몰두하게 만든다. 그러나 여성들−적어도 명목상으로는 이성애적인 여성들−의 경우에는 반대현상이 일어난다. 여성의 성충동이 더 높을수록 그녀는 남성들 그리고 여성들에게 끌리게 될 가능성이 더 커진다. 레즈비언들은 남성과 동일한 유형을 보여주었다. 즉, 더 높은 성충동은 여성만을 향한 초점이 더 커진다는 것을 의미한다. 아마도 이것은 왜 남성보다 2배 가까이 많은 여성이 자신들을 양성애자라고 간주하면서, 오로지 남성의 절반만이 자신들을 전적인 동성애자라고 간주하는지 그 이유를 설명해 줄 것이다.

　이것은 남성들이 일부 보편적인 인간의 양성애를 억누르고 있을 가능성이 더 크다는 것을 의미할 뿐이라고 주장하는 사람들은, 성과학자 마이클 베일리Michael Bailey가 포르노 사진을 보고 있는 동성애자 남성과 이성애자 남성의 뇌를 기능성 자기공명영상fMRI으로 정밀 촬영한 것들을 자세히 살펴보아야 할 것이다. 그것들은 남성들이 그런 경향이 있는 것과 똑같이, 단순하고 직접적으로 반응했다. 동성애자 남성들은 남성과 남성이 같이 있는 장면을 보여주는 사진들을 좋아한 반면, 이성애자 남성들은 여성들을 보여주는 사진들을 좋아했다. 베일리는 그의 조사대상자들이 양성애적인 성향을 부정하는지를 보기 위해 억제와 연관된 두뇌 영역의 활성화를 기대했다. 천만에. 동성애자 남성도 이성애자 남성도 사진들을 보고 있는 동안에 이러한 영역들의 특이한 활성화를 보여주지 않았다. 식역하識閾下subliminal 이미지들을 활용한 다른 실험들도 유사한 결과들을 보여주었다. 동성애자 남성, 이성애자 남성, 그리고 레즈비언들은 모두 그들이 말한 성적 지향에 의해 예측된 대로 반응한 반면, 명목상으로 이성애적인 여성들−"나는 다수의 것을 포함한다."−은 거의 모든 것에 반응했다. 이것이 바로 우리가 흥분되는 방식이며, 억압이나 부정의 결과가 아니다.

물론 억압의 징후들을 성 연구에서 발견하기 어려운 것은 아니다. 많이 있다. 예를 들면, 인간의 성생활에 관한 오래된 미스터리 중 하나는, 이성애적인 남성들이 이성애적인 여성들보다 더 많은 성적 접촉을 하며, 더 많은 파트너를 갖고 있다고 밝히는 경향이 있다는 것이다. 그렇지만 이것은 수학적으로 불가능한 일이다. 심리학자인 테리 피셔Terry Fisher와 미셸 알렉산더Michele Alexander는 최초로 성적 경험을 하는 나이, 파트너의 수, 성적 접촉의 빈도에 관한 사람들의 주장을 좀 더 정밀하게 살펴보기로 결심했다.[14] 피셔와 알렉산더는 다음과 같이 세 가지 상이한 검증 조건들을 설정했다.

1. 조사대상자들은 자신들의 응답을 바로 방 밖에서 기다리고 있는 연구자들이 알 수도 있을 것이라고 믿도록 유도됐다.
2. 조사대상자들은 질문에 대해 사적으로 그리고 익명으로 대답할 수 있었다.
3. 조사대상자들은 손과 팔과 목에 전극을 꽂았는데, 그들은 그것이 거짓말 탐지기에 연결되어 있는 것으로 (잘못) 알고 있었다.

자신들의 응답이 알려질 수도 있다고 생각한 여성들은 평균 2.6명의 섹스 파트너가 있다고 밝혔다(모든 조사대상자들은 25세 미만의 대학생이었다). 자신들의 응답이 익명으로 처리된다고 생각한 사람들은 파트너가 3.4명이라고 밝힌 반면, 자신들의 거짓말이 탐지되고 있다고 생각한 사람들은 파트너가 평균 4.4명이라고 밝혔다. 그리하여 여성들은 자신들이 거짓말을 할 수 없다고 생각할 때는 섹스 파트너를 70% 더 많이 인정한 반면, 남성들의 응답은 거의 아무런 차이를 보이지 않았다. 성 연구자들, 의사들, 심리학자들(그리고 부모)은 그런 질문에 대한 여성의 응답이 그런 질문을 누가 하는가뿐 아니라 언제, 어디서, 어떻게, 그런 질문이 이루어지는가에 달려 있을 수 있다는 것을 기억할 필요가 있다.

---

14) Alexander and Fisher (2003).

여성의 성은 대부분의 남성의 성보다 훨씬 더 맥락에 의존한다는 것이 사실이라면, 우리는 우리가 여성의 성에 관해 알고 있다고 생각하는 것 중 많은 것을 재고할 필요가 있을지도 모른다. 우리가 앞서 논의했던 연령 편향—20세의 대표들인가?—에 의해 생기는 왜곡들 이외에, 추운 교실 · 실험실 환경에서 질문에 답하는 여성들의 반응이 얼마나 유용할까? 만일 조지 클루니George Clooney가 촛불을 켜고 설문지를 배포하고 거품 욕조 속에서 한 잔의 와인을 마시게 한 후에 설문지를 거둔다면, 여성의 성에 대한 우리의 이해가 얼마나 달라질까?

성 과학자 리사 다이아몬드Lisa Diamond는 여성 욕망의 주기적이고 반복적인 변화를 10년 이상 연구했다. 그녀는 자신의 책 〈성적 유동성Sexual Fluidity〉에서 많은 여성들이 스스로를 지기 성별보다는 특정의 *사람들*people에게 끌리는 것으로 보고 있다고 밝힌다. 다이아몬드의 관점에서 보면, 여성들은 감정적인 친밀함에 너무도 강하게 반응해 자신들의 선천적인 성별 지향이 쉽게 압도당한다. 치버스도 다음과 같이 동의한다. "여성들은 신체적으로 자신들의 성 반응에서 성별을 구분하는 것처럼 보이지 않는다. 적어도 이성애자 여성들은 구별하지 않는다."

많은 여성들이 거울로부터 자신들을 돌아보는 모나리자를 보고 있는 것 같다.

성적 유연성에서 이 결정적 차이가 갖는 실제적인 효과들은 무엇인가? 우선, 우리는 남성들보다 여성들 사이에서 훨씬 더 많은 일시적이고 상황에 따른 양성애적 행동을 발견할 것으로 기대할 수 있을 것이다. 집단 섹스나 '파트너 교환swinging'에 참여하는 이성애적인 커플들에 대한 다양한 연구들은, 여성들은 이런 상황에서 다른 여성과 섹스를 하는 것이 일반적이지만 남성들은 거의 남성들과 관계하지 않는다는 데 동의한다. 게다가 우리는 대중문화가 인간의 타고난 성 정체성에 대한 믿을 만한 지표라고 결코 시사하고 싶지 않다. 하지만 TV나 영화에서 서로 키스하는 남성들에 대한 묘사는 흔치 않고 논란이 많은 것으로 남아 있는 반면, 여성들과 키스하는 여성들은 주류主流 행동으로 재빨리 수용됐다. 아마도 대부분의 여성들은 최초로 동성 간 성경험을 한 다음날 아침, 자신들의 성 정체성에 대한 당혹스러운 재평가를 하기보다는 마실 커피를 찾는 데 더 관심을 가진 채 일어날 것이다. 대부분의 여성들에게 성의 본질은 그들 주변의 삶의 변화에 따라 변화할 수 있는 자유를 포함하고 있는 것처럼 보인다.

결국 모나리자의 복잡성 속에는 자유의 단순성이 존재하며, 프로이트는 그것을 놓친 것처럼 보인다. 그의 질문에 대한 답변은 더 단순해질 수 없을 테지만, 그것은 다수의 것을 포함하고 있다. 여성은 무엇을 원하는가? 그것은 사정에 따라 다르다.

제21장 변태성욕자의 애가哀歌

성적 도착은 인간 사회에서 보편적으로 존재하지는 않지만, 만일 성문제에 대한 관용과 교육이 더욱 확산된다면 그것의 발생률은 크게 감소될 수 있을 것이다. 이것은 가장 중요하지만 사회적으로 민감한 성 연구 영역이다.

앨런 딕슨Alan Dixson[1]

　많은 여성들은 자신들의 성적 유연성에 의해 해방된 반면, 남성들은 앞서 언급한 양·염소 수컷처럼 자신들의 성적 반응의 경직성에 갇혀 있음을 알 수 있다. 남성의 성 취향은 일단 결정되면 굳어진 콘크리트처럼 평생에 걸쳐 그 윤곽을 유지하는 경향이 있다. 그 결과, 성적 유연성 이론은 성적 도착—비정상적인 성적 욕망과 행동—이, 여성—사회적 압력에 더 잘 호응하고 이전에 성적 흥미를 끌던 것을 더 쉽게 버리거나 부적절한 충동을 더 쉽게 무시하는 것으로 추정된다—보다, 남성에게서 훨씬 더 널리 퍼질 것임에 틀림없다고 예측한다. 거의 모든 증거의 원천이 이 예측을 지지한다. 대부분의 연구자와 치료 전문가는 이 특이한 성적 갈망은 거의 남성에게서만 보이고, 초창기의 각인과 연관되는 것처럼 보이며, 일단 소년시절의 인상이 성인의 갈망으로 굳어지면 불가능하지는 않더라도 바꾸기가 어렵다는 것에 동의한다.

　성적 도착과 소아성애小兒性愛에 대한, 순수하게 심리학적인 치료는 거의 성공하지 못했다. 소아성애에 대한 가장 효과적인 치료는 생물학적인 접근—호르몬 치료, 화학적 거세—에 기반을 두는 경향이 있다. 일단 유연성을 지닌 나이를 넘어서면, 남성들은 라텍스나 가죽, 스몰이나 미디엄, 염소나 양 등 그들이 받은 각인이 무엇이든, 그것에 갇히는 것처럼 보인다. 만일 이 '발달 창 developmental window' 기간 동안의 영향들이 왜곡적이고 파괴적인 것이라면, 소년은 변경할 수 없고 거의 저항할 수 없는 욕망을 가진 남자로 성장해, 타인과 동일한 유형을 재현하게 될 것이다. 가톨릭 성당에서 의례화되고 널리 확산된 소아성애는 이 과정의 전형적인 보기인 것처럼 보인다(가톨릭이 수 세기에 걸쳐 이 이슈를 덮으려고 시도한 것이 그러하듯이). 쇼펜하우어의 유명한 인용문을 기억해 보라. "*인간은 무엇을 할 것인가를 선택할 수 있지만, 무엇을 원할 것인가를 선택할 수는 없다*Mensch kann tun was er will; er kann aber nicht wollen was er will." 욕망, 특히 남성의 욕망은 종교적인 명령, 법률적인 응징, 가족의 압력, 자기보호 또는 상식에 반응을 보이지 않는 것으로 악명 높다. 그러나 남성의 욕망은 하나의 것 , 즉 테스토스테론에만 반응한다.

4개월 동안 테스토스테론이 거의 없는 상태의 호르몬 부조화를 경험한 한 남자가 한 라디오 인터뷰에서 (익명으로) 자신의 경험을 상담했다. 그는 테스토스테론 없이는 "내가 *나*인 것으로 동일시했던 모든 것이 (상실됐다). 나의 야망, 사물에 대한 나의 관심, 나의 유머 감각, 내 음성의 어조… 테스토스테론의 도입은 모든 것을 복원시켰다."라고 말했다. 테스토스테론이 없어서 좋았던 점이 있었는지를 묻자, 그는 "내 자신의 인성과 관련해 공격적이라고 느낀 것들이 그때에는 단절됐다. 그리고 그것들이 없어지는 것은 멋진 일이었다… 나는 전에는 결코 내보이지 않았던 겸손을 가지고 사람들에게 접근했다."라고 말했다. 그러나 그는 전반적으로 다시 돌아간 것이 기뻤다. 왜냐하면 "당신이 테스토스테론이 없으면 당신은 욕망도 없기" 때문이다.

여성으로 태어났지만 대학 졸업 후 성전환 수술을 받은 그리핀 핸스버리 Griffin Hansbury는 테스토스테론의 힘에 관해 많은 정보를 제공하는 또 다른 견해를 갖고 있다. 그는 "세계가 바로 바뀐다."라고 말했다. "가장 압도적인 느

1) Dixon (1998), p. 145.

낌은 성욕의 믿을 수 없는 증가, 여성을 지각하는 방식의 변화였다." 호르몬 치료를 받기 전에는 거리의 매력적인 여자가 "그녀는 매력적이다. 나는 그녀를 만나고 싶다."라는 내적 담화를 불러일으키곤 했다고 핸스버리는 말했다. 그러나 주사를 맞은 다음에는 더 이상 아무런 담화가 나오지 않았다. "멋진 발목이나 어떤 것" 등 여성의 어떠한 매력적인 특질도 "나의 마음이 공격적인 포르노적 이미지들로 연속적으로 흘러넘치게" 하기에 충분했다. "… 내가 바라본 모든 것, 내가 만진 모든 것이 나를 섹스로 향하게 했다." 그는 "나는 많은 시간 동안 괴물처럼 느꼈다. 그것은 내가 남성들을 이해하게 만들었다. 그것은 내가 사춘기의 소년들을 많이 이해하게 만들었다."[2]라고 결론지었다.

많은 사춘기 소년들이 섹스에 대해 광란적으로 집중한다는 것을 이해하기 위해 성전환 수술을 받을 필요는 없다. 만일 당신이 직지 않은 사춘기 학생들을 포함한 학급을 가르치려고 시도하거나, 사춘기 소년 한 명을 양육하려고 시도하거나, 당신 스스로 격렬한 욕망들을 회상하려고 시도해 본 적이 있다면, 당신은 *테스토스테론 중독*이란 말이 항상 반어적으로만 사용되는 것은 아니라는 것을 알게 될 것이다. 대부분의 사춘기 소년들에게, 삶은 종종 맹렬하고 광적이고 거친 것처럼 보인다(그리고 실제로 그러하다).

테스토스테론과, 그와 연관된 남성 성호르몬은 사춘기에서부터 20대 중반까지 고조를 이룬다는 점을 무수한 연구들이 확인했다. 여기서 우리는 사회가 명령하는 것과, 생물학이 요구하는 것 사이의 또 다른 거대한 갈등을 본다. "지금 섹스해!"라고 외치는 젊은 남자의 육체 속 모든 목소리에 대해, 많은 사회들은 그가 끊임없이 이런 충동을 무시하고 그 에너지를 스포츠에서 숙제, 군사적 모험에 이르는 다른 활동들에 쏟는다고 주장한다.[3]

---

2) 이 인터뷰들은 NPR라디오의 〈미국의 이런 삶This American Life〉의 에피소드 #220에서 나온 것이다. 다음 사이트에서 무료로 다운받아 볼 수 있다. iTunes 또는 www.thislife.org.
3) 리드Reid(1989)에 따르면, 중국의 젊은 남성들이 자신들의 풍부한 성 에너지를 나이든 여성들과 나누고, 그 여성들은 남성의 오르가슴에 의해 방출된 에너지를 흡수함으로써, 이득을 얻는 것이 현명하고 건강에 도움이 되는 것으로 간주됐다. 마찬가지로, 젊은 여성들의 오르가슴은 나이든 남성들에게 증대된 활력을 불어넣는 것으로 느껴졌다. 동일한 유형이 남태평양의 섬 문화들 사이에서뿐 아니라 일부 수렵채집인 사회들에서도 발견된다.

생물학의 무시할 수 없는 수입품들을 차단하려는 여타 시도들과 마찬가지로, 이것은 수 세기에 걸친 재난이었다. 테스토스테론 농도는 젊은 남성(또는 여성)을 곤란에 빠지게 할 가능성과 상관관계가 있다.[4] 미국에서는 사춘기 남성들이 여성들보다 자살할 가능성이 5배 더 높다. 정부의 한 연구는 동성애적인 청년은 이성애적인 동료들보다 자살을 시도할 가능성이 2~3배 더 높다는 것을 발견했다.[5] 15세에서 25세 사이의 미국인들 사이에서 자살은 죽음의 세 번째 원인이며, 10대 소년들은 다른 어떤 인구학적 집단보다 *2배* 비율로 자살한다.

선의의 웹사이트들과 설명들이, 이 파괴적인 청소년들이 저지르는 행동의 일부 가능한 원인으로, 속이 뒤틀리고 정체성을 흐리게 하는 성적 욕구불만을 언급하는 일은 (설사 있다고 하더라도) 드물다. 겨우 사춘기에 이른, 거의 벌거벗은 패션모델들을 보여주는 광고판이나 버스정류장이 어디에나 있음에도 불구하고, 미국 사회의 중요한 부분들은 법적 허용 이전에 성 활동이 시작될 수도 있다는 어떠한 시사에 대해서도 단호한 반대 입장을 여전히 갖고 있다.[6]

2003년에, 17세의 우등생이자 동창회 준비위원장이었던 제날로우 윌슨 Genarlow Wilson은 아직 16세가 되지 않은 자신의 여자친구와 합의에 따른 오럴 섹스를 한 혐의로 체포됐다. 그는 가중처벌이 가능한 아동성추행 혐의로 유죄판결을 받고 조지아 교도소에서 최소 10년을 복역하라는 형을 선고받았으며, 평생 성범죄자로 신고해야 할 의무를 강요받았다. 만일 윌슨과 그의 여자친구가 오럴 섹스와는 대비되는 적절한 구식 성교를 즐기기만 했다면, 그들의 '범죄'는 최대 1년 징역형으로만 처벌 가능하고 성범죄자 지위를 부여하

---

4) 많은 예들 가운데 한 예를 들면, 댑스와 그 동료들Dabbs et al. (1991, 1995)은 "더욱 폭력적인 범죄를 저지른, 테스토스테론이 높은 범죄자들은 가석방위원회에 의해 더 가혹한 판결을 받고, 테스토스테론이 낮은 사람들보다 교도소 규칙들을 더 자주 어겼다."라는 것을 발견했다.

5) Gibson (1989).

6) 어떤 사람은 사춘기 남성들의 광범위한 성적 욕구불만에 의한 장기적인 사회적 영향들에 관해 궁금증을 느낀다. 예를 들면 이 욕구불만은 많은 남성들이 경험하는 여자혐오증적인 격노에 어느 정도로 기여하는 요인인가? 이 욕구불만은 전쟁을 하거나 거리의 갱단에 합류하려는 젊은 남성들의 자발성에 어떻게 영향을 미치는가? 우리는 이 슬람이 활용 가능한 자살폭탄 테러리스트의 풀pool을 만들어내는 남성의 성적 욕구불만을 증대시키기 위해서 일부다처제를 승인한다고 주장하는 카나자와Kanazawa (2007)가 제시한 논증들과 같은 것에는 동의하지 않는다. 하지만 강한 욕구불만이 종종 잘못된 방향의 격노로 표출된다는 관념을 묵살하기는 어렵다.

지 않는 경범죄가 되었을 것이다.[7]

그 전해에 토드 센터스Todd Senters는 그의 여자친구와 합의에 따른 오럴 섹스를 했는데, 그녀는 승낙 연령the age of consent을 넘긴 상태였다. 아무런 문제가 없고 옳은가? 옳지 않다. 네브래스카주의 법률에 따르면, 비록 섹스 그 자체가 완벽하게 합법적이었다고 하더라도 그것을 녹화하는 것은 "아동 포르노 제작" 죄를 구성하는 것이었다. 17세는 섹스를 할 수 있도록 법적으로 허용되어 있었지만, 그녀가 섹스를 하는 이미지들은 불법적인 것이다. 이해가 안 된다.

전국의 청소년들은 서로 섹스팅sexting 즉, 자신들의 휴대전화로 자신들의 야한 사진을 찍어 그것을 친구에게 보내는 행위를 하는 것과 관련해 심각한 곤경에 빠지고 있다. 알고 보면 많은 주에서 이 아이들은 자기 자신들의 육체를 사진으로 찍고(아동 포르노의 제작), 그 사진들을 공유한(아동 포르노의 유통) 죄로 교도소(성적 학대가 만연하고 있는 곳)로 보내질 수 있다. 그들이 자신의 '범죄' 의 '희생자' 라는 사실에도 불구하고, 그들은 성범죄자로 신고해야 할 의무를 강요받고 있다.[8]

지금 뭐라고 하느냐?

2005년에 청소년 1만2,000명을 대상으로 실시한 조사에서, 결혼 전까지 금욕적인 생활을 유지하겠다고 서약한 청소년들은 다른 10대들보다 오럴 섹스와 항문 섹스를 할 가능성이 *더 많고*, 콘돔을 사용할 가능성이 *더 적으며*, 성병에 걸릴 가능성이 금욕적인 생활을 거리낌 없이 하지 않는 또래들과 꼭 같다는 것을 발견했다. 이 연구를 수행한 사람들은 금욕을 서약한 청소년들 중 88%가 서약 준수에 실패했다는 것을 인정한 것을 밝혀냈다.[9]

---

7) 조지아주는 오럴 섹스를 심각한 문제로 다룬다. 1998년까지 오럴 섹스는, 심지어 결혼한 부부가 자신들의 침실에서 하더라도, 불법적인 행위였으며 20년 징역형으로까지 처벌할 수 있었다.
8) 예컨대 다음을 보라. http://www.npr.org/templates/story/story.php?storyId=102386952&ft=1&f=1001.

만일 인간 성생활에 대한 우리의 왜곡된 관계가 이러한 욕구불만, 혼동, 무지의 많은 부분의 원천이라면, 갈등을 덜 겪는 견해들을 가진 사회들에서는 그 인과관계를 확인할 것이다. 발달 신경심리학자 제임스 프레스코트James Prescott는 육체의 쾌락과 폭력은 양자택일의 관계 즉, 하나의 존재가 다른 것의 발전을 억제하는 관계인 것처럼 보인다는 점을 발견했다. 1975년에 발표한 한 논문에서 프레스코트는 "발달 형성기 동안에 갖는 특정한 감각적 경험들은 생의 나중 단계에서 폭력 지향적이거나 쾌락 지향적인 행동에 대한 신경심리학적 성향을 창출한다."라고 주장했다. 개인적 발달의 수준에서 이 발견은 명백한 것처럼 보인다. 아동을 학대하는 성인은 거의 언제나 자신들이 아동 학대의 희생자들이었으며, 모든 고물상 주인은 비루한 개를 원한다면 강아지를 때려야 한다는 것을 알고 있다.

프레스코트는 이 논리를 비교문화적 수준에 적용했다. 그는 유아들에게 보인 신체적 애정—수유 기간, 어머니와의 직접적인 신체적 접촉을 한 시간의 비율, 다른 성인들이 쓰다듬어주고 놀아준 것—의 양에 관한 기존 수집 자료들과, 사춘기의 성 행동에 관한 전체적인 저항력에 대한 메타분석을 수행했다. 사회들 내에서 그리고 사회들 사이에서, 이러한 자료들과 폭력 수준을 비교한 다음에, 프레스코트는 이러한 자료들을 활용할 수 있는 문화들 중 하나를 뺀 모두—49개 중 48개—에서, "일생에 걸친(특히 유아, 아동, 청소년 등의 형성기 동안의) 육체적 쾌락의 박탈이 전쟁과 개인 간의 폭력의 양과 매우 밀접하게 연관되어 있다."라고 결론지었다. 어머니와 아이 사이의 육체적 결속을 방해하지 않거나 사춘기의 성 표현을 금지하지 않는 문화들에서는, 개인들 사이에서뿐 아니라 사회들 사이에서도 훨씬 더 낮은 수준의 폭력을 보인다.[10]

미국 사회는 어떠한 요가의 대가大家도 견딜 수 없는 자세로 스스로를 뒤튼(브리트니 스피어스는 TV에서 비키니 차림으로 봉춤을 추는 처녀 보컬이었

9) Fortenberry (2005).
10) 이 절에서의 모든 인용은 다음에서 가져온 것이다. Prescott (1975).

다?) 반면, 여타 사회들은 긍정적인 방식으로 사춘기의 성을 의례화하고 또한 구조화하려 시도한다. 남태평양 쿡제도 망가이아Mangaia섬의 젊은이들은 서로 섹스 하도록 장려된다. 또 젊은 남자들에게는 자신을 통제하는 법, 그리고 자신이 여성에게 제공할 수 있는 쾌락에 대해 자부심 갖는 법을 배우는 것이 특별히 강조된다. 중부 인도의 무리아Muria족은 청소년 기숙사—고툴ghotul이라고 불린다—를 세워, 청소년들이 걱정하는 부모를 떠나 자유롭게 같이 잘 수 있게 한다. 고툴에서는 젊은이들이 상이한 파트너들과 실험 하도록 장려된다. 그것은 삶의 이 국면에서 단 한 명의 파트너에 너무 애착을 갖는 것은 현명하지 못한 것으로 간주되기 때문이다.[11]

만일 우리 종이 고도로 성적인 삶에 최적화되어 있으며 또한 항상 최적화되어 왔다는 사실과, 사춘기의 소년들은 특히 행동할 준비가 되어 있다는 사실을 우리가 받아들인다면, 이 태고의 충동 좌절로부터 귀결되는 파괴적인 욕구불만의 폭발에 왜 우리가 놀라야만 하겠는가?

아동 학대에 대한 켈로그의 안내

1879년에 마크 트웨인은 한 모임에서 연설하면서, "모든 형태의 성교 중에서 (자위가) 추천할 만한 것을 가장 적게 갖고 있다. 그것은 재미로서는 너무 순식간에 끝나고, 직업으로서는 너무도 지치게 하고, 일반에게 공개하기에는 돈 될 만한 게 없다."라고 말했다.[12] 마크 트웨인, 참 재미있는 사람이다. 그러나 그의 유머에는 용기뿐만 아니라 진지함도 있었다. 트웨인이 말한 대로, 서구 문화 중 많은 부분은 자위를 포함해서 아동의 성에 관한 어떠한 암시에 대해서도 수 세기에 걸친 기이한 전쟁을 벌이고 있었다.

---

11) "다음을 보라. Elwin (1968), Schlegel (1995).
12) "Some Thoughts on the Science of Onanism," a speech delivered to the Stomach Club, a society of American writers and artists.

자위에 대한 무자비한 캠페인은, 인간 성생활 내에서 '죄악이 되는' 갈망들에 대한 서구의 오랜 투쟁의 한 측면일 뿐이었다. 우리는 자신들의 성애를 감히 주장하거나 또는 심지어 암시한다는 이유로 산 채로 화형당한 소위 마녀들과, 발생기의 색정증에 대한 치료법으로 야만적이고 위험한 수술을 정당화했던 아이작 베이커 브라운 같은 의사들에 관해 논의했다. 트웨인이 알고 있었듯이, 이 것들은 예외적인 경우가 아니었다. 존 하비 켈로그John Harvey Kellogg 같은 유명한 '전문가들'의 충고에 따라, 트웨인 시대의 많은 부모들은 성의 어떠한 징후도 근절시키기 위해 자신들의 아이들이 잔혹한 육체적·정신적 학대를 당하도록 했다. 비록 혼동되어 있기는 했지만, 그렇지 않았다면 합리적이었을 사람들이, 자위가 진정으로 〈뉴올리언즈 의학과 외과 저널New Orleans Medical & Surgical Journal〉의 말대로 '문명화된 사회의 파괴적 요소'라고 열렬히 믿었다.

켈로그는 비록 자기 시대의 선도적인 성 교육자들 중 한 명으로 널리 간주되었지만, 결혼 40년이 넘도록 결코 아내와 성교하지 않았다고 자랑스럽게 주장했다. 그러나 그는 매일 아침 자신을 관장灌腸하는 잘 생긴 남자 잡역부를 필요로 했다. 그것은 그의 유명한 고섬유질 아침식사 때문에 틀림없이 불필요했을 사치였다. 존 머니John Money가 성에 반대하는 운동을 벌이는 사이비 과학자들에 대한 자신의 연구서인 〈파괴하는 천사The Destroying Angel〉에서 설명하듯이, 켈로그는 아마 오늘날이라면 관장기벽증灌腸嗜癖症 환자로 진단됐을 것이다. 머니는 관장기벽증이 "아동기까지 추적 가능한 성적이고 성애적인 기능의 변칙으로, 거기서는 관장이 정규적인 성교를 대체한다. 관장기벽증 환자에게는 질에 음경을 삽입하는 것이 힘든 일이고 위험하며 아마도 역겨운 것으로 경험될 것이다."라고 썼다.

켈로그는 의사로서 적절한 자녀 성교육에 관해 부모들을 가르칠 수 있는 도덕적 권위를 주장했다. 만일 당신이 켈로그의 저작, 그리고 그와 유사한 다른 사람들의 저작에 관해 잘 모른다고 하더라도, 인간의 기본적인 성애에 대한 그들의 득의양양한 무시는 으스스하기도 하고 명백하기도 하다. 켈로그는

(1888년 자신의 섹스 없는 신혼여행에서 쓴) 자신의 베스트셀러 〈노인과 청년을 위한 명백한 사실들Plain Facts for Old and Young〉 중 "자학에 대한 치료와 그 효과들"이라는 이름의 한 절에서, 아들들의 자연적인 성애적 자기탐구를 다루기 위한 안내를 부모들에게 제공했다. 그는 "작은 소년들에게 거의 언제나 성공적인 치료법은 할례이다."라고 썼다. 그는 "수술은 마취약을 투여하지 않고 외과의사에 의해 시술되어야 한다. 그것은 수술에 따른 잠시의 고통이 정신에 유익한 효과를 가져올 것이며 특히 그것이 처벌의 관념과 연관되어 있으면 더욱 그럴 것이다…"(강조는 필자)라고 규정했다.

발버둥치고 공포에 질린 소년에게 마취약 없이 할례를 하는 것이 부모가 마음에 품고 있는 바로 그것이 아닐 경우에 대해, 켈로그는 "발기를 예방하는 방식으로, 하나 또는 그 이상의 은銀 봉합선 시술을 적용"할 것을 추천했다. "음경의 포피는 귀두 위로 당겨지고, 봉합선이 부착된 바늘이 한 쪽에서 다른 쪽으로 통과된다. 봉합선을 통과시킨 다음, 그 끝을 서로 꼬아 바싹 자른다. 이제는 발기가 일어나는 것이 불가능하다…" 부모들은 자기 아들의 음경을 포피로 통과시켜 꿰매는 것이 "(자위의) 실행에 의지하려는 성향을 극복하는 가장 강력한 수단으로 작용한다."[13]라는 확신을 받았다.

신생아의 약 40%가 할례를 받는 서부 주들에서부터 약 그 2배가 되는 북동부 해안 주들에 이르기까지 지역에 따라 크게 다르지만, 미국에서 할례는 여전히 널리 퍼져 있다.[14] 이 널리 퍼진 수술은 의학적 필요성이 거의 없는 것이지만, 켈로그 그리고 그와 비슷한 생각을 가진 동시대인들의 반反자위 캠페인에 그 뿌리를 두고 있다. 머니가 설명하듯이, "신생아 할례는 1870년대와 1880년대에 오늘날의 분만실에 기어들어왔다. 그것은 일반적으로 생각하는 것처럼 종교적인 이유를 위해서도 아니었으며, 건강이나 위생을 위한 것도 아니었다. 오히려 그것이 인생의 나중 무렵에 소년이 자위행위를 하는 사람이

---

13) Money (1985).
14) 다음을 보라. http://www.cirp.org/library/statistics/USA/.

되도록 할 수도 있는 흥분을 예방할 것이라는 주장 때문이었다."[15]

켈로그는 자신이 소년들에 대한 가학적인 고문에만 관심을 가졌다고 당신이 생각지 않도록, 같은 책에서 작은 소녀들에게 자신들을 만지지 않도록 가르치기 위해, 음핵에 석탄산을 바르도록 냉정하게 충고한다. 켈로그 그리고 그와 비슷한 생각을 가진 동시대인들은, 칼 크라우스Karl Kraus가 정신분석학을 기각한 것을 다른 말로 표현하여, 성적 억압은 "그 자체를 치료약으로 간주하는 병"이라는 것을 입증한다.

어린이들에게 고통을 안겨주는 것에 대한 그의 의기양양한 만족은 두드러지면서도 충격적이다. 하지만 켈로그의 "어떤 아이도 혼자 두지 말라"는 정책은 결코 이례적이지도 않고 고대사에 한정된 것도 아니다. 위에서 인용된 자위 반대 조치들에 관한 책은 1888년에 출간됐는데, 미국의사협회가 1972년에 "자위는 청소년 성 발달의 정상적인 부분이며 아무런 의학적 관리를 요하지 않는다."라고 천명하기까지 80년 이상이 흘렀다. 바로 1994년에 소아과 의사 조이슬린 엘더스Joycelyn Elders는 미국 연방 의무감醫務監이라는 지위 때문에 어쩔 수 없이, 자위는 "인간 성생활의 일부이다."라고 단순히 주장할 수밖에 없었다. 자위에 대한 수 세기의 전쟁에 의해 야기된 고통은 계산할 수 없을 정도이다. 그러나 우리는 이 모든 고통이 모조리 아무것을 위한 것도 아니었다는 것을 알고 있다. *절대적으로 아무것을 위한 것도 아니었다.*

존 하비 켈로그, 앤소니 콤스탁Anthony Comstock, 실베스터 그레이엄Sylvester Graham—자위를 막기 위해 특별히 고안된 음식인, 콘플레이크 같이 생긴 그레이엄 크래커의 발명자—은 성애에 반대하는 그들의 음침한 캠페인들을 극단적으로 펼쳤다. 하지만 그들은 당시에는 특별히 괴상한 사람들로 간주되지 않았다.[16] 다윈은 30번째 생일이 되기 한 달 전 자기 사촌과 결혼할 때까지 개인적

---

15) Money (1985), pp. 101-102.
16) 이 사람들은 어떤 향신료나 강력한 양념이 성 에너지를 자극한다고 믿었다. 그리하여 성욕을 약화시키기 위한 단조로운 식단을 추천했다. 그레이엄 크래커와 아침식사용 무가당 시리얼은 처음에는 사춘기 소년들이 자위의 악을 피할 수 있게 도와줄 음식으로, 그들의 부모들에게 내놓은 것이었다. 이러한 사람들과 그들의 운동movement에 관해 소설화된 것—대체로 정확하지만—으로는 다음을 보라. Boyle (1993).

인 성 경험이 아마도 거의 없거나 전혀 없었으며, 19세기 성 이론의 우뚝 솟은 또 다른 거인 지그문트 프로이트는 1886년 결혼할 때 30년 동안 숫총각이었다고 스스로 선언했다는 것을 기억하라. 프로이트가 성적으로 주저했다는 것은 놀랄 일이 아니다. 전기 작가 어니스트 존스Ernest Jones에 따르면, 프로이트의 아버지는 프로이트가 자신의 강박적인 자위를 그만두지 않으면 젊은 프로이트의 음경을 잘라버리겠다고 위협했다고 한다.[17]

캘빈 쿨리지의 저주

지난 번 내가 아내와 섹스를 하려고 했을 때 아무 일도 일어나지 않았다. 그래서 나는 그녀에게 "무엇이 문제야, 당신은 아무라도 생각할 수 없어?"라고 말했다.

로드니 데인저필드Rodney Dangerfield

남자들은 TV에서 뭘 하는지에 관심을 갖지 않는다. 그들은 TV에서 다른 무엇을 하는지에만 관심을 갖는다.

제리 사인펠트Jerry Seinfeld

모든 진화론적 심리학자들이 외우고 있는, 캘빈 쿨리지 대통령과 양계장에 관한 이야기가 있다. 그 내용은 다음과 같다. 1920년대에 대통령과 영부인이 한 상업적인 양계장을 방문했다. 방문하는 동안, 영부인이 농부에게 어떻게 해서 단지 몇 마리의 수탉을 가지고 그렇게 많은 수정란을 생산할 수 있는지 물었다. 농부는 그의 수탉들이 매일 수십 번이라도 자신들의 의무를 행복하게

---

17) 흥미롭게도, 프로이트의 조카인 에드워드 버네이스Edward Bernays는 홍보와 현대 광고의 창시자들 중 한 명으로 간주된다. 그의 많은 유명한 광고 캠페인들 중 최초의 것은 담배를 여성 자율성의 증대와 결부시키는 것이었다. 1920년대에 버네이스는 오늘날의 경영학 수업에서도 여전히 가르치고 있는 전설적인 대중선전 쇼를 연출했다. 그는 뉴욕의 부활절 퍼레이드에서 패션모델 행진을 준비했는데, 그녀들은 각기 불붙인 담배를 물고 '자유의 횃불'이라고 쓰인 깃발을 걸치고 있었다. 이것에 관해 더 알고 싶으면 다음을 보라. Ewen (1976/2001).

수행한다고 자랑스럽게 설명했다. 영부인은 "가능하다면 당신은 그것을 대통령에게 말해 줄 수 있겠죠?"라고 응수했다. 그 말을 우연히 들은 쿨리지 대통령은 "각 수탉은 매번 동일한 암탉에게 봉사하는가?"라고 농부에게 물었다. 농부는 "아, 아닙니다. 수탉은 항상 이 암탉에서 저 암탉으로 바꿉니다."라고 대답했다. 대통령은 "그렇군. 가능하다면 당신은 이것을 쿨리지 부인에게 지적해 줄 수 있겠지?"라고 응수했다.

이 이야기가 역사적으로 사실이든 아니든, 여러 명의 섹스 파트너가 기운을 나게 한다는 이 효과는 '쿨리지 효과Coolidge effect'로 알려지게 됐다. (우리 자신의 종을 포함한) 일부 영장류 종의 암컷들 역시 성적인 새로움에 아주 흥미로워한다는 것은 의심의 여지가 거의 없다. 반면 그들에게는 저변의 메커니즘이 상이한 것처럼 보인다. 따라서 쿨리지 효과는 일반적으로 수컷 포유류들과 관련이 있으며, 이것은 많은 종에서 입증됐다.[18]

그러나 그것은 종종 주장되듯이 성에 대한 여성의 유일한 동인動因이 관계적relational이라는 것을 의미하지는 않는다. 심리학자인 조이 스프라그Joey Sprague와 데이비드 콰다뇨David Quadagno는 22세부터 57세까지의 여성들을 조사한 후, 35세 미만 여성들 중 61%가 성에 대한 자신들의 기본 동인은 육체적인 것보다는 감정적인 것이라고 말하는 것을 발견했다. 그러나 35세 이상 여성들 중에서는 38%만이 자신들의 감정적 동인들이 접촉에 대한 육체적 갈망보다 더 강하다고 주장했다.[19] 액면 그대로, 그런 결과들은 여성의 동인들이 나이에 따라 변화한다는 것을 시사한다. 아니면 혹자는 이 효과가 여성들이 성숙함에 따라 변명을 덜 하는 식으로 변한다는 사실을 단순히 반영하는 것일 수 있다고 주장할 수도 있을 것이다.

이스탄불, 발리, 감비아, 태국 또는 자메이카를 처음 여행하는 사람들은,

---

18) 농부들은 황소를 같은 암소와 여러 번 교미시키기 위해서는 황소가 그 암소를 다른 암소인 것으로 생각하게끔 속여야 한다는 것을 알고 있다. 그들은 담요를 다른 암소에게 문질러 그 암소의 냄새를 담요에 배게 한 뒤 교미할 암소 위에 그 담요를 던짐으로써 그 일을 한다. 만일 황소가 속지 않으면, 그 황소는 그 암소가 아무리 매력적이라고 하더라도 그냥 거절하고 말 것이다.
19) Sprague and Quadagno (1989).

아무런 조건 없는 성적 관심을 찾아 이러한 장소들을 떼 지어 다니는, 유럽과 미국에서 온 수천 명의 중년 여성들을 보고 놀랄지도 모른다. 매년 8만 명의 여성이 〈라스타를 빌려라Rent a Rasta〉(역주: 자메이카 섹스 관광에 관한 다큐멘터리)를 기대하면서 비행기를 타고 자메이카로 가는 것으로 추산된다.[20] 태국의 섬 휴양지인 푸켓Phuket에 가는 일본 여성 방문객의 수는 1990년에 4,000명 미만에서 꼭 4년 뒤에 10배로 뛰면서 일본 남성 관광객의 수를 크게 앞질렀다. 일본 여성만을 태우는 전세 제트기들이 매일은 아니더라도 매주 방콕에 착륙한다.

자네트 벨리보Jeannette Belliveau는 자신의 책 〈길 위의 로맨스Romance on the Road〉에서 그런 여성들이 자주 다니는 목적지 수십 개의 목록을 제시한다. 이런 종류의 행동이 자신들의 심리학 교수들을 위해 질문지를 채우는 미국의 젊은 여성들 대부분에게는 믿기 어렵고 당혹스러울 것 같다는 것은, 여성 성생활의 진정한 윤곽들에 대한 보다 일반적인 과학적이고 문화적인 무지blindness의 결과이자 원인이다.

물론 태국 해변에서 성적 다양성을 찾는 많은 남성들도 있지만, 그것은 표준적 담화를 지지할 뿐이기 때문에 중요하지 않은 것처럼 보인다. 현재까지는.

· · ·

그 호랑이는 미치지 않았다. 그 호랑이는 호랑이로서 행동한 것이다! 당신은 호랑이가 진짜로 미쳤을 때를 아는가? 호랑이가 히틀러 헬멧을 쓰고 외발자전거를 타고 돌 때!

크리스 록Chris Rock, 조련사를 공격한 서커스단의 호랑이에 관해 이야기하며

---

20) 예를 들면 마이클 세이퍼트J. Michael Seyfert가 대본을 쓰고 감독을 한 다큐멘터리 영화 〈라스타를 빌려라〉를 보라. www.rentarasta.com. 또는 1970년대에 아이티로 간 여성들에 관한 장편 극영화인 로랑 캉테Laurent Cantet 감독의 〈남쪽을 향하여Heading South〉를 보라.

> *신의 진정한 법칙인 기질에 따라 다수의 남성들은 염소들이며, 기회가 닿으면 간통을 하지 않을 수 없다. 반면에 여성이 매력을 결여하고 있으면 기질에 따라 자신들의 순결을 지키고, 기회를 흘려보낼 수 있는 다수의 남성들도 존재한다.*
>
> 마크 트웨인, 〈지구로부터의 편지〉

우리가 알고 있는 한 남자 — 우리는 그를 필Phil이라고 부를 것이다 — 는 남성의 성취에 대한 살아있는 아이콘으로 간주될 수 있었다.[21] 40대 초반 잘생긴 남자인 필은 매력적이고 성공한 의사인 헬렌과 거의 20년 가까이 결혼생활을 하고 있다. 그들은 뛰어나고 아름다운 딸 셋을 두고 있다. 필과 친구는 20대 후반에 조그마한 소프트웨어 사업을 시작했고, 15년이 흐른 지금 그들은 둘 다 쓸 수 있는 것보다 더 많은 돈을 벌었다. 최근까지 필은 나무가 우거진 계곡을 내려다보는 언덕 위에 있는 크고 아름다운 집에서 살았다. 그러나 필이 말하듯이 그의 인생은 "일어나기를 기다리고 있는 재앙"이었다.

재앙은 그가 직장 동료와 불륜을 저지르고 있다는 것을 헬렌이 발견했을 때 닥쳐왔다. 놀라운 일도 아니지만, 그녀는 깊은 배신감을 느끼고 그를 집에서 쫓아냈다. 변호사들이 자신들의 우울한 과업을 끝낼 때까지 그가 자녀를 보는 것조차 거절함으로써 자신의 격노를 표현했다. 겉보기에 완벽했던 필의 인생은 그의 주위에서 무너져 내리기 시작했다.

코미디언 크리스 록은 "남자는 기본적으로 자신의 선택권만큼 충실하다."라고 말했다. 필의 직업적 성공, 잘생긴 용모, 매력적인 성격은 끊임없는 성적 기회의 흐름을 만들어냈다. 많은 남성 독자들은 아마도 "물론 그는 또 다른 여자와 자고 있을 것이다. 어쩌면 두 명과! 힘내라!"라고 생각하고 있을 것이다. 그러나 만일 당신이 여성이라면 "물론 그의 아내와 딸들은 그 돼지를 쫓아냈다!"라고 생각할지도 모른다.

너무도 흔한 이 상황에 대한 두 가지 대립된 관점들을 화해시킬 수 있는 어

---

21) 여기서 나오는 이름과 개인을 식별할 수 있는 세목들은 모두 변경된 것이다.

떤 방법이 있는가? 다른 경우에는 명백히 지적이고, 다정하고, 신중할 그렇게 많은 남성들이 그렇게 작은 것을 위해 큰 것을 걸도록 동기화할 수 있는 것은 무엇인가? 가벼운 성교처럼 일시적이며 궁극적으로 무의미한 무엇을 추구하는 과정에서, 친구들의 존경에서부터 자녀들의 사랑에 이르기까지 모든 것을 상실할 수 있다. 그들은 무엇을 생각하고 있는가? 우리는 필에게 물었다.

그는 "처음에는, 섹스가 환상적이었어요. 나는 요 몇 년 동안 그렇게 활기찬 느낌을 가져 본 적이 없었습니다. 나는 모니카(다른 여자)와 사랑에 빠졌다고 생각했어요. 내가 그녀와 함께 있을 때에는 모든 것이 *더 강한 것*처럼 보였는데, 무슨 말인지 알겠죠? 음식은 더 맛있고, 색깔은 더 풍성하고, 나는 그렇게 훨씬 더 많은 정력을 가졌어요. 나는 내내 기분이 좋았습니다."라고 말했다.

모니카와 한 섹스가 헬렌과 한 섹스보다 더 좋았냐고 물었을 때, 필은 오랫동안 가만히 있더니 다음과 같은 사실을 인정했다. "사실은, 그것에 관해 지금 생각해 보니, 처음에, 저기, 처음 몇 년 동안 헬렌과 한 섹스가 훨씬 더 좋았고, 그것은 정말이지 내가 경험한 최고의 것이었습니다. 무슨 말인가 하면, 헬렌과는 결코 *단순한 섹스만*이 아니었어요. 우리 둘 다 우리가 우리의 인생을 함께 보내길 원하고 있다는 것을 알았고, 따라서 내가 다른 누구와는 결코 가져 본 적이 없는 깊이, 그리고, 그리고, 음, 사랑과 정신적 연관이 존재했습니다. …헬렌이 지금은 나를 미워한다고 말하더라도, 솔직히 나는 우리가 그 연관을 항상 지닐 수 있을 것이라고 믿고 있어요. 비록 그녀가 그것을 인정하지 않는다고 하더라도."

그래서 어떻게 되었는가? "수년 간…그것이 어떤지 알잖아요…열정은 점점 사라지고 우리의 관계는 변화했습니다. 우리는 친구가 됐고… 최고의 친구, 그러나 여전히… 거의 남매 같았어요. 그것은 그녀의 잘못이 아닙니다. 나는 이것이 모두 내 잘못이라는 걸 알고 있지만, 내가 무엇을 할 수 있겠어요?" 그는 눈물을 쏟으면서 "그것은 생사의 기로처럼 느껴졌어요. 나는 다시 살아 있음을 느끼길 원했습니다. 나는 그것이 얼마나 우스꽝스럽게 들리는지 알고 있지만, 그것이 내가 느꼈던 그대로입니다."라고 말했다.

필은 인생의 이 단계에서 많은 남성들에게 닥치는 것처럼 보이는 소위 중년의 위기가 최고조에 달하는 나이에 속한다. 경제—그는 이전에 그를 무시했던 섹시하고 젊은 여성들에게 매력적이기에 충분한 돈과 지위를 마침내 가지고 있다—로부터 존재론적 두려움(임박한 자신의 노화와 죽음을 상징적으로 후려침으로써 자기 자신의 도덕성과 타협을 하고 있다), 아내의 생애 주기—그녀는 폐경기가 가까웠고, 따라서 그는 더 젊은 여성의 생식력에 생물학적으로 끌린 것이다—에 이르기까지 설명들을 끌어내기는 쉽다. 이러한 설명들 각각은 얼마간의 진실을 담고 있을지도 모르지만, 어떤 것도 다음과 같은 가장 긴급한 질문에 답해주지는 못한다. 왜 남성들은, 중년에서뿐만 아니라 항상, 자신의 섹스 파트너의 다양성에 대해 그렇게 압도적인 갈망을 갖는가?

만일 어떤 남성이 캘빈 쿨리지의 유령에 사로잡혀 있지 않다면, 그는 자신이 좋아하는 포르노 여배우가 나오는 DVD 한두 개를 그냥 사서 남은 생에 걸쳐 두고두고 그것을 보게 될 것이다. 영화가 어떻게 끝날지 아는 것이 그를 위한 경험을 망치는 일은 거의 없을 것이다. 아니, 이성애적인 남성들이 오래된 *동일한* 일을 하는 *상이한* 여성들의 부단한 흐름을 추구하게 만드는 것이 쿨리지 효과이다. 만일 당신이 포르노를 볼 수 있는 웹사이트를 방문한 적이 없다면, 당신은 거기서 제공되는 것들의 다양성과 특수성에 경악할 것이다. '면도하지 않은 일본 레즈비언들'로부터 '문신을 한 빨강머리들', '뚱뚱한 나이든 여자들'에 이르기까지. 다양성과 변화가 남성의 성생활에 필수적인 양념이라는 것은, 거의 모든 사람이 진실이라고 알고 있지만 감히 논의하는 사람이 거의 없는, 단순하고 피할 수 없는 진실이다.

그러나 대부분의 남성의 내적 현실이 갖고 있는 이런 측면에 대한 지성적 이해는, 많은 여성들이 그것을 받아들이는 것을 정말 쉽지 않게 만든다. 작가이자 영화감독인 노라 에프런Nora Ephron은 자신의 실패한 결혼에 바탕을 둔 〈하트번 Heartburn〉 등을 포함한 자신의 많은 영화에서 이 쟁점들을 탐구했다. 2009년의

한 인터뷰에서 그녀는 아들 2명을 키운 자신의 경험이 남자들에 대한 자신의 견해에 어떻게 영향을 미쳤는지를 다음과 같이 설명했다. "소년들은 매우 앙증맞다. 그러나 남자들의 문제는 그들이 멋지냐 아니냐가 아니다. 문제는 남자들이 인생의 특정 시점에서 계속 진실하기가 어렵다는 것이다. 단지 그렇다. 그것은 거의 그들의 잘못이 아니다." 그러고 나서 그녀는 "만일 당신이 그들 중 누군가와 연관이 되면 그것이 그들의 잘못인 것처럼 *느껴진다.*"라고 덧붙였다. [22]

모노토미|monotomy(일부일처제|monogamy + 단조로움monotony)의 위험들

내게는 좋은 결혼의 전제조건이 바람을 피울 수 있는 면허증인 것처럼 보인다.

칼 융Carl Jung, 1910년 1월 30일 프로이트에게 보낸 편지에서

아내와의 섹스가 어떻게 과도하게 친숙해졌는지에 관해 필이 말한 것을 기억해 보라. 필과 헬렌이 어떻게 '거의 남매' 라고 느끼게 되었을까? 재미있는 단어 선택이다. 사회적인 포유류들 사이에서 쿨리지 효과의 만연함과 강도強度에 대한 가장 강력한 설명은 성적 다양성에 대한 수컷의 충동은 근친상간을 피하기 위한 진화의 방법이라는 설명이다. 우리 종은 인구가 희박한 세상에서 진화했다. 우리의 진화가 진행된 과거의 대부분 동안 지구에는 우리 종이 결코 수백만 명을 넘지 않았으며 아마도 10만 명 미만이었을 것이다. 오래 전에 우리 조상들을 멸종으로 끌어들일 수도 있었던 유전학적 침체를 피하기 위해, 남성들은 성적 새로움에 대한 강력한 욕구와, 과도하게 친숙한 것에 대한 확

---

22) *The New Yoker*, 2009년 7월 6일-13일, 68쪽.

고한 혐오감을 진화시켰다. 이 당근과 채찍 메커니즘은 선사시대의 환경에서 유전학적 다양성을 증진시키는 데 많이 기여한 반면, 지금은 많은 문제들을 야기하고 있다. 어떤 남녀가 수 년 동안 함께 살고 있고 그들이 가족이 되었을 때, 이 고대의 반反근친상간 메커니즘은 많은 남성들의 성애를 효과적으로 차단할 수 있다. 이것은 혼란으로 귀결되면서 도처에서 감정들을 상하게 한다.[23]

앞서 우리는 남성들의 테스토스테론 농도가 여러 해에 걸쳐 어떻게 서서히 낮아지는지를 논의했지만, 이런 농도를 낮추는 것은 시간의 경과만이 아니다. 일부일처제 자체가 남성의 테스토스테론을 빠져나가게 하는 것처럼 보인다. 결혼한 남성들은 같은 나이의 독신 남성들보다 더 낮은 호르몬 농도를 보인다. 아이들의 아빠는 더 낮다. 유아들에게 특히 관심을 많이 보이는 남성들은 자신의 아이가 태어난 직후에 30% 또는 그 이상의 감소를 보인다. 그러나 바람을 피우는 남성들은 바람을 피우지 않는 남성들보다 테스토스테론 농도가 더 높다는 것이 발견됐다.[24] 게다가 바람을 피우는 남성들의 대부분은 자신들의 결혼생활이 실제로 매우 행복하다고 연구자들에게 말한 반면, 바람을 피우는 여성들은 3분의 1만이 그렇게 느낀다고 말했다.[25]

물론 생각이 예리한 독자들은 이러한 상관관계들이 인과관계를 함축하는 것은 아니라고 지적할 것이다. 아마도 높은 농도의 테스토스테론을 가진 남성들이 더 많은 바람을 추구할 뿐이라는 것이다. 아마도 그렇겠지만, 새롭고 매력적인 여성들과의 우연한 접촉만으로도 남성들의 호르몬 건강에 강장强壯효과를 가질 수 있다고 믿을 수 있는 충분한 이유가 존재한다. 사실 연구자 제임스 로니James Roney와 그의 동료들은 매력적인 여성과의 간단한 잡담만으로도 남성의 테스토스테론 농도가 평균 14% 올라간다는 것을 발견했다. 이 동일한 남성들이 다른 남성들과 이야기하는 데 수 분을 썼을 때, 그들의 테스토스테

---

23) 게다가 소위 웨스터마크 효과Westermarck effect가 밀접한 친구들 사이의 섹스를 강하게 만류하는 것처럼 보인다.
24) 예를 들면 다음을 보라. Gray et al. (1997, 2002). Ellison et al. (2009).
25) 예를 들면 다음을 보라. Glass and Wright (1985).4) 다음을 보라. "Yes, dear. Tonight again." Ralph Gardner, Jr. The New York Times(2008년 6월 9일자). http://www.nytimes.com/2008/06/09arts/09iht-08nights.13568273.html?_r=1.

론 농도는 2% 떨어졌다.[26)

1960년대에 인류학자 윌리엄 대번포트William Davenport는 섹스를 자연적이고 단순한 것으로 여기는, 말레이시아 섬사람들의 한 집단에서 살았다. 모든 여성은 높은 오르가슴을 느꼈다고 주장하며, 대부분은 자기 파트너의 한 차례 오르가슴마다 여러 번의 오르가슴을 느꼈다고 밝혔다. 그럼에도 불구하고, 대번포트는 "결혼하고 수 년이 지난 다음에는 아내에 대한 남편의 관심이 옅어지기 시작한다."라고 밝혔다. 최근 식민지 법이 시행되어 그 관행이 금지되기 전까지, 이 말레이시아인들은 결혼한 남자들이 젊은 연인들을 갖도록 허용함으로써 모노토미monotomy를 피했다. 아내들은 이런 첩들에 대해 질투심을 느끼기보다 그들을 지위의 상징으로 간주했다. 대번포트는 남녀 모두가 이 관행의 상실을 유럽 문화와의 접촉이 가져다 준 최악의 결과로 간주했다고 주장했다. "오늘날 나이든 남성들은 자신들을 흥분시키는 젊은 여성들 없기 때문에, 그리고 첩들을 바꿈으로써 이전에 제공되던 다양성이 없기 때문에 때가 이르기 훨씬 전에 성적으로 활기를 잃게 됐다고 종종 말하곤 한다."[27)

정곡을 찌르는 말이지만, 윌리엄 마스터즈William Masters와 버지니아 존슨 Virginia Johnson은 "성적 관계에서 단조로움에 의해 야기된, 성교에 대한 관심 상실은 아마도 나이 들어가는 남성들이 자기 파트너와의 성적 실행에 대한 관심을 상실하는 데 있어서 가장 변하지 않는 요인일 것이다."라고 밝혔다. 이러한 관심 상실은 만일 남자가 젊은 연인을 갖게 되면 자주 역전될 수 있다고 그들은 지적한다. 심지어 그 연인이 그 남자의 아내만큼 매력적이거나 성적으로 숙련되지 않았다고 하더라도 그렇다. 킨제이는 "남성은 만일 아무런 사회적 제한이 없다면 평생에 걸쳐 섹스 파트너 선택에서 난혼적일 것이라는 데는 의문의 여지가 전혀 없는 것처럼 보인다."[28)라고 씀으로써 이에 동의했다.

많은 여성 독자들은 이것을 읽으면서 행복하지 않을 것이며, 일부는 격분

---

26) Roney et al. (2009). 그러나 다음도 보라. Roney et al. (2003, 2006, 2007).
27) Davenport (1965).
28) Kinsey et al. (1948), p. 589.

할 것이라는 것을 우리는 안다. 하지만 대부분의 남성들에게 성적 일부일처제는 가차 없이 모노토미로 귀결된다. 이 과정은 남성의 장기長期 파트너의 매력이나, 그녀에 대한 사랑의 깊이 · 진지함과는 무관하다는 것을 이해하는 것이 중요하다. 사실 시먼즈를 인용해 말하면, "자신과 결혼하지 않은 여성에 대한 남성의 성적 욕망은 대체로 그녀가 자신의 아내가 아니라는 것의 결과이다."[29] *새로움 자체가 매력이다.* 비록 그들은 인정하지 않을 것 같지만, 헐리우드의 가장 섹시한 신진 여배우들의 장기 파트너들도 동일한 성性심리 과정을 겪는다. 욕구불만? 부당한? 짜증나는? 쌍방에서 굴욕적인? 그렇다, 그렇다, 그렇다, 그렇다. 그러나, 진실이다.

어떻게 해야 하는가? 현대의 대부분의 커플들은 말레이시아인들이나 우리가 앞 장들에서 살펴보았던 많은 사회들에서만큼, 섹스 파트너의 다양성을 용인하는 것에 유연하지 않다. 사회학자 제시 버나드Jessie Bernard는 서구의 결혼에 관한 광범위한 문헌을 검토한 다음, 1970년대 초에 남성들이 성적으로 새로운 파트너들을 만날 수 있는 기회가 증대한 것은, 결혼생활의 행복을 증진시키기 위해 서구 사회에 요구된 가장 중요한 사회적 변동들 중 하나였다고 주장했다.[30] 그러나 이런 일은 아직 일어나지 않았으며, 거의 40년 뒤인 현재도 더욱 더 그러하지 않은 것처럼 보인다. 미국에서 약 2,000만에 이르는 결혼생활이 남성의 성적 관심 상실에 기인한 '섹스가 없는' 또는 '섹스가 적은' 결혼으로 분류될 수 있는 이유는 아마도 이것일 것이다. 〈그는 더 이상 그것을 하려고 하지 않는다He's Just Not Up For It Anymore〉의 저자들에 따르면, 미국 부부의 15~20%가 1년에 10회 미만의 섹스를 한다고 한다. 그들은 성적 욕망의 결핍이 그 나라에서 가장 일반적인 성문제라고 지적한다.[31] 이 우울한 수치를 전체 결혼 중 50%가 이혼으로 끝난다는 사실과 결합해보면, 현대 결혼이 성애 부족으로 인한 붕괴를 겪고 있다는 것은 명백하다.

29) Symons (1979), p. 232.
30) Bernard (1972/1982).
31) Berkowitz ana Yager-Berkowitz (2008).

어느 때이고 인용할 만한 작가인 도널드 시먼즈는 〈인간 성생활의 진화The Evolution of Human Sexuality〉에서, 서구 사회가 남성의 성의 이러한 측면을 변화시키기 위해 가능한 모든 방법을 시도했지만, 모두가 비참하게 실패했다고 지적했다. 그는 "기독교와 죄의 교리, 유대교와 훌륭한 사람의 교리, 사회과학과 억압된 동성애와 성 심리적 미성숙에 관한 교의, 일부일처제적인 남녀 결합에 관한 진화론, 일부일처제를 지지하고 미화하는 문화적이고 법률적인 전통 등과 같은 장애들에도 불구하고, 남성은 다양성을 욕망하지 않도록 배우는 것에 저항하도록 구성되어 있는 것처럼 보인다."[32] 새로움이 주된 매력일 뿐인 여성과 접촉하기 위해 가족과 재산, 권력과 위신을 낭비한 남성들-대통령, 주지사, 상원의원, 운동선수, 음악인-의 구체적인 사례들의 목록을 가지고 시먼즈의 생각을 보충할 필요가 있을까? 처음에는 홀딱 반한 것처럼 보였지만, 일단 새로움의 황홀함이 옅어지면, 기이하게도 전화를 끊은 과거의 남자들을 여성 독자들에게 상기시킬 필요가 있을까?

(바로 당신 같은) 새로운 누군가를 내가 필요로 하는 몇 가지 추가적인 이유

여자와 섹스하는 것과 여자와 잠자는 것은 두 개의 분리된 열정이며, 상이할 뿐만 아니라 반대되는 것이다. 사랑은 성교를 향한 욕망(무한한 수의 여자로 확장되는 욕망) 속에서 겉으로 드러나는 것이 아니라 함께 자는 잠을 향한 욕망(한 여자에 한정된 욕망) 속에서 드러난다.

밀란 쿤데라Milan Kundera, 〈존재의 참을 수 없는 가벼움〉

---

32) Symons (1979), p. 232.

필이 자신의 새 연인과 함께 있을 때, 어떻게 '기분 좋게' 느꼈다고 말했는지를 기억하라. "색깔은 더 풍성하고 음식은 더 맛있었다." 이러한 감각의 강화에는 이유가 존재하지만 그것이 사랑은 아니다. 나이가 듦에 따라 테스토스테론 농도가 옅어짐으로써, 많은 남성들이 정력과 성욕의 감퇴를 경험하며, 그것은 삶의 기본적인 쾌락들로부터의 무형의 거리를 의미한다. 대부분의 사람들은 이 흐릿한 거리를 스트레스, 수면 부족, 또는 너무 많은 책임의 탓으로 돌리거나 시간의 경과 때문이라고 생각한다. 충분히 사실이지만, 이러한 감각 마비의 일부는 테스토스테론 농도의 저하에 기인할 수도 있다. 일시적으로 테스토스테론이 없었던 남자를 기억해 보라. 그는 "내가 나인 것으로 동일시하는 모든 것"을 상실한 느낌을 받았다. 그의 야망, 삶에 대한 열정, 유머 감각… 모든 것이 사라졌다. 테스토스테론이 그 모든 것을 다시 돌려줄 때까지는 그랬다. 그는 테스토스테론 없이는 "당신은 아무런 욕망도 가지지 못한다."라고 말했다.

필은 그가 사랑에 빠졌다고 생각했다. 물론 그는 그랬다. 앞서 암시했듯이, 남성의 줄어드는 테스토스테론 농도를 믿을 만하게 되돌려 주는 몇 안 되는 것들 중 하나가 새로운 연인이다.[33] 그래서 그는 우리가 사랑과 연관시키는 모든 것을 느꼈다. 새로워진 활력, 새로운 깊이와 강화 등 살아 있음에 대한 아찔한 황홀함. 우리는 얼마나 쉽게 감정들의 이 강력한 결합을 '사랑'이라고 오인하는가? 그러나 새로움에 대한 호르몬의 반응은 사랑이 아니다.

얼마나 많은 남성들이 이 호르몬 증대를 삶을 바꾸는 정신적 결합으로 오인해 왔는가? 얼마나 많은 여성들이 선량한 남자의, 겉보기에 설명 불가능한 배신에 기습을 당했는가? 중년 남성들이 새로운 섹스 파트너로부터 초래된

---

33) 예를 들면 다음을 보라. Roney et al. (2003). 규칙적인 에어로빅 운동, 많은 마늘 섭취, 스트레스 회피, 많은 수면시간 역시 '그것을 유지하는' 좋은 방법들이다. 일화적인 증거에도 불구하고 바람둥이들의 호르몬 변화를 연구하기 위해 보조금을 신청함으로써 조롱거리가 될 위험을 감수한 과학자들이 거의 없다는 것을 우리는 지적하지 않으면 안 된다. 그러나 그 현상은 여타 포유류에서 잘 입증된다(예를 들면 다음을 보라. Macrides et al., 1975). 그 효과는 실제 성교에 의해서보다 페로몬에 의해 매개될 수도 있다. 그것은 일본 남성들이 자동판매기에서 소녀들의 진공포장된(그러나 사용한) 팬티들을 사는 곳인 블루셀라bulusela 샵을 설명해 줄 수도 있을 것이다. 진취적인 대학원생들은 새로운 여성의 생식기 페로몬에 노출되는 것만으로도 남성의 혈중 테스토스테론 농도가 충분히 영향 받는가를 알기 위해, 베데킨트의 '땀에 적은 티셔츠 연구'와 유사하지만, 플라스틱 가방 속의 남성 셔츠가 아니라 여성 팬티를 대상으로 하는 연구를 고려할지도 모른다.

활력과 정력의 큰 파도를 영혼의 친구soul mate에 대한 사랑으로 잘못 해석함으로써, 또는 삶을 긍정하는 필요성처럼 느낀 것을 정당화하기 위해 자신들이 사랑에 빠졌다고 확신함으로써, 얼마나 많은 가족이 찢어졌는가? 그런 다음에 이런 남성들 중 얼마나 많은 사람들이, 몇 달 뒤나 몇 년 뒤 쿨리지의 저주-지금은 친숙한 파트너가 사실은 그러한 감정들의 진정한 원천이 아니라는 것을 드러내는 것-가 찾아왔을 때, 자신이 고립되고 수치스럽고 비참하게 됐다는 것을 알게 되었는가? 아무도 그 수를 알지 못하지만, 그 수는 많을 것이다.

이러한 흔한 상황은 비극으로 가득 차 있다. 가장 고통스러운 측면들 중 하나는 이러한 남성들 중 많은 사람들이, 자신이 버린 여자가 그녀 대신 택한 여자보다 훨씬 더 좋은 짝이었다는 사실을 깨닫게 될 것이라는 점일지도 모른다. 일단 일시적인 황홀감이 지나가면, 이러한 남성들은 관계를 오랫동안 작동하게 만드는 현실들 즉, 존경, 감탄, 비슷한 관심, 좋은 대화, 유머 감각 등의 중요성을 다시 한 번 느끼게 된다. 성적 열정만으로 성립된 결혼이 계속 지속될 가능성은 겨울 얼음으로 지은 집 정도일 것이다. 인간 성생활에 대해 보다 미묘한 이해에 도달함으로써만, 우리는 장기간의 헌신에 관한 좀 더 영리한 결정들을 내리는 법을 배울 것이다. 그러나 이 이해는 우리에게 몇몇 불편한 사실들에 직면할 것을 요구한다.

동일한 상황에 처한 많은 남성들처럼, 필은 그가 '사활이 걸린' 결정에 직면한 것처럼 느꼈다고 말했다. 아마도 그는 그랬을 것이다. 연구자들은 테스토스테론 농도가 옅은 남성들은 테스토스테론 농도가 짙은, 같은 연배의 다른 남성들과 비교했을 때, 임상 우울증, 치명적인 심장 마비, 그리고 암에 걸릴 가능성이 4배 이상 높다는 것을 발견했다. 그들은 또한 알츠하이머병과 여타 형태의 치매로 발전될 가능성이 더 높고, 어떤 원인으로든 죽을 위험이 훨씬 더 크다(연구에 따르면, 88%에서 250%까지 더 높다).[34]

---

34) 예를 들면, 우울증에 관해서는 다음을 보라. Shores et al. (2004). 심장병에 관해서는 다음을 보라. Malkin et al. (2003). 치매에 관해서는 다음을 보라. Henderson and Hogervorst (2004). 죽음에 관해서는 다음을 보라. Shores et al. (2006).

만일 대부분의 남성들이 수백만 년에 걸친 진화에 의해, 일생에 걸쳐 왕성하고 활력 있는 성생활을 유지하기 위해서는, 가끔 새로운 파트너를 필요로 하도록 구성됐다는 것이 사실이라면, 우리는 평생에 걸친 성적 일부일처제를 요구할 때, 남성들에게 무슨 말을 하고 있는 것일까? 그들은 가족적인 사랑과 장기간의 성적 만족, 둘 중에서 하나를 선택하지 않으면 안 되는가? 대부분의 남성들은 결혼하고 수 년이 지나기 전-아이들이 생기고, 공동 재산이 생기고, 친구를 서로 공유하고, 함께 한 역사만이 가져다 줄 수 있는 종류의 사랑과 우정이 형성되는 등 삶이 매우 복잡해지기에 충분한 시간-까지는, 사회의 요구들과 자신들의 생물학의 요구들 사이의 갈등을 충분히 인식하지 못한다. 그들은 가정생활과 테스토스테론 농도 저하가 삶에서 색깔을 빼내가는 위기 국면에 도달할 때, 무엇을 할 수 있는가?

대부분의 남성들이 자신들의 앞에서 발견하는 선택지들은 다음과 같을 것이다.

1. 거짓말을 하고 걸리지 않도록 노력한다. 이 선택지는 가장 일반적인 선택일 수도 있지만, 최악의 것일 수도 있다. 얼마나 많은 남성들이 아내가 알아채지 못하는 한, 자신은 은밀하게 가벼운 관계를 가져도 좋다는 '무언의 합의'를 아내와 하고 있다고 생각하고 있을까? 이것은 경찰이 당신을 체포하지 않는 한, 음주운전을 해도 좋다고 경찰과 무언의 합의를 했다고 말하는 것과 같은 것이다. 이러한 방식으로 일부 이해를 한다고 해도, 어떤 변호사라도 이러한 무언의 합의는 장기적인 동반자 관계에서 가능한 최악의 토대라고 당신에게 말할 것이다.

A) 신사 여러분, 당신들은 조만간(아마도 금방) 걸리게 될 것이다. 당신이 이것을 교묘히 모면할 가능성은 개가 나무 위로 고양이를 쫓아갈 가능성만큼이다. 그런 일은 일어나지 않는다. 한 가지 이유는, 대부분의 여성의 후각은 대부분의 남성의 후각보다 훨씬 더 좋아, 당신이 감지하지 못할 증거가 아마

도 생기게 될 것이며, 그녀는 그것을 알아차리게 될 것이다. 극히 뛰어난 여성의 직관력에 관해서까지 우리가 언급할 필요가 있을까?

B) 이것은 당신이 인생의 반려에게 거짓말을 할 것을 요구한다. 당신 아이들의 엄마, 당신이 함께 늙어가기를 희망하고 있는 사람을 속이는 것이다. 이것이 진정 당신의 실체인가? 이것이 그녀가 그녀의 인생을 함께 하기로 선택한 남자인가?

2. 여생 동안 당신의 아내가 아닌 그 누구와도 섹스하는 것을 포기한다. 어쩌면 포르노와 우울증 치료제인 프로잭Prozac에 의존한다.

A) 우울증 치료제는 미국에서 가장 많이 처방된 약으로, 2005년 한 해에만 1억1,800만 회의 처방이 내려졌다. 이 약의 가장 두드러진 부작용들 중 하나는 성욕 감퇴여서, 아마도 문제의 요점이 사라져 버리고 화학적 거세만이 남을 것이다. 그렇지 않아도 항상 비아그라가 존재한다. 1998년에 비아그라가 도입된 이래 10년 동안 10억 개가 충분히 넘는 정제錠劑가 배분됐다. 그러나 비아그라는 혈류를 불러일으키지 욕망을 불러일으키는 것은 아니다. 이제 남성들은 성적 관심 또한 위장할 수 있다. 진보인가?

B) 그것은 동일한 것이 아니다. 안 그런가? 밤에 몰래 숨어 당신 컴퓨터에서 포르노를 보는 것과 관련해 (무력화시키는 것은 아니라고 하더라도) 모욕감을 주는 무엇인가가 존재하지 않는가? 종종 이러한 과정은 관계를 파괴시킬 수 있는 심각한 분노와 분개로 귀결된다.

3. 연속적인 일부일처제. 이혼하고 다시 시작한다. 이 선택지는 다수의 부부관계 상담사를 포함해 대부분의 전문가들에 의해 추천된 '가장 정직한' 접근인 것처럼 보인다.

A) 연속적인 일부일처제는 사회가 지시하는 것과 생물학이 요구하는 것 사이의 갈등에 의해 제기된 이슈들에 대한 징후적symptomatic 반응이다. 그것은

장기간의 성적 일부일처제적 관계들에서 눈덩이처럼 커지는 남성의 (그리고 따라서 여성의) 성적 욕구불만에 관해 아무것도 해결하지 못한다.

B) 종종 난제에 대한 명예로운 반응으로 제시되기도 하지만, 연속적인 일부일처제를 통한 책임회피는 결손 가정과 편친偏親 가정이라는 오늘날의 유행병으로 직접 귀결된다. 우리가 섹스에 관한 진실에 직면할 수 없다고 해서 우리 아이들에게 감정적인 외상trauma을 안기는 것이 어떻게 '어른다운' 일이겠는가? 〈나는 못한다: 결혼의 반反 역사 Don't: A Contrarian History of Marriage〉의 저자인 수전 스콰이어Susan Squire는 "왜 사회는, 단지 오래 전에 첫 번째 사람에게 그랬던 것처럼 성교하는 것이 갈수록 지루해져 갈 뿐인 사람과 성교할 수 있기 위해, 결혼을 파기하고 이혼을 겪고 당신 아이들의 인생에 어쩌면 영원히 지장을 주는 것이 더욱 도덕적이라고 간주하는가?"라고 묻는다.[35] 상처 받고 격분한 여성과, 감정적으로 상처 입은 아이들을 나란히 버리고 떠남으로써 장기적인 행복을 추구하는 남자는 자신의 꼬리를 좇는 개와 하등 다를 것이 없다.

만일 당신이 남편에게 '속임을 당하고 있는' 여성이라면, 당신의 선택지들은 무엇이 진행되고 있는지 알지 못하는 채 가장하거나, (그렇게 하고 싶지 않다고 하더라도) 밖으로 나가서 당신 자신이 맞바람을 피우거나, 변호사를 불러 당신의 가족과 결혼을 파괴시키거나 하는 것 정도일 것이다. 이것들은 모두 패배하는 시나리오이다.

자신과 가족에 대한 이러한 배신을 묘사하기 위해 사용하는 용어인 '속이는cheating'이라는 말조차도, 결혼이 한 선수가 다른 선수를 희생시켜 승리할 수 있는 게임이라는 함축을 통해, 인간 성생활에 대한 표준적 담화를 메아리처럼 따라하고 있다. 이 모델에 따르면, 남자가 자기 아이들이라고 *생각하는*

---

35) 스콰이어의 말은 필립 바이스Philip Weiss가 잡지 〈뉴욕New York〉 2008년 5월 18일자에 게재한 도발적인 다음 기사에서 인용했다. "The affairs of men: The Trouble with sex and marriage." 다음에서도 활용 가능하다. http://nymag.com/relationships/sex/47055.

아이들을 부양하도록 남자에게 '속임수를 쓴trick' 여자는 속인 것이고 따라서 승리한 것이다. 표준적 담화에 따르면, 또 다른 최고의 승자는, 자신의 아이들을 양육하게 될 일련의 여성들을 임신시킨 뒤, 이미 다음 정복에 착수하고 있는 '아기 아빠baby-daddy' (역주: 결혼도 하지 않고 엄마와 아이에게 아무런 지원도 하지 않는 아빠)이다. 그러나 결혼했든 안 했든 어떠한 진정한 동반관계partnership에서도 속이는 것은 어떠한 종류의 승리로도 귀결될 수 없다. 그것은 모두가 이기거나 모두가 지는 관계이다.

제22장 함께 하늘 대면하기

사랑은 숨을 헐떡임이 아니고, 흥분도 아니고, 영원한 열정의 약속들의 선포도 아니다. 그것은 우리들 중 누구라도 우리들이 그렇다고 확신할 수 있는 '사랑에 빠지는' 것이다. 사랑 그 자체는 사랑에 빠지는 것이 불타 없어질 때 남는 그것이다…

　　　　　　　　　　　루이 드 베르니에르Louis de Bernières, 〈코렐리의 만돌린〉

사회가 특수한 범위의 이성애적인 실행들에 대한 순응을 강요하기 위해서는… 비용이 들어간다. 우리는 문화들이 합리적으로 고안될 수 있다고 믿는다. 우리는 가르칠 수 있고 보상할 수 있고 강제할 수 있다. 그러나 그렇게 하기 위해 우리는, 훈련과 실행을 위해 요구되는 시간과 에너지로 측정된, 그리고 우리의 고유한 성향들을 피하기 위해 지불되지 않으면 안 되는 인간 행복의 덜 유형적인 통화通貨로 측정된, 각 문화의 대가를 고려하지 않으면 안 된다.

　　　　　　　　　　　　　　　　　　　　　　윌슨E. O. Wilson[1]

　그렇다면 이제는 어떻게 되는가? 섹스에 관한 이 책 전체를 쓰면서, 우리는 우리 대부분이 섹스를 너무 진지하게 받아들이고 있다는 것을 다소 혼란스럽게 시사하고 싶었다. 그것이 단지 섹스일 때는 그것이 전부이다. 그런 경우들에서, 그것은 사랑이 아니다. 아니면 죄악이다. 아니면 병이다. 아니면 그렇지 않았더라면 행복했을 가정을 파괴하는 좋은 이유이다.

　빅토리아여왕 시대의 사람들처럼, 대부분의 현대 서구 사회는 공급을 제한하고("착한 소녀들은 하지 않는다") 수요를 팽창시킴으로써(소녀들이 미쳐 날뛴다), 섹스의 내재적 가치를 부풀리고 있다. 이 과정은 섹스가 실제로 얼마나 중요한지 바로 그것에 대한 왜곡된 관점을 가져온다. 그렇다. 섹스는 본질적이지만, 항상 그렇게 진지하게 다루어지지 않으면 안 되는 무엇은 아니다. 음식, 물, 산소, 집, 그리고 생존과 행복에 결정적인, 삶의 여타 모든 요소들을 생각

---

1) Wilson (1978), p. 148.

해 보라. 그것들을 손에 넣을 수 없게 되지 않는 한, 그것이 매일 우리 사고에 자리 잡지는 않는다. 성적 만족을 더욱 쉽게 활용 가능하게 만드는, 도덕적인 사회적 규준들의 합당한 완화 역시 그것을 덜 문제 있는 것으로 만들 것이다.

이것은 역사의 전반적인 궤도인 것처럼 보인다. '남녀 간 작업hooking up' 문화, 짜릿한 이미지들을 주고받는 섹스팅sexting, 동성애자 남성과 레즈비언 커플의 모든 법적 권리들의 완전한 인정 등에 의해, 많은 사람들은 당황스럽고 불안하다. 반면 그것들 중 어떤 것도, 그들이 오랫동안 저지하기 위해 할 수 있는 것은 많지 않다. 성의 측면에서 말하면, 역사는 수렵채집인의 가벼운 관계casualness로 되돌아가는 것처럼 보인다. 만일 그렇다면, 미래 세대들은 성적 욕구불만과, 불필요하게 해체되는 가족이라는 병리적 징후들을 덜 겪을지도 모른다. 홀름버그는 자신이 함께 살았던 시리오노족에 관해, "시리오노족은 섹스 파트너가 없어 고생하는 일은, 설령 있다고 해도, 좀처럼 없었다. 섹스 충동이 고조될 때면 거의 언제나 그것을 기꺼이 해소해 줄 활용 가능한 파트너들이 있다… 섹스 걱정은 시리오노 사회에서는 현저히 낮은 것처럼 보인다. 과도한 탐닉, 금욕, 또는 섹스에 관한 꿈과 환상들 같은 징후들은 거의 접할 수 없다."라고 썼다.[2]

그런 세계에 사는 것은 어떤 느낌이 들까? 글쎄, 우리 모두는 이 세계에 살고 있는 것이 어떤 느낌인지 알고 있다. 죽음 그 자체는 별도로 치고, 결혼의 종말이 진행되는 것만큼 인간의 불행을 야기하는 것은 무엇일까? 최근 〈타임〉지에서 케이틀린 플래너건Caitlin Flanagan이 보도했듯이, "단기적인 복리福利, 장기적인 성공과 관련된 단 한 가지 중요한 결과는, 양 부모가 있는 온전한 가족 출신의 아이들이 편친 가구 출신 아이들을 능가한다는 것이다. 수명, 약물 남용, 학교 성적과 중퇴율, 10대 임신, 범죄 행동과 투옥… 모든 경우에서, 양 부모와 같이 살고 있는 아이들은 다른 아이들을 크게 능가한다."[3]

---

2) Holmberg (1969), p. 258.
3) Caitlin Flanagan, "Is There Hope for the American Marriage?", Time, July 2, 2009. http://www.time.com/time/nation/article/0,8599,1908243,00.html.

독일의 철학자 요한 볼프강 괴테Johann Wolfgang Goethe는 "사랑은 이상적인 것이고, 결혼은 현실적인 것이다."라고 말했다. "현실적인 것을 이상적인 것과 혼동하는 것은 결코 처벌받지 않는 일이 없다." 사실이다. 한 사람에 대한 평생의 성적 정절에 기초한 결혼이라는 이상적인 시각-우리들 대부분이 종내 배우게 되는 시각은 고도로 비현실적이다-을 강요함으로써, 우리는 우리 자신, 피차간, 우리 아이들에 대한 처벌을 불러들이고 있다.

파멜라 드러커맨Pamela Druckerman은 부정不貞에 대한 비교문화적인 관찰을 정리한 〈성욕의 번역Lust in Translation〉에서 "프랑스인들은 자신의 불륜 파트너는 단지 그-불륜 파트너-일 뿐이라는 관념에서 훨씬 더 편안함을 느낀다."라고 썼다. 드러커맨은 프랑스인들이 사랑과 섹스가 상이한 것이라는 점을 이해하기 때문에, "우선 불륜을 정당화하기 위해 자신들의 결혼에 관해 불평할" 필요성을 덜 느낀다고 말한다. 그러나 그녀는 미국과 영국의 커플들은 완전히 다른 대본을 읽고 있는 것처럼 보인다는 것을 발견했다. 드러커맨이 관찰한 바에 따르면, "불륜은 하룻밤의 섹스라고 하더라도 결혼이 끝났다는 것을 의미한다." "나는 남편이 자신을 속이는 것을 안 뒤 '그것이 당신이 한 일이다' 라는 이유로 즉각 가방을 싸서 떠난 여성들과 얘기를 나누었다. 그것은 그녀들이 원했기 때문이 아니었다. 그녀들은 그것이 규칙이라고 생각할 뿐이었다. 그녀들은 심지어 다른 선택지가 존재한다는 것을 깨닫지 못하는 것처럼 보였다… 진실로, 내 말은 그녀들이 다른 대본을 읽고 있는 것처럼 보인다는 것이다."[4]

심리학자 줄리언 제인스Julian Jaynes는, 사태가 예상한 바와 다르다는 것을 깨달았을 때, 사람들이 경험하는 공포와 흥분의 혼합을 다음과 같이 묘사했다. "내부 만곡彎曲 위로 올라왔을 때, 페리스 회전식 관람차Ferris wheel 꼭대기에서의 어색한 순간이 존재한다. 그곳에서 우리는 믿음직한 대들보의 견고한 구조물들과 대면한다. 그리고 갑자기 그 구조물이 사라진다. 우리는 바깥쪽을

---

4) 드러커맨의 말은 〈옵저버The Observer〉지 2007년 7월 8일자에 실린, 그녀의 책에 대한 비평으로부터 인용한 것이다.
5) Janes (1990), p. 67.

왜 결혼과 섹스는 충돌할까

향한 곡선 아래로, 공중으로 던져진다."[5] 이것은 너무도 많은 커플들이 피하거나 무시하려고 투쟁하지만 결국 허사로 끝나는 그 순간이다. 모든 '믿음직한 대들보들'을 자신들의 뒤에 과거로 남겨둔 채, 함께 하늘과 대면하는 겁나는 일보다는 쓰라린 이혼과 가족 해체까지 선택한다고 할 정도이다.

우리가 우리 자신에게, 서로에게, 그리고 인간 성생활에 대해 갖고 있는 잘못된 기대들은 우리에게 심각하고 지속적인 해를 끼친다. 작가이자 성 상담 칼럼니스트인 댄 새비지Dan Savage는 "평생 동안의 일부일처제에 대한 기대는, 결혼에 대해 믿기 힘든 중압감을 부여한다. 그러나 사랑과 결혼에 대한 우리의 개념은, 일부일처제에 대한 기대뿐 아니라, 사랑이 있는 곳에서는 일부일처제가 쉽고 즐거울 것임에 틀림없다는 관념에도 그 토대를 두고 있다."[6]

확실히 극노로 황당힐 셩노로 격정저인 섹스는 결혼한 부부의 친밀함의 중요한 부분이 될 수 있다. 하지만 그것이 장기적인 친숙함의 정수精髓라고 생각하는 것은 심각한 오류이다. 다른 모든 종류의 갈망과 마찬가지로, 성적 욕망도 충족에 의해 억제되는 경향이 있다. 스콰이어Squire는 결혼을 지속적인 로맨스로 생각하는 것은 비현실적이라고 얘기한다. "그것은 당신이 1,000번씩 함께 자고 있는 누군가와 함께, 옷 벗기를 원하는 것과 같은 그런 것이 아니다. 우리는 사랑과 섹스의 본성이 처음 시작한 것으로부터 변화하며, 위대한 연애가 반드시 위대한 결혼을 만들어내는 것은 아니라는 사실을 알지 않으면 안 된다."[7] 강한 성욕에 의한 섹스는 친밀함의 완전한 결핍이라고 쉽게 표현될 수 있다. 악명 높은 하룻밤 섹스, 창녀, 기본적인 육체적 해방을 고려해 보라.

커플들이 초기의 낮과 밤을 연상시키는 강렬함을 보존하거나 회복하는 유일한 길은, 열려 있고 불확실한 하늘을 함께 대면할 것을 요구한다. 이 점을 커플들이 발견할지도 모른다. 만일 그들이 과감히 자기 감정의 진정한 본성에

---

6) Dan Savage, "What does marriage mean?", in Salon.com, July 17, 2004. http://www.salon.com/mwt/feature/2004/07/17/gay_marriage/index.html.
7) 스콰이어는 바이스Weiss가 잡지 〈뉴욕〉 2008년 5월 18일자에 게재한 다음 글에서 인용했다. "The affairs of men: The Trouble with sex and marriage." 다음에서도 활용 가능하다. http://nymag.com/relationships/sex/47055.

관해 이야기한다면, 그들은 자신들이 가장 의미 있고 친밀한 대화를 나누고 있음을 알게 될지도 모른다. 우리는 이것이 쉬운 대화가 될 것이라고 암시하고자 하는 것은 아니다. 그 대화들은 쉽지 않을 것이다. 남녀가 서로를 이해하기에 항상 어려운 지대地帶가 존재한다. 성적 욕망이 그 중 하나이다. 성적 쾌락과 감정적 친밀성이라는 두 가지 (남자들에게는) 명백히 분리된 쟁점들이, 많은 여성들에게는 왜 그렇게도 뒤얽혀 있는지를 이해하기 위해, 많은 남자들이 분투한다. 이와 마찬가지로, 남자들이 그 두 가지를 매우 쉽게 분리해 생각하는 것을, 많은 여성들은 받아들이기가 어려움을 알게 될 것이다.

그러나 우리는 신뢰를 가지고, 우리가 이해할 수 없는 것도 받아들이기 위해 분투할 수 있다. 우리가 이 책에 대해 갖는 가장 중요한 희망들 중의 하나는, 커플들이 (이러한 불편한 감정들의 고대적 뿌리들에 대한 더 깊고 덜 판단적인 이해를 통해, 그리고 그 뿌리들을 다루기 위한, 더 정보가 많고 더 성숙한 접근을 통해) 이 상이한 감정적 지형을 가로질러 함께 그들의 길을 좀 더 쉽게 걸어갈 수 있게 해주는, 그런 종류의 대화들을 불러일으키는 것이다. 그것 외에는, 우리는 실제로 제공할 유용한 충고를 거의 갖고 있지 않다. 모든 관계는 특별한 주의를 요하는, 부단히 변화하는 세계이다. 두루 적용되도록 만든 관계에 관한 충고를 제공하는 사람들을 경계하라고 당신에게 주의를 주는 것 외에도, 우리의 최상의 충고는 (〈햄릿〉에서) 폴리니어스Polonius가 라에르테스Laertes에게 하는 다음 충고와 상통한다. "너 자신에게 진실하라. 그러면 밤이 낮을 뒤따르듯이 너는 어떤 남자(또는 여자)에게도 거짓될 수 없게 될 것이다."

• • •

그럼에도 불구하고, 정절에 대한 더 이완되고 관용적인 접근에 의해 제기된 많은 이슈들을 완전히 다루기 위해서는, 우리들 자신과 서로에 대한 더 깊은 이해 이상의 것이 필요할 것이다. 스코트Scott는 자신이 소개해 준 래리Larry

와도 관계를 맺는 테리사Terisa(여성)와 장기간의 3인 관계를 유지했는데, "내가 유감스럽게 생각하는 사람들은, 사회가 제시하는 전통적인 선택지들을 넘어서서 뭔가 다른 선택권을 갖고 있다는 것을 깨닫지도 못하는 사람들이다."라고 말한다. 그렇게 세 사람 또는 네 사람이 연관된 관계들은 필요에 의해 최근에 이르기까지 감시망 하에 놓여 있었다. 〈뉴스위크〉의 한 기사에 따르면, 소위 다중애적多重愛的 가족들이 미국에서 약 50만에 이르는 것으로 생각된다.[8] 그런 구조 속에 연관된 사람들은 자신들의 불안과 질투와 정면으로 대면하려고 시도함으로써 "대자연과 싸우고 있다."라고 헬렌 피셔Helen Fisher는 생각한다. 하지만 적절한 사람들에게는 그런 배열이, 관련된 모든 사람들을 위해서 심지어 아이들을 위해서도 매우 잘 작동할 수 있다는 증거가 많이 있다.

사라 흐르디가 우리에게 상기시켜 주듯이, 고립되어 가족을 부양하려고 분투하는 관습적인 커플들이 대자연과 싸우고 있는 커플들인지도 모른다. 그녀는 "다윈 이래로 우리는 인간들이, 핵가족 속에서 어머니가 자기 자식들을 기르는 것을 돕는 한 명의 남성에게 의존하는 그런 형태의 가족들 속에서 진화했다고 가정해 왔다. 그러나… 인간 가족의 배열의 다양성은… 우리 조상들이 협동적인 양육자들로서 진화했다고 가정함으로써 더 잘 예측된다."라고 썼다.[9] 우리의 관점에서 보면, 스코트와 래리와 테리사와 같은 사람들은 고대의 사회성애적인 윤곽들을 모사模寫하려고 시도하는 것처럼 보인다. 우리가 보았듯이, 아이의 관점에서 보면, 주변에 둘 이상의 안정적이고 애정 어린 성인을 두는 것은 아프리카에서든 아마존에서든 중국에서든 또는 콜로라도 교외에서든 풍요로운 것일 수 있다. 최근에 레어드 해리슨Laird Harrison은 자신의 생물학적 부모들이 다른 커플, 또 그들의 아이들과 공유한 집에서 성장한 자신의 경험에 관해 쓴 적이 있다. 그는 "공동체적인 가정은 내가 지금까지 결코 느

8) Jessica Bennett, "Only You. And You. And You. Polygamy?relationships with multiple, mutually consenting partners?has a coming-out party." Newsweek(Web Exclusive) July 29, 2009. http://www.newsweek.com/id/209164.
9) Hrdy (2001), p. 91.

껴보지 못했던 일종의 동지애를 즐기게 해주었다… 나는 부모가 다른 내 누이들과 책을 바꾸고 그녀들의 열애 얘기를 경외감을 갖고 들었으며, 선생님들에 관한 조언을 교환했다. 그녀들의 아버지는 훌륭한 음악에 대한 자신의 사랑을 전해주었고, 그녀들의 어머니는 요리에 대한 자신의 열정을 전해주었다. 일종의 연대連帶가 우리들 10명 사이에 형성됐다."라고 회상했다.[10]

모두가 비밀을 밝히다

시대의 기본적인 환상들이 소진되면 그 시대는 끝난 것으로 간주될 수 있다.

아서 밀러Arthur Miller

최근 역사의 많은 부분은 엄격한 사회구조들의 바위투성이 곳에 부서지는 관용과 수용의 물결들로 볼 수 있다. 비록 그것은 거의 영원한 시간이 걸릴 것으로 보일 수도 있지만, 파도들은 움직일 수 없는 바위의 크기를 흐르는 모래로 줄임으로써 항상 마침내 이기고 만다. 20세기는 노예 반대운동, 여성의 권리, 인종 평등의 큰 파도들, 그리고 더 최근에는 게이, 레즈비언, 트랜스젠더, 양성애자의 권리들에 대한 점증하는 수용의 큰 파도들에 의해 곳들이 바스러지는 것을 목도했다.

작가 앤드류 설리반Andrew Sullivan은 동성애자이자 가톨릭교도로서 성장한 자신의 경험을 "극도의 고통이라고 할 수 있을 정도로 어려운" 것으로 묘사했다. 그는 "나는 내 자신의 삶과 무수한 타인들의 삶 속에서, 이러한 핵심적인 감정들에 대한 억압과, 사랑으로 그 감정들을 해소하는 것에 대한 부정은, 항상 개인적인 왜곡과 강제 그리고 전망의 상실로 귀결되는 것을 보았다. 사람

---

10) Laird Harrison, "Scenes from a group marriage." Salon.com. http://mobile.salon.com/mwt/feature/2008/06/04/open_marriage/index.html.

들에게…그들에게 맞지 않는 모델에 맞추도록 강제하는 것은 아무에게도 도움이 되지 못한다."라고 썼다. "그것은 그들에게서 존엄성과 자부심과 건강한 관계에 대한 능력을 빼앗는다. 그것은 가족을 파괴하고 기독교를 왜곡시키며 인간성을 훼손한다. 그것은 종결되지 않으면 안 된다."[11] 설리반의 논평들은 공적으로는 동성애 혐오자이지만 사적으로는 동성애자였던 TV 전도사 테드 해거드Ted Haggard의 일그러진 붕괴 때문에 유발된 것이었다. 하지만 그는 자신의 시대에 사회적으로 허가된 틀에 맞지 않는 사람이라면 누구라도 대변할 수 있었을 것이다.

그러면 누가 이 틀에 맞는 것인가? 그렇다, 자신을 미워하는 동성애자 TV 전도사와 정치인들은 커밍아웃을 할 필요가 있겠지만, 다른 사람도 모두 그렇게 할 필요가 있다.

그것은 쉽지 않을 것이다. 수치심이 연료가 되는 분노를 잘 견디기는 결코 쉽지 않다. 사학자 로버트 맥켈바인Robert McElvaine은 "자유로운 사랑은 '자유로운 증오'로 타락할 가능성이 크다. 모든 사람을 사랑하는 것은 생물학적으로 불가능하기 때문에, 모든 사람을 사랑하려는 시도는 '타자화otherization'가 (되고), 증오가 수반된다."[12]라고 선언함으로써, 과감히 일부일처제적인 무리로부터 벗어날지도 모르는 사람들을 기다리고 있는 날카로운 맹비난의 일부를 미리 보여준다. 맥켈바인과 마찬가지로, 많은 관계 상담사들은 어떤 종류의 비표준적인 결혼 관계에 대해서도 두려워하고 무지한 것처럼 보인다. 〈감금된 짝짓기Mating in Captivity〉의 저자인 에스더 페렐Esther Perel은 자신이 알고 있는 (그리고 존경하는) 한 가족요법 치료사의 말을 인용했다. 그 치료사는 "개방 결혼open marriage은 성공하지 못한다. 당신이 그것을 할 수 있다고 생각하는 것은 전적으로 순진한 것이다. 우리는 1970년대에 그것을 시도했으며 그것은 재앙이었다."[13]라고 명백하게 말한다.

---

11) http://andrewsullivan.theatlantic.com/the_daily_dish/2009/01/ted-haggard-a-1.html.
12) McElvaine (2001), p. 339.
13) Perel (2006), p. 192.

아마 그럴지도 모르지만, 그런 치료사들은 관습적인 결혼에 대한 대안들을 반사적으로 묵살하기 전에 조금 더 깊이 파헤치길 원하는지도 모른다. 현대 미국사에서 최초의 자유연애가들을 상상하라고 요청하면, 아마도 대부분의 사람들은 체 게바라의 포스터 아래, 지미 헨드릭스Jimi Hendrix와 제퍼슨 에어플레인Jefferson Airplane의 음악을 하이파이로 들으면서 자유연애 공동체의 물침대에 나른히 누워 있는, 머리띠를 한 장발 히피들을 머릿속에 그릴 것이다. 그러나 아저씨들, 냉정해져라. 왜냐하면 진실이 당신을 황홀하게 할 것이기 때문이다.

현대 미국의 원조 자유연애가들은 머리를 아주 짧게 깎은, 제2차 세계대전의 공군 조종사들과 그들의 아내들인 것처럼 보인다. 모든 곳의 엘리트 전사들과 마찬가지로, 이 '탑건들top guns'은 종종 서로 간에 강력한 결속을 발전시켰다. 그것은 아마도 그들이 군대의 어떤 병과에 비해 사상자 비율이 가장 높았기 때문일 것이다. 저널리스트 테리 굴드Terry Gould에 따르면, 1997년에 영화 〈아이스 스톰Ice Storm〉에서 극화된 것과 같은 '키 파티key parties'는 1940년대에 이러한 군사 기지에서 비롯됐다. 거기서 남자들이 일본의 방공포를 향해 날아가기 전에, 엘리트 조종사들과 그들의 아내들은 서로 혼음을 했다.

미국 자유연애 문화사인 〈라이프스타일The Lifestyle〉의 저자 굴드는 공군의 이 의례에 관해 글을 쓴 연구자 2명을 인터뷰했다. 존Joan과 드와이트 딕슨Dwight Dixon은 굴드에게, 이 전사들과 그 아내들은 "남편들 중 생존한 3분의 2가 과부들을 돌볼 것이라는 암묵적인 이해를 가지고, 일종의 종족 유대를 위한 의례로 서로를 공유했다."[14]라고 설명했다. 그 관행은 전쟁이 끝난 뒤에 1940년대 말까지 지속됐으며, "메인주에서 텍사스주, 캘리포니아주, 워싱턴주에 이르기까지 군사시설에는 자유연애 클럽이 번창했다."라고 굴드는 썼다. 한국전쟁이 끝날 무렵인 1953년에 그 클럽들은 "공군기지에서부터 인근

---

14) 아마존에서의 배우자 공유에 대한 베커만Beckerman의 다음 묘사를 상기하라. "당신은 만일 당신이 죽으면 당신의 아이들 중 최소한 한 명을 돌봐줄 잉여의 의무를 가질 다른 어떤 남자가 존재한다는 것을 알고 있다. 따라서 당신의 아내가 연인을 둘 때 그것을 다른 방식으로 바라보거나 축복하는 것이 당신이 살 수 있는 유일한 보험이다."

교외에 사는 이성애적인 사무직 전문가들 사이로 확산됐다."[15]

우리는 이 전투기 조종사들과 그 아내들이 '순진한' 것이었다고 믿어야 하는가?

1970년대에 세간의 이목을 끈, 대안적인 성생활을 향한 미국의 많은 시도들이 혼돈으로 끝나고 감정들을 상하게 했다. 하지만 그것은 무엇을 증명하는가? 미국인들은 또한 1970년대에 해외 석유에 대한 의존도를 낮추려고 시도했지만 실패했다. 이 논리에 따르면, 다시 시도하는 것은 '순진한' 것일 것이다. 게다가 사적인 문제들에서는 재량권과 성공은 함께 가는 경향이 있기 때문에, 얼마나 많은 커플들이 표준적이고 규격화된 일부일처제에 대한 절제된 대안들을 실험함으로써, 자신들의 비관습적인 이해理解들을 발견하는 데 *성공했는지*는 실제로 아무도 *알시 못한다*.[16]

논란의 여지가 없는 것은 관습적인 결혼이 수백만의 남녀 그리고 아이들에게 지금 당장 전면적인 재앙이라는 것이다. 관습적인 '죽음-또는 부정이나 권태-이 우리를 갈라놓을 때까지' 식의 결혼은 실패작이다. 감정적으로, 경제적으로, 심리적으로, 성적으로, 그것은 너무도 많은 커플들에게 장기간에 걸쳐서는 작동하지 않을 따름이다. 이성애적인 결혼에 대한 비관습적인 접근들이 생겨나는 요즈음에는, 동성애자 남성이나 레즈비언에게 "철 좀 들고, 진지해져서 동성애를 당장 그만두라."라고 설득하려고 생각하는 주류 치료사들은 거의 없다. 하지만 "성적 경계들은 치료사들이 지배적인 문화를 반영하는 것처럼 보이는, 몇 안 되는 영역들 중의 하나이다."라고 페렐은 지적한다. 그녀는 "일부일처제는 규범이고, 성적 정절은 성숙하고 헌신적이고 현실을 직시한 것이다."라고 썼다. 대안들을 성사시키는 것은 잊어버려라. "일부일처제가 아닌 것은, 그것이 합의에 의한 것이라고 하더라도 수상쩍은 것이다." 다른 사람과 섹스하면서 어떤 사람을 사랑하는 것이 가능할 수도 있다는 관념은

---

15) Gould (2000), pp. 29-31.
16) 결국 1970년대에 누군가가 네나Nena와 조지 오닐George O'Neill의 《개방 결혼Open Marriage》을 거의 400만 권이나 샀다.

"우리를 몸서리치게 만들며", "혼돈의 이미지들 즉, 난혼과 난잡한 잔치와 방탕"을 떠올리게 한다.[17]

표준적인 일부일처제의 속박들을 완화—그러나, 파괴하지는 않고—시키기 위한 방법들을 기대하며 치료사에게 의지하는 커플들은, 〈나쁜 유전자들Mean Genes〉이라는 자기계발서에 기초한, 진화심리학에서 나온 다음의 충고와 같은, 방어적인 비난과 부자연스러운 브로마이드 이외에는 거의 아무것도 얻지 못할 가능성이 크다. "우리 모두가 직면하는 유혹들은 우리의 심장과 마음의 유전자 속에 깊이 뿌리박혀 있고…(그러나) 우리가 재미있는 정력가로 남아 있는 한, 일부일처제와 우리의 부정을 촉진하는 나쁜 유전자들 사이에 아무런 갈등도 없을 것이다."[18] 재미있는 정력가? 아무런 갈등이 없다고? 그래. 그것을 쿨리지 부인에게 말해 줘라.

페렐은 이성애적인 커플들이 자신들—비록 그들이 주류 사회가 허용하는 경계의 바깥에 있음을 발견하더라도—에게 잘 작동할 수 있는 대안적인 배열을 발견할 가능성을 공적으로 기꺼이 고려하는 보기 드문 치료사이다. 그녀는 "성적 경계들을 교섭하는 커플들은…문을 계속 닫아 두는 커플들 못지않게 헌신적이라는 게 내 경험이다. 사실 그들로 하여금 장기간의 사랑을 위한 여타의 모델들을 탐구하도록 하는 더욱 강한 관계를 만들려는 것이 그들의 욕망이다."라고 썼다.[19]

유연하고 다정한 파트너 관계를 우리의 고대적 욕구들에 적응시키는 무한한 방법들이 존재한다. 예를 들면, 대부분의 주류 치료사들의 주장에도 불구하고, '개방 결혼' 상태에 있는 커플들은 관습적인 결혼 상태에 있는 커플들보다 일반적으로 훨씬 높은 (자신들의 관계와 삶 일반에 대한) 전반적인 만족도를 보여준다.[20] 다중애자들polyamorists은 서로에게 거짓말을 하지 않고 자신

---

17) Perel (2006), p. 197.
18) Burnham and Phelan (2000), p. 195.
19) Perel (2006), p. 197.
20) Bergstrand and Blevins Williams (2000).

들의 일차적인 파트너 관계를 파괴하지 않으면서, 부가적인 관계들을 자신들의 삶 속으로 통합하는 방법들을 발견했다. 다수의 남성 동성애자 커플들처럼, 이런 사람들은 부가적인 관계들이 어느 누구에 대한 공격으로도 간주될 필요가 없다는 것을 인식한다. 〈윤리적인 매춘부Ethical Slut〉의 저자인 도시 이스튼Dossie Easton과 캐서린 리스트Catherine Liszt는 "이미 불안정하다고 느끼고 있을지도 모르는 '속임을 당한' 파트너가 그에게 무엇이 잘못되었는지 의구심을 품도록 하기 때문에, 바람은 관계에서 병의 징후라고 해석하는 것은 잔인하고 무감각한 것이다…많은 사람들은 자기 파트너의 어떤 부적절함 또는 관계에서의 어떤 부적절함과도 아무런 관계가 없다는 이유로 자신들의 일차적인 관계들 밖에서 섹스를 한다."라고 썼다.[21]

수 세기에 걸친 종교적이고 과학적인 캠페인에도 불구하고, 관습적인 핵가족의 이른바 '자연스러움'을 뒷받침하는 기본적인 환상들은 말끔히 소진됐다. 이러한 붕괴로 인해 우리들 중 많은 사람들이 고립되고 충족되지 않은 상태에 놓여졌다. 맹목적인 강요와 선의의 심문들은 형세를 역전시키지 못했으며, 미래의 성공에 대한 아무런 신호도 보여주지 못한다. 끝없는 '성 간의 전쟁War Between the Sexes', 또는 처음부터 결코 진실이 아닌 가족에 관한 한 관념을 엄격히 고수하는 것 대신에, 우리는 성생활에 대한 진실들과 평화를 추구할 필요가 있다. 아마도 이것은 새로운 가족의 윤곽들을 즉각 만드는 것을 의미할 것이다. 아마 그것은 편모偏母와 그 아이들에 대한, 공동체의 더 많은 지원을 요구할 것이다. 아니면 아마도 우리가 성적 정절에 관한 우리의 기대들을 적응시키는 법을 배우지 않으면 안 된다는 것을 의미할 뿐일 수도 있다. 격렬한 부정, 경직된 종교적 또는 입법적 명령, 그리고 사막에서의 중세적인 돌던지기 의례는 모두 선사시대에 우리가 매우 좋아하던 것에 대해서는 아무런 위력이 없다는 것이 입증됐다. 그리고 우리는 이 사실을 알고 있다.

1988년에 콜로라도주 지사였던 로이 로머Roy Romer는 공적으로 알려지게

---

21) Easton and Liszt (1997).

된, 자신의 오랜 기간에 걸친 혼외정사에 관해 광란적인 질문 공세에 직면했다. 로머는 공인들이라면 거의 아무도 감히 하지 않는 일을 했다. 유카탄 식으로, 그는 거슬리는 질문들의 저변을 이루는 전제, 즉 그의 혼외 관계는 그의 아내와 가족에 대한 배신이라는 전제를 받아들이기를 거부했다. 대신에 그는 보기 드문 기자회견을 열어 45세인 자기 아내가 그 관계를 내내 알고 있었고 받아들였다고 지적했다. 로머는 킥킥거리는 기자들에게 "실제로 일어나는 것으로서의 삶"을 가지고 대응했다. 그는 시끌벅적하다가 갑자기 조용해진 기자 집단에게 "정절이 무엇인가?"라고 물었다. "정절은 당신이 가지고 있는 어떤 종류의 개방성인가? 진실과 개방성에 토대를 둔, 당신이 가지고 있는 어떤 종류의 신뢰인가? 그리고 나 자신의 가족 내에서 우리는 그것을 상당히 자세하게 논의했고, 우리의 감정들은 무엇이고 우리의 욕구들은 무엇인지에 대한 이해에 도달하고 그런 종류의 정절로 해결하기 위해 노력했다."[22]

해와 달의 결혼

무수한 별들로 가득하고 구름들이 끊임없이 흐르고 행성들이 헤매는 하늘에는, 항상 그리고 영원히 단 하나의 달과 하나의 해가 존재해 왔다. 우리 조상들에게, 이 두 개의 신비한 물체는 여성의 본질과 남성의 본질을 반영했다. 아이슬란드에서 티에라 델 푸에고에 이르기까지, 사람들은 태양의 불변성과 힘을 그의 남성성에 따른 것으로 보았으며, 달의 가변성과 형언하기 어려운 아름다움, 그리고 월별 주기들은 그녀의 여성성의 상징이었다.

10만 년 전에 하늘을 향한 인간의 눈에는, 오늘날 우리의 눈에도 그러한 것처럼, 해와 달의 크기가 동일한 것처럼 보였다. 개기 일식에서 달의 원반은 해의 원반에 너무도 정확하게 맞아, 우리는 육안으로도 달 뒤쪽에서 우주로 타

---

22) 그 기자회견을 다음에서 들을 수 있다. www.thisamericanlife.org/Radio_Episode.aspx?episode=95.

오르는 해의 불꽃들을 볼 수 있다.

해와 달은 지상의 관찰자들에게는 정확히 같은 크기인 것처럼 *보인다*고 해도, 과학자들은 오래전에 해의 진짜 지름은 달 지름의 약 *400배*라는 것을 밝혀냈다. 그러나 믿을 수 없게도, 지구에서 해까지의 거리는 달까지의 거리의 약 400배이다. 따라서 의식할 수 있는 누군가가 존재하는 유일한 별(지구)에서 바라보면, 해와 달은 있을 법하지 않는 균형상태에 들어가게 된다.[23]

일부 사람들은 '흥미로운 우연의 일치'라고 말할 것이다. 다른 사람들은 차이와 유사성, 근접함과 거리, 리드미컬한 불변성과 주기적인 변동이라는 이 하늘의 수렴 현상에 포함된, 기이한 메시지가 있는 것은 아닌지 궁금해 할 것이다. 우리의 먼 조상들과 마찬가지로, 우리는 여기 집에서 남자와 여자 그리고 남성적인 것과 여성적인 것의 본성에 대한 단서들을 기대하면서, 우리의 해와 우리의 달의 영원한 춤을 지켜보고 있다.

사진: 뤽 비아투르Luc Viatour. www.lucnix.be

---

23) 우리는 해와 달의 이 놀라운 관계를 웨일(Weil, 1980)의 책에서 처음 배웠다. 이 책은 일식日蝕으로부터 완전히 익은 망고에 이르기까지 모든 것이 갖고 있는, 의식을 변화시키는 잠재력에 관한 매혹적인 책이다.

참고문헌

최신 뉴스, 더 자세한 논의, 이 책에서 제기된 쟁점들에 대한 최신 정보를 위해서는 sexatdawn.com을 방문하거나 저자들과 접촉하기 바랍니다.

Acton,W. (1857/2008). *The Functions and Disorders of the Reproductive Organs in Childhood, Youth, Adult Age, and Advanced Live Considered in their Physiological, Social, and Moral Relations.* Charleston, SC: BiblioLife.

Adovasio, J. M., Soffer, O., and Page, J. (2007). *The Invisible Sex: Uncovering the True Roles of Women in Prehistory.* New York: Smithsonian Books.

Alexander, M. G., and Fisher, T. D. (2003). Truth and consequences: Using the bogus pipeline to examine sex differences in self-reported sexuality. *The Journal of Sex Research,* 40: 27–35.

Alvergne, A., and Lummaa, V. (2009). Does the cotraceptive pill alter mate choice in humans? *Trends in Ecology and Evolution,* 24. In press–published online October 7, 2009.

Ambrose, S. (1998). Late Pleistocene human population bottlenecks, volcanic winter, and differentiation of modern humans. *Journal of Human Evolution* 34(6): 623–651.

Amos, W., and Hoffman, J. I. (2009). Evidence that two main bottleneck events shaped modern human genetic diversity. *Proceeding of the Royal Society B.* Published online before print October 7, 2009, doi:10.1098/rspb.2009.1473.

Anokhin, A. P., Golosheykin, S., Sirevaag, E., Kristjansson, S., Rohrbaugh, J. W., Heath, A. C. (2006). Rapid discrimination of visual scene content in the human brain. *Brain Research,* doi:10.1016/j.brainres.2006.03.108, available online May 18, 2006.

Bagemihl, B. (1999). *Biological Exuberance: Animal Homosexuality and Natural Diversity.* New York: St. Martin's Press.

Baker, R. R. (1996). *Sperm Wars: The Science of Sex.* New York: Basic Books.

Baker, R. R., and Bellis, M. (1995). *Human Sperm Competition.* London: Chapman Hall.

Barash, D. P., and Lipton, J. E. (2001). *The Myth of Monogamy: Fidelity and Infidelity in Animals and People.* New York: W. H. Freeman.

Barkow, J. H., Cosmides, L., and Tooby, J. (Eds.). (1992). *The Adapted Mind: Evolutionary Psychology and the Generation of Culture.* New York: Oxford University Press.

Barlow, N. (Ed.). (1958). *The Autobiography of Charles Darwin.* New York: Harcourt Brace.

Barratt, C. L. R., Kay, V., and Oxenham, S. K. (2009). The human spermatozoon—a stripped down but refined machine. *Journal of Biology,* 8: 63. http://jbiol.com/content/8/7/63.

Bateman, A. J. (1948). Intra-sexual selection in *Drosophila. Heredity,* 2: 349–368.

Baumeister, R. F. (2000). Gender differences in erotic plasticity: The female sex drive as socially flexible and responsive. *Psychological Bulletin,* 126: 347–374.

Beckerman, S., and Valentine, P. (Eds.). (2002). *Cultures of Multiple Fathers: The Theory and Practice of Partible Paternity in Lowland South America.* Gainsville: University Press of Florida.

Behar, D. M., et al. (2008). The dawn of human matrilineal diversity. *The American Journal*

of Human Genetics, 82: 1130−1140.

Bergstrand, C., and Blevins Williams, J. (2000). Today's Alternative Marriage Styles: The Case of Swingers. Electronic *Journal of Human Sexuality*: Annual. Online: http://findarticles.com/p/articles/mi_6896/is_3/ai_n28819761/?tag=content;col1.

Berkowitz, B., and Yager−Berkowitz, S. (2008). *He's Just Not Up For It Anymore: Why Men Stop Having Sex and What You Can Do About It*. New York: William Morrow.

Berman, M. (2000). *Wandering God: A Study in Nomadic Spirituality*. Albany, NY: State University of New York Press.

Bernard, J. (1972/1982). *The Future of Marriage*. New Haven, CT: Yale University Press.

Betzig, L. (1989). Causes of conjugal dissolution: A cross−cultural study. *Current Anthropology*, 30: 654−676.

Birkhead, T. (2000). *Promiscuity: An Evolutionary History of Sperm Competition and Sexual Conflict*. New York: Faber and Faber.

Blount, B. G. (1990). Issues in bonobo (*Pan paniscus*) sexual behavior. *American Anthropologist*, 92: 702−714.

Blurton Jones, N., Hawkes, K., O'Connell, J. F. (2002). Antiquity of postreproductive life: Are there modern impacts on hunter−gatherer postreproductive life spans? *American Journal of Human Biology*, 14:184−205.

Bodley, J. (2002). *Power of Scale: A Global History Approach (Sources and Studies in World History)*. Armonk, NY: M. F. Sharpe.

Boehm, C. H. (1999). *Hierarchy in the Forest: The Evolution of Egalitarian Behavior*. Cambridge, MA: Harvard University Press.

Bogucki, P. (1999). *The Origins of Human Society*. Malden, MA: Blackwell.

Borofsky, R. (2005). *Yanomami: The Fierce Controversy and What We Can Learn From It*. University of California Press.

Bowlby, J. (1992). *Charles Darwin: A New Life*. New York: Norton.

Brown, D. (1970/2001). *Bury My Heart at Wounded Knee: An Indian History of the American West*. New York: Holt Paperbacks.

Bruhn, J. G., and Wolf, S. (1979). *The Roseto Story: An Anatomy of Health*. University of Oklahoma Press.

Burnham, T., and Phelan, J. (2000). *Mean Genes: From Sex to Money to Food: Taming our Primal Instincts*. Cambridge, MA: Perseus.

Buss, D. M. (2000). *The Dangerous Passion: Why Jealousy is as Necessary as Love and Sex*. New York: The Free Press.

Caesar, J. (2008). *The Gallic Wars: Julius Caesar's Account of the Roman Conquest of Gaul*. St. Petersburg, FL: Red and Black Publishers.

Caswell, J. L., et al. (2008). Analysis of chimpanzee history based on genome sequence alignments. *PLoS Genetics*, April; 4(4): e1000057. Online: http://www.plosgenetics.org/article/info%3Adoi%2F10.1371%2Fjournal.pgen.1000057.

Caton, H. (1990). *The Samoa Reader: Anthropologists Take Stock*. Lanham, MD: University Press of America.

Chagnon, N. (1968). *Yanomamö: The Fierce People*. New York: Holt, Rinehart and Winston.

Chapman, A. R., and Sussman, R. W. (Eds.). (2004). *The Origins and Nature of Sociality*. Piscataway, NJ: Aldine Transaction.

Chernela, J. M. (2002). Fathering in the northwest Amazon of Brazil. In S. Beckerman and P. Valentine (Eds.), *Cultures of Multiple Fathers: The Theory and Practice of Partible Paternity in Lowland South America* (pp. 160–177). Gainsville: University Press of Florida.

Chivers, M. L., Seto, M. C., and Blanchard, R. (2007). Gender and sexual orientation differences in sexual response to the sexual activities versus the gender of actors in sexual films. *Journal of Personality and Social Psychology*, 93: 1108–1121.

Clark, R. D., and Hatfield, E. (1989). Gender differences in receptivity to sexual offers. *Journal of Psychology & Human Sexuality*, 2: 39–55.

Cochran, G., and Harpending, H. (2009). *The 10,000 Year Explosion: How Civilization Accelerated Human Evolution*. New York: Basic Books.

Cohen, S., et al. (2009). Sleep habits and susceptibility to the common cold. *Archives of Internal Medicine*, 169: 62.

Coventry, M. (October/November 2000). Making the cut: It's a girl!··· or is it? When there's a doubt, why are surgeons calling the shots? *Ms. Magazine*. Retrieved July 2, 2002 from http://www.msmagazine.com/oct00/makingthecut.html.

Crocker, W. H., and Crocker, J. G. (2003). *The Canela: Kinship, Ritual, and Sex in an Amazonian Tribe (Case Studies in Cultural Anthropology)*. Florence, KY: Wadsworth.

Dabbs, J. M. Jr., Carr, T. S., Frady, R. L., and Riad, J. K. (1995). Testosterone, crime and misbehavior among 692 male prison inmates. *Personality and Individual Differences*, 18: 627–633.

Dabbs, J. M. Jr., Jurkovic, G., and Frady, R. L. (1991). Salivary testosterone and cortisol among late adolescent male offenders. *Journal of Abnormal Child Psychology*, 19: 469–478.

Daniels, D. (1983). The evolution of concealed ovulation and self-deception. *Ethology and Sociobiology*, 4: 69–87.

Darwin, C. (1871/2007). *The Descent of Man and Selection in Relation to Sex*. New York: Plume.

Davenport, W. H. (1965). Sexual patterns and their regulation in a society of the southwest Pacific. In Beach, (Eds.), *Sex and Behavior*, pp. 161–203.

Dawkins, R. (1976). *The Selfish Gene*. New York: Oxford University Press.

_____ (1998). *Unweaving the Rainbow: Science, Delusion and the Appetite for Wonder*. Boston: Houghton Mifflin.

Desmond, A., and Moore, J. (1994). *Darwin: The Life of a Tormented Evolutionist*. New York: Warner Books.

DeSteno, D., and Salovey, P. (1996). Evolutionary origins of sex differences in jealousy? Questioning the "fitness" of the model. *Psychological Science*, 7: 367–372.

de Waal, F. (1995). Bonobo Sex and Society: The Behavior of a close relative challenges assumptions about male supremacy in human evolution. *Scientific American* (March): 82–88.

_____ (1998). *Chimpanzee Politics: Power and Sex among the Apes*. Baltimore, MD: Johns Hopkins University Press. (Original work published 1982.)

_____ (2001a). *The Ape and the Sushi Master: Cultural Reflections of a Primatologist*. New York: Basic Books.

_____ (2001b). Apes from Venus: Bonobos and human social evolution. In F. de Waal (Eds.). *Tree of Origin: What Primate Behavior Can Tell Us About Human Social Evolution* (pp. 39–68). Cambridge, MA: Harvard University Press.

_____ (2005a). *Our Inner Ape: The Best and Worst of Human Nature*. London: Granta Books.

_____ (2005b). Bonobo Sex and Society. *Scientific American* online Issue, February, pp. 32–38.

_____ (2009). *The Age of Empathy: Nature's Lessons for a Kinder Society*. New York: Harmony Books.

de Waal, F., and Johanowicz, D. L. (1993). Modification of reconciliation behavior through social experience: An experiment with two macaque species. *Child Development* 64: 897–908.

de Waal, F., and Lanting, F. (1998). *Bonobo: The Forgotten Ape*. Berkeley: University of California Press.

Diamond, J. (1987). The worst mistake in the history of the human race. *Discover*, May.

_____ (1991). *The Rise and Fall of the Third Chimpanzee: How Our Animal Heritage Affects the Way We Live*. London: Vintage.

Dillehay, T. D. (2008). Monte Verde: Seaweed, Food, Medicine and the Peopling of South America. *Science*, 320 (5877): 784 ? 786.

Dindyal, S. (2004). The sperm count has been decreasing steadily for many years in Western industrialised countries: Is there an endocrine basis for this decrease? *The Internet Journal of Urology*, 2(1).

Dixson, A. F. (1998). *Primate Sexuality: Comparative Studies of the Prosimians, Monkeys, Apes and Human Beings*. New York: Oxford University Press.

Drucker, D. (2004). *Invent Radium or I'll Pull Your Hair: A Memoir*. Chicago: University of Chicago Press.

Dunbar, R. I. M. (1992). Neocortex size as a constrain on group size in primates. *Journal of Human Evolution*, 22: 469–493.

_____ (1993). Coevolution of neocortical size, group size and language in humans. *Behavioral and Brain Sciences*, 16(4): 681–735.

Easton, D., and Liszt, C. A. (1997). *The Ethical Slut: A Guide to Infinite Sexual Possibilities*. San Francisco, CA: Greenery Press.

Eberhard, W. G. (1996). *Female Control: Sexual Selection by Cryptic Female Choice*. Princeton, NJ: Princeton University Press.

Edgerton, R.B. (1992). *Sick Societies: Challenging the Myth of Primitive Harmony*. New York: The Free Press.

Ellison, P. T., et al. (2009). *Endocrinology of Social Relationships*. Cambridge, MA: Harvard University Press.

Elwin, V. (1968). *Kingdom of the Young*. Bombay: Oxford University Press.

Erikson, P. (2002). Several fathers in one's cap: Polyandrous conception among the Panoan Matis (Amazonas, Brazil). In S. Beckerman and P. Valentine (Eds.), *Cultures of Multiple Fathers: The Theory and Practice of Partible Paternity in Lowland South America* (pp. 123–136). Gainsville: University Press of Florida.

Ewen, S. (1976/2001). *Captains of Consciousness: Advertising and the Social Roots of the*

Consumer Culture. New York: Basic Books.

Fagan, B. (2004). *The Long Summer: How Climate Changed Civilization.* New York: Basic Books.

Ferguson, B. (1995). *Yanomami Warfare: A Political History.* Santa Fe, NM: School of American Research Press.

_____ (2000). *War in the Tribal Zone: Expanding States and Indigenous Warfare.* Santa Fe, NM: SAR Press.

_____ (2003). The birth of war. *Natural History,* July/August: 28–34.

Fisher, H. E. (1992). *Anatomy of Love.* New York: Fawcett Columbine.

Flanagan, C. (2009). Is there hope for the American Marriage? *Time,* July 2. http://www.time.com/time/nation/article/0,8599,1908243–1,00.html.

Fleming, J. B. (1960). Clitoridectomy: The disastrous downfall of Isaac Baker Brown, F.R.C.S. (1867). *Journal of Obstetrics and Gynaecology of the British Empire,* 67: 1017–1034.

Ford, C. S., and Beach, F. (1952). *Patterns of Sexual Behavior.* Westport, CT: Greenwood Press.

Fortenberry, D. J. (2005). The limits of abstinence–only in preventing sexually transmitted infections. *Journal of Adolescent Health,* 36: 269–357.

Fowles, J. (1969). *The French Lieutenant's Woman.* New York: Signet.

Freeman, D. (1983). *Margaret Mead and Samoa: The Making and Unmaking of an Anthropological Myth.* Cambridge, MA: Harvard University Press.

Fromm, E. (1973). *The Anatomy of Human Destructiveness.* New York: Hold, Rinehart and Winston.

Fry, D. (2009). *Beyond War: The Human Potential for Peace.* New York: Oxford University Press.

Gallup, G. G., Jr. (2009). On the origin of descended scrotal testicles: The activation hypothesis. *Evolutionary Phycology,* 7: 517–526. Available online at http://www.epjournal.net.

Ghiglieri, M. P. (1999). *The Dark Side of Man: Tracing the Origins of Male Violence.* Reading, MA: Helix Books.

Gibson, P. (1989). Gay and Lesbian Youth Suicide, in Fenleib, Marcia R. (Eds.), *Report of the Secretary's Task Force on Youth Suicide,* United States Government Printing Office, ISBN 0160025087.

Gladwell, M. (2002). *The Tipping Point: How Little Things Can Make a Big Difference.* New York: Back Bay Books.

Glass, D. P., and T. L. Wright. (1985). Sex differences in type of extramarital involvement and marital dissatisfaction. *Sex Roles,* 12: 1101–1120.

Goldberg, S. (1993). *Why Men Rule: A Theory of Male Dominance.* Chicago: Open Court.

Good, K., with Chanoff, D. (1991). *Into the Heart: One Man's Pursuit of Love and Knowledge Among the Yanomama.* Leicester, England: Charnwood.

Goodall, J. (1971). *In the Shadow of Man.* Glasgow: Collins.

Gould, T. (2000). *The Lifestyle: A Look at the Erotic Rites of Swingers.* Bufflo, NY: Firefly Books.

Gowdy, J. (Eds.). (1998). *Limited Wants, Unlimited Means: A Reader on Hunter–gatherer Economics and the Environment.* Washington, DC: Island Press.

Gray, P. B., Kahlenberg, S. M., Barrett, E. S., Lipson, S. F. and Ellison, P. T. (2002). Marriage and fatherhood are associated with lower testosterone in males. *Evolution and Human Behavior,* 23(3): 193–201.

Gray, P. B., Parkin, J. C., and Samms-Vaughan, M. E. (1997). Hormonal correlates of human paternal interactions: A hospital-based investigation in urban Jamaica. *Hormones and Behavior*, 52: 499-507.

Gregor, T. (1985). *Anxious Pleasures: The Sexual Lives of an Amazonian People*. Chicago: University of Chicago Press.

Hamilton, W. J., and Arrowood, P. C. (1978). Copulatory vocalizations of Chacma baboons (*Papio ursinus*), gibbons (*Hylobates hoolock*) and humans. *Science*, 200: 1405-1409.

Harris, C. (2000). Psychophysiological responses to imagined infidelity: The specific innate modular view of jealousy reconsidered. *Journal of Personality and Social Psychology*, 78: 1082-1091.

Harris, C., and Christenfeld, N. (1996). Gender, jealousy and reason. *Psychological Science*, 7: 364-366.

Harris, M. (1977). *Cannibals and Kings: The Origins of Cultures*. New York: Random House.

_____ (1980). *Cultural Materialism: The Struggle for a Science of Culture*. New York: Vintage Books.

_____ (1989). *Our Kind: Who We Are, Where We Came From, Where We Are Going*. New York: Harper & Row.

Hart, D., and Sussman, R. W. (2005). *Man the Hunted: Primates, Predators, and Human Evolution*. New York: Westview Press.

Harvey, P. H., and May, R. M. (1989). Out for the sperm count. *Nature*, 337: 508-509.

Haselton, M. G., et al. (2007). Ovulatory shifts in human female ornamentation: Near ovulation, women dress to impress. *Hormones and Behavior*, 51: 40-45.

Hassan, F. A. (1980). The growth and regulation of human population in prehistoric times. In Cohen, M.N., Malpass, R.S., Klein H.G. (Eds.), *Biosocial mechanisms of population regulation* (pp. 305-319). New Haven, CT: Yale University Press.

Hawkes, K. (1993). Why hunter-gatherers work. *Current Anthropology*, 34: 341-361.

Henderson, V. W., and Hogervorst, E. (2004). Testosterone and Alzheimer disease: Is it men's turn now? *Neurology*, 62: 170-171.

Henrich, J., et al. (2005). "Economic man" in cross-cultural perspective: Behavioral experiments in 15 small-scale societies. *Behavioral and Brain Sciences*, 28: 795-855.

Hill, K., and Hurtado, M. (1996). *Aché Life History: The Ecology and Demography of a Foraging People*, New York: Aldine de Gruyter.

Holmberg, A. R. (1969). *Nomads of the Long Bow: The Siriono of Eastern Bolivia*, New York: The Natural History Press.

Horne, B. D., et al. (2008). Usefulness of routine periodic fasting to lower risk of coronary artery disease in patients undergoing coronary angiography. *American Journal of Cardiology*, 102(7): 814-819.

Houghton, W. E. (1957). *The Victorian Frame of Mind, 1830-1870*. New Haven, CT: Yale University Press.

Hrdy, S. B. (1996). Raising Darwin's consciousness: Female sexuality and the prehominid origins of patriarchy. *Human Nature*, 8(1): 1-49.

_____ (1999a). *The Woman That Never Evolved*. Cambridge, MA: Harvard University Press.

(Original work published 1981.)

_____ (1999b). *Mother Nature: A History of Mothers, Infants and Natural Selection.* Boston: Pantheon Books.

Hua, C. (2001). *A Society Without Fathers or Husbands: The Na of China.* New York: Zone Books.

Ingold, T., Riches, D. and Woodburn, J. (Eds.) (1988a). *Hunters and Gatherers: History, Evolution and Social Change* (Vol. 1). Oxford, England: Berg.

Jaynes, J. (1990). *The Origins of Consciousness in the Breakdown of the Bicameral Mind.* Boston: Houghton Mifflin. (Original work published 1976.)

Jetha C., and Falcato J. (1991). A mulher e as DTS no distrito de Marracuene[Women and Sexually Transmitted Diseases in the Marracuene district]. *Acção SIDA 9,* Brochure.

Jiang, X., Wang, Y., and Wang, Q. (1999). Coexistence of monogamy and polygyny in black-crested gibbon. *Primates,* 40(4): 607–611.

Jones, S., Martin, R. D., and Pilbeam, D. (Eds.) (1992). *The Cambridge Encyclopedia of Human Evolution.* Cambridge, UK: Cambridge University Press.

Kanazawa, S. (2007). The evolutionary psychological imagination: Why you can't get a date on a Saturday night and why most suicide bombers are Muslim. *Journal of Social, Evolutionary and Cultural Psychology,* 1(2): 7–17.

Kano, T. (1980). Social behavior of wild pygmy chimpanzees *(Pan paniscus)* of Wamba: A preliminary report. *Journal of Human Evolution,* 9: 243–260.

_____ (1992). *The Last Ape: Pygmy Chimpanzee Behavior and Ecology.* Palo Alto, CA: Stanford University Press.

Kaplan, H., Hill, K., Lancaster, J., and Hurtado, A. M. (2000). A theory of human life history evolution: Diet, intelligence and longevity. *Evolutionary Anthropology,* 9: 156–185.

Keeley, L. H. (1996). *War Before Civilization: The Myth of the Peaceful Savage.* New York: Oxford University Press.

Kendrick, K. M., Hinton, M. R., Atkins, K., Haupt, M. A. and Skinner, J. D. (September 17, 1998). Mothers determine sexual preferences. *Nature, 395:* 229–230.

Kilgallon, S. J., and Simmons, L. W. (2005). Image content influences men's semen quality. *Biology Letters,* 1: 253–255.

Kingan, S. B., Tatar, M., and Rand, D.M. (2003). Reduced polymorphism in the chimpanzee semen coagulating protein, Semenogelin I. *Journal of Molecular Evolution,* 57: 159–169.

Kinsey, A. C., Pomeroy, W. B., and Martin, C. E. (1948). *Sexual Behavior in the Human Male.* Philadelphia: Saunders.

_____ (1953). *Sexual Behavior in the Human Female.* Philadelphia: Saunders.

Knauft, B. (1987). Reconsidering Violence in Simple Human Societies: Homicide among the Gebusi of New Guinea. *Current Anthropology,* 28(4): 457–500.

_____ (2009). *The Gebusi: Lives Transformed in a Rainforest World.* New York: McGraw-Hill.

Knight, C. (1995). *Blood Relations: Menstruation and the Origins of Culture.* New Haven, CT: Yale University Press.

Laeng, B., and Falkenberg, L. (2007). Women's papillary responses to sexually significant others during the hormonal cycle. *Hormones and Behavior,* 52: 520–530.

Larrick, J. W., Yost, J. A., Kaplan, J., King, G, Mayhall, J. (1979). Patterns of health and disease among the Waorani Indians of eastern Ecuador. *Medical Anthropology*, 3(2): 147–189.

Lawler, R. R. (2009). Monomorphism, male–male competition, and mechanism of sexual dimorphism. *Journal of Human Evolution*, 57: 321–325.

Lea, V. (2002). Multiple paternity among the Mẽbengokre (Kayopó, Jê) of central Brazil. In S. Beckerman and P. Valentine (Eds.), *Cultures of Multiple Fathers: The Theory and Practice of Partible Paternity in Lowland South America* (pp. 105–122). Gainsville, FL: University Press of Florida.

Leacock, E. (1981). *Myth of Male Dominance: Collected Articles on Women Cross–Culturally.* New York: Monthly Review Press.

Le Jeune, P. (1897/2009). *Les relations des Jesuites. 1656–1657.* Toronto Public Library.

Levine, L. W. (1996). *The Opening of the American Mind: Canons, Culture, and History.* Boston, MA: Beacon Press.

Levitin, D. J. (2009). *The World in Six Songs: How the Musical Brain Created Human Nature.* New York: Plume.

Lilla, M. (2007). *The Stillborn God: Religion, Politics and the Modern West.* New York: Knopf.

Lindholmer, C. (1973). Survival of human sperm in different fractions of split ejaculates. *Fertility and Sterility*, 24: 521–526.

Lippa, R. A. (2007). The relation between sex drive and sexual attraction to men and women: A cross–national study of heterosexual, bisexual and homosexual men and women. *Archives of Sexual Behavior*, 36: 209–222

Littlewood, I. (2003). *Sultry Climates: Travel and Sex.* Cambridge, MA: De Capo Press.

Lovejoy, C. O. (1981). The evolution of man. *Science*, 211: 341–350.

_____ (2009). Reexamining human origins in light of *Ardipithecus ramidus. Science*, 326: 74, 74e1–74e8.

MacArthur, R. H., and Wilson, E. O. (1967). *Theory of Island Biogeography (Monographs in Population Biology*, Vol. 1). Princeton, NJ: Princeton University Press.

Macrides, F., Bartke, A., and Dalterio, S. (1975). Strange females increase plasma testosterone levels in male mice. *Science*, 189(4208): 1104–1106.

Malinowski, B. (1962). *Sex, Culture and Myth.* New York: Harcourt Brace.

Malkin, C. J., Pugh, P. J., Jones, R. D., Jones, T. H., and Channer, K. S. (2003). Testosterone as a protective factor against atherosclerosis–immunomodulation and influence upon plaque development and stability. *Journal of Endocrinology*, 178: 373–380.

Malthus, T. R. (1798). *An Essay on the Principle of Population: Or a View of Its Past and Present Effects on Human Happiness; with an Inquiry Into Our Prospects Respecting the Future Removal or Mitigation of the Evils which it Occasions.* London: John Murray. Full text: http://www.econlib.org/library/Malthus/malPlong.html.

Margolis, J. (2004). *O: The Intimate History of the Orgasm.* New York: Grove Press.

Margulis, L., and Sagan, D. (1991). *Mystery Dance: On the Evolution of Human Sexuality.* New York: Summit Books.

McElvaine, R. S. (2001). *Eve's Seed: Biology, the Sexes and the Course of History.* New York: McGraw–Hill.

McGrew, W. C., and Feistner, T. C. (1992). Two nonhuman primate models for the evolution of human food sharing: Chimpanzees and callitrichids. In J. Barkow, L. Cosmides, and J. Tooby (Eds.), *The adapted mind: Evolutionary psychology and the generation of culture* (pp. 229–243). New York: Oxford University Press.

McNeil, L., Osborne, J., and Pavia, P. (2006). *The Other Hollywood: The Uncensored Oral History of the Porn Film Industry.* New York: It Books.

Menzel, P., and D'Aluisio, F. (1998). *Man Eating Bugs: The Art and Science of Eating Insects.* Berkeley, CA: Ten Speed Press.

Mill, J. S. (1874). On theDefinition of Political Economy, and on the Method of Investigation Proper to It. *London and Westminster Review,* October 1836. In, *Essays on Some Unsettled Questions of Political Economy,* 2nd ed. London: Longmans, Green, Reader & Dyer.

Miller, G. (2000). *The Mating Mind: How Sexual Choice Shaped the Evolution of Human Nature.* New York: Doubleday.

Mithen, S. (2007). Did farming arise from a misapplication of social intelligence? *Philosophical Transactions of the Royal Society B,* 362: 705–718.

Monaghan, P. (2006). An Australian historian puts Margaret Mead's biggest detractor on the psychoanalytic sofa. *The Chronicle of Higher Education,* 52(19): A14.

Money, J. (1985). *The Destroying Angel: Sex, Fitness & Food in the Legacy of Degeneracy Theory, Graham Crackers, Kellogg's Corn Flakes & American Health History.* Buffalo, NY: Prometheus Books.

_____ (2000, Fall). Wandering wombs and shrinking penises: The lineage and linkage of hysteria. *Link: A Critical Journal on the Arts in Baltimore and the World,* 5: 44–51.

Morgan, L. H. (1877/1908). *Ancient Society or Researches in the Lines of Human Progress from Savagery through Barbarism to Civilization.* Chicago: Charles H. Kerr & Company.

Morris, D. (1967). *The Naked Ape: A Zoologist's Study of the Human Animal.* New York: McGraw-Hill.

_____ (1981). *The Soccer Tribe.* London: Jonathan Cape.

_____ (1998). *The Human Sexes: A Natural History of Man and Woman.* New York: Thomas Dunne Books.

Moscucci, O. (1996). Clitoridectomy, circumcision and the politics of sexual pleasure in mid-Victorian Britain, in A. H. Miller and J. E. Adams (Eds.), *Sexualities in Victorian Britain,* Bloomington, Indiana University Press.

Moses, D. N. (2008). *The Promise of Progress: The Life and Work of Lewis Henry Morgan.* Columbia, MO: University of Missouri Press.

Namu, Y. E. (2004). *Leaving Mother Lake: A Girlhood at the Edge of the World.* New York: Back Bay Books.

Nolan, P. D. (2003). Toward an ecological–evolutionary theory of the incidence of warfare in preindustrial societies. *Sociological Theory,* 21(1): 18–30.

Ostrom, E. (2009). A general framework for analizing sustainability of ecological systems. *Science,* 325: 419–422.

Perel, E. (2006). *Mating in Captivity: Reconciling the Erotic and the Domestic.* New York:

HarperCollins.

Pinker, S. (2002). *The Blank Slate: The Modern Denial of Human Nature*. New York: Viking Press.

Pochron, S., Wright, P. (2002). Dynamics of testis size compensates for variation in male body size. *Evolutionary Ecology Research*, 4: 577–585.

Pollock, D. (2002). Partible paternity and multiple maternity among the Kulina. In S. Beckerman and P. Valentine (Eds.), *Cultures of Multiple Fathers: The Theory and Practice of Partible Paternity in Lowland South America* (pp. 42–61). Gainsville: University Press of Florida.

Potts, M., and Short, R. (1999). *Ever since Adam and Eve: The Evolution of Human Sexuality*. Cambridge, UK: Cambridge University Press.

Potts, R. (1992). The hominid way of life. In Jones, S., Martin, R. D., and Pilbeam, D. (Eds.) (1992). *The Cambridge Encyclopedia of Human Evolution*. Cambridge, UK: Cambridge University Press, pp. 325–334.

Pound, N. (2002). Male interest in visual cues of sperm competition risk. *Evolution and Human Behavior*, 23: 443–466.

Power, M. (1991). *The Egalitarians: Human and Chimpanzee*. Cambridge, UK: Cambridge University Press.

Pradhan G. R., et al. (2006). The evolution of female copulation calls in primates: A review and a new model. *Behavioral Ecology and Sociobiology*, 59(3): 333–343.

Prescott, J. (1975). Body pleasure and the origins of violence. *Bulletin of the Atomic Scientists*, November: 10–20.

Pusey, A. E. (2001). Of apes and genes. In F. M. de Waal (Eds.), *Tree of Origin: What Primate Behavior Can Tell Us About Human Social Evolution*. Cambridge, MA: Harvard University Press.

Quinn, D. (1995). *Ishmael: An Adventure of the Mind and Spirit*. New York: Bantam Books.

Raverat, G. (1991). *Period Piece: A Cambridge Childhood*. Ann Arbor, MI: University of Michigan Press.

Reid, D. P. (1989). *The Tao of Health, Sex & Longevity: A Modern Practical Guide to the Ancient Way*. New York: Simon and Schuster.

Richards, D. A. J. (1979). Commercial sex and the rights of the person: A moral argument for the decriminalization of prostitution. *University of Pennsylvania Law Review*, 127: 1195–1287.

Richards, M. P., and Trinkaus, E. (2009). Isotopic evidence for the diets of European Neanderthals and early modern humans. In press (Published online before print August 11, 2009, doi: 10.1073/pnas.0903821106).

Ridley, M. (1996). *The Origins of Virtue: Human Instincts and the Evolution of Cooperation*. New York: Viking.

———— (2006). *Genome: The Autobiography of a Species in 23 Chapters*. New York: Harper Perennial.

Rilling, J. K., et al. (2002). A neural basis for social cooperation. *Neuron*, 35: 395–405.

Roberts, S. C., et al. (2004). Female facial attractiveness increases during fertile phase of the menstrual cycle. *Proceedings Biological Sciences*, August 7; 271, 5: S270–272.

Roney, J. R., Mahler, S.V., and Maestripieri, D. (2003). Behavioral and hormonal responses of men to brief interactions with women. *Evolution and Human Behavior,* 24: 365–375.

Roughgarden, J. (2004). *Evolution's Rainbow: Diversity, Gender and Sexuality in Nature and People.* Berkeley: University of California Press.

_____ (2007). Challenging Darwin's Theory of Sexual Selection. *Daedalus,* Spring Issue.

_____ (2009). *The Genial Gene: Deconstructing Darwinian Selfishness.* Berkeley: University of California Press.

Ryan, C., and Jethá, C. (2005). Universal human traits: The holy grail of evolutionary psychology. *Behavioral and Brain Sciences,* 28: 2.

Safron, A., Barch, B., Bailey, J. M., Gitelman, D. R., Parrish, T. B., and Reber, P. J. (2007). Neural correlates of sexual arousal in homosexual and heterosexual men. *Behavioral Neuroscience,* 121 (2): 237–248.

Sahlins, M. (1972). *Stone Age Economics.* New York: Aldine de Gruyter.

Santos, P.S., Schinemann, J.A., Gabardo, J., Bicalho, Mda. G. (2005). New evidence that the MHC influences odor perception in humans: A study with 58 Southern Brazilian students. *Hormones and Behavior,* 47(4): 384–388.

Sapolsky, R. M. (1998). *Why Zebras Don't Get Ulcers: An Updated Guide to Stress, Stress–related Diseases and Coping.* New York: W. H. Freeman and Company.

_____ (2001). *A Primate's Memoir: A Neuroscientist's Unconventional Life Among the Baboons.* New York: Scribner.

_____ (2005). *Monkeyluv: And Other Essays on our Lives as Animals.* New York: Scribner.

Sapolsky, R. M., and Share, L. J. (2004). A pacific culture among wild baboons: Its emergence and transmission. *PLoS Biology,* 4(2): e106. http://www.ncbi.nlm.nih.gov/pmc/articles/PMC387274/.

Schlegel, A. (1995). The cultural management of adolescent sexuality. In P. R. Abramson and S. D. Pinkerton (eds.), *Sexual Nature / Sexual Culture.* Chicago: University of Chicago Press.

Semple, S. (2001). Individuality and male discrimination of female copulation calls in the yellow baboon. *Animal Behaviour* 61: 1023–1028.

Shackelford, T. K., Goetz, A. T., McKibbin, W. F., and Starratt, V. G. (2007). Absence makes the adaptations grow fonder: Proportion of time apart from partner, male sexual psychology and sperm competition in humans *(Homo sapiens). Journal of Comparative Psychology,* 121: 214–220.

Shaw, G. B. (1987). *Back to Methuselah.* Fairfield, IA: 1ˢᵗ World Library.

Sherfey, M. J. (1972). *The Nature and Evolution of Female Sexuality.* New York: Random House.

Shores, M.M., et al. (2004). Increased incidence of diagnosed depressive illness in hypogonadal older men. *Archives of General Psychiatry,* 61: 162–167.

Shores, M.M., Matsumoto, A.M, Sloan, K.L., and Kivlahan, D.R. (2006). Low serum testosterone and mortality in male veterans. *Archives of Internal Medicine,* 166, pp 1660–1665.

Short, R. V. (1979). Sexual selection and its component parts, somatic and genital selection, as illustrated by man and the great apes. *Advances in the Study of Behavior,* 9: 131–

158.

Siepel, A. (2009). Phylogenomics of primates and their ancestral populations. *Genome Research* 19: 1929–1941.

Singer, P. (1990). *Animal Liberation*. New York: New York Review Books.

Singh, D. and Bronstad, P.M. (2001). Female body odour is a potential cue to ovulation. *Proceedings in Biological Sciences*, 268(1469): 797–801.

Small, M. F. (1993). *Female Choices: Sexual Behavior of Female Primates*. Ithaca, NY: Cornell University Press.

Sponsel, L. (1998). Yanomami: An Arena of conflict and aggression in the Amazon. *Aggressive Behavior*, 24: 97–122.

Sprague, J., and Quadagno, D. (1989). Gender and sexual motivation: An exploration of two assumptions. *Journal of Psychology and Human Sexuality*, 2: 57.

Stanford, C. (2001). *Significant Others: The Ape–Human Continuum and the Quest for Human Nature*. New York: Basic Books.

Sturma, M. (2002). *South Sea Maidens: Western Fantasy and Sexual Politics in the South Pacific*. New York: praeger.

Sulloway, F. (April 9, 1998). Darwinian virtues. *New York Review of Books*. Retrieved December 12, 2002 from http://www.nybooks.com/articles/894

Symons, D. (1979). *The Evolution of Human Sexuality*. New York: Oxford University Press.

Tarin, J.J., and Gómez–Piquer, V. (2002). Do women have a hidden heat period? *Human Reproduction*, 17(9): 2243–2248.

Taylor, T. (1996). *The Prehistory of Sex: Four Million Years of Human Sexual Culture*. New York: Bantam.

Theroux, P. (1989). *My Secret History*. New York: Ivy Books.

Thompson, R. F. (1984). *Flash of the Spirit: African & Afro–American Art & Philosophy*. London: Vintage Books.

Thornhill, R., and Palmer, C. T. (2000). *A Natural History of Rape: Biological Bases of Sexual Coercion*. Cambridge, MA: The MIT Press.

Tierney, P. (2000). *Darkness in El Dorado: How Scientists and Journalists Devastated the Amazon*. New York: Norton.

Todorov, T. (1984). *The Conquest of America*. New York: HarperCollins.

Townsend, J. M., and Levy, G. D. (1990a). Effect of potential partners' costume and physical attractiveness on sexuality and partner selection. *Journal of Psychology*, 124: 371–389.

———— (1990b). Effect of potential partners' physical attractiveness and socioeconomic status on sexuality and partner selection. *Archives of Sexual Behavior*, 19: 149–164.

Turchin P. (2003). *Historical Dynamics: Why States Rise and Fall*. Princeton, NJ: Princeton University Press.

Turchin, P., with Korateyev, A. (2006). Population density and warfare: A reconsideration. *Social Evolution & History*, 5(2): 121–158

Valentine, P. (2002). Fathers that never exist. In S. Beckerman and P. Valentine (Eds.), *Cultures of Multiple Fathers: The Theory and Practice of Partible Paternity in Lowland*

South America (pp. 178–191). Gainsville, University Press of Florida.

van der Merwe, N. J. (1992). Reconstructing prehistoric diet. In S. Jones, R. Martin and D. Pilbeam (Eds.), *The Cambridge encyclopedia of human evolution* (pp. 369–372). Cambridge, England: Cambridge University Press.

van Gelder, S. (1993). Remembering our purpose: An interview with Malidoma Somé. *In Context: A Quarterly of Humane Sustainable Culture*, 34: 30.

Ventura, M. (1986). *Shadow Dancing in the U.S.A.* Los Angeles: Jeremy Tarcher.

Wade, N. (2006). *Before the Dawn: The Lost History of our Ancestors*. New York: The Penguin Press.

Wedekind, C., Seebeck, T., Bettens, F., and Paepke, A. J. (1995). MHC–dependent mate preferences in humans. *Proceedings of the Royal Society of London*, 260: 245–249.

Weil, A. (1980). *The Marriage of the Sun and the Moon*. Boston: Houghton Mifflin.

White, T. D. (2009). *Ardipithecus ramidus* and the paleobiology of early hominids. *Science*, 326: 64, 75–86.

Williams, W. L. (1988). *The Spirit and the Flesh: Sexual Diversity in American Indian Culture*. Boston: Beacon Press.

Wilson, E. O. (1978). *On Human Nature*. Cambridge, MA: Harvard University Press.

Wilson, M.L., and Wrangham, R.W. (2003). Intergroup relations in chimpanzees. *Annual Review of Anthropology*, 32: 363–392.

Wolf, S., et al. (1989). Roseto, Pennsylvania 25 years later–highlights of a medical and sociological survey. *Transactions of the American Clinical and Climatological Association*, 100: 57–67.

Wrangham, R., and Peterson D, (1996). *Demonic Males: Apes and the Origins of Human Violence*. Boston: Houghton Mifflin.

Wright, R. (1994). *The Moral Animal: The New Science of Evolutionary Psychology*. New York: Pantheon.

Wyckoff, G. J., Wang, W., and Wu, C. (2000). Rapid evolution of male reproductive genes in the descent of man. *Nature*, 403: 304–308.

Yoder, V. C., Virden, T. B., III, and Amin, K. (2005). Pornography and loneliness: An association? *Sexual Addiction & Compulsivity*, 12: 1.

Zihlman, A. L., Cronin, J. E., Cramer, D. L. and Sarich, V. M. (1978). Pygmy chimpanzee as a possible prototype for the common ancestor of humans, chimpanzees and gorillas. *Nature*, 275: 744–746.

Zihlman, A. L. (1984). Body build and tissue composition in *Pan paniscus and Pan troglodytes*, with comparisons to other hominoids. In R. L. Susman (Eds.), *The pygmy chimpanzee* (pp. 179–200). New York: Plenum.

지은이 프로필

● 크리스토퍼 라이언Christopher Ryan

캘리포니아주 샌프란시스코 소재 세이브룩Saybrook대학교에서 1984년 영어와 미국 문학으로 문학 학사 학위를, 그로부터 20년 뒤 문학 석사와 심리학 박사 학위를 받았다.

그 중간 10여 년은 전 세계를 여행하면서, 뜻밖의 장소에서 매우 이상한 직업에 종사하며 살았다. 예를 들면, 알래스카에서 연어 내장 제거하는 일, 방콕에서 매춘부들에게 영어 가르치는 일, 멕시코에서 토지개혁 활동가들에게 자기방어 가르치는 일, 뉴욕의 다이아몬드 지구에서 상업용 부동산 관리하는 일, 스페인 의사들의 연구 결과 출간을 돕는 일 등이다.

크리스토퍼는 어느 시점에 심리학 박사 과정을 밟기로 결심했다. 다문화적인 경험을 바탕으로, 그의 연구는 인간적인 것과 문화적인 것의 구분에 초점이 맞춰졌다. 그의 박사 학위 논문은 인간 성생활에 관한 선사시대의 뿌리를 분석하는 것으로, 세계적으로 유명한 심리학자 스탠리 크리프너Stanley Krippner의 지도를 받았다.

크리스토퍼는 1990년대 중반부터 스페인 바르셀로나에 기반을 두고, 바르셀로나 의대에서 강의했으며, 지역의 여러 병원들에서 상담을 했다. 그는 전 세계를 돌며 인간 성생활에 관해 강연하고 있다(영어와 스페인어로). 그의 활동은 주요 신문·잡지에 많은 언어들로 보도되며, 학술지와 스페인·남미 전역의 의대·교육 병원 교재에도 수록됐다.

그는 〈싸이콜로지 투데이Psychology Today〉와 〈허핑톤 포스트Huffington Post〉에 기고하고 있다.

● 카실다 제타Cacilda Jethá

인도인의 얼굴을 하고 있으며, 유럽식 교육을 받았고, 아프리카의 영혼을 가지고 있다. 그녀는 두 세대 전 인도 고아에서 모잠비크로 이민 온 가정에서 태어났다. 어린 시절 내전을 피해 포르투갈로 이주했으며, 1980년대 말 모잠비크로 되돌아가기 전까지 그곳에서 교육의 대부분과 의사 교육을 받았다.

젊은 의사인 카실다는 조국의 질병 치료를 돕기로 결심, 7년간 모잠비크 북부

광활한 농촌지역에서 약 5만 명을 돌보는 유일한 의사로 봉사했다. 또한 그 기간 동안 효과적인 AIDS 예방책 수립을 위해 세계보건기구가 자금 지원을 하는, 모잠비크 농촌 거주자들의 성생활에 관한 연구를 수행했다.

모잠비크에서 약 10년을 보낸 뒤 카실다는 포르투갈로 돌아가, 정신과(유명한 리스본 소재 훌리오 더 마토스 병원에서)와 직업병 의학 두 분야의 전공의 과정을 마쳤다.

그녀는 스페인 바르셀로나에서 크리스토퍼와 함께 살면서, 산 호안 드 데우 병원에서 그리고 사적으로 개업 정신과의사로 일한다. 그녀는 포르투갈어, 프랑스어, 스페인어, 카탈로니아어, 영어, 그리고 약간 녹슨 총가어를 구사한다.

왜 결혼과 섹스는 충돌할까
현대 성생활의 기원과 위험한 진실

초판 1쇄 인쇄	2011년 4월 20일
초판 1쇄 발행	2011년 4월 25일

지은이	크리스토퍼 라이언, 카실다 제타(공저)
옮긴이	김해식

발행인	김창기
편집 · 교정	김명철, 하현성
디자인	최지유

펴낸 곳	행복포럼
신고번호	제25100-2007-25호
주소	서울 광진구 구의3동 199-23 현대 13차 폴라트리움 215호
전화	02-2201-2350
팩스	02-2201-2326
메일	somt2401@naver.com

인쇄	평화당인쇄㈜

ISBN 978-89-959949-5-5 03180